地方鉄道の再生

英国における地域社会と鉄道

イアン・ドハティ【著】
今城光英【訳】

日本経済評論社

目次

謝辞

この本は多くの方々と組織の惜しみない援助がなければ完成しなかったであろう。

最初に、本研究に必要な財政面での支援をいただいたスコットランドの大学のためのカーネギー基金、アーバン・スタディー誌、スコットランド交通研究グループに対し、謝意を述べたい。同様に、インタビューを通じて率直かつ示唆に富む情報を提供してくれた人々の協力がなければ、この本は完成しなかったであろう。その多くの方々は、地方政府改革や鉄道民営化に向けての骨の折れる準備作業の間に時間を割いて、インタビューに応じてくれた。

また、他にも私の研究のあらゆる場面で有益な手助けをして下さった人々、中でもマージトラベルのコレット・ビールと彼女の所属する委員会、メンバー・サービス部門、そしてＲＧＳ－ＩＢＧ交通機関地理学調査グループのデレク・ハル、デビット・ハルサル、リチャード・ノウルズ、ジョーズ・スミス、ブライアン・タートンと、その他の方々にも謝意を述べたい。

グラスゴー大学の同僚には特に感謝している。トム・ハートとローナン・パディソンは、本研究に力を注ぎ支援してくれた。新しい同僚であるニック・ベイリーとイヴァン・トゥロックは、私を暖かく歓迎し激励してくれた。そして長年にわたって研究の経験を共有し、たくさんの楽しい会話を分かち合ったジョン・クロッティ、ステファン・ハーバートとリチャード・ヤングにも謝意を述べたい。

最後に、実生活で支援しこの研究の過程で不可避であった試練と困難に立ち向かわせてくれた人達がいる。両親であるキャシーとフレディーにはあらゆる面で支えられた。マーガレット、テッド、ポール、ノーマン、ジェニー、アンドレイ、アンそしてイアンは、私が休みを必要とした時に私を喜んで迎えてくれた（それはかなり頻繁だった）。アンドレアには終始変わらぬ愛と支援と激励に対して、そして私の最も大切な意欲の源であったスチュアートにも感謝したい。

第1章　序　論

1　本書の視点

都市における地方自治の情勢

公共選択理論によって裏打ちされた広範囲にわたる規制緩和の政策は、一九七九年から一九九七年まで続いた保守党政権が残した遺産の一つである。中央政府は、地方公共サービスを市場の原理に従って再編成しようと試みたため、改革の中心は、地方政府そのものの再編成におかれた。

これらの改革の重要性は、二つの事実から生じている。第一に、ある都市とその中の各地区は、ほとんどの人々が、教育、健康管理、交通、余暇のような日常生活の中で必要とする多くのサービスを消費する空間的単位を表す。それらは、「人々が日々の活動を営む環境」である（メラー 一九七五年：二七七）。これらのサービスの多くを、都市住民が集団的に消費できるよう国家によって供給もしくは規制されるため、それらの運営は、都市の中の政治的紛争を表す真の焦点となる。それは、さまざまな集団の人々が地方政治の過程を通じて、サービスの提供パターンを自分のニーズと合わせようとするからである。したがって、そのような集団的消費が組織化される政治構造の再編は、都市全体にわたってサービスの配分に重大な影響をもたらすと予測される。

第二に、公共選択理論の下で行われる地方政府機関の再構成は、独自の地理的、空間的な特徴（マックヴァイカー編著一九九四年）を持つ。大都市圏規模の地方政府をいくつかの小さな地域単位へ細分化するかどうかは、市場化された地方サービスの供給システムにとって非常に重要であると考えられる。つまり、サービス供給の種類やレベルを、都市の中にみられる多様な要求に正確に調和させるにはこの方法しかないとされているからである。実際には、規模の経済により、サービスが大都市規模に基づいて供給され続けるべきだと主張される場合に、公共選択の目的は、複数の委員会の共同作業を通じて代理市場の形（各機関が公共資源配分のために、互いに競い合っている状況）によって表されてきた。どちらの構造でも、サービスの供給を消費者の要求により敏感に調和させることから、大規模な地方政府と比較したとき、より小規模な委員会の説明責任を高めると思われる。しかしながら、共同の臨時機関が委員会の間でサービスの効率的な管理を保証するよう求められるとき、これに批判的な人々（例えばスチュワート一九九五年）は、説明責任の過失の可能性を指摘する。政府の政策の中心的な目標であるにも関わらず、実際、公共選択の原則に基づく都市における地方政府の再編成は、英国の主要な都市すべてを網羅してはいなかった。イングランドにおける六つの特別都市の廃止が一九八六年に遡るのに反して、スコットランドにおける同様の解散は、その約一〇年後まで行われなかった。この遅延は、都市における地方自治の二つの異なった地理的構造がもたらす、地方政策立案に対する影響を比較する唯一の機会を提供するものである。

都市鉄道の状況

教育や都市計画のようないくつかの戦略的サービスは、大都市圏規模のスコットランドにおける地方自治体と、イングランドの「統一された」特別都市のより細分化されたシステム間において政策の比較が可能である。しかし、中でも都市鉄道政策の選択は、三つの理由により、比較するのに最も適しているといえる。

第一に、市民個々の日常生活における交通の重要性である。都市内で消費されるすべてのサービスの中で交通という要素は特殊であり、それは、ヘイガストランド（一九七四年）の「個人の日々の生活……の行動と出来事の連続を決定する」（プレッド 一九九六年：六二八）三種の制約の各々において重要な役割を持っているからである。住居、教育や医療のような他の集団的消費と同じように、交通は「当局の制約」すなわち「ある時にあることをするためのあるものへのアクセスを誰が持ち、誰が持ち得ないかを決定づける一般的なルール、法律、経済的障害、そして権力の関係」（プレッド 一九九六年：六三八）の影響を受けやすい。しかし、生産、消費そして社会的相互作用が行われる正確な場所を明確に示す重要な「連結的制約」が存在するために、これらの機能へのアクセスは「個人が与えられた時間内で利用可能な輸送技術を使って移動できる距離を制限する」（プレッド 一九九六年：六三八）。したがって、都市内の各地区間での移動手段の配分は、日々の生活で重要な他の多様な都市行動に参加しようとする個人が直面する「可能性の制約」を基本的に決定する。

第二に、多くの交通手段の中で、都市鉄道政策がこの種の比較研究にとって特に適切である。都市内の鉄道路線数は限られているので、鉄道へのアクセスレベルは都市の地域間で明らかに異なる。地方鉄道システムが発達する際、既存の鉄道路線が存在する地域内でサービスの改善を求める地方住民と、鉄道に乗る機会のより公平な配分を通して都市の「可能性の制約」の減少を可能にするために新しい場所へネットワークを拡張するよう圧力をかける地方住民との間で、競合関係にある様々な要求のバランスをとることを意思決定者は求められる。

第三に、大都市圏における地方鉄道の機能は、特別の目的を持った政府組織を通じて作られる。一九六八年の交通法によって、ロンドン以外の主要都市圏で地方鉄道サービスを含む公共交通の運営を行うパッセンジャー・トランスポート・エグゼクティブ（ＰＴＥ）、具体的にはウエスト・ミッドランズ、マージサイド、グレイター・マンチェスター、ウエスト・ヨークシャー、サウス・ヨークシャー、タイン・アンド・ウイアそしてクライドサイドにおいて、七つの専門的な執行委員会が発足した。それぞれの委員会は次の仕事を担っていた。

当該地域の必要に応じて、正しく統合された能率的な公共旅客交通システムの提供を確保する。（一九六八年交通法、第II部、第９条）

鉄道は公共交通手段の一つでしかないが、ＰＴＥの運営においてはこれが優先された。それは地方鉄道ネットワークを運営するのに資金が相当量必要であったためだけでなく、バスとは違ってＰＴＥは新しい鉄道「インフラ」の整備と提供サービス水準の双方に責任を負ったためである。

現行の地方鉄道サービスの全般的に安定した運営により、ＰＴＥシステム内の政治的闘争の主要舞台は、地方鉄道ネットワークを改善し、拡張することを目的とした戦略的整備政策の選択を巡るものとなった。したがって、本書ではいくつかの理由から鉄道の戦略的な設備投資に注目する。第一の理由は、一九六八年交通法の特別規定（二〇条）、これによりＰＴＥは中央政府から離れて地方都市鉄道ネットワークの運営と設備投資の管理ができるようになったのであるが、その下で地方鉄道ネットワークをどのように発達させるべきか決定する自由裁量権をＰＴＥが持っているということである。第二の理由は、新しい鉄道の建設が、有益な施設へのアクセス水準を左右する大きな要因となるということである。第三の理由は、一九八〇年代の政府の広範囲な規制緩和改革の中で、都市バスサービスとその財政を管理する権限は、いずれの場合も一九八六年にＰＴＥから排除されたということである。これによってＰＴＥの主要な機能として鉄道の整備が残された。

ＰＴＥは、地方のパッセンジャー・トランスポート・オーソリティー（ＰＴＡ）に対して民主的な説明責任を負い、それはＰＴＡ地域内の選挙区の議会による「法令上の合同委員会」か、もしくは存在していればＰＴＥの管轄内の郡あるいは特別都市議会の交通委員会を通して行われた。したがって、イングランドにおける特別都市の廃止と、同様のスコットランドにおける郡の解体、これら二つの出来事の間の一〇年間にわたって、ＰＴＥと都市鉄道整備機能において二つの並行した地方の民主的な管理システムが存在した。スコットランド唯一の例であるストラスクライドでは、ＰＴＥは一九九六年三月末まで単一の大都市圏規模の地方自治体下で存在し続けた。しかし、イングランドにおける六つの旧特別都市では、一九八六年四月一日から、各ＰＴＥは区域内の地方自治体で選ばれた議員から成る合同委員会形式のＰＴＡに対して説明責任を負った。

都市鉄道政策の立案に対する地方自治システムの影響を分析することを追求する一方で、本書では二つの理由から各ＰＴＥが制定した整備政策を批判的に「評価する」ことをしない。最も重要なのは、地方政府内の幹部職の役員や議員のインタビューはそのような政策評価が行われないことを了解した上でのみ確保されたためである。どの場合も、本書中にかれた実際の整備政策の多くはまだ建設に進展してはいない。それは鉄道インフラを含め、大規模設備投資は長い時間がかかるという特徴のためである。同様に、旅客運賃政策も載せていないが、これは中央政府が各ＰＴＥの収入配分を決めたことを直接的な要因として一九八六年から一九九六年の間、研究対象地域における地方鉄道旅客運賃が全般的に安定していたからである（付録参照）。

マージサイド及びストラスクライド都市圏の情勢

大都市圏全体を管轄する単一の政府の管理下で唯一残ったＰＴＥ地域としてストラスクライド地域が、二研究対象地域の一つ目として挙げられる。ストラスクライドは、グラスゴー市を中心とした都市域、クライドサイド大都市圏

表1-1　マージサイドとストラスクライドにおける自動車保有率（1991年）

地　　域	1000人当たりの台数
英国全国平均	380
マージサイド	286
ストラスクライド	266
リヴァプール	217
グラスゴー	183

出所：国勢調査。

を作る周辺の住宅地と工業地帯、そしてエア、キルムコルム、ヘレンスバラ、ラナークといった中心から離れたいくつかの副都市圏から成る。グラスゴー市、クライドサイド大都市圏、ストラスクライド地方の人口は各々七〇万人、一七〇万人、二三〇万人である（一九九一年国勢調査）。四六七キロに達する、ロンドンを除く英国国内で最も大きな地方鉄道ネットワークを持つ地域である。

リヴァプール市を中心とした「マージサイド特別都市」は、経済、社会、鉄道においてストラスクライドとの間で多くの共通点があるために、他の合同委員会PTA地域よりもここが選ばれた。両地域とも歴史的な産業都市で港町でもあり、重要なサービスや文化の中心地としてこの一五年間でイメージを変えた（カーマイケル 一九九五年）。ストラスクライドよりも人口が少ない（一九九一年国勢調査で一四〇万人）にもかかわらず、マージサイドの都市構造は小さな中心都市（リヴァプール、人口四五万人）と、その回りを囲む住宅地と工業地帯（バックンヘッド、ブートル、ハイトン、ヘイルウッド）、周辺の地域（ウエスト・カービイ、サウスポート、セント・ヘレンズ）から成り、類似している。また、両地域は比較的裕福な郊外地域と、高い失業率が続いていることからくる多数の貧困者に特徴づけられる公共セクターによる広大な住宅地域が並列してあるために、深刻な社会の二極化に悩まされている。

車の保有率が英国平均よりかなり低いことから（表1-1）、公共交通の使用は両地域において高い。同様に、両地域の地方鉄道システムに見られる特徴の多くはよく類似している。マージサイドでよりはっきりしていることだが、鉄道はマージー川あるいはクライド川による両都市圏における都市内移動の障害を取り除くのに重要な役割を果たしている。同じような産業の歴史を持つ両都市では、それぞれの地域において鉄道インフラの遺伝的な継承パターンにもいくつかの共通した特徴を示している。七つあるPTE地域の中で、ストラスクライドとマージサイドは一九七〇年代に新しく建設した都市鉄道インフラから利益を得ている三つのうちの二つである。この地域の三つ目、タイン・アンド・ウイアは、いくつかの理由からストラスクライドとの比較には適さない。第一に、地域の主な鉄道システムであるタイン・アンド・ウイア地下鉄（一年当たり三〇〇〇万人超の旅客を輸送している）は、PTEによって直接運営され、一九六八年交通法の二〇条に規定されている資金提供対象には入っていないからである。したがって、同システムは財政と中央からの法的規制において異なった構造の下にある。加えて、一九八〇年の開通以来、地下鉄の大規模な開発はないのである。

しかし、恐らく最も重要なことだが、他の大都市圏と比べてマージサイドとストラスクライドの経済的、社会的生活において、二〇条規定下にある鉄道ネットワークが相対的に大きな重要性を持つことは、両地域の住民が鉄道で移動する一年当たりの数が大きいことに反映されている（表1-2）。このマージサイドとストラスクライドが最も高い住民一人当たりの地方鉄道乗車率であるということは、自動車保有が低水準にあることと、地方鉄道ネットワークが同程度の大きさと機能であることを強調している。最後に、ストラスクライドと比較する合同委員会管理下のPTEを選択する中でもう一つ重要な点は、実際に研究することを考えると、研究データにアクセスしやすいかどうかということである。予備調査中に連絡を取った六つの英国PTEの中で、マージサイドが一番快く受け入れてくれ、スタッフや包括的な公式文

表1-2　住民1人当たりの20条規定路線による旅客鉄道利用回数の推定値（1996年）、PTE地域

PTE地域	1人当たり20条規定下路線による利用回数
マンチェスター圏	11
マージサイド	20
サウス・ヨークシャー	5
ストラスクライド	17
タイン・アンド・ウイア	2
ウエスト・ミッドランド	8
ウエスト・ヨークシャー	6

出所：PTEグループ（1996年）。
注：グラスゴー地下鉄、タイン・アンド・ウイア地下鉄、マンチェスターとシェフィールドの20条規定外の鉄道システムは除く。

献へのアクセスが最も優れていた。

2　本書の構成

理論的背景

第2章及び第3章は、その後に論じられる研究対象地域であるマージサイドとストラスクライドにおける鉄道政策の事例研究を支える理論的背景を包括的に提示をするために、すでに概説した都市交通システムや地方自治に関する序論的な説明を行う。第2章では都市交通が都市の環境と社会に与える影響を調べ、都市交通問題の解決を目的としたさまざまな政策となりうる諸案を詳しく検討する。ここではどの解決策にも出てくるであろう鉄道の役割が示されており、「経済的発展」と「社会的発展」という鍵となる政策の間で対立が生じる可能性を含んでいる。次に都市鉄道の発達と都市内のその役割について現代の国際的な取り組みについて詳しく検討する。

第3章では現代の英国地方自治の改革について詳しく論じる。中央政府と地方政府の権力間、選挙による地方当局とその他の地方公共機関の間、そして議会内の関係の本質について言及する。公共選択理論において指摘される大きな地方政府にあるとされる不利益についても議論する。中核的な理論である「都市政策統治体制」が、合併や細分化された組織構造の異なる地方政策団体内で権力が行使され、決定が下されるメカニズムを比較する手段として強調される。鍵となる概念である政策立案過程における公共説明責任と、これらの違いとの密接な関係も示される。次に個々の政策立案者の根本的な動機づけと抱負を明らかにするのに一番適しているため、「構造化理論」を主要な方法論上の道具として用いる。

事例研究による検証

第4章は、研究地域であるマージサイドとストラスクライドの状況を先の理論で分析する。各地域の歴史的な都市発達段階における都市交通問題、地方自治と鉄道政策立案に関して各地域で一般的に見られるシステムについての説明も示される。研究開始時の一九八六年四月において、各地方鉄道がすでに持っていた路線網を詳しく見たのち、次の一〇年間で各地域の政策立案者が選択する可能性のある諸案を検討する。

第5章から第9章は、ストラスクライドとマージサイドにおける鉄道政策の組織化、適応、実施について分析する詳細な事例研究を示す。第5章ではPTAとPTEで一致した戦略的政策の立場と政策統治体制メンバーとしての個人的な見解を比べる。各地域の政策過程の構図、構造、運営に関するインタビュー対象者の認識の分析を通して、ストラスクライドとマージサイドの鉄道政策統治体制のモデルを示す。地方都市鉄道政策統治体制の中で、各個人や組織の役割を強調するために個々のプロジェクトの歴史を詳細に描く次の四つの章によって、これらのモデルがさらに強固なものとなる。どの行為者が地方統治体制内での政策論争を主導する権力を持つかを証明するために、共通した政策の選好、中央政府の態度、そして採用された構想査定方法がどの程度最終的な政策の形成に寄与するかを明示する。

結　論

第10章では各地域の鉄道政策立案決定への影響の本質、そして英国全体へのより広範囲に影響を及ぼす推論を比較するために、二つの事例研究間の包括的比較を行う。二つの地域における実際の政策を、各地方統治体制内で政策上の個人的な選好が持つ相対的な強さを示す全般的に見られる戦略的な思考に照らして分析する。マージサイドとストラスクライドで主要な行為者の立場が異なることにより、地方組織構造に端を発する政策立案に大きな影響を与えていることが明らかとなる。最後に、これらの影響の本質は、統治体制の類型とその結果としての政策過程における公共説明責任の達成水準、さらには地方都市自治における都市域構造の細分化の基礎となる公共選択理論に見られる仮定と深い関わり合いがあることが明示される。

第2章　都市交通問題

1　都市鉄道の役割

本章では現代の都市における都市鉄道の価値とその役割について概略を述べる。はじめに都市の範囲を定める方法について検討する。この研究に関しては、最も適切とみられる線引きされた都市域に共通する経済的、社会的相互作用に注目する基本的定義を用いている。次に、都市鉄道システムの改革について概説する。都市生活の経済的、社会的次元における都市交通システムの機能について分析を行う。鍵となる概念であるモビリティとアクセシビリティ、そして鉄道の経済的、社会的発展の役割についても述べる。特に、鉄道によって得られるアクセシビリティと環境における利点を、これらの概念と他の交通手段の性質に関連して分析する。最後に、国際的展望の中で英国が行った都市鉄道政策の最近の進展を概観した後、都市鉄道の意思決定者が直面する政策選択について議論し、いくつかの戦略的目標の間における対立の可能性を指摘する。

2 都市域における交通システムの役割

都市の定義

都市空間、社会または経済についてのどのような分析においても、都市についての定義は明確に示されることはない。地理学的にも政治学的にも社会学的にも、多くの調査が行われているにもかかわらず、普遍的に受け入れられた都市の定義はわかりにくいままである。都市と地方の直感的区別は明らかであるが、英国のような高度に成長した国に当てはめた場合、地理学者などはこの区別が実際に意味を持つかどうかをますます疑うようになっている。このような意見はポール（一九七五年）によって示されている。彼は次のように主張した。「都市化した社会においては、都市はどこにでも存在しどこにも存在しない。都市を定義することはできない。」また、グラス（一九八九年）の考えでは、「英国のような高度に都市化した国では、『都市』というラベルは社会学の大半の研究分野に適用できる。しかし、それを適用することは全く無意味である」。

注目すべきは、上記の二つは、区分された都市域の存在を否定する一方、共に都市として明確に定義できる何らかの実体を概念化している。サベジとウォード（一九九三年）は、都市の地理学的かつ社会学的な研究において、認識論に重点を置くたくさんの「反復テーマ」があることを認めている。また、ハーバートとトーマス（一九九〇年）は、これらについて都市地理学のために二つの「基準」を抽出し、都市は特別な調査のための空間と場所であるとしている。

その後出てきた都市空間の定義は、都市空間が何らかの原因で都市でない所に比べて人口が多い、または人口密度が高いという概念に依っている。しかし、これは明らかな問題を引き起こす。なぜならこのような相対的な定義は、特定の条件に適用した場合に弱点を露呈するからである。例をあげると、人口一〇〇〇人の居住地域は英国では間違いなく「田舎の村」と考えられるかもしれない。ところが、他の国や地域ではこのような人口密度は大都市の中心部を表すかもしれないのである。

ハーバートとトーマス（一九九〇年）は、都市に対して機能的な基準を提案している。彼らの主張によれば、町や都市は、「田舎の居住区域と区別できる機能を持っており、農耕の機能を持たず、モノの生産よりはむしろモノの交換に関係している」ということになる。この考えはハーヴィ（一九七三年）の次の主張を反映している。町や都市の成長は資本主義経済体制の中心にあり、そこは余剰を効果的に交換する地域として形成されている。さらにハーヴィは、人が生きるという根本に関わる「生活の余剰」と、さらに広い社会の基礎となる文化活動に投資するために必要な社会的余剰を識別する。都市は経済的交換と社会的また文化的消費の双方の場である。しかし、これらの役割はまず相互交換から市場制度へと進化した交換の形式として適応され、次に国内外にまたがって明確に定義された都市の階層構造として適応されてきた。一九世紀には、近代産業の出現によって、多くの町や都市にさらにもう一つの機能が備わった（ヴンス一九七一年）。

このようなさまざまな方法による都市の機能的な定義は、空間と場所の概念的分裂を橋渡ししている。明確な機能的な解釈があれば、都市域はそこの住民にとって明確な生活スタイルを生み出すことが期待出来るだろう。これは、トニーズ（一九五五年）の融通のきかない田舎の共同体、すなわちゲマインシャフトと、それより柔軟な都市の群集、すなわちゲゼルシャフトとの識別に用いられた。ゲゼルシャフトとは、都市で利用可能な幅広い活動や生活様式の中から個人が選択する社会である。

ルイス・ワースの古典的な著書である『アーバニズム・アズ・ア・ウエイ・オブ・ライフ』（一九三八年）では、

都市化した特有の社会秩序の存在が認識されている。都市域における三角関係の概念化を通して、ワースは、規模、密度、不均質の三つの独立変数と、地域特有の詳細を示すたくさんの従属変数の存在を提案した。独立した三つの変数は、共に都市特有の文化を表している。ワースの積極的なアプローチは、現在ではやや時代遅れであるが、今日の都市地理学では彼が示した三つの独立変数のうち一つまたはそれ以上によって定義された空間を特定している。また、現代の都市地理学は次のことを認識している。三つの独立した都市範囲のそれぞれは、都市機能の特定の融合からなり、広い地域内の別個の場所としてそれを定義する特有の生活の質を提供している。

このような都市の機能による定義は、次のことを示している。特定の都市の実践的な研究のために適切な境界線は、都市中心部の法的な区画、人口密集地域、大都市圏、継続的に開発された地域などのさらに大きな物理的構造のどれよりも、広く線引きされるべきである。その代わりに、一つの共通の都市労働市場やサービスの集積場所の一部として独立した「機能の実体」（ハーバート、トーマス 一九九〇年：六〇）、または「都市域」（チャンピオン編著 一九八七年：六）を表す都市中心部や郊外、さらに小さな周辺居住区の相互依存した体系を考慮すべきである。

都市交通の必要性

都市交通の必要性は、すでに述べた都市の空間と場所との二つの概念の中に見出すことができる。経済空間としての都市にとって、生産と交換の場所の間を、モノとヒトを効率的に輸送できる交通システムが必要であることは明白である（ボトン、ギリングウォーター 一九八六年）。広範な経済システムにおける交換の場所としての都市の概念は、バーテンショー（同編著 一九九一年：九六）によって一層重視されている。彼は、「交通の中心地や乗り換えの場所としての都市の出入り口の機能」を強調している。

都市交通システムは、社会的な場所として都市の概念を描いている。ハンソン（一九八六年）は、経済におけるモ

表2－1　都市旅客移動目的の分類

活　　動	移動形態の分類
経済的活動	
生活費を得る	通勤
	仕事中の移動
財・サービスを手に入れる	個人的にサービスを得るための店舗への往復
	買物や私用のための移動
社会的活動	
人間関係の形成、発展、維持	友人・親戚の家への往復
	自宅外の会合のための往復
教育的活動	
	学校、大学、夜間学校への往復
娯楽とレジャー	
	娯楽を楽しむ場所への往復
	娯楽としての移動（散歩、ドライブ）
文化的活動	
	礼拝場所との往復
	文化的または政治的集まりなど娯楽以外の活動場所への往復

出所：ダニエルス、ウォーンズ（1980年：20）。

ノと労働者のモビリティと、ゲゼルシャフトの概念において示されている個人にとっての都市機能やサービスへの「アクセシビリティ」を厳密に識別することを強調している。ホワイトとシニア（一九八三年：一）にとっては、都市生活における後者の役割が必須である。なぜなら、「交通は場所の有用性を生み出し」、さらにワースによって認識されたような都市概念を形成する。したがって、そこから交通に対する要求が導かれることがわかる。交通そのものについて、それは固有の価値ではないが、その代わり個人が日々の生活スタイルの中で必要とする多くのさまざまなサービスを利用できるような手段を提供しているのである（表2-1）。

オコナー（一九七三年）による政府支出の類型を適用することにより、都市交通に対する要求の区分は次の段階にあることがわかる。パディソン（一九八三年：一四八）は、次のように記している。一つ目の「社会的投資」費用を「資本の蓄積が進む好都合な環境を確保する」ために必要なものとし、二つ目の「社会的消費」費用を「労働力の再生産を目的とする」ものとし、三つ目

表2-2　都市交通の主要な機能

都市の見方	経済的空間としての都市	社会的空間としての都市
政策目標	経済的発展	社会的発展
都市交通の主要機能	労働力と資本におけるモビリティの最大化	都市の有益な施設への個々のアクセシビリティの最大化
支出の種類	社会的投資	社会的消費
評価方法	数量分析	数量分析及び質的分析

の「社会的費用」を「合理的な手法を目的とした」ものとして分類している。都市交通はこれらの役割を満足していると見なすことができる。生産や交換のための空間である都市に対して、労働力と資本の適度な供給のために必要なインフラを提供することは、社会的投資として概念化できる。一方、「図書館、博物館、娯楽を含む文化的サービス」のような「労働力の再生産に必要な集団的消費」（ソンダース一九七九年：一四七）の交通によって与えられる機会は、社会的な消費をもたらす。実際、このような定義は社会的費用の概念を社会的消費に組み入れていると見なすことができる。なぜなら、健康管理、教育、交通などサービスの集団的な消費によって可能となる個人の解放は、近代国家の正当化に必要な社会の進歩にとって重要だからである（キャステルズ一九七七年）。

これら二種類の消費のそれぞれは、方針の異なる評価方法と関係づけられる。認識できる都市の経済効果に対する交通の資本投資の影響を予測したいという願望は、便益の予測から成長のためのコストをはかる数量的な分析技術の発展を促している（3節を参照）。しかし、都市内の移動機会の拡張を通して、個人の移動の利便性を高める方針の成果を、数量的に表すのはさらに困難になると思われるため、しばしば質的な評価が組み入れられることとなる。

表2-2では、経済的空間、社会場所としての都市という総合的な見方の下で、都市交通に考えられる機能を整理した。個々の交通政策は、どちらの見方からでも目的につながりうるが、全般的に社会的あるいは経済的発展要求のどちらが意思決定に影響を与えるかは、後の事例研究分析の鍵となる。

英国における都市交通の発達

英国における都市交通は、経済的発展と社会的発展の双方の役割を成し遂げるために進化した。ホワイトとシニア（一九八三年）は、一八四〇年以前の初期の土地制度が、都市部で経済的交換の主要な方法を提供し、歩行者と馬車の使用のための道に基礎をおいていたと主張する。ロンドン以外の都市は「フット・シティ」（シェファー、スクラー一九七五年）で、狭い中核を持つ、つまり職場と家が同じか、もしくは極めて近接しており、都市内では徒歩が圧倒的に優勢な交通機関であった（シャープ一九六七年）。しかしながら、交通技術の革新が、このような状況を一変させた。

一九世紀初頭の四半世紀に始まった交通技術の大々的な革新は、都市の成長、内部構造の構成、供給、需要、効率、スピードと、かかる状況下で移動する機会に対して、大きな影響力を持った。（ダニエルス、ウォーンズ一九八〇年：四）

馬車鉄道がその特徴であった「トラック・シティ」（シェファー、スクラー一九七五年）の早期段階への移行は、初めて「自宅と職場の分離」（ダニエルス、ウォーンズ一九八〇年：二）を可能にした。しかしながら、拡大している幹線鉄道によって通勤する余地は少なかった。都市間交通のために主に建設され、蒸気機関車（停車場間でかなりの距離を必要とした）が走っていたこれらの路線は、「すでに都市開発がなされた地域及び都市拡張の可能性を持つ地域の中では非常に限られた区域でしか運行されなかった」（ダニエルス、ウォーンズ一九八〇年：八）。地方都市の周辺の鉄道によって引き起こされたような郊外の開発は、都市の中心部よりはるかに低い密集度で富裕層のための別荘によって構成され、その別荘は多くの場合、すでに出来上がった都市の市街地からは数マイル離れていた（ケレット 一九六九年）。実際、多くの点で、この過程は、現代の都市域の特性を示す別個の郊外住宅地へシフトする初期の例を表している。さらに、新しい鉄道会社は、この過程において積極的な役割を果たした。「鉄道沿線の未開発の場所に家を建てることに同意した人々」に、無料で定期券を配布したのである（トーマス 一九七一年：二〇九）。

一九世紀から二〇世紀の変わり目に、路面電車が急速に成長し広がった。トラック・シティの次の発展段階は、「蒸気機関車により都市の中心と結びつく」特定の路線に沿った開発を通じて、都市の拡大を可能にした（ホワイト、シニア 一九八三年：一一九）。英国の都市の中で高台やアパートが立ち並ぶ地域の多くが、都市中心部へ移動するのに路面電車が便利であるために、これが急速に発展した。

大都市圏における市街地がさらに拡大し、密集したものになるにつれて、一九世紀後半に出現した路面電車に加えて、専用軌道による郊外鉄道システムの開発が進展した。満足できる移動時間を保持する一方で、電車の特徴である急速な加速が多数の駅の設置を可能とした。ロンドンにおける地下鉄ネットワークの発展は、混雑した都心街路の救済と都市周辺から中心部にいたる改良されたアクセシビリティを結びつけた。その結果、エセックスとミドルセックスの一帯は、市民が「メトロランド」における生活に魅力を感じたことにより都市化された。同様の郊外の成長が、一九一〇年以降のマージサイドにおけるいくつかの路線の電化によって進められた（第4章4節を参照）。しかしながら、グラスゴーにできた英国で二番目の地下鉄は、住宅地域と河岸の桟橋と倉庫がある地域が都市中心部を囲む最初の一〇キロメートル以上に拡張されることはなかった。それは、大まかに言えば、地下鉄の軌間が標準軌ではなく特殊な狭軌であったこと、都市の規模が小さかったこと、すでに地上を能率的で稠密な路面電車のネットワークができあがっていたことなどによる（ライト、マクレーン 一九九七年）。

「鉄道化」時代の進歩的な革新が、増大する労働力と都市の経済発展における人々のモビリティを保証する有効な役割を担ったが、同時に社会的発展の主要な要素としての役割を果たした。例えば、博物館や公園のような公共施設の拡充や、スポーツ観戦のような活動について、広範な都市住民へ路面電車によってアクセスが与えられたとブラッシュ（一九七一年）は述べている。

一九四五年以降の英国の都市交通は、世界の大部分の先進国と同様に、土地に重要な形態的、社会的変化をもたらしたバス、トラック、とりわけ自家用車による「ラバー・シティ（タイヤの町）」（シェーファー、スクラー　一九七五年）への移行に支配されることとなった。ウエストウエル（一九九一年）は、英国の計画策定における米国の影響、特に低密度の郊外へのスプロール化傾向と、自動車使用に対する自由放任主義的姿勢によって助長された都市の急速な成長を強調する。既成の都市における自動車の許容には、問題があると認められた。一九五〇年代及び一九六〇年代において英国の都市から路面電車が排除されたことは、個人の乗り物のために利用可能な道路空間を増やすことに優先順位がおかれた明瞭な実例である（ハル、ハスクラウ　一九八五年）。さらに、新しい道路インフラの建設により、多くの歴史的な都市内の街区がなくなったり、いくつかのケースにおいては、それらすべてが地図から抹殺されたりした。

一九六三年の報告書『トラフィック・イン・タウンズ』（ビューカネン　一九六三年）は、「高速道路熱」の高さを表すものとして高い評価を受けたが、実際には、道路スペースの供給を自動車交通の需要と平行に増加させ続ける計画を立てることは、我々の町、都市の大きな再建を伴うもので、たとえそれが資金面で可能だとしても、歴史的特徴を根本的に変えてしまうことを認めた（ブルテン　一九八五年）。その代わりとしてビューカネンは、町や都市中心部での車の使用を抑制し、自動車所有者たちを引きつけるような十分なスピードと容量のある鉄道をベースにした都市交通システムへ多額の投資を通して、現実的に代替するものを供給する必要性を強調した。

かつては、左派の人々も右派の人々も、多くは自動車の所有と使用の増加が望ましいと考えていた。右派は、移動手段の個人的な選択の自由の広がりだけでなく、自動車、石油、ゴム産業、道路インフラ建設により拡大し続ける有効な循環によって発生する継続的な経済成長の可能性を指摘した（フォスター 一九八一年、イエゴー 一九八四年）。同様に、左派の大部分は、ル・コルビジェや米国の建築家フランク・ロイド・ライトらが描いたように、交通の公平性に関するジレンマの解決方法として、万民による自動車所有を前提とした都市計画のユートピア的な展望を描いていた（ウィストリッチ 一九八三年）。

交通が絶えず流れるよう美しく安全の保たれた大きく開かれた道路以外に、文化や文明を示す立派な施設はあるだろうか。それは素晴らしい人生の中に必要な部分なのだ。人間の血管や大動脈を通るように、壮大な道路に沿って都市生活が営まれ、設備が次々と建設され、計画が立てられ、仕事が行われるのである。（ライト 一九六三年：一四七）

事実、これが左派によって全般的な都市交通政策の中に自家用車を取り入れることを加えた重要な部分である。戦間期に名高い社会主義者であったベアトリスとシドニー・ウェブは次のように述べている。

我々は、徒歩で移動する人々が守られるのに一体これ以上何が必要なのか、そして、路面電車やバス、財政において、どのような憲法や財政上の制約があるかに関係なく、道路に合うように交通量を制限するのではなく、道路が交通を許容するように造られなければならないことは疑う余地がない。（ウェブ、ウェブ 一九六三年：二五四）

しかしながら、車を充分に収容することが要求された「駐車場都市」（モンフォード）の冷酷な物理的状況が、このような「姿勢や政策のほとんど大部分の変更」を求めた。「(新しい)政策は七〇年代中期の非常に短期間に、町や都市から交通の負担を取り除く方法として道路建設の地位を引き下げた」(スターキー 一九八二年：一〇五)。

この急激な政策の変化により、都市における高速道路建設提案の多くが廃棄されたばかりではなく、主要な公共交通のために中央政府による無償援助が拡大され、それらの投資を管理するために新たにPTAやPTEが創設された。PTAの資金は、地方税収入よりむしろ大部分が中央政府の補助金に基づいていた。PTAは、「新しい投資へのシフト、つまり車の代わりとなる公共交通システムへ改良する」重要な鉄道インフラ投資を推進した(ハル・ハスクラウ 一九八五年：二〇五)。グラスゴー、リヴァプール、ニューキャッスルは、一〇年後に、新規路線あるいは連絡線地下鉄による便益を受けた。同様に、ロンドン地下鉄で一九六八年に開業したビクトリア線は、少なくとも六〇年ぶりの新しい地下鉄となった。しかし、一九七〇年代後半における緊縮財政の広がりにより、都市交通システムに対する大規模な新規投資は終わりを迎えた。マンチェスター都市中心部の地下鉄ネットワークとロンドンのジュビリー線の第二期延伸が中止された。それは、投資の焦点がより廉価なLRT構想の実現可能性や、バス優先政策に傾いたためであった。サットン(一九八八年：一三二)によると、一九七九年以降の英国中央政府の交通政策は、奇異なことに、「交通は他の消費財と同様、市場の力や厳しい競争にさらされるべきだとの見解を支持した」自由放任主義型の経済運営の原理に基づいていた。地方政府改革のための公共選択プロジェクトと同様に(第3章3節を参照)、国有交通事業に対する規制緩和、分割・民営化は、明らかな供給過剰、変化し続ける顧客の要求に対する無反応、その結果生じる高い公費助成を減らす方法として、保守党本部によって擁護された。都市交通供給へ影響を及ぼす数多く規制上の変革で最初に実施されたのは、一九八五年の交通法によって導入されたロンドン郊外の地方バス事業の規制緩和であった。交通法は、次のような考え方に基づいていた。

（以前の）免許制は、不当に高いコストで運営する経営者を守ると同時に、需要の変化に応じた革新への柔軟性を減少させる。完全な規制緩和が、自由な革新の試みを可能にし、安全性を向上させ、コスト削減を継続させる（略）政府はまた、補助に当てられる公的資金の額を問題にし、公的資金は、自由市場により供給されないであろう日時や路線においてサービスを維持するためだけに使われるべきだと提案した。（サベジ 一九八五年：一一三）

しかしながら、その結果は次のように指摘される。

規制緩和は、政府が予測した肯定的な結果をもたらさなかった。今日では実際にいくつかの副作用が見られる。競争は、運賃の値下げにも、乗客の増加にもつながらなかった。公的支出は著しく減少したが、それは全体のモビリティを犠牲にしてなされた（アクセスの平等に影響が及んだと考えられる）。（プチェ、レフェバー 一九九六年：一三三）

ホワイト（一九九五年）によれば、一九九二年までに、地方バスの運行キロ数合計が英国で二〇パーセント上昇したが、補助額は、二二パーセント（イングランドの特別都市では二八パーセント）低下した。同じ期間に、運賃は実質的に平均六一パーセント上昇したが、イングランド特別都市における上昇率は九七パーセントに達した。しかしながら、バスと競争状態にあった都市鉄道に対するバスの規制緩和の影響はさまざまであった。例えば、タイン・アンド・ウイアでは、以前バスは都市の外延にあるバスと地下鉄の乗換駅までしか運行されていなかったが、バス事業が放射状に延びた競争の結果として、地下鉄システムは支持を失った（ロバーツ 一九九二年）。一方、多くの都市部において、規制緩和によってバスがサービス・パターンを変化させ不確実性を増したため、バス利用者の多くが、現実には地方鉄道網の利用に切り替えた。マージサイドにおいて、鉄道利用を支持する人は、規制緩和の翌年には一二・五パーセント上昇した（マージサイドPTA／E一九八七年）。

また、民営化の概念は、鉄道にまで広げられた。一九九二年に英国最初のLRTが官民共同体により、マンチェスターで開通した。翌年、一九九三年鉄道法により英国国鉄が民営化され、新しい線路管理機関であるレールトラックと、二五の旅客列車運営会社、そして数多くの貨物、技術及び支援会社に分割された。同法の規定により、公的支配と交通機関間を調整する力がさらに失われるという左派からの批判にも関わらず（例えばロバーツ一九九二年）、今まで何十年にもわたって見られた鉄道ネットワークの「投資不足」（プチェ、レフェバー一九九六年：一二六）を解消するのに新しい資金の投入が必要だと広く認められた。

さらに、民営バスの運行とは異なり、フランチャイズされた鉄道運営会社は、多額の公費助成を必要とし続けることが認識されていたことから、規制緩和にあたって民営の地方バスを規制する力を失ったのとは対照的に、地方鉄道政策の決定機関としてのPTEの役割が再確認された。したがって、一九九三年鉄道法は、民営化された鉄道運営会社に対する補助金の見返りとして、七つのPTEが地方鉄道のサービスと運賃レベルの設定に責任を持つようになり、その立場は強固なものとなった。しかしながら、一九九六年四月までPTE地域内における鉄道運営会社とレールトラックは、試行期間であったため、地方鉄道サービスを維持するPTEの既存の補助体系は変わらず、民間セクターに移行しなかった（第3章4節を参照）。

このような状況に対して、英国における自動車使用は、絶対的に自動車の所有が歴史的に低い都市部を含んで、着実に上昇し続けた。経済成長と都市域での人口の郊外分散によって、自動車の所有率及び入手可能性は、すべての社会経済的集団を通して、とりわけ女性や若年層において伸び続けた。

これらのこと（自動車の利点）を否定することは、役に立たないように思える。自動車は優れた発明である。それ自体、われわれの行動の大部分と切っては切れないほど素晴らしいものである。自動車がない時代に戻ることはできない。（バッハン 一九六三年）

それゆえに、次のように指摘される。

自動車から人々を分離することは、ほとんど不可能である。それは、公共交通への投資のかなりの増加と、公共交通と代替交通機関を支援する政策の履行が必要であろうが、どちらも将来ありうるとは思えない。（プチェ、レフェバー 一九九六年：一三六）

公共交通の改良を目的とした政策の実施に対し、次々と誕生した保守党政権は、都市旅客輸送の経済的、社会的役割に対する公共選択理論に基づく認識から消極的であった。第一に、予測された水準の交通量のために十分な道路輸送力を定めることは、経済活動において最大のモビリティを保証する最も効率的な方法と見なされた。第二に、マーガレット・サッチャーの名言（実際は、ビューカネン報告書からの引用）として、自動車利用者は、「自動車所有の民主主義」を構成している（リデル 一九九一年）。彼らは、自動車によって移動手段に即時にアクセスできることから生じる個人的な選択肢の増加と、さらに、自動車の所有そのものに付随した社会的地位を、価値のあるものと考えていた。スワン（一九九二年）、ベッグ（一九九六年）、及び他の人々が、渋滞、混雑、公害を減少させ、公共交通利用者のためにアクセスの公平性を促進するという理由で、燃料課税や都市の道路通行料の大幅な増加、さらには都市の自動車使用の直接的な制限を要求したのに対し、中央政府は、自動車利用者による政治的な反発を恐れて、そのような構想を幅広く導入することを拒否し続けた。したがって、需要抑制施策の適用は、街や都市中心部における徒歩の増加、駐停車制限、バスと自転車レーンの設定など、交通渋滞そのものを対象とする負の効果に制限された（シンプソン一九八八年）。結果的に、鉄道及びその他の公共交通機関は、都市交通市場におけるモーダル・シェアのために競い続けた。

したがって、ここ三〇年間に見られた多数の英国の都市の交通戦略において、鉄道に期待される役割は、人々のモビリティを増加させる方法として自家用車よりも信頼でき、環境へのダメージが少ない選択肢の一つということであった。これは、旅客が直接支払う費用を最小限に抑えつつ、行き先やサービス回数、移動時間の点で、サービスの質の改善を通して進められた（ハル、ハスクラウ一九八五年）。しかしながら、後述の事例研究の随所に出てくる根本的な政策上のジレンマが存在する。簡単に言うと、交通需要と自家用車所有率が高い、裕福な人々が住む地域において、自動車からのモーダル・シフトによって利用者の増加と環境面の利益が最も見込めるため、都市鉄道に対する限られた設備投資を集中的に行うことになる。それは、貧困層の住む地域に通っている他のルートから、移動改善の機会を奪うことになりかねない。したがって、各研究対象地域の地方鉄道政策論議の中心的なテーマは、これらの地域において幅広い経済的・社会的発展の間のバランスを探ることにある。

都市旅客交通に関する現代の問題

いかに利用可能な投資資金を最適な分野に投入するかという前述のジレンマ、このジレンマはヨーロッパの都市の大部分において都市鉄道政策立案者が直面しているものである。それは主に自家用車使用の歴史的な成長に起因している。これが都市交通問題における社会的・経済的困難の根本にあるとトムソン（一九七七年）は主張した。彼により指摘された自動車の明確な不利益である交通渋滞、環境の悪化、駐車問題、事故、歩行者の行動を困難にすることに加えて、シンプソン（一九九四年：四）は、次のように主張する。英国における自動車の広がりに対する自由放任的姿勢は、食料品店が車の利用しやすい場所へ移動したように、都市サービスの再配置をもたらし、「利用者が少なくなる公共交通を増加させたこと」は、公共交通投資への減少につながり、それが求められるサービスの質と魅力の低下をもたらし、グリーンベルトの継続的な侵食を進行させ、衰退しつつあった大都市中心地域の再生を妨げた。

このように、都市交通問題は、社会的・経済的発展双方の枠組みに組み込むことができる。商品と労働者のモビリティが減少するので、交通渋滞は都市の経済機能を明らかに抑えつける。同様に、自動車による競争によってもたらされた公共交通サービスの減少は、傾きかけている公共交通の「捕虜」である「交通に恵まれない人々」（トレイ、タートン 一九九五年）のための都市設備へのアクセシビリティを低下させた（バーテンショー編著 一九九一年）。しばしば、これは、サービスの完全な撤回ではなく、その日や週のうちの特定の時間における制限を意味しているが、これは時間が決まっている施設の利用や活動への参加を否定する。

ホッジ（一九八六年）は、都市における公平性に関して、自動車所有との関わり合いについて他の側面も検討している。上昇する自動車の利用可能性は、ある人たちに雇用や社会設備の相対的なアクセシビリティを明らかに増やす一方で、他の人たちのための公共交通を減少させた。公共交通サービスに対する支援が低下したので、車を利用できない人々、若者、高齢者、失業者、移動手段の損なわれた人のような社会的に恵まれない人々は、公共交通のサービス水準の低下に伴って、二重に不利な立場に立たされた（トランス 一九九二年）。このように、「すべての人のためのアクセス」（シェファー、スクラー 一九七五年）という目標は、不明瞭なままである。

明らかにされた都市の危機が、少なくとも一つの共通の根本的問題を持っているということが、われわれの論点である。これは、自動車に対する依存の増大である。すべての都市部において自動車は、地域のすべての場所に行くことができる交通機関であるという意味しか持たない。自動車が「唯一の」交通手段である地域では、常に交通へのアクセスは個人間で非常に不平等に分配される。これが、恐らく自動車の最も大きい社会的障害である。（シェファー、スクラー 一九七五年：一〇三）

自家用車利用の高さによる交通アクセスにおける二極化に加えて、粉塵、騒音、交通事故の増加のような環境上の問題は、明らかに健全な生活を阻害し、多額の社会的費用を生じさせている。ホワイトとシニア（一九八三年）は、将来の都市交通政策における目的は、移動を減少させ、そして残る移動については、自動車による移動を減らし、それと並行して公共交通の利用を増やすことを通じてモーダル・シフトを進めるべきであると提案している。

自動車使用に対して増大する要求を満たすために道路インフラをさらに拡張することは、都市計画や財政的理由においても常に可能というわけではなく、環境的、エネルギー的、そしてしばしば社会政策的観点から望ましくない。唯一残っている交通政策上の選択は、投資と価格政策により、公共交通を選択するようモーダル・シフトを進めることである。（ＯＥＣＤ 一九七九年：一四九）

そのような政策転換は、一九八七年における環境と開発に関する世界委員会によって提案され、ホワイトレッグ（一九九二年）らによって擁護されたように、「持続可能性」の目標に向かう重要なステップを提供するであろう。同委員会で提供された持続可能な開発の定義、すなわち「それら自身のニーズを満たすため、将来の世代の能力を傷つけることなく、現在のニーズを満たす」ということは、広範な自動車使用に起因する大気汚染、温室効果ガスの排出、エネルギー消費水準の継続的な増加と相容れないものである。

しかしながら、都市交通の持続可能性におけるこのような論点は、再び都市交通問題の逆説的な本質を強調する。自動車によって行われている移動の公共交通への転換は、環境面において大きな改善を示す一方で、公共交通の改善を求める要求を同時に満たすとは限らない。

すべての社会における政策立案者は、社会的判断の決定を通知するための社会的意思決定を導く価値、もしくは目的を持っている。ほとんどの社会において、これらには少ない資源の効率的な使用、「及び」それらの資源の公平なあるいは正当な配分を促進することが含まれるであろう。（ルグロン 一九九一年：一）

交通の公平性に関する考え方における鍵となる要素は、現在は移動することの少ない貧困地域に住む人々に、新しい移動機会の可能性を与える公共交通の発展である。総合的な都市の社会公平性は、ダニエルズとウォーンズによれば個々のニーズすべてを満たす輸送システムをすべての地域にわたって提供することを通して最大限となる。バッハン（一九九二年：一五）は、都市交通問題の解決による都市の生活の質を向上させるための政策目標の包括的な提言の中に、交通における公平性の促進を含めている（表2-3）。

表2-3　生活の質における交通機関の目標

アクセシビリティ ・人々に職場、店や公共施設、工業や商業、診療所のような施設、レクリエーションや娯楽、他の商品やサービスの利用を可能とし、また互いを往き来できる交通システムを供給すること。 ・交通計画の策定を土地利用や経済発展計画と調和させることで全体的な移動の必要性を最小限に食い止めること。
環境 ・単に交通発展に起因する損害を最小限にすることだけでなく、それ自体の目的として、環境の質を守り、高めること。 ・特定地域だけではなく、いたるところに品質基準をあてはめること。 ・交通政策が国家的、世界的に環境への損害を減少させるのに貢献することを保障すること。 ・代わりのない環境資産の破壊を防止する明確な制限を定めること。
経済発展 ・地方、国家レベルで持続可能な経済発展をサポートする交通インフラのモデルを作成すること。 ・交通産業において、生産と運営の両方において、研究、革新、科学技術の過程を促進すること。 ・適切な給与と労働条件を提供し、それを実践するために、交通産業そのものを規制すること。
公平性と選択 ・今日存在する不平等に取り組み、すべての人のために目的地と交通機関選択の自由を改善すること。 ・交通システムの計画と運営による利益の大部分が、最もそれらを必要とする人々に分配されることを保障すること。
安全性と安心 ・（徒歩を含めた）すべての交通機関において、個人の負傷、危険、恐怖を減少させること。 ・運転者、乗客、歩行者及び自転車利用者の道路交通事故の数、危険性、重大事故を減らすこと。
エネルギーと効率 ・最も低いコストで、居住者、旅行者、産業及び商業に従事する人々のアクセシビリティの要求を満たすこと。 ・再生不能なエネルギー源の消費を最小限にすること。 ・混雑を減少させ、効率的な交通を促進すること。
説明責任 ・交通計画策定プロセスに参加するための明確な権利を人々に与えること。 ・交通計画の意思決定過程に関して、地方民主主義を通じて人々が影響を及ぼすことのできるような仕組みを制定すること。 ・利用者が供給側によって提供された交通サービスの質に直接影響を与えられる仕組みを立ち上げること。
フレキシビリティ ・交通システムに対する外的要因による制限の変更と、その影響についての新しい見解に関して、敏感に反応するシステムを作ること。

出所：バッハン（1992年：15）。

3　都市鉄道

都市鉄道の特性

交通システムの中で独自の種類を形成しているにもかかわらず、実際に「都市鉄道」という用語は、広い範囲の交通技術を含んでおり（シンプソン一九九四年）、それは重層的な旅客交通ネットワークにおいて地理的な階層を形作っていると考えられる。その一つは、道路上を走る路面電車であり、それは一九四五年以降英国においてはバスに置き換えられたが、ヨーロッパの都市の多くでは現代的な形態となって、ネットワークの中心的存在として残っている。路面電車は道路交通信号制御システムの下で、道路空間を他の乗り物と共有するため、平均スピードは通常低く時速一五キロ前後である。そのため、都心の短い移動に有効な手段となっている。しかしながら、このように時速が低いにもかかわらず、路面電車は道路上で運行しているため、乗客にとっては乗り降りが非常に便利で、ネットワークが稠密である。

輸送需要がさらに大きい都市においては、多くの地下鉄が建設されたが、それは混雑した地上の道路交通から完全に分離した専用軌道を造ることによって、路面電車の低い運行速度や輸送力を改良する試みであった。パリの「メトロ」のようなシステムは、停車駅の間隔が近い路面電車と同様に密集したネットワークで、列車を頻繁に運行することにより、路面電車の最もよい特徴をまねようと試みた（ハーディ一九九三年）。しかしながら、そのような稠密な駅の供給につきものである始点から終点への移動時間の長さは、そのようなシステムが郊外まで効果的に拡張することを阻んだ。今日でさえ、都心に効果的システムを供給する多くの地下鉄やメトロの役割は、より密度の高い都市中心部における一〇km未満の短い移動に限られている（シンプソン一九八八年）。

一方、従来の郊外鉄道（ヘヴィ・レール）は、通常は少なくとも一・五キロ離れた比較的広い駅間隔で、駅数を限ることにより、高い平均スピードを達成している（シンプソン一九九四年）。このように、現代の通勤路線のほとんどは、都市域内のさらに長い移動、しばしば数キロメートルに及ぶ移動に向けられた、都市内部の路面電車または地下鉄システムを補足するネットワーク層を形成している。これは特に、国有鉄道ネットワークにおける長距離の旅客と貨物輸送を共有する郊外の路線に当てはまる。この場合、都市中心部の次の旅客駅は、ターミナル駅への列車の進入における混雑を減ずるために、かなり距離をおいて置かれている（ダニエルス、ウォーンズ一九八〇年）。しかしながら、のちにできた主として郊外の乗客を対象として設計された鉄道（ヘヴィ・レール）は、グラスゴーの地上路線（第4章4節を参照）のように、都心部の高架鉄道ネットワークと相互に干渉することを減らすために、中心部ではトンネルを設置した。したがって、郊外路線も都心まで乗り入れでき、都心と都市環状の内部において間隔が短い駅を設置できるようになっている。

一方、ロンドン地下鉄のような大規模な「地下鉄」システムが明らかにヘヴィ・レールに分類できるのに対して、LRT（ライト・レール・トランジット）は、路面電車と専用軌道の両方の要素を組み合わせたものである。LRTの路線は、建設される環境に応じて専用軌道や信号制御をさまざまな水準で用いており、完全な専用軌道を走行する都市域ネットワークにおける高いスピードと、密集した路上ネットワーク層における多数の停留所の双方にバランスよく対応する。郊外の地域と都心において、このシステムは特に身体障害者や高齢者等、移動機会の失われた人々が容易に利用できるよう多くの場合は路上で運行される。地区間の距離の長い専用軌道使用区間は、使用されていない鉄道路線や主要な大通りのような形式の道路の中央分離帯を利用する。全体のスピードと都心へのアクセシビリティの容易さに最適のバランスを提供した先進的な例は、ドイツの都市カールスルーエにみられる。さらに最近の発展は、

表2-4　バスと都市鉄道の主な技術的特長

	バス	路面電車	LRT	鉄道
通行権	共有	共有	主として共有	完全分離
平均時速（km／h）	10～20	10～20	20～30	30～60
安全システム	交通信号	交通信号	交通信号 特定地域では限定的に自動信号方式	完全に自動信号方式
1時間当たり旅客数（1方向）（人）	12,000		20,000	30,000～60,000
運行頻度（秒）	60	60	90	90

出所：ハル、ハスクラウ（1985年）、シンプソン（1994年）から引用。

LRTと従来の鉄道車両の「共同運行」を通じて、新しい路上走行LRT路線と専用軌道を走るヘヴィ・レールのインフラ・ネットワークの一層の統合を模索している。

ハルとハスクラウ（一九八五年）は、さまざまな都市鉄道技術の適用を決定する三つの重要な要素を、「速度」、「輸送力」、「信頼性」（これらに四番目として「運行頻度」も加えられる）に要約している。他の交通手段とインフラを共有している路面電車以外の鉄道システムは、とりわけ深刻な混雑が存在する場所において、道路を使用する交通手段よりも、より高い平均スピードを達成しうる。在来の郊外鉄道は、最高で時速一六〇キロ（一〇〇マイル）に達することが可能である。

第二に、都市における旅客鉄道システムの輸送力は、一時間当たり一万五〇〇〇人～六万人程度であり、その中間数の約三万人が一般的であるとされるが、それは主要道路の数値を越えるものである（シンプソン一九九四年）。鉄道は、バスと比べるとルートの柔軟性に永久的な制限があるが、鉄道システムの物理的に固定された性質は、分かりやすく、道路を使用する他の交通手段と比較して、混雑の波動変化に大きく影響されないサービスの規則性を生み出す。さまざまな線路使用システムと、バスに関するこれらのいろいろな要素についての一般的な評価は表2-4に示されている。

肯定的な要素であるとみなされる一方で、鉄道インフラが固定されているという性質は、都市交通手段としての鉄道の主な欠点ともなっている。基本的に鉄道インフラは、永久に空間における特定の地点に位置しており、土地利用の形態や要求の変化に対応して動かすことができない。英国においては、新しい都市の開発と既存の鉄道事業供給の関連づけを首尾一貫して怠ってきた戦後の土地利用政策に、極度に限定的な新規鉄道建設が重なった（シンプソン一九九四年）。継続的な郊外化の過程は、ほとんど完全に自動車に依存する密度の低い多くの住宅区域を形成した。一方、ヨーロッパにおけるいくつかの都市に見られる現代の住宅地開発では、ストックホルムやハーグが最良の事例であるように、既存の都市鉄道ネットワークの拡張に焦点が当てられた（ガーバット一九八九年）。

同様に、都市の中央駅は、一九世紀の都市形態によって決定された地点で固定された状態を維持している場合が多い。モーフィー、ヴンス、エピスタイン（一九九五年）が論じていたように、同化と放棄という相対立する過程を通じて、多くの都市における中心商業地域の歴史的な推移により、現代の都市活動からかなり離れたかつての「中心」に鉄道駅が数多く残されている。さらに、都市鉄道インフラの大部分が専用軌道を用いていることから、新しい区間の建設は既存の都市景観の大きな変更を必然的に伴う。その一つの解決策はトンネルの建設であるが、コストが高いため、大量の交通の流動がある状況においてのみ正当化できるものである。道路を通行する都市ＬＲＴシステムに再び関心が集まっているのは、これらの問題があるためと考えられる。

都市交通に鉄道が必要な場合

「地下鉄が必要な場合」は、全体的な生活の質についての目標と関連を持つ上述の都市鉄道の三つの要素に由来する長所と関係があるとガーバット（一九八九年）は指摘する。自動車に完全に依存するならば、大都市で見られるモビリティを許容することは「物理的に不可能である」。それゆえ彼は、経済発展の要素としての都市鉄道の中心的な役割はスピードと輸送力であると概念化している。さらに鉄道の重要な利点は、自動車との比較において、貴重な都市の土地と資源を節約できるところにある。

ハルとハスクラウ（一九八五年）は、都市空間における自動車の排除は、「都市を救う」ために必要不可欠であると指摘する。バスとは異なり、「効率的な地下鉄とＬＲＴシステムは、自動車との競争に効果的である」（ＯＥＣＤ一九七九年：一五一）。それゆえ彼らは、土地を多く必要とする道路の建設から鉄道投資へ転換し、公共空間における歩行者優先、大都市中心地区における住宅供給の再活性化により人間優先の都市環境に変化させることができると主張する。

都市経済としてのモビリティ問題に対して、より環境に優しい選択肢として鉄道が持つ役割の他に、ガーバットはバスとの比較において、目的地への利便性、短い移動時間、より大きな信頼性は、自家用車利用者に限られるべきではないと主張し、都市の社会的発展においても鉄道が必要であると論じている。都市における、包括的、速達的、効率的な信頼できる鉄道システムを通して、個人が利用可能な労働、教育、住宅の機会を広げると、ストークス（一九七二年）が説いている。彼もまた、社会的発展における都市鉄道の価値を見出しているのである。

都市鉄道が必要な事例は、彼の論文の随所に見られる都市の展望に関する考察の中に見出すことができる。経済発展の道具としての鉄道ネットワークの強化は、物理的な公害、混雑、都市風景の悪化、道路交通による人々の安全性に対する危険のような負の外部的要因を最小限にする一方、消費者と労働市場におけるモビリティの最大化により、都市経済の効率の向上を可能にする。同時に、鉄道によってもたらされる移動時間の短縮や高品質のサービスは、教育、雇用、健康管理、さらにはストーカーとバッハンによって主張されたように、都市の中で個人に提供されるその他の社会サービスの機会を最大化することができる。すべての都市住民にこのような施設の利用を等しく提供するよく発達した鉄道ネットワークは、したがって、都市の中における「社会正義」の実現を確保するために大きな役割を果たすのである（ハーヴィ一九七三年）。

都市鉄道の財政

政府は都市交通において、機関間のシェアを巡る競争のシステムを維持した。しかし、トムソン（一九七七年）は、公共交通より自家用車を優遇するシステムが持つ重大な「料金上の欠陥」を明らかにしている。直接的には、道路建設と保守のコストが中央政府から支払われるが、利用者は、物理的な資産価値の減価償却とすでに明確にされた公害や混雑のような要素から生じる外部費用の両方について、自らの活動にかかるコストをすべて負担していない。一方、鉄道輸送システムの日常の運営には、システムの保守に伴う労働コストに加えて、多額の人件費を必要とする。

メイヤーとゴメスイバネス（一九八一年）は、経済的規制緩和を支持する多くの人々が採った都市鉄道に対する姿勢に言及している。彼らが問題としているのは、都市交通市場が不完全であるということではなく、公共交通、特に鉄道が基本的に非能率であるということである。大部分の路線において、交通が特定の時間帯に集中していることによって全体の生産性が低くなっていると主張している。彼らは、一日中確実に過度の道路混雑があり、輸送需要が大きい都市圏中心部の短い路線にのみ、都市鉄道は利用されるべきであるとしている。

しかしながら、歴史的には都市交通の供給において公平性を促進したいという要求により、このような財政面にのみ焦点を当てた取り組みに対する修整が一定程度行われてきた。公共、民間セクターの両方において、利益が出ている事業に、限界的もしくは赤字続きの事業のコストを負担する内部補助の可能性が認識されている（バーカー、ロビンス一九七四年）。実際、交通の純粋な価値は、直接利益ではなく、経済システムにおける他の分野での利益に反映される。都市鉄道も自家用車が現在適用されているのと同じような隠れた補助金から利益を受けているので、完全に「自立した」状態であったことはないと、ウォーカー（一九七二年）は主張している。

新しい設備投資プロジェクトの評価への幅広いアプローチもまた同様に、徐々に開発されてきた。新しい鉄道が直接運賃収入を稼ぎ出すのに加えて、外的には自動車の資源コストを減少させられるという認識は、費用便益分析（CoBA）技術の発展を導くこととなった。費用便益分析による評価は、開発計画の財政面での査定において、現存する交通手段に関する移動時間の減少のような付加的な「利用者便益」と、道路混雑の減少のような「非利用者便益」の両方の評価を可能にする。費用便益分析による評価の結果は、「構想全体に関する（インフレに対して割り引かれた）純剰余金」であり、プロジェクトの概念的な「純現在価値」である（高速道路交通研究所〔IHT〕一九九七年、一一〇）。道路計画の評価の方法として当初開発された費用便益分析の都市鉄道への主な適用の最初の例は、地上の混雑の減少可能性に対する便益の評価を路線で予測される収入に加えた際、建設を正当化するのに充分な純利益を作り出すとされた一九六二年のロンドン地下鉄ヴィクトリア線（ガーバット一九八九年）にかかわるものであった。

費用便益分析に対する主な論点は、定性的要素への貨幣的価値の付与や、特定の検討事項の包含もしくは除外のためのルールというこの課題につきものである主観性に集中している（バッハン一九九二年）。交通政策評価における費用便益分析の継続的な導入において、鉄道投資によってもたらされる交通事故や温室効果ガス排出削減のような追加的な要素を説明することは、どのように試みられているかについて、コールとホルヴァド（一九九六年）が述べている。しかしながら、これは、自動車との関係が実際にどの程度になるかが明白にならなければならず、コストの査定という推測にとどまっている。同様に、都市労働市場への潜在的アクセスの増加という便益のように、さらに抽象的な要素は明確にすることができない（ガーバット一九八九年、バッハン一九九二年、アラベア一九九八年）。

4　都市鉄道整備への国際的なアプローチ

プチェとレフェヴァー（一九九六年：七）によると、国によってかなりの違いがあるにもかかわらず、「ヨーロッパと北アメリカの国はすべて、同じ方向に向いているようにみえる。それは、さらなる自動車の所有と使用である」。

しかしながら、都市鉄道システムがこの傾向を食い止めようとして成長した度合いは、かなり異なっている。英国は、

表２－５　各国における１人当たりの所得と自動車所有（1992年、米ドル）

国	１人当たりの所得(1992年、米ドル)	人口1000人当たりの自動車所有
オーストリア	21,139	410台
ベルギー	20,007	401
フランス	23,170	420
(西) ドイツ	24,552	492
スペイン	12,622	335
英国	14,483	375
アメリカ	22,278	600

出所：IRF 道路統計値（1993年）、プチェ、レフェヴァー（1996年）所収。

表２－６　各大都市圏におけるすべての移動に対する交通機関のシェア　(%)

大都市圏	年	自動車	公共交通	その他
ニューヨーク	1990年	62	28	10
ロサンゼルス	1990年	88	05	07
デトロイト	1990年	93	02	05
パリ	1991年	66	30	04
ボルドー	1990年	64	10	26
トゥールーズ	1990年	63	10	27
ロンドン	1990年	48	17	35
グラスゴー	1992年	68	28	04
リヴァプール	1991年	71	24	05
ミュンヘン	1992年	36	25	41
ヴッペルタール	1992年	54	18	28
ドレスデン	1992年	43	21	36

出所：プチェ、レフェヴァー（1996年）、ストラスクライドPTE、マージトラベル。

表２－７　各都市における住民１人当たり公共交通年間利用回数（1992年）

大都市圏	人口（100万人）	住民１人当たりの年間利用数
デトロイト	4.3	17
フィラデルフィア	4.9	78
サンディエゴ	2.5	17
ロンドン	6.7	290
グラスゴー（クライドサイド）	1.7	134
リヴァプール（マージサイド）	1.4	147
デュッセルドルフ	2.2	160
ケルン	1.1	150
ハノーファー	0.5	230
リール	1.0	100
リヨン	1.2	186
パリ	7.2	330

出所：プチェ、レフェヴァー（1996年）、ストラスクライド郡議会、マージトラベル。

アメリカにおけるほとんど完全な自動車への依存と、ヨーロッパ大陸に見られる積極的な公共交通投資政策との二つの中間に立っていると、ウェストウェル（一九九一年）は指摘している。したがって、本節では、いくつかの国の都市鉄道整備に対する異なった考え方について触れておきたい。

英国

プチェとレフェヴァー（一九九六年：一二六）は、英国の主要都市を公共交通「衰退」地域と見なしている。ヨーロッパ大陸の多くの大都市圏と比較して都市の高速道路が限られた長さしかないうえ、第二次世界大戦後に新たに建設された高速交通システムが、タイン・アンド・ウイア・メトロだけであることから、ロバーツ（一九九二年：一）は、一九九〇年に英国は「どうしようもない交通渋滞の中で永遠に静止した」ままであると指摘する。大規模な都市圏は長く延びた歴史的な鉄道ネットワークを継承したが、それらは都市間もしくは貨物輸送のために主として設計されていたので、ロンドン圏以外の多くのルートは住宅地域に十分なサービスを提供できていない（ケレット 一九六九年）。

一九九〇年代に、公共セクターと民間セクターから共同で融資を受け、ロンドン以外のいくつかの都市で計画されたＬＲＴプロジェクトが中央政府の承認を得た。最初に、マンチェスター圏「メトロリンク」ＬＲＴ構想による第一段階の三二キロが一九九二年四月に開業した。メトロリンクのケースにおいては、メトロリンクは地下ではなく路上ではあったが、都市を横切る新しい中央環状線に加えて、マンチェスター都市中心部とオウトリンガム、ベリイを結び、寿命がつきた鉄道路線を再生して、約一二年前に開業したタイン・アンド・ウイア・メトロの手本に続いた。年間で二六〇万人もの自動車による移動を鉄道に転換させたメトロリンクは、比較的成功した例と考えられる（ノウルズ一九九六年：八）。これは、大部分が路上を走行する大都市圏の西部に位置するエコルスと、南にあるマンチェス

図2-1　シェフィールド大聖堂停留所におけるサウス・ヨークシャー・スーパートラム

ター空港への延伸に繫がった。

英国の第二の新LRT計画は、一九九四年に開業したシェフィールドの三一kmのサウス・ヨークシャー・スーパートラム・ネットワークで、同路線は本章2節で扱われているが、都市鉄道政策におけるジレンマにより、それほど成功しなかった。メトロリンクが自動車保有水準の高い、二つの比較的富裕層の住む郊外の地域で運行されているのに反して、スーパートラムは、主として既存のバス利用の水準が高い大都市中心地区に位置している。規制緩和されたバスとの激しい競争、道路上の運行による限界がある移動時間短縮の状況下において、スーパートラムの利用レベルは、今までのところ予測された年間二二〇〇万人の旅客の半分にさえも達することができていない（サウス・ヨークシャー・スーパートラム社一九九七年）。

バーミンガムとクロイドンにおける新たなLRT計画が二〇世紀末までには開業予定であるが、スーパートラムの経験により、ブリストルやノッティンガムのような他の多くの英国の都市で提案された同様の計画においては、予測される便益を再評価することとなった。

ハルとハスクラウ（一九八五年）によると、ドイツと英国の都市は「類似した物理的発展」を遂げているため、比較においてとりわけ有益である。特に、両社会の工業化のパターンにより、ヨーロッパにおいて他とは比較にならない程に大規模な歴史的都市鉄道のインフラを受け継いでいるからである。

ロンドンの例をみた後、ドイツの新しい地下鉄システム（Uバーン）の建設は、一九世紀後半に始まった。一九一二年までに、ベルリンとハンブルグの二つの主要都市は、それぞれ立派な七六kmと六八kmのネットワークを持った（グール、一九七五年）。しかしながら、一九三〇年代初頭に、ベルリンは、電化されたSバーン（高速鉄道）ネットワークの形成により、長距離輸送から郊外鉄道の運営を分離した最初の都市になった（シュレク編著　一九七九年）。第二次世界大戦後、他の西ドイツの都市にも運営の分離が広がった。その後、Sバーンと他の鉄道インフラとの間の物理的な分離も進み、通勤線が新しい都心部のトンネルを通って伝統的なターミナル駅の地下に移設された（シンプソン　一九九四年）。これは、郊外のネットワークが、長距離の都市間サービスと、インフラとターミナルの着発線容量を共有している英国で続いているシステムと対照的である。

英国が経験したのと同じように、一九五〇年代に交通渋滞の増加に直面した際、西ドイツ交通当局の多くが、どのようにして路面電車の維持を選択し、必要に応じて他の路上交通機関との分離を図ったかについて、ハルとハスクラウは触れている。ハノーファーやブレーメンのようないくつかの中規模の都市は、その機会を利用して中心部において路面電車のルートを地下に移設するメトロ運営方式を作り出した。

「財政上の抑制のために、新しい地下鉄システムがドイツの都市で全く計画されないため」、ドイツにおける都市型鉄道への最近の投資は、既存のSバーンとUバーンシステムの限定的な拡張に集中した（プチェ、レフェヴァー　一九九六年：六二）。利用できる財源の大部分は、旧東ドイツにある数多くの路面電車システムの復興と、「ベルリンにおける、以前は別個であったシステム（UバーンとSバーン）の統合」に向けられている。ハルとハスクラウによって確認されたように、英国の都市鉄道システムとの比較において、旧西ドイツの都市鉄道システムへの投資が非常に多額であったにもかかわらず、全般的な自動車使用の水準は英国よりも三・八パーセント高かった（一九九〇年に一人当たり六二二八kmに達した。）。しかも、交通手段の中で自動車のシェアは上昇し続けている。重要なことは、この傾向が、一九七〇年から一九九〇年の間の「都市公共交通に必要とされる補助金合計の六五パーセントの実質的な増加」につながった（プチェ、レフェヴァー一九九六年：六〇）ことである。したがって、ドイツ都市鉄道から見出される可能性は広範囲にわたっているが、無制限の自動車使用により、このシステムは将来財政面でその存続可能性に影響を受けるかもしれない。

フランス

ドイツや英国における同様の都市部と異なり、フランスの都市は、ほとんど現代の鉄道高速輸送システムへの変換に適当な大規模な歴史的鉄道インフラを継承しなかった。パリにおいて、今世紀初頭に、完全に独立したメトロが建設されたことから、幹線鉄道は都市の周囲までしか延びることができなくなった（シンプソン一九九四）。一九九八年一〇月に一四号線の第一期区間が開通したように、今日もメトロ（地下鉄）の延伸は続いている。他の最近のシステムは、路面電車（グルノーブル、モンペリエ、ナント、ルーアン、ストラスブール）、もしくは全く新しい完全な専用軌道の地下鉄形式の鉄道（リール、リヨン、マルセーユ、レンヌ、トゥールーズ）の採用によって、フランスの都市の特徴である多くの高密度の住宅地域へ物理的な影響を最小限に抑えるように設計された。

一九七〇年代以降フランスで見られた都市鉄道の復興と拡大のプロセスは、混雑と駐車場の制限の問題に継続的に応えるだけでなく、さらに幅広く国の経済成長のための直接的な手段でもあったと、プチェとレフェヴァー（一九九六年：六五）は述べている。自動車産業は英国と同様、「一九五〇年代から一九六〇年代にかけて国の再建と成長を支える重要な産業と考えられており、中央政府は道路と自動車への多額の投資を行うプログラムに乗り出した」が、フランス政府は、一九七〇年代から鉄道工業部門へこの支援をかなりの程度シフトした。このことは、TGVや、その後、リール、トゥールーズにおいて建設された運転手がいない軽量地下鉄であるVALのような、革新的な鉄道システムの開発を可能にした。ガーバット（一九八九年）は、投資における転換は、広範囲な国際鉄道市場においてフランスの技術の優秀性を宣伝したいという政府の全般的な意向の反映であると述べている。

フランスにおける新しい鉄道インフラの開発は、一九七一年にパリで最初に導入された交通税（VT）により、政府によって推進されている。本質的に都市税を公共交通の開発に充てるVTは、一九八〇年代から一九九〇年代初頭にわたって、小さな都市にまで拡大した。その結果生じる収入の流れは、「通勤のための運賃割引による経営赤字の補塡に使われ、また通勤のためのインフラ整備にかかわる資金として使われた」（プチェ、レフェヴァー 一九九六年：七九）。これらに加えて、地方都市における現在の主な鉄道整備計画には、モンペリエやサンテティエンヌでの新しい路面電車、そしてレンヌやボルドーにおける地下鉄システムの建設が含まれている。

この大規模な投資にもかかわらず、フランスは他のヨーロッパ諸国と自動車問題の多くを共有している。特に、最も大きいいくつかのフランスの都市では現在でも人口が増加し続けており、その結果、街の外縁部における強い開発への圧力と都市のスプロール化が起きている。パリを囲むイル・ド・フランス地域では、高速郊外地下鉄システム（RER）の整備が続いており、それは都市を横断する新しい深いトンネルを建設し、歴史的な鉄道路線と平行するものである。トワン（一九九六年）は、適当な、廃止もしくはあまり使用されていない路線が存在するボルドー周辺のような都市地域において、同様の構想を導入する可能性に言及している。

図２－２　都心部におけるストラスブール路面電車

図２－３　「ロトード」のバス・路面電車乗換場でのストラスブール路面電車

アメリカ合衆国

簡潔にいえば、プチェとレフェヴァー（一九九六年：一七五）が指摘するように、「アメリカ合衆国ほど自動車に支配されている国は世界中に他にない」。自動車と、大規模なフォード式生産方式を基にした国の経済的優位性は、アメリカ合衆国の経済と社会の本質であると見なされる（ウォルフ 一九九六年）。

北東回廊以外の多くの都市が自動車時代に開発された比較的若いことから、あらゆる形態の鉄道輸送が全体的に欠如しており、居住密度が非常に低く、類似するヨーロッパの都市の四分の一にすぎない（モーフィー 一九七四年）。過度の郊外化と都市中心部の衰退の結果、社会集団間の雇用、住宅建設、サービスへのアクセシビリティのレベルが著しく分極化された。ニューヨークやシカゴのような、限られた数の主要な歴史的大都市の中心部のみが、繁栄する中心部で運行される地下鉄や地上鉄道システムを維持している。他の地域では、勤務先、買い物、レジャー施設へのアクセシビリティは完全に自動車に依存している（モラー 一九八六年）。自動車へのアクセスを持たない人達に対する連邦政府の支援は、身体障害者や年配者という政治的な発言力を持つ人々に向けられており、都市内部に住む貧しい人たちは軽視されている（ハンソン 一九八六年）。

公共交通は、一九九〇年における米国全体で、都市内移動のわずか二・八パーセントしか占めていない（プチェ、レフェヴァー 一九九六年：一七九）。しかしながら、都市型鉄道輸送システムを持つ都市と持たない都市の間には大

表2-8　アメリカの10大都市圏におけるビジネス・トリップのシェア（1990年）

(%)

大都市圏	自動車	公共交通	その他
ニューヨーク*	62.5	27.8	9.7
ロサンゼルス	88.4	4.6	7.0
シカゴ*	79.5	13.7	6.8
サンフランシスコ*	81.8	9.3	8.8
フィラデルフィア*	81.4	10.2	8.4
デトロイト	92.8	2.4	4.8
ボストン*	80.5	10.6	8.9
ワシントン*	78.9	13.7	7.4
ダラス	92.7	2.4	4.9
ヒューストン	90.0	3.8	6.2

＊高速鉄道のある都市。
出所：プチェ、レフェヴァー（1996年）、ガーバット（1989年）。

きな違いが見られる（表2-8）。

政策上の目標は幾分異なってはいるが、ヨーロッパと同様、多くの米国の都市は、一九七〇年代に新しい都市型鉄道システムを稼動させ始めた。フィールディング（一九八六年）は、一九七三年のエネルギー危機の結果、鉄道ネットワーク改良のためのいくつかのシステムに多額の連邦の補助が与えられたことを指摘している。しかしながら、自動車産業が重要であったために、一九八〇年代から一九九〇年代にわたって、連邦政府の重点は代替交通機関への投資から、より燃料効率のよい自動車を推進することに転換した。さらに、道路への多額な連邦の投資プログラム継続のための「圧倒的な政治的支持」（プチェ、レフェヴァー一九九六年：二〇〇）と、国内の石油業者による要求により、税率が最低水準にある燃料課税についても指摘しなければならない。

5　結　論

都市鉄道整備の課題

本章は、都市の経済と、個人の日常生活における、都会生活を共に構成する多様な活動への参加や消費の中で、交通が果たす重要な役割を見てきた。包括的で信頼でき、効率的な都市交通システムの提供は、経済的、社会的相互作用のますます複合的なパターンがある現代の都市域の機能にとって明らかに重要である。

この全体的な枠組みの中で鉄道システムは、いくつかの戦略的な都市交通政策上の課題を成し遂げるために、重要な位置を占めている。鉄道は、現代の都市の多くに見られる自家用車依存の結果である「都市交通問題」の二つの主要な要素を解決するために、重要な役割を担うことができる。第一に、郊外鉄道による移動時間の短縮は、都市の経済効率と生活の質を低下させる過度の混雑や高水準の公害、多数の事故を減少させることができ、多くの輸送において自動車の競争相手となりうる。第二に、経済活動が低い、不利な都市周辺地域に移動の機会を広げる広域都市鉄道ネットワークの提供は、労働市場を含めた都市施設へのアクセスの公平性を促進することにより、自家用車が利用できない人々の社会的排除に対する強力な武器となりうる。都市経済活動と他の有益な施設へアクセスの大部分を提供する都市内部の駅が密集したネットワーク層と、周辺部の長距離の放射状路線を首尾よく統合することは、これらの二つの政策目標を達成するための手がかりを提供する。

しかしながら、都市鉄道整備計画を立てる際、政策立案者は、しばしばこれら二つの幅広い戦略的目標の間の重大な対立に直面する。次の事例研究分析の特性を示す鍵となる対立は、道路交通に関連する混雑や他の不利益を減らすことによって、都市経済の「モビリティ」を高める手段として都市鉄道ネットワークを促進することと、現在「交通に恵まれない」地域の居住者に都市の有益な施設への「アクセシビリティ」を上げるという、並行した願望の間にある。それぞれ「経済発展」と「社会発展」に関する目標として要約され得るこれらの二つの幅広い政策目標の間の緊張状態は、大部分のほかの公共サービスと同様、都市鉄道を改善するための投資額に財政的に限度があるために本質的に生じるのである（ルグロン編著一九九二）。例えば、高い経済活動や通勤の流れに沿った新しい高速鉄道路線の建設が、道路混雑と移動時間の減少により、相当に環境とモビリティの面での便益をもたらすかもしれないが、すでに繁栄している地域への移動機会を高めることは、都市全体での都市アクセスシビリティ水準のさらなる二極化を招きかねない。逆に都市の貧困地域への新しい鉄道サービスの提供は、そのような地域の住民への雇用や他の有益な施設へのアクセスを大幅に向上させ、それゆえに交通の公平性も向上するかもしれないが、そのような投資は、自動車通勤の流れが多く、代替交通機関としての鉄道がない地域の環境問題にはほとんど役立たない。しかしながら、一定の機会が、これらの目標を統合するために役立つかもしれない。例えば、主要な新しい商業開発地区への鉄道アクセスの供給は、将来の道路交通を減少させることと、都市鉄道ネットワークへのアクセスがある人々にとっては都市での機会の範囲を広げることの両方を実現する可能性がある。

都市鉄道政策を立案する際に意思決定者は、このような、よく対立する戦略的目標の間のバランスをとらなければならない。その結果は、政策論争に関わる個人やグループが、都市交通問題の社会的経済的発展のどちらに相対的な重要性を与えるかによるであろう。都市鉄道の整備に対する法的責任を有する地方当局の多様な構造の重要性は、それらが形成される際に根本にある戦略的な予測、中央政府からの自治の程度、地方の政治活動において最終的には現実の政策結果を導き出す多数の活動的な個人や集団の間で行われる政策論争に相当な影響をもたらすことにある。したがって第３章では、都市交通政策論争に与える可能性のあるさまざまな影響を明らかにするために、都市域及び細分化された地方自治システムと、両者の政策決定構造の本質を検討することとする。

第3章　地方自治の理論と実際

1　政策展開のための組織

本章では、地方自治の原理と実際の活動に関するさまざまな見解を明らかにし、今日における地方自治の目的を明確にするため、英国における制度の変遷を概観する。地方自治における政策決定者の役割と権限を明らかにするために、地方政府と中央政府の関係と、地方当局の内部構造について検討する。都市型統治体制という概念が、中央政府組織による基本的、構造的な影響力だけでなく、地方の個人や集団の創造的な政治活動をも含めて意思決定過程を分析するための枠組みとして用いられる。

次に、二つの研究対象地域におけるＰＴＥの創設と休止を考察し、それとともに、一九八六年から一九九六年にかけて民主的な統制のために作られた相異なる組織構造、具体的にはストラスクライド郡及びマージサイドＰＴＡ合同委員会についてその概要を説明する。最後に、実際の都市鉄道政策を形成する意思決定過程に関する今日的な研究テーマの議論における本研究の位置づけを提示し、地方自治における意思決定者の持つ公共的説明責任に言及する。地方政府の地理的な構造の違いによる統治体制と、その構成員の説明責任に関する類型化に、目的と領域の影響を加えて、統治体制理論の展開可能性について検討する。

2　地方政府及び地方自治の役割

地方政府に関する諸理論

ストーカー（一九九一年：二三〇）が指摘しているように、なぜ地方政府を設けているかという問題は複雑である。というのは、「地方政治や政府の理論を再検討する際に対象となる理論的な見解が多数ある」ためである。しかしながら、ストーカーが明らかにしている「代表的な意見を表し、広範囲にわたる理論的な領域に目を向け、政治的分野のさまざまな点に関係する」という大まかな四つのアプローチは、ダンレーヴィとオレアリー（一九八七年：一）による政府の総体的な概念化、つまり「規則を作り、統制し、導く過程である」という定義の中に含めることができる。そのような過程が必要とされるのは、「全く統制されず、導かれることがなく、規制のない社会というのは、定義として矛盾するので、人間社会にとって、何らかの形の政府が本質的に必要な」ためである。

パディソン（一九八三年：三〇）によれば、英国のような中央集権国家の中の地方「政府」は、「明確な法的に定められた空間と結びついており、地方は中央政府が考える機能を正確に実施する責任を負う」。したがって、選挙で選ばれた地方政府は本質的に「法令に基づく生命体」（ウイルソン、ゲーム一九九四年：二二）であり、「国家によって自らの便益のために形成された本質的には従属的な機構と見なされる」、「それを通じて父である中央政府は、国民へのサービスの提供を計画できる」（アレン一九九〇年：二二）。

一方で、ジャッジ（一九九五年：一三）は、そのような地方政府が中央国家の考えをそのまま体現したものであるとする絶対的な概念を緩和する考えを、「多元主義」という概念を用いて提示している。多元主義は、都市における地方政府や権力についての研究の中で、「ともすれば、検討すべき最も重要な理論」を形づくっている。それは、都市政治の研究において非常に大きな影響力を持ってきているためである。多元主義の概念はダンレーヴィとオレアリー（一九八七年：一三）により「たくさんの事柄がある、もしくはあるべきだとする、信念、組織、社会の多様性を提供し、社会的、制度的、イデオロギー的な慣習の多様性の存在を認識し、その多様性を大切にすること」と定義づけられている。したがって多元主義は、各地域の住民の必要性や要望に応じた政策の展開を、その地域に住む住民によって推進することを意味する。確かに、ジョーンズとスチュワート（一九八三年：六）は、地方政府がそのような責務を持つ可能性を強調しており、その理由として地方課税と民主的な代表の選出という並行するシステムを通じて、「住民からの影響を感じ取り、その影響を直接受けるという地域性を持った潜在的な力」を持っていることを挙げている。

同様に、ボディ（一九八七年）とジャッジ（一九九五年：一四）は、地方レベルにおける政策決定にあまりにも重きをおく「素朴な多元主義」を採用することの危険性を指摘している。このような見解は、「西欧の自由民主的な国家における権力の説明として、擁護できないものである」（コックス編著一九八五年：一〇七）という。ウイルソンとゲーム（一九九四年：二二）は、この主張を英国の場合に置き換え、英国の地方自治体は絶対的な国家議会によって権限が規定され「一般的な能力を欠如している」と指摘している。

地方政府の持つ従属的な体質は、ストーカーの二つ目の理論的な鍵となる。「公共選択」理論の論者にとっては、限定的な力を持つ地方レベルの政府の存在自体に疑問がある。それは、「商品の配分や意思決定のための最適なメカニズムが市場にある」からである（ストーカー一九九一年：二三八）。地方公共団体によるサービスの提供は、その官僚的体質、あるいは多くの争点がある政党の相乗りによる選挙によって制限された未熟な民主的統制を含んでおり、それよりもはるかに広い範囲で選択肢を住民に提供できるとされる市場によるサービスの配分と比べると貧弱だと捉えられる。

現実には、公共選択論者の地方政府に対する批判は、地方政府の廃止そのものを達成したいために主張されているのではなく、地方のサービス提供に市場原理を導入するために行われているのである。例えばピリー（一九八一年）は、広範囲にわたる地方サービスの供給を契約により請負とするのは、地方当局における市場原理の導入や効率の向上に必要であると述べている。さらに、地方組織細分化の過程は、ティーブルト（一九五六年）やニスカネン（一九七三年）が主張するように、空間的な面でも、提供されるサービスの範囲を考慮しても、サービスの供給と住民の需要との一致に有益であるとされる。

コーソンとソンダース（一九八三年）の「二元的国家論」は、多くの面で、非常に細分化された公共選択論の「超多元主義的」（ジャッジ一九九五年）構造と全く異なる見解を示している。同様に、それは地方政治の持つ多様性に適応させる手段としての多元主義モデルをも否定する。地方と中央の政府からなる二元的な制度は、「経済的な収益性の確保と社会的な一体感や合法性の維持という二つの異なるそして多くの場合は相反する機能を達成する」（パディソン一九八三年：一四八）ための実用的なアプローチに変質したという見解を支持しているからである。

ストーカー（一九九一年：二四五）は、このテーマをさらに広げて、二元的国家論を第2章で明らかにした社会的支出の類型の枠に組み込んでいる。単純に言えば、「二元的国家論は、本来、国家の社会的投資と社会的消費の機能の区分に基づくものである」ということになる。中央と地方の政府、その両者の組織が発達したのは、「国家が社会的投資政策を国家レベルで扱う方が有利であることに気づいた一方で、社会的消費政策は概していえば比較的目が届き、手が届きやすいことから、広範囲に影響を受けやすい地方当局によって実施される」ためである。

さらに、二元的国家論で明らかになった社会的消費に関する諸分野における地方政府の活動の「特異性」（ソンダ

ース　一九八一年）それ自体が、地方政治に一定の多元主義が存在することを示唆しているといえる。これらの課題は、「多岐にわたり相反する多様な利益を包含しており、選挙や圧力団体による圧力の行使と世論の影響力が、依然として強い」（ストーカー　一九九一年：二四〇）ためである。

しかしながら、このような社会的消費と社会的投資に関する考え方と、中央政府と地方政府の支出の区別は、堅実なものといえない場合もある。例えば、社会的消費が最も端的に表れている制度の一つである社会保障制度は、中央政府によって運営されている。二元的国家論における機能による明確な分類に対する同様の批判は、マルクス主義的な立場からも行われている。マルクス主義は、社会的消費による政治に基づいた分離した地方政府の存在を認めようとしない。それは、「国家を理解するには、国家が何をするかを考えるのではなく、物事がどのように運ばれているかを見る必要がある」（ストーカー　一九九一年：二五一）ためである。一般的に、マルクス主義者は「多元主義の基本的な前提を否定し」（ハンプトン　一九九一年：二四〇）、その代わりに、地方政府機関の存在を資本と労働の間の仲裁を一定程度達成するための手段として概念化している。彼らにとって地方政府は、不公平に開発された空間で策定されている国家政策を「解釈」するのに、ある程度の柔軟性を与え（ジョンストン　一九九〇年）、また国家が長期的に見れば利益になるということで譲歩することもあり得るような地方の政治的要求を「代表」するもの（ダンカン、グッドウイン　一九八二年）として利用できる組織なのである。

しかし、地方政府の理論的解釈に対するこのような決定論的な見解は、政治的議論が通常、個人と地方政府ではなく、個人と中央政府の間で行われているという現実を否定している（ハズバンズ、ダンレーヴィ　一九八五年）。同じように、ストーカー（一九九一年：二五三）は、仲裁の機能を地方政府にのみ限定する考え方に疑問を呈している。「重要な社会福祉における改革（非資本家グループの利益になると見てよいもの）の中には、中央政府によって推進され、主導されたものもあるではないか」と主張している。それと同じように、強力な地方政府は、社会的消費に関連する分野で責任を遂行するとともに、地方経済を運営し経済成長を推進するのに重要な役割を果たすこともできる（イムリー、トマス 一九九三年）。

こうした矛盾から、地方政府に関する理論的解釈に対して、上記のような諸概念の多くに見られる「過度な単純化」（ストーカー 一九九一年）の傾向を避けた、より緻密な理論を創造すべきだとする要求が起こった。そこで、国家に対する大まかな「構造主義的」解釈や、多元主義の「理想主義的」見方を超える手段として、「規制主義的」アプローチの適用が広がりを見せている。

……規制は蓄積された論理そのものを前提としているのではない。それは、一連の社会的、文化的、そして政治的な背景に依存している。（ロウリア 一九九七年：六）

さらに、政治システム全体は「国家と個人との間を調停するという重要な役割を果たす」（ジェソップ 一九九〇年：二〇三）必要があるとの根本的な視点を反映している一方で、規制主義は、次のように指摘する。

社会関係としての資本の拡大化された再生産が保障される「変わりゆく」形式と機能（組織、ネットワーク、手順、方法、及び規範）に特に関心を払っている。（ジェソップ 一九九〇年：二〇三）

規制主義は国家を流動的な存在として概念化し、複雑な「社会的、政治的、文化的要素の結びつきと相互関係」が「変化し続ける資本主義経済の性格と、その中における各都市の役割」に対応して異なるという（ペインター 一九九五年：二七六）。だが、こういう構造は単に国家や地方政府の組織を確定させるものではない。

これらの構造は複雑な方法で互いに作用し影響し合う。変化し続ける地方政府の制度は、これらの進展による影響を受けると同時に、その中の組織はその過程に介入する能力を持っている。さらに、地方政府の制度は、特定の規制システムを安定させるのに中心的な役割を持ちうる。（ストーカー、モスバーガー一九九五年：二一一）

ペインター（一九九五年：二七七）は公共選択論者による地方政府批判を、ポスト・フォード式生産方式が出現した結果現れた「資本主義の時間的、空間的な本質的変化」によってもたらされた変化に対する一つの反応であるとしている。したがって、欧州連合のような超国家的機関と、国家・地域、そして地方政府との間の責任分担は、生産と規制、社会福祉の提供における制度の変化を考慮に入れて調整される。同様に、ウイルソンとゲーム（一九九四年：一六一―一七）によって明らかにされた「地方当局の裁量権の縮小」、つまり英国議会が地方政府から法令上の権限と財政的自立の双方を徐々に取り上げていったことは、部分的には地方政府によって実施されている社会的消費への支出と関係する社会福祉に対して制約が増していることと関連して考えられる。

どのレベルの政府についても、外部の経済的、政治的、社会的要素によって変化する可能性があると認識することによって、規制主義は「政治過程に二次的な役割しか与えない正統的なマルクス主義の一部に見受けられる問題点」を拒絶する（ペインター一九九五年：二七六）。地方当局が特定の分野において大きな決定権を保有する現実の都市政治においては、「都市における政府や自治（地方の政治的な行政機関だけでなく、公的、民間、ボランティアに関係なく、地方レベルで政治的な権限を持っている『すべて』の諸組織を含み、またそれらの組織間の関係を含む）の諸機関や諸過程」に重要な政策決定の役割があることを意味する（ペインター一九九五年：二八一）。

同様にストーカー（一九九一年：八九）は、「国家組織やその内部の政策決定過程の重要性を過少評価する」還元主義への傾倒が、すでに触れたような地方政府の理論に見られる根本的な弱点につながるとして、その危険性を指摘している。それゆえ、より幅広い地方政府の運営とそれに対する影響について理解を深めるための鍵は、さらに細部にわたるアプローチにあり、それは各行為者によって導き出される変化の可能性に対する認識と、国家組織に由来する論理を補強する「地方政治の内部力学の分析」（ストーカー一九九一年：八九）にある。

地方における意思決定の構造と都市型統治体制

ウイルソンとゲーム（一九九四年：二六九）によれば、「地方政府の中には主に二種類の行為者がいる。それは『給料が支払われる』公務員と、『選挙で選ばれた』議員である」。これら二集団には、地方政府内において、議員、公務員として、いくつか異なる特徴が見られると指摘している。地域の代表としての議員の役割に焦点を当てると、第一に議会において自分の選挙区を代表し、かつ自らの行動に対して選挙区内の有権者への説明責任を負い、第二に議会の決定を監視する。そして第三として、地域社会のリーダーとしての役割を負うことである。だが、第四は上記と少々異なり、地方政策の立案者であるというものである。

ストーカー（一九九一年：三七）は、議員の間で自らの役割に対する認識に食い違いがあるのは、「地方政府の政治化」に若干の原因があると指摘している。特に都市部においては、議会への参加は政党からの推薦に依拠しており、そのことから、より多くの職業政治家が地方政府を政策立案の責任を獲得するための手段として、あるいは国会政治に参加する前の訓練の場としてその魅力を感じているからである。ウイルソンとゲーム（一九九四年）は、このような政党化の傾向は、政策が政党全体で合意される「党員集会」の存在によって、議会内においてさらに強く認識される点に注目している。

地方政府に勤める公務員も議員と同じように、異なる役割を担うといえる。ウイルソンとゲーム（一九九四年）は、これらについても触れている。公務員は政治家を支援し、彼らに助言し、また監視する。適切な場面においては、当局の代表として外部と接触し、さらに当局の資源を管理する。公務員は各自がさまざまな幅広い動機によって働いている。行政のプロとなり、地方政府からキャリアの道を用意されている者もいれば、伝統的な住民への奉仕の気持ちを強調する者もおり、さらには単に権力に魅せられている者もいる。

上級職の公務員は、地方政府の意思決定過程の中心におり、彼らは自らの力によって議員による政策選択と考え方、アプローチに影響を及ぼし、それによって真の意味で意思決定過程への影響力を持つこととなる。（ウイルソン、ゲーム一九九四年：二三七）

これら二グループの相互作用が、政策立案過程を理解する際の鍵となるが、それに関して「地方政府内の権力配分を説明するのに幅広く用いられている主要なモデルが三つある」（ウイルソン、ゲーム一九九四年：二六九）。最初のモデルは「形式的」もしくは「合法的組織的」モデルで、そこでは「権力関係を純粋に形式的な形でとらえている。」「議員は政策を立案し、公務員はそれを遂行するものと見ているのである。重複も制限も全く許されない」（ウイルソン、ゲーム一九九四年：二七〇）。この地方政府の内部構造に対する単純な定義は、伝統的な「ウェーバー的」概念における中立的な官僚制や「公益」（これについては後で論じることとする）を第一とする考えに大きく依存しているが、いくつかの点において批判にさらされており、中でも公務員に個人的な関心や動機があり、それが自らの行動に影響を与えているのではないかと指摘される。

その点から、二つ目の「テクノクラート・モデル」が提案された。同モデルは公務員を「地方政治における最大の権力者」ととらえ、その力は「特殊な技術的、専門的知識を有している」ために得られるとしている。しかし、この見解にも批判がある。

このモデルもまた、一方で、ステレオタイプな要素を持っており、無批判に受け入れるべきではない。過去に、あるいは現在、委員長の役職や政党の上層部にいる人たちのように、リーダー的な存在で長期にわたって議員を務めている人は多数おり、そういう人達は公務員とのどのような対決においても、自ら主張するだけの経験、知識、権限、そして能力を持っているのである。（ウイルソン、ゲーム一九九四年：二七一）

これらの二モデルに見られるこのような弱点から、第三のモデルが出てくることとなった。ブロウェイズ（一九八〇年：九）は次のように論じている。「政策を立案し、決定を行う権限は、公務員の上層部と数名の政治家に集中している。この意思決定者達の間の相互作用、そしてその人達の間の考え方や希望、業績を見ていくことによって、権力がどのように使われているか、そしてその目的は何かが解けるのである」。ストーカー（一九九一年：九二）によって、この「エリート集団」あるいは「リーダー的な議員及び公務員による小さな集団は、地方自治体内の意思決定に関するどのような現実的な分析においても、組み込まれなくてはならない」ものである。ソンダース（一九七九年：二一六）は、クロイドンに関する研究の中でそのような構造があるという証拠が見つかったとして次のように述べている。「特定の戦略的な地位がいくつか存在する」「それらが政策立案過程の事実上すべてを支配する力を与えていると見受けられる」。同じように、グリアとホゲット（一九九五年：三四）は、英国の地方自治体に関する研究の中でいくつものエリート集団を見出し、その構成員たちは皆「委員長の椅子やその委員会に対応する部署の部長の地位にしがみついている」と述べている。

しかし、ウイルソンとゲーム（一九九四年：二七三）は次のように指摘する。

したがって、地方自治体内の権力の配分について論じる際、エリート集団が決定的なモデルであると見るのは単純に過ぎる。内部の権力配分を理解するには、単に最上部にいる人の行動を分析するだけでなく、考慮すべき事柄が他にもたくさんあることに注意しなければならない。……内部の権力関係における支配力を浮かび上がらせるには、このモデルを補足する必要がある。

とりわけ、エリート集団モデルは重要な要素を二つ見落としている。第一は、エリート集団の中に階層の違いが存在する可能性を認めておらず、またエリート集団の構成員が自身の属する政党の最強派閥という外部からの影響を受けうることに配慮していない（ストーカー一九九一年：九八）。第二に、これはより根本的な問題であるが、このモデルが地方自治体に限定されており、他の組織に属する人々を排除しているのである。

「地方自治」のシステムにおいて、地方当局は、管轄する地域内にある幅広い分野にまたがる他の組織とともに活動することが多くなっており、そのために特殊化がかなり進んでいる。それは、以前は地方当局に任されていた責務を新しい機関や組織が負うことになったり、既存の組織が地方政府の監督下でなくなったりするためである。
（スチュワート一九九五年：一九四）

選挙で選ばれた正式な政府の範囲を超えるこのような多岐にわたる公的機関を認識することが、地方自治概念の認識につながるのである。さらに、ストーカー（一九九一年）やディエロフ（一九七九年）は、モデルの中に他の政治的に活発な集団をも含めるよう求めている。それは、地域の利益集団や圧力集団のことで、古典的な政治的圧力行使によって外部から、もしくは個人の間のネットワークを通じて内部から（これについては以下を参照）、あらゆる政治的エリート集団に属する人に重大な影響を及ぼす可能性がある集団のことである。また、統治の概念に、地域の民間セクターを含めて、さらにこれを拡大することもできる。

地方分権化が進み、中央と地方の責任分担が変更され、財政的な制約が増し、営利団体と非営利団体の双方を利用した民営化された事業が発達したこともまた、地方政府にとって一層複雑な状況を生み出している。都市における政府は、ますますさまざまな利益を整理しながら、それらを抱えたまま活動しているのである。（ストーカー 一九九五年：五四）

ハンター（一九五三年）のアトランタについての研究の後に生まれた拡大されたエリート理論は、地方の意思決定構造にビジネス・リーダーが深く入り込んでいることを証明しようとした。しかし、ストーカー（一九九五年：五五）は、現代の「複雑で分断された都市の世界」に存在するさまざまな人々を含めたさらに範囲を広げたアプローチが望ましいと反論している。クラレンス・ストーン（一九八〇年）の著書に基づいた「統治体制理論」は、そのようなアプローチを示しており、同理論では「投資の決定や資源の配分に関する権限は社会福祉にとって中心的なものである」が、他方で、「政治が大切だ」とも認めている（ストーカー 一九九五年：五六）。

ストーン（一九九三年：六）は、「効果を上げるには、政府は自らの権限を他のいろいろな非政府組織と組み合わせなければならない」と述べている。これを達成するには地方政府の中に「都市型統治体制」を形成する必要がある。それは、共通の利益を持ち、行為者と機関による複雑なネットワークによって構成され、その中に、各行為者が自身の考えや信念、抱負が統治体制における他のメンバーのものよりも優れているとして支持を求める「権力交渉」の過程が存在している。そのような交渉の過程が存在するのは、体制内の各行為者が異なる権力の「状況」に位置しているためである。「組織的な力」は、実業界の投資の可能性から発生することもありうる。ある地方の統治体制において、自分達に有利な特定の政策を採用した場合、将来その地域で投資活動を行うことを考えるからである。同様に、組織的な力は「公務員という特質によるより大きな社会経済的システムへの影響」（ストーン一九八〇年：九七九）の結果として生まれる可能性もある。公務員による特定の選択肢の推進が、過去において全般的に受け入れられ成功した例と類似するという理由で、正当化されることもあるためである。

これとは対照的に、二つ目の権力の型である「支配による力」は、「他よりも優位に立てるよう積極的に資源（情報、財政、名声、知識）を動員するものである」（ストーカー一九九五年：六五）。支配による力もまた通常は公務員と関わりを持つが、それは公務員の役割が定義上は自らの特別な専門知識を活かして首尾一貫した政策に関する戦略を立てることにあるからである。重要なことに、その知識は最も重要な「資源」である特定のプロジェクトに対する政府と非政府双方による資金拠出を得るためにある。最後に、「提携による力」は、統治体制内で数の力を通じて自らの交渉における立場を優位にしようとする人々によって追求されるものである。そのような提携の構築を通して、体制内の行為者の過半数が支持する政策が、権力者やエリート集団が推進している他の選択肢よりも優位に立つ可能性がある。

したがって、統治体制理論では、地方自治における内部の関係を理解する鍵は、地方の政策立案システムにおいて、誰が統治体制を確立し統制していくか、そしてその際にどのような形式の権力を用いるかという分析にあるとされている。次に、自らの権力資源と支持者の力をうまく組み合わせることで、統治体制のリーダーは「論争に勝利する」ことができる。つまり、自分達の好む政策へ方向づけることができ、したがって「先制力」を獲得する。それは、「統治体制理論における最も重要な軸である」。「複雑な社会においてリーダーシップを必要としていること、そしてそのリーダーシップを必要とするほど重要な特定の利益があることによる」もので、それが「統治する能力」(ストーカー 一九九五年:六五)をもたらすのである。

特定の地域で積極的に活動している各都市型統治体制の構成組織は、一般的な地方自治体の制度を構成している組織の種類とそれらの目的に強く依存している(ストーン 一九九三年)。この理論の経験主義的な基礎を形成している「アメリカに基盤を置く統治体制研究」において、地域のビジネス・リーダーに特権が与えられているのは、同国では地方自治体の資金の大部分がその地域の企業から得る税収によって賄われていることを反映している(ストーカー、モスバーガー 一九九四年:一九八)。しかしながら、英国の場合は、全国均一の地方事業税から得られる歳入がプールされ、中央政府から定額交付金の一部として地方当局に配分されるため、都市の統治体制における地域のビジネス・リーダーの役割は、アメリカと比較するとないに等しい。他方で、地方政府内の専門的な公務員の役割は、英国の研究において重要性が指摘されたことを反映して地方自治体が高度に細分化され、選挙とは無関係の数多くの「特殊法人」が地方の政権に含まれるようになったことから、西欧諸国の都市型統治体制の中で中心的存在になったように思われる。

(これは)反論できない事実である。その公務員は選挙によって選ばれた地方政府によって直接雇用されることもあれば、選挙とは無関係の各種機関で働くこともあり、さらには中央あるいは地方の政府内にある各種部門の地方職員ということもある。(ストーカー、モスバーガー 一九九四年:一九八)

同様に、統治体制の中心にいる上級職の公務員と議員による中核的なエリート集団の存在は、各行為者の権力資源レベルによる政策ネットワークの階層的な構造と一致している。この中核の外の統治体制には、地方の市民生活や政治のより幅広い構造において代表となるさまざまな他の政府外の行為者や組織を組み込むことが可能である。そういう「地域の利益集団」は重要で、それは特定の政策選択を進めるために行われる提携の裏の推進力として、統治体制において重大な役割を担うことになる。こういう集団がどの程度、政策立案に参加するかどうかは、統治体制をリードする人々と組織が多元的な立場を採るか、エリート主義的な方向に向いているかによる（ストーカー 一九九一年）。エリート主義的な統治体制は、多くの場合に利益集団の参加を業界団体や労働組合という「プロデューサー・グループ」のみに制限しようとする。そういうグループは、統治体制のリーダー達からは、「同情的であるととらえられている」（ストーカー 一九九一年：一一九）。確かにそのような「政治的な共有」（ソンダース 一九八〇年：二三五）は起こりうる。選挙で選ばれた議員の上層部のように、各個人は統治体制の中心で影響力を持つ地位にあるかもしれないが、それと同時に、労働組合のような自分達が好む政策選択へとつながる提携関係を構築しようとしている特定の集団と密接に結びつくことも可能なのである。

一方、エリート主義的な統治体制は、多くの場合、「活動の推進力は主に意思決定と地方政府の政策立案に影響を及ぼすことにある」（ストーカー 一九九一年：一一六）地域の「コミュニティ・グループ」や「活動グループ」（本研究に見られる公共交通の圧力団体のような組織）を排除する。こういう集団は、目標が統治体制の中核から「受け入れられない要求」（ストーカー 一九九一年：一一九）ととらえられた場合に締め出される。地域の環境と完全に「打ち解けた」多元主義的で包括的な統治体制のみが、それらの集団の見解を受け入れようとするのである。

都市型統治体制の構造が、地方自治の組織及び利益集団活動のパターンによって、多種に分類できるのに加えて、統治体制理論はまたどの地域においても政策論争全体を形作る戦略的な抱負や目標に敏感に対応している。したがって、都市型統治体制はさまざまな目的や目標を達成するために形成される可能性がある。ストーカーとモスバーガー（一九九四年：一九九）は、類型学的な統治体制の型について、それらの政策立案の特徴を要約している。それは、

表３－１　都市型統治体制の類型

項　目	統治体制の型		
	有機的	インストルメンタル	象徴的
目　的	現状維持	プロジェクトの実現	イデオロギーやイメージの転換
参加者の主な動機	地域への依存	具体的な結果	表現的な政治
共通目的意識の基盤	伝統と社会的結合	特定の誘因	象徴の戦略的な活用
提携の質（利益の一致）	政治的な共有	政治的なパートナーシップ	競争の中での合意
環境との関係：地　域	排他的方向	排他的方向	包括的方向
地域外	自立	依存	依存

出所：ストーカー、モスバーガー（1994年：199）。

「都市自治の形態が変動している時期において、都市政治の細部を理解」するために活用できるものである。

「有機的」統治体制は、地域の政治において「現状維持」を追求する。したがって、裕福な中小規模の町や郊外の管轄区においてこれがよく見られ、「他所者」集団を排除して社会的結合を維持しようとする（ストーン一九九三年）。それとは対照的に、「インストルメンタル」統治体制は、「プロジェクトの実現」を達成しようという要望によって動かされており、そこでは「目標の一部は何が実行可能かによって形作られる」（ストーカー、モスバーガー一九九四年：二〇一）。インストルメンタルな政策立案の根底にある主たる動機は、「具体的な結果」を達成したいという欲望である。重要なのは、そのような結果の測定は、通常、数量化できるか否かにかかっているという点である。数量化すれば、統治体制の協力者は「具体的な」成果が得られたと満足できるのである。インストルメンタルな統治体制を特徴づけている「政治的なパートナーシップ」は、「われわれはどのような恩恵を受けられるのか」を基盤にして形成されているため、目標は多くの場合経済的な発展に関する枠組みにはめ込まれており（ストーン、一九九三年）、企業においては直接収益に結びついている（ストーカー、モスバーガー一九九四年：一九九）。他方、「象徴的」統治体制は、

「表現的な政治」によって定義づけられる目標に中心をおいている点で異なるものである。

具体的な結果によって特徴づけられる幅の狭いインストルメンタルな関心とは反対に、（象徴的統治体制は）イデオロギーや象徴的な政治を軸としている。この点を受け入れるに当たっては、政治には表現的な側面があるという認識が必要である。政治及び政策立案には行動だけでなく言葉もなくてはならないのである。価値、意図、そして象徴的な報酬についてのコミュニケーションが重要である。（ストーカー、モスバーガー 一九九四年：二〇三）

地域が持つ価値やイデオロギーという象徴主義に基づく表現的な政治は、その象徴的統治体制が「具体性を持つ」経済的な成果には結びつかず、むしろ数量化しにくい社会的な成長という「進歩的」（ストーン 一九九三年）な理念に結びつくことを意味している。そのかわりに、地域の政治活動におけるより高度な役割が象徴的統治体制には期待される。それは、「幅広い参加を必要とし、感情に訴える関心と政策を中心に置き、より緩やかに展開しているため、地域の政治環境を統制するにはより包括的な戦略を展開させなければならないからである」。反対に、「具体的な結果や特定の誘因を中心とする統治体制は、高度に発達した排除の戦略を持っている可能性が高い。物質的な利益を広範囲に行き渡らせるコストは高くなるであろうし、高度に選択的な特質を持った利益こそが、明らかに内部にいる者の報酬となるからである（ストーカー、モスバーガー 一九九四年：二〇七）。しかし、インストルメンタルな統治体制と象徴的な統治体制双方とも、政策上の戦略が成功するためには外部からの資源調達が必要であるため、「地域外」の政治環境、中央政府への依存度が高い。

このような大まかな分類が、分析を助けるために考案されたとはいえ、「どの統治体制も、明らかにされた諸特徴にすべてそのまま当てはまる可能性は低い」（ストーカー、モスバーガー 一九九四年：二〇八）。それは、本研究の対象である「都市型鉄道政策統治体制」の概念についてもいえる。地域の鉄道ネットワークの改善を通じて、具体的な結果を達成したいという要望は、インストルメンタルな統治体制と関連する具体的な開発プロジェクトを推進する「プロジェクトの実現」目標を組み込んでいることは明確であるものの、他の特徴はその他の統治体制のタイプと関係している可能性もある。一例を挙げれば、統治体制ネットワーク内の選挙で選出された議員の動機は、特定の地域の政治的イデオロギーや抱負を「象徴する」具体的な大規模新鉄道インフラ建設プロジェクトを達成したいという願いから出る可能性もある。また、ＰＴＡやＰＴＥの逆説的な立場、自立した意思決定機関とされながら中央政府の補助金に依存し続ける体制（付録参照）があるために、各都市型鉄道政策統治体制の「地域外」の政治環境との関係は本質的に不透明なままとなっている。したがって、地域の都市型鉄道政策統治体制の中央政府及びその任命した機関との実際の関係の本質もまた、各地域の政策進展の領域を明らかにする上で重要な役割を果たす可能性が高い。

地方における意思決定の要素

オフィールとシェイピン（一九九一年）によれば、都市型統治体制のような「意思決定の空間」を明らかにすることは、政策過程の部分的な解明にしかならないという。それは、「公共政策の決定要因には、社会的、文化的、歴史的、そして技術的な要素があり、さらに政治システムの特徴も影響を与える」（ダイ、ロビイ一九八〇年：七）ためである。同様に、クロークら（一九九一年：九四）は、行為者と組織の相互連絡関係に対して、幅広い調査を行うことが重要と考えている。

どうにかして、もし構造「と」行為体「双方」に関する洞察力を結びつけることさえできれば、社会科学は考え方や活用において、より現実的な基盤を持つことになるであろう。

したがって、都市型統治体制内の交渉過程の運用を概念化するには、各「行為者グループ」（ペインター一九七七年）及び自治システム（都市域もしくは域内を区分したもの）の根底にある「資源」や「性質」（ストーン一九八九年）の本質に注目することが必要である。

アンウィン（一九九二年：一七二）は、アンソニー・ギブンズが提唱した「構造化」理論は「行為体を構造的な視野の中に組み込もうとする」最も説得力のある試みを示していると述べている。それは、「紳士淑女を単に消極的な構造的決定要素の運搬人に還元する」（トムソン一九七八年：一七二）国家組織の「構造的」影響という具体性のない概念を超えているというのである。構造化理論の基盤は、構造と行為能力の間の関係における「再帰性」の認識である。それは、ギブンズが「構造が行為能力よりも上位を占め、構造は実際に活動する上で境界線となったり制約を加えたりするという考えに特に批判的である」（クローク編著一九九一年：九七）ためである。この再帰性は、二つの方法で表される。

構造の二重性：構造が行動を可能にする手段であるが、行動は潜在的に構造に影響力を及ぼし、それを再構築することができる。もう一つは、構造と行為能力の二重性：構造の決定論的な見方と、行為能力の自由意志的な見方という二重性と、それを克服するための考え方である。（クローク編著一九九一年：九七）

政策立案者とシステム・レベルの政府構造（ギブンズ一九七九年）、つまり高度な構造レベルである資本主義システムそのものではなく、政府機関のルールやあるいは資源の利用にかかわる構造化理論は、明らかに都市型統治体制の概念に適用できる。構造の二重性は、統治体制の根底にある概念に相当し、交渉過程自体に関連して行為者を、付与された権力の状況によって配置する。それは、統治体制の階層における各行為者の相対的な位置を変更できることにつながる。したがって、構造は個人の「意図せざる行動の結果」によって変えられるものであるというクロークらの主張（一九九一年：一〇〇）は、「予想できない、溢れ出るような効果と、意図せざる結果に満ちた政策の世界」（ストーカー 一九九五年：五八）を明確に映し出している。

構造と行為能力の二重性は、交渉のメカニズムそのものの存在によって表され、それによってどの行為者も先制力を得る可能性を持っている。英国の政策統治体制においては、専門的な公務員に与えられている組織的及び命令的な力の資源に対する「偏向」（ストーカー 一九九五年）が明らかに存在するにもかかわらずそう指摘できるのである。ギブンズは、こうした性質を「構造化のルール」として概念化しており、それは論理的で合理的な判断に加えて、潜在意識の中でも行動に情報伝達する。リチャードサン（一九九六年：二七九）は、さらに政策立案統治体制における権力交渉の中で、個人の知識と性質の水準の違いがもたらす影響を強調している。

合理性の信任を確立するか反証するかに対する脅迫観念により、われわれは、政策が議論や談話によって形成され、合理的であったり非合理的であったり、道理に合っていたりいなかったりする単純な事実を見落としてしまう。一方で、政策の形成は、このような「表面的な」合理性の特徴によってではなく、議論の中におけるより深い権力と知識の力学に結局は依存しているのである。

同様に、ボージュ（一九九〇年）の「ハビトゥス」概念、つまり「人をある行動をとるよう命令するもの、及び、ある過程の結果であるもの」を統治体制理論へ適用すべきだとするペインター（一九九七年：一三六）の主張は、ギブンズの構造化理論と強く共鳴している。構造化のルールが現実に見られる最も分かりやすい例は、「より大きな社会経済的システムの公務員の性質に対する影響」に関するものである（ストーン 一九八〇年：九七九）。ストーカー（一九九一年）にとって、このシステムは、マックス・ウェーバーの考えに基づいた官僚制の「正式な」定義に基づいている。

社会の主要な特徴の一つは、社会的及び経済的過程を「合理化」するための推進力にあると信じられていた。彼にとって合理化とは、方法や結果を計算によって調和させ、社会的及び経済的目標をできるだけ高い効率で達成することを意味していた。（ナイグロ、ナイグロ 一九八〇年：一二四）

ドロー（一九六八年）にとって、ウェーバーが提案したこの「理想型」の官僚制は、地方自治体とそれよりも広範囲な社会を繋げるための材料となった。彼は、社会的及び経済的過程の合理化は、本質的には「混沌とした」世界（ハーロー 一九七七年）の中で、地方政府が何らかの一貫した役割を負うのであれば必要であると論じている。したがって、ウェーバー的な官僚制は、政策立案を基礎として運用されており、それは専門的な環境の中で、「労働と専門分野の高度な区分化」（ドロー 一九六八年：八三）を伴うのである。

ソンダース（一九七九年：一六六）によれば、ウェーバーの官僚主義的な政権は、「経済的な階級と政治の間には必然的な関係がない」ことを暗に意味している。それは政策決定が「公益によって」なされているからで、この概念は階級や社会経済的な区分に関して中立的だと考えられるからである（ドロー 一九六八年）。さらに、ソンダースは、ウェーバーの政治社会学における二番目の主要原則について概説している。それは、「現代社会における政治的な支配の様式において、官僚制が増加することは必然的である」というもので、その理由は「複雑化や細分化によって、権威や支配の機関としての国家の力が制約されているため」（ストーカー 一九九五年：五八）であるとする。これは、地方政府を批判するマルクス主義者と公共選択論者の双方の基盤をなすと見ることもできる。マルクス主義者からは、官僚制の拡大、そして価値から自由な「公益」概念の提案は、資本と労働の関係に危機的状況を作り出すという反応を生む。一方、公共選択論者は、官僚制の拡大により国家の統制と政府予算の最大化は避けられない結果であると認識する。彼らにとって、もう一つの選択肢である無秩序な、もしくは超多元的な社会の方が、サービスの提供においては、市場の力による自由な活動にとって望ましいのである。

政策立案に関する構造的な形式の分析に対して、これらが暗に意味しているのは、「最近まで、ウェーバー的な官僚制組織の優秀性について疑問がほとんど持たれなかった」（ナイグロ、ナイグロ 一九八〇年：一二四）という事実である。したがって、ウェーバーの考え方への同意が主な構造化の「ルール」を形作っており、その下で公務員は意識的にあるいは無意識的に活動してきた。さらに、このルールでは責任ある地位に関わる階層の構造が「資源化」され、昇進の可能性は公益の原則の厳守に基づいて判断された。

政策を立案する公務員に対して現在も影響を及ぼし続けているもう一つの視点は、ポールの統制主義者論に見られる。ノックス（一九八七年：二七）は、ポールがどのようにして、社会的消費支出の配分について、地方当局が負う責任について想起させるか、次のように描いている。

都市の資源や設備へのアクセスの機会を決定づける空間的、社会的制約の相互作用―交通、教育などは、都市のシステムを管理し、あるいは統制する人達の活動、政策、そしてイデオロギー（に着目することによって分析できる）。

ポールは、都市の「管理者」もしくは「監視者」が、自分自身の考え方や抱負に左右されているという点から、構造化理論の概念を補強している。

空間は、配置や配分を決定する責任を負っている人達の目標や価値によって、操作される可能性がある。（ポール一九七七年：五一）

公益は、価値から自由であるとの概念を含んでいるのに対して、ポールは、官僚は自分の管理下にある潜在的な投資資金を最大限活用することで、政策立案構造における自らの立場を最良のものにしようと追求する個人的な優先順位に合致したプロジェクトへの方向づけを最大限求めようとする可能性が高いと主張している。同じように、予算を最大限に活用しようとする官僚制について、ウイルソンとゲームより以前に指摘したものがある。それは、公務員にとっても議員と同じように、地方自治体が政府内におけるより高い段階への道程を提供しており、成功した官僚として認められるには、「屈せず、また同僚よりも資金集めが上手だ」（ポール一九七七年）と見られなければならないというものであった。

官僚主義的な構造化のルールがもたらす制約は、個人や集団によって実際になされる決定の本質にも影響を及ぼすと見られる。ダイとロビイ（一九八〇年）によれば、政策の不必要な急進的改正を避けようとする誘因は強いものである。

意思決定者は、毎年、広範囲にわたる既存の政策、あるいは提案された政策を再検討し、社会の目標を見出すことも、その目標を達成する手段として考えられる他の政策の便益と費用を調査することも、他の政策それぞれについて順位を付けることも、それに関するすべての情報を基に選択することもない。プログラムや政策、目標について、翌年提案されている中で、わずかな変化だけを検討することで、仕事を減らしているのである。

同じように、ストーカー（一九九五年：五九）もこのような政策形成における継続性の考え方についてより広範囲な統治体制に関して述べており、こういう統治体制は「政府内及び政府外の行為者たちが困難な目標を達成できるよう、より安定した強固な関係を構築」しようとするとしている。安定を望むのは、「政策立案者は、既存の政策とわずかしか違わないもののみに選択肢の幅を狭めることを好む。従前の経験は、それらの政策がどのような結果をもたらしたかを示し、リスクを大幅に軽減させられる」（ナイグロ、ナイグロ一九八〇年：四六）からである。

さらに、地方自治体の政策立案における漸進主義の傾向は、規制主義から生まれた国家に関する諸理論と一致している。地方自治の縮小をもたらしている今日における規制の枠組みの中で、都市型統治体制が活動する力は、「地域のエリートが、より上位レベルに位置する政府とどのような関係を持てるか」（ストーカー一九九五年：六七）ということに大きく左右される。国、さらには国を超えたレベル（ストーカー、モスバーガー一九九四年）における地方政策の調整は、多くの場合において、中央と地方の対立を最小限にし、中央政府による地方権限の一層の縮小を正当化することを避けるのに必要なことである。

しかしながら、ローズ（一九八〇年、一九八一年）は、規制主義理論に描かれているように、国家の役割が頻繁に変わることによる混乱と煩雑が、中央と地方の間にある程度の対立をもたらすのは不可避であり、それは地方の政策立案者がいかに上手に中央政府の戦略的な目標との合致を保ち続けても、そうならざるをえないと指摘している。中央と地方の政府間関係の安定は、政権間における「政策コミュニティ」の形成によって決定される。だが、このコミュニティは非対称的である。それは、中央政府が、憲法、構成員、議題、財政面のいずれにおいても力を保持しているからである（シミー、キング一九九〇年）。一九七九年以降における保守党による国家予算の削減と、それに対して一九八〇年代を通じて英国全土にわたって見られた社会的な供給を広げるのに熱心な強力な「新都市左派」による地方政府の並置による対立はそれを明確に表す例といえよう。さらに、地方の裁量権の継続的な縮小と特別都市の廃止（本章3節を参照）は、これら中央と地方の政策コミュニティの明確な改変を示している。しかしながら、政策コミュニティの大部分は、それ以降、「パートナーシップ」というテーマの下で自ら再び確立し、選挙で選ばれた地方政府と選挙とは無関係の政府組織やその他の機関を組み込んだ本質的に強力な地方の政策統治体制が、中央政府内における関連部署との間で建設的な対話に従事している。

したがってカーマイケル（一九九五年：二八六）は、「地方当局の力を蝕んでいった立法面での中央集権化の影響があったにもかかわらず、政府機関において権力の拡散」が依然として維持され、「地方当局はなお政策の重要な側面に対して多大な影響力を行使し続けている」と結論づけている。ウォルマン（一九九五年：一三五）にとって、この権力の強大化、つまり国家内で都市地域の意思決定に対する全般的な影響力は、民衆による民主的統制の推進に関して重大な意味を持っている。さらに、市を管轄する地方政府が、都市域モデルによる広範囲を対象としているか、あるいは地理的に細分化しているか、というのも重要な検討事項である。それは、「組織の構造は大変重要である。というのも、これらの基本的な目的や価値が実行される媒体だからである」。したがって、政策の形成は、政策統治体制を構成する選挙で選ばれた行為者、専門的な行為者、政府外の行為者の相対的な力が、自らが代表する地方機関の規模、自立の程度、場所により、多大な影響を受けるであろうと考えられる。

3　地方自治の構造

合併傾向

一九七〇年代におけるスコットランドの郡やイングランドの特別都市に見られた都市域規模での地方政府の形成は、一五〇年前から続いてきた大規模な地方政府への移行の最終段階を意味していた。後出の事例研究に役立つ都市域の地方政府における長所と欠点を明らかにするには、それらの設立の基礎となった検討事項と、公共選択論の下で早期の解体に至る理由となった欠点と目される事柄について見直すことが有益である。

英国の地方政府における合併の傾向は、一九世紀初頭に産業都市化の大きな流れに直面した際、伝統的な計画が不適切となったことに遡ることができる（ハンプトン一九九一年）。それぞれが独自の特許状と、法律によらない行政区議会、そして国会で制定された法律によって設置された単一目的の機関から成る原始的な自治体のパッチワークでは、人口の大半が農村部から流出することを全く規制できなかった。

一八三五年の自治体法は、複数の目的を持ち、選挙で選ばれた議員を有する地方自治体の設置を明記していたにもかかわらず、急激な都市化から生じた社会問題の増加に応じて創設された「臨時機関の拡大が継続」した（ハンプトン一九九一年：一七）。実際、一八七〇年までイングランドとウェールズにおける三〇〇〇もの町、地区、郡の自治体は、二万五〇〇〇に達する小規模な補助組織を持ち、しかもその多くは徴税権を有していた。国会が「自治体に関して無秩序であり、地方税に関しても無秩序であり、そして区域に関しては最も無秩序な状況となっている」（ソーンヒル一九七一年：四九）と説明するような状態であった。

その後、一八八八年における再編成により、民主的に選挙で選ばれた議会が全国に広がり、治安判事から新しい自治体へ権限の移譲が進められた。地方政府の構成については、この改革によって都市と地方が区別されることとなり、それは九〇年近くも存続した。新たに設置されたイングランドの郡とそれよりも低位に位置する地区に加えて、規模の大きいいくつかの町は中央集権制の郡として行政上の地位を得て、「特別市」を形成して域内におけるすべての機能を果たす責任を負うこととなった。当初の意図では、ロンドン以外の一〇大都市だけがそのような地位を付与されるはずであったが、法律の審議過程において特別市の地位を得るための人口規模が五万人に引き下げられ、歴史的な大聖堂のあるいくつかの町については、さらに低く設定された。その結果、全部で六一の町が単独で全機能を持つ管轄区となった。スコットランドでは、一九二九年の見直しによって四大都市がこの地位を獲得し、残りの大小の自治都市はその機能を地方の郡と共有した。

二〇世紀に入っても都市化は続き、特別市はその数と規模を増加し、地方の郡の人口は減少した。しかしながら、一九六〇年代初頭になると、都市から人口流出が始まり、郡と特別市との歴史的な対立は本質的に一変し、中核都市が人口と税収の減少を嘆くこととなった。

一九六〇年代にはイングランドで改革の必要性が高まったことを受けて、レッドクリフモード（一九七四年：二）は、この「都市と地方の区別は、地方政府にとって大きな弱点であると見られるようになった」とし、郊外やベッドタウンへの過剰人口の流出により移動パターンが非常に複雑になってきているにもかかわらず、それに対応した効果的な計画策定が妨げられており、このことが一九六八年以後に起きたＰＴＡ設立の礎となったと論じた。キーティングとミッドウィンター（一九八三年：九五）によれば、スコットランドのシステムも同様の問題に苦しんでおり、同じように「時代遅れで、効果が上がらず、当時のスコットランドにおける社会や経済のパターンには合わない」ものとなっていた。

いかなる改革をどのように実行すべきかを調査するために並行して設置されたイングランドとスコットランドの王立委員会の仕事は、「地方政府制度全般についての包括的で自由な考察」（アレクサンダー 一九八二年b：二九）を行うことにあった。どちらの報告書も都市と地方の「相互依存性」（レッドクリフモード 一九六九年：二六）を重視し、両者の結合によって「より大きな力」（ウィートリイ 一九六九年：二五）が生まれる可能性を強調した。

それぞれの報告書において提案された解決法は、共にどのような構造改革にも「第一原理」（ウィートリイ 一九六九年：二五）から取り掛かりたいとする意向が示されていた。イングランドの場合、レッドクリフモードは、国の大部分において、サービス提供における効率性の面から、地方自治体の「理想的な規模」という規範的な概念に基づいた万能な中央集権制の自治体の採用を提案したが、三大都市圏もしくは「大都市圏」地域といえるセルネック（ランカシア南東部とチェシア北東部）、マージサイド、ウエストミッドランドは除外し、それらについては二段階の制度の方が好ましいとした（レッドクリフモード 一九七四年）。しかし、委員の一人であるデレク・シニアは、実質的に異議を唱えるメモを作成し、純粋に理論的な見地から問題を概念化することにより、多数派の採った選択は地理上の実情を無視したと主張した。

他の委員は、組織の原理、中央集権の原理を採用し、中央集権制の自治体について、人口規模の幅を確定したが、それは機能的な効率性や民主的な可能性といった理論的な条件の分析によってなされ、地方政府が仕事をしなければならない地理的な条件は検討事項から外された。（シニア 一九六九年：五）

地方自治体の境界線を、「推測」（アレクサンダー 一九八二年b：三一）によるとしか思えない理想的な人口規模によって引くのではなく、シニアは「都市域」に基づいた三五の機能的な二段階システムを念頭において境界線を策

図3－1　地方自治体の構造改革：イングランド（1974年）、スコットランド（1975年）

イングリッシュ・カウンティ
（1974年3月）

イングリッシュ・カウンティ
（1974年4月）

スコティッシュ・カウンティ
（1975年4月）

スコティッシュ・リージョン
（1975年5月）

定した。それは、労働と住宅の市場構造によって裏打ちされていた。同じように、並行して作成されたスコットランドのウィートリイ・リポートも、再編成の原則として社会的サービス提供の効率向上以外の理由を明らかにした。ウィートリイにとっては、サービス提供という側面からの検討は目的の一つに過ぎず、それと並んで、中央政府との関係における地方自治体の権力強化、市民による民主的統制の視点、そして政治過程における地域の参加機会の提供をあげた。こういう目的のために、中心に置かれたのは、「中央と地方の政府間の権限と責務のバランスを変える」（ウィートリイ 一九六九年：四四）のに適切な「規模」で運営される地方政府構造の創造であった。したがって、きわめて多数の地方自治体を合併することは、国家の全般的な政治機構の中で、多元的代表制を改善するために必要な手段と見られた。

ウィートリイの改革は、地方税制の改革と境界線策定で、郡と地区との間における提供サービスの配分など比較的「小規模な改正」（キーティング、ミッドウインター 一九八三年：九九）が棚上げされたものの、一九七二年に国会で承認されたレッドクリフモード委員会の多数派がイングランドに対して出した提案は、一九七〇年の総選挙後に起きた政権交代によって命脈を絶たれた。アレクサンダー（一九八二年b：三六）によれば、新たに生まれた保守党政権の改革は、それほど急激ではなく、分断の少ない地方政府システムという基本の論理に理解を示しつつも、郡の維持と都市圏域の縮小という点で「党派的な優位性」を明確に意識したものであった。

また、シニアが現代の地方自治体に対する機能的な定義に懸念を抱いていたのとは対照的に、制定された二段階のアプローチは、「境界線の保守性」を示すものとなった（アレクサンダー 一九八二年b：三八）。シャーの付く伝統的な郡のほとんどが維持された。また特筆すべきことに、「周辺の郡からの圧力の結果、（大都市圏）地域はすべて規模が縮小され、境界線は都市化された地域の範囲でかなり狭く線引きされた」（アレクサンダー 一九八二b：四一）。イングランド、スコットランド双方の委員会が唱えた新しい上部機関は、地域における税金徴収の権限を高めることにより予算面での自立を狙った提案であったが、これは中央政府によって拒否された。その結果、引き続き中央から交付される多額の定額交付金に大きく依存することとなり、新たに設置された議会の自主性はなくなった（付録参照）。

表３－２　戦略的な機能の一部の配分について、イングランド特別都市議会、イングランド郡議会、スコットランド郡議会の比較

機　能	イングランド特別都市	イングランド郡部	スコットランド郡部
教育	–	*	*
道路	*	*	*
公共交通	*	*	*
社会福祉	–	*	*
建築物	*	*	*
計画立案			
評価	–	–	*
水道	–	–	*

イングランドとスコットランドの新たな構造は、一つの点において大きく異なっていた。スコットランドの郡は、イングランドの特別都市と比べて地理的な範囲が多様であったために、機能的な責務が異なることとなった。どちらの場合も、総合的な計画立案が必要な「保護的」あるいは「戦略的」サービスは上部機関に委ねられ、「環境」と「快適さ」に関するサービスは下部機関に任されたが、住宅、教育、社会福祉という「個人的」サービスをどちらに配分するかという問題は厄介であった。スコットランドでは、教育は郡に任されたものの、地方政府法案の改正により、住宅は地区の機能となった。それは、「四つの都市部の郡は、新しいシステムに対し、大きな恨みを伴う同意さえもしないであろうと考えられた」ためで、「議員の多くが自分にとって最も重要な機能と考えていた権限を」郡に引き渡してしまうと危惧したためであった（アレクサンダー一九八二年ｂ：四七）。

イングランドでは、特別都市の相対的な役割がさらに縮小され、重要な教育事業も地区に与えられる決定がなされた。特別都市でない地域では、教育に対する責務が郡に委ねられたことにより、新たな都市の上部機関の存在は、「強力な特権都市もしくは地区と、比較的弱い戦略的な自治体」（ハンプトン一九九一年：四四）の組み合せにより、不安定な政権につながるとの見方が強まった（アレクサンダー 一九八二年a、カヴァナー 一九九〇年）。その結果、都市の多くは、旧特別市からそのような「機能の重複した郡」（ブリストウ編著 一九八四年）へのあらゆる権限の委譲を疑問視した。

公共選択理論と組織上の細分化

ハンプトン（一九九一年）は、一九七二年の地方政府法によって形成された特別都市当局に付与された役割は限られており、早期における構造上の再検討は避けられないと指摘した。公共選択（本章2節を参照）による規制緩和政策に深く関わっていた新保守党政権が、選挙によって一九七九年に誕生したことで、実施に必要な触媒が得られた。公共選択論者は、都市域特別都市において投資されていた広範な「社会福祉」、あるいは社会発展のための戦略的なサービスを直接提供する機能をできるだけ取り除こうとした。特別都市側は、公共選択論者が好む市場システムによるサービスの提供には反対していた。特別都市が発展した時代は「戦略的な計画策定の流行が全盛期で、それに対する自信が今では大げさに映る」（環境省 一九八三年）のであった。

具体的には、次のとおりである。

民間によるサービス提供及び個人の選択がどこまで政府の役割を補完できるか、あるいは場合によっては、もしかしたら置き換えられるか、これを検討する準備が必要なのにはいくつかの強い理由がある。その理由の多くは経済的なものである。わが国の社会サービス提供のシステムを改革する必要性は、公共支出を根拠としただけでも、緊急を要するといえる。前進するには、コスト意識の向上を推進し、選択の幅を広げる手段として市場メカニズムを活用する準備を常に整えていなければならない。（サー・ジェフリー・ハウ、大蔵大臣、一九八二年七月三日、リ

デルの著書より引用　一九九一年：一二七）

白書そのものが特別都市についてのみ言及していたのには重要な意味がある。バーチ（一九九〇年：二〇四）は、「反対派の中核」となっていた都市の自治体を廃止することについて、政府がそれを党派的に有利であると感じたことは明らかであったという。しかしながら、都市地域の中で存続していた多数の地区の自治体は、ティーブルト（一九五六年）が指摘していたように、個人の選択を拡大させるためには最良の機会を提供していたのである。ティーブルトによれば、都市における管轄区の細分化によって、「より均一的な社会集団を集約する」のに適した単位が形成され、「市民の好む政策が実施されやすくなる」（ストーカー、一九九一年：二四一）。そのような細分化されたシステムにおいて、市民は、低い税率と自分の社会集団に最適なサービス提供の双方を伴っている地域の管轄区に転入することができるのである。

……この細やかな解決策は非常に柔軟である。それは、需要の変化に対応して、すぐに供給面の変化を実施する。数多くの種類や幅広い選択肢を供給して、個人の要求や好みに合わせる。それができないところは、それを実行しているところに負けてしまう。同じ理由で、快適さやサービスの面でも革新し続ける。（ピリー　一九八二年：四九）

政府は、特別都市を廃止したものの、引き続き特定の機能の管理については、旧郡レベルで維持した。それは、必要に応じて規模の経済を維持するためであった。引き続き設置されていた地区評議会の中に、法令によって設立された合同委員会が設けられ、警察、消防、民間防衛、ごみというサービスの責務を負うこととなり、公共交通もその中に含まれた（本章4節を参照）。改革を経た合同委員会が、ＰＴＡとＰＴＥを通じて、公共旅客交通に対する政府規制を引き続き行うこととなったのは、次のような理由による。

必要悪ではあったが、その機能は市場の欠点を取り除くことにあった。その欠点とは、交通において多大な影響力を持つ二つの要素に原因がある。第一の欠点は、商品が分割できない点で、一例を挙げれば、各々の公共交通車両の定員が何名かであるということである。そして二つ目の欠点は、大規模な投資には、リード・タイムが必要なことである。（略）どちらの要素も市場メカニズムの運用をゆがめるもので、政府の役割は、計画の枠組みを編み出し、その中で投資決定が正しく評価できるようにすることにあると認識されている。（サットン一九八八年：一三二）

公共交通の管理を永続的に、地理的に広い範囲にわたって行うことが必要と考えられていた。それは、入手可能な設備投資資金の配分を、あまりにも多くの小規模な議会にわたって厳格に行った場合、各自治体の意見が一致せず、小規模な工事しか賄えないと思われたからである。合同のＰＴＡ管理下では、一種の「域内市場」が生まれ、そこで各管轄区の議会は他の議会と「相互競争」（ポリット一九八六年：一五八）を行い、大規模な新しいインフラ開発を自分の地域で行えるようにより大きな設備投資資金の「塊」を得ようとするだろうと思われた。この資金を得るための議会間の競争は、潜在的な投資計画に対してより詳細な査定を行うことにつながる上、「感受性の鈍い」（ピリー一九八一年：三一）都市域規模の地方政府に固有の供給過剰と比較して、最良の予測利益のもののみが承認されるので、公共選択面での目標も達成されると考えられたのである。

また、スチュワートとストーカー（一九九五年：一九四）は、地方自治体に対する公共選択面からの見直しに関して、次の問題を取り上げている。一九八〇年代における変化は、地方自治体の地理的な合併という歴史的な動向の終焉を示しただけではなかった。「新たな権威体制」の創設を通じて、新しいタイプの国家分裂の到来を告げていたのである。それは、選挙とは無関係の特殊法人による地方政府で、新たな単一目的の「機関や組織が、以前は（選挙で選ばれた）地方自治体が請け負っていた責務を受け持つようになった」。公共選択論による地方政府の役割に関する根本的な見方は、都市の社会的発展を目的とした社会福祉主義派のサービス提供より、むしろ都市の経済的発展を支援する可能性を強調しており（イムリー編著 一九九三年）、それは数多く創設された新しいタイプの組織に反映された（スチュワート 一九九五年）。その多くは、例えば都市開発公社や訓練・企業委員会のように都市経済の再生を推進するために組織されたものであった。さらに、選挙とは無関係の地方自治体へ向かう傾向は、地方自治の縮小を暗示している。つまり、「地方自治に関わる新しい組織の多くが、中央政府から直接的影響を受けている。それは、その組織を管理する委員会の委員の採用を通して、あるいは中央政府による直接もしくは間接の資金供給方法を通じて行われている」（スチュワート、ストーカー 一九九五年：一九六）。

ヘイトン（一九九三年）によれば、スコットランドの郡がイングランドよりも一〇年長く維持されたのは、機能的な責務がイングランドの特別都市と比べて多かったためである。同様に、マクローンら（一九九三年：九）は、ウィートリイのシステムには永続的な利点があるとし、政府が変革したいと考えたのは、貧弱なイデオロギー上の考えによる党派的利益によるものだと主張している。具体的にいえば、スコットランドでは郡の幅広い機能により、選挙によらない地方政府への転換が遅れたため、上下水道事業の権限を議会から取りあげ中央政府に任命された機関に移すのに、大規模な制度の再編成が必要となったと論じている。

4　地方自治機能としての都市交通

PTAの前身

スミス（一九七四年）は、公共部門による都市交通の経営は、社会と経済の発展という二元的な役割に、明らかにその根源を見出すことができるとしている。今世紀初頭には、すでに民間のバスや路面電車の事業者数が、多くの地域において路線が不必要に重複するほど多くなっており、その結果「深刻で無駄な競争がさまざまな旅客交通機関の間に存在した」（バーカー、ロビンズ一九七四年：二一一）。そこで、都市公社がバスや路面電車のネットワークを管理するようになり、そうすることで全体の運営効率を向上させようとした（ロブソン一九三七年）。さらに、「高度に専門的な公共的機能を『政治の外へ』出した」（スミス一九七四年：二三〇）ことは、都市の経済になくてはならない労働力依存度の高い産業における資本と労働の対立を抑えようという試みでもあった。一方で、ノックス（一九八七年）はまた、都市交通の公的支配への転換は、家父長的な自治体が多数出現している現象と完全に一致すると認識している。

ロンドンでは、首都圏全体としてみれば、異なった解決策が必要となった。どのような単一の都市機関でもその運営は不可能であった。それは、地方政府制度が細分化され、多岐にわたる組織で構成され、その中にはロンドン市議会、その市議会の構成要素である自治区、さらには郊外地域に位置する多数の郡、地区、特別市が含まれていたからである。したがって、特別な目的を持った臨時の管理組織を創設する必要があると考えられるようになった。そのような組織だけが「地方政府について他のほとんどの機能において使用されている境界線や管轄区を越えて、その方向がどういうものであっても自らの特定の機能を果たす」（スミス 一九七四年：二三〇）ことができると思われたからである。

また、そのような運営組織の創設に対する要求は、民間の地下鉄会社にも拡大していった。それは、「地上における無制限な競争」により、鉄道ネットワークの延伸や質的向上に関する類の工事の実施が不可能となっていたからである（バグウェル 一九八八年：二五七）。政府はそれを認め次のように宣言した。

必要なのは、責任感と公平性を備えた何らかの運営組織、ロンドンの交通施設整備のために各段階において何が必要かをはっきり主張できる組織である……競争は非常に収益のある路線では混雑を招き、それほど収益の上がらない路線では信頼できるサービスを破壊し、利益のでない路線は廃止する。（ロード・アシュフィールド 一九二四年、バーカーとロビンズの著書より引用 一九七四年：二〇八）

その後、一九二〇年代に事業者収入の共同管理へ展望を開くことにつながった暫定的な取り決めが実施されたのに続いて、一九三三年七月にロンドン・リージョナル・トランスポート・ボード（ＬＲＴＢ）が設立されたことにより、事業者の合併過程が完了した。同機関は、「広範囲に線引きされたロンドン地域において、幹線鉄道と協力して、適正で正しく調整された旅客交通体系を提供する」（バーカー、ロビンズ 一九七四年：二七三）ように付託されていた。当時の運輸大臣、ハーバート・モリソンは、統一されたＬＲＴＢの創設は、一層の能率向上の機会を与えるだけではなく、交通アクセスが改善する結果として「社会化」が進展するのに伴って、社会的発展の機会を拡大するとも考えていた（モリソン 一九三三年）。

一九六八年交通法

ノックス（一九八七年）は、英国の地方都市が、高密度の路面電車とバスのネットワークを成功させた結果として、一九五〇年代までは比較的小規模で密集していたと指摘している。しかし、その後の二〇年間に見られた自動車保有の急激な増加を受けて、広範囲な郊外化が進み、大多数の都市において市街地が拡大し別のいくつかの地方政府の管轄区にわたるようになった。

その結果生じた都市公共交通の輸送量の低下は、一九六〇年代に英国国鉄が直面した財政危機にも反映されている。ビーチング報告（英国国鉄 一九六三年）は、郊外路線の多くが限界費用さえも賄うことができないと指摘し、数多くの地域においてバスと鉄道の運行が重複している点を問題視した。さらに、自動車保有から生じる社会の二極化により、コミュニティの中で大きな部分を占める階層が、崩壊しつつある公共交通に依存する状況が残った。ロンドンで四〇年も以前に起きていた論争に並んで、運輸大臣であったバーバラ・キャッスルは、その後の白書において、地方都市における公共交通は「絞め殺されて」おり、また「それが、地域コミュニティの生活に密接に関わり、地域社会にとって重要な意味を持つ」（バグウェル 一九八八年：三四四）ので、その運行の維持が必要であると認めた。

そこで一九六八年交通法では、大都市圏レベルでＬＲＴＢのような、特別な目的を持つ運営組織の創設が許可された。

英国のロンドン圏以外のどの地域においても、運輸大臣が当該地域の必要に応じて、正しく統合された能率的な公共旅客交通体系の提供を確保する目的として得策であると判断した場合、……大臣は命令によって、本法本章の目的に沿って、その地域を命令において特定し、その命令によって、当該地域のために以下の機関の創設を準備できる。具体的機関名は次のとおりである。

(a)　ＰＴＡ（パッセンジャー・トランスポート・オーソリティ）

(b)　ＰＴＥ（パッセンジャー・トランスポート・エグゼクティブ）……同組織は、法人である。（一九六八年交通法、第Ⅱ部、第九条）

ＰＴＡは、その管轄下にあるいくつかの地方政府議会の議員で構成され、専門家で構成されるＰＴＥに対して、民主的な説明責任を持った統制を行うこととなった。多くの点でこの新しい体系は、当時他の諸国でも設立されつつあった同様の組織と似通っており、中でも西ドイツの大都市圏に創設された運輸連合とよく似ていた。ミュンビー（一九六八年：一三七）は、都市域における新たなＰＴＡやＰＴＥの体系は、地方都市へ大規模な権限委譲をもたらしたと述べている。それは、「合理的な解決策を実行するに当たって生じる数多くの障害を取り除き、特定の大都市圏や都市においては、自分達の地域にとって最適な政策を実施することが可能となるような組織的な枠組みを作り出した」のである。

バスと鉄道を統合する権限をＰＴＥへ付与したのは、一九六八年に制定された法律の中核をなす規定であった。これは、旧市営バスの運営をＰＴＥに移譲し、鉄道事業の提供に関しては英国国鉄との取り決めを規定したことによって成し遂げられた。

本条文が適用される指定された地域のＰＴＥが持つ特別な任務として……（英国国鉄）委員会との間で、ＰＴＡが必要であると決定した鉄道旅客事業を、英国国鉄が確実に提供することに関して、ＰＴＡが承認しうるような合意に達しなければならない。それは同事業が、本法第九条に触れられているような公共旅客交通体系の事業提供によって当該地域へ適切な貢献を行うことを保証するためである。……本条文の下での合意は、すべて合意の遂行によって国鉄が提供する鉄道旅客事業に対してＰＴＥから国鉄への支払いに関する規定を含めることもある。（一九六八年交通法、第II部、第二〇条）

実際に、このような二〇条合意によって、ＰＴＥは自らの地域内の鉄道路線について、具体的な事業の方法と運賃体系に関与することが可能となり、それと引き換えに、英国国鉄に対して補助金を支給することとなった。英国国鉄もまたこの新たな合意を歓迎した。それは、次のようなことが可能となったからである。

利益の上がらない線区を維持し続けることができる。それらの線区が廃止されれば、社会は非常に打撃を受けるであろう……鉄道は社会的な負担を軽減するための一層の措置がなければ、完全に独立して存続することは不可能で、そのような負担を負わないためには、鉄道収入以外の財源から資金が提供されるべきである。（英国国鉄 一九六五年）

ＰＴＥの資金は、地方税及びＰＴＡを管轄する議会に交付される中央政府からの地方税支援補助で賄われていた。一方で、一九六八年に制定された法律には、大規模な設備投資計画に対する特別の補助金に関する規定が盛り込まれた。

大臣は、適切であると考える条件や状況に応じて補助金を交付することができる……それは、その設備投資が本質的に公共旅客交通設備の提供、改善、あるいは発展を目的とすると大臣が判断しうる支出に対してなされる。（一

九六八年交通法、第Ⅳ部、第五六条）

したがって、ＰＴＥには意思決定に関する大幅な自主性が与えられたにもかかわらず、設備投資にかかわる予算についでは、依然として中央政府からの地方税支援補助金に大きく依存しており、それは時間の経過とともに地方政府の収入全体に占める割合を高めていった。同様に、中央政府は、五六条規定に基づく大規模な設備投資計画に必要な追加資金に対しても大幅な決定権を維持し、それを自らの全般的な交通政策（第２章４節を参照）と公益の解釈に応じて配分した。

並行して存在した二つのＰＴＥ管理構造

最初のＰＴＥは、ウエストミッドランズのもので、一九六九年一〇月一日に創設された。その後、一カ月おきに、セルネック地域、マージサイド、そしてタインサイドにも設立された。スコットランドで唯一のケースは、グラスゴー圏において一九七三年に運用が開始された。一九七四年にイングランドの地方政府再編が実施されたのに伴って、その概念は新たに生まれたウエスト・ヨークシャーやサウス・ヨークシャー地域にも拡大され、既存のＰＴＥの境界線が新しい特別都市議会の境界線と一致するよう改定された。したがって特別都市議会は、以前は他地域と合同の委員会で運営していたのに対して、自地域のＰＴＡの役割を担うようになったのである。

一九七五年に、ストラスクライド郡が創設されたため、グラスゴー圏ＰＴＥ（ＧＧＰＴＡ）は奇妙な立場に置かれることとなった。郡は、狭く線引きされた特別都市と比べてはるかに広い地域をカバーしていたにもかかわらず、法律的に定義されたＰＴＥの地域は、依然としてクライドサイド大都市圏に限られていた。しかしながら、当初から郡は、グラスゴー圏ＰＴＥを、郡全体に公共交通事業の提供を代行する組織として活動するよう任命する決定を下しており、したがって事実上、PTEにスコットランド西部の大部分を含めるよう拡大解釈していた。のちに、PTEの名前はその上部に位置する郡と同じになるよう改められ、郡は一九九六年三月三一日にそれが廃止されるまで引き続き指定された地域のPTAとして活動させた。PTEの鉄道部門に対する設備投資や支援資金は、特別な鉄道補助金から支出され、それは郡全体の補助金の中に含まれていたが、明確な額が別個の支出項目として政府から明示されていたわけではなかった（付録を参照）。

他方、イングランドでは、一九八六年四月一日から実施された特別都市議会の廃止が、必然的に一九六九年から一九七四年の間に設置されていたものと類似した合同委員会によるPTAへの回帰をもたらした。それぞれのPTE地域において、PTAのメンバーは引き続き存在していた地区議会の議員から選ばれ、それは相対的な人口規模と議会の政党別構成比を基礎としていた。同様に、PTAの資金は、地区議会の財政に対する比例に応じた規制あるいは賦課によって確保されたが、鉄道支援費用の分担金を支払うための各地区議会に対して中央政府から特別補助金の交付があった。

したがって、一九八六年四月一日から一九九六年三月三一日までのちょうど一〇年間、PTE管理に関して二つの構造が並存し、それらは、対立する政治的なイデオロギーによって特徴づけられていた。ストラスクライドでは、郡がクライドサイド大都市圏全体のPTAとして活動し、一九六〇年代にウィートリイやレッドクリフモードの報告書が描いていたような単一の大都市圏政府を形成していた。対照的に、イングランドの六つの旧特別都市は、公共選択理論から生まれた別個の合同委員会によるPTAを獲得し、その体系において各管轄区の地区議会は、潜在利益を最大化するよう入手可能な資源をめぐる相互競争を行うよう期待された。同様に、一九八六年におけるバス事業の規制緩和は、PTEやPTAへの政策の付託を、明らかに両組織の都市鉄道ネットワーク域内で行うことを念頭に置いていた。

図3－2　1974年から1996年におけるPTAの管轄地域

5　都市鉄道の統治に関する研究テーマ

地方自治における説明責任

ノウルズ（一九九三年：三）によれば、交通に関する今日的研究における議論の中心は、「最近一〇年間の政治的、経済的発展によって与えられた……機会によるところが大きい」という。この課題においては、異なる形態の組織によって立案され実施に移された実際の交通政策と現実の分析を通じて、「政治的な変化が交通体系に与える影響」を分析する必要性が重視されている。ハルデン（一九九六年）は、将来の意思決定をより優れたものにするために、この政策研究が持つ潜在的可能性を高く評価している。

交通に関する研究の目的は、適切な交通政策やシステムの発展を導くような知識と専門技術を提供することにある……新しい技術も重要な役割を持つが、効率的で満足できる交通システムは、技術と共に適切な政策に依拠している。最終的には、政策や統治の変化の方が技術の発展よりも重要でさえある。（ハルデン 一九九六年：一）

またバッハン（一九九二年）は、都市域における政治的構造が政策立案に及ぼす影響に関する分析は、都市交通問題に関していえば、第2章2節で触れた生活の質にかかわる目的に配慮した現実的な解決策を提供できる政府機関へ改善する展望を提供すると述べている。

さらにバッハン（一九九二年：一六）は、「交通に関する意思決定過程について、地方の持つ民主的な手段によって、その影響を及ぼすために、交通計画の過程に参加する」という市民の「明白な権利」を強調している。このような政治過程への参加は、地方自治システム内の政策立案者が、自ら責任を持つ交通資源の空間的な配分と、その結果として生じる個人のさまざまな機会の双方に対する説明責任を負う場合に不可欠のものである。

市民は、顧客とは異なる権利を有している。単に選挙権を持っているだけでなく、知る権利、説明を受ける権利、意見を聞いてもらう権利、要求を聞き入れてもらう権利、そして参加する権利がある……地方当局は集団的な行動に着手するが、その正当性や合法性は市民の支持にかかっている。（スチュワート、ストーカー一九九五年：二〇三）

単純化していえば、説明責任の向上を達成するには、市民が知識を増やすことで十分な権利を獲得し、そうすることで政策立案過程により完全な形で参加しなければならないのである。そのような計画過程における個人のエンパワーメントは、権力の一般的な概念に対するよりも深い理解から得られる（リチャードサン一九九六年：二八二）。権力は個人によって保持されているのではなく、「行為者と市民の関係」において見られるため、個々の地方自治システムによる公共的な説明責任のレベルは、統治する側とされる側の関係が発生する過程に注目することによって分析できる。

デイとクライン（一九八七年：二六）は、そのような市民と現代の統治体制との間の相互作用のいくつかを明らかにしており、それらは異なる説明責任として概念化できる。その中で二つが主要な「説明責任の要素」として挙げられる。一つ目は「政治的な説明責任」で、それは民主的な手段によって「委任された権限を持った機関が自らの行動について人々に答える責任を有すること」である。

伝統的に公的な権力を行使する人々は、選挙で選ばれた人々への説明責任を通じて責任を問われ、それと引き換えに、選挙で選ばれた人々は、定期的に実施される選挙において市民に責任を問われることとなる。(スチュワート一九九二年：四)

さらに、もう一つの要素として「過程上の説明責任」があり、それは「規定上の行動過程が実行に移され、資源の活用において金額に見合うだけの価値が得られたかどうかを確認すること」である(デイ、クライン一九八七年：二七)。

明らかに、公共的説明責任のこれら二つの要素のどちらに重点を置くかによって、都市自治に関する理想的な都市域、あるいは公共選択の概念が特徴づけられるといえよう。都市域全体を管理下に置く強い権限を持った地方政府を支持する人々は、政策に関する記録を通じて民主的に選ばれた強力な政権による選択や排除における政治的な説明責任の向上の可能性を強調する(例えば、アレクサンダー一九九六年)。また、同様に、法令による合同委員会のような準市場的な構造を支持する一派は、政策立案において財政面の責任や金額に見合う価値の程度を改善する手段として市場競争を採用し、公共選択を拡大するに当たって過程上の説明責任の価値を強調している(ウォードグレイブ一九九三年)。

しかしながら、これら双方のメカニズムに見られる地方の意思決定者による効果的な公共的説明責任の可能性に対する現実的な批判は、「地方の民主主義には危機」(スチュワート一九九五年)的事態が起きているという幅広く容認される見解によって表される。根本的には、公務員から選挙で選出された議員を通じて市民に至る伝統的な説明責任の連鎖が、地方政府に存在し続けているかどうかについて疑問の余地がある。それは、公務員が単に議員の指示に従っていると考え、それとともにある「合法的組織的」モデルの地方政府は、今日大多数の人々にとって非現実的と映っているためである（本章2節を参照）。労働党の独占が続き、それに伴って英国の都市の「一党独裁国家」における選挙での低投票率状況によっても、地方の市民は、複数の争点が存在する選挙を通じて、特定の政策分野について意見を表明する機会が制限されていることを強く感じるのである（ラコ 一九九六年）。

過程上の説明責任概念に対する批判の中心にあるのは、公共投資において投資額に見合う価値を最大化することは賞賛に値するかもしれないが、そもそも「投資額に見合う価値」を誰が明らかにするのかという問題が残るという現実がある。ネオリベラルな地方自治改革において、それに対応する「新たな権威体制」（スチュアート 一九九五年）への移行、つまり、専門的な公務員が政策立案の分野全体を管理し、選挙で選ばれた議員が参画しない選挙とは無関係の地方政府による特殊法人国家は、選挙で選ばれた議員の力を通して表される市民の考え方でこの中核にある課題を明らかにする可能性を大きく低下させている。

そこでスチュアート（一九九五年）は、これらの批判が事実を反映しているかどうかを明確にするために、地方政府の政策立案に対する公共的説明責任向上の可能性について、議論を再び活気づけるべきだというリチャードサンの意見に同意している。特に、都市域及び公共選択構造に関する相対的な利点について、情報量を充実させて検討する必要がある。新たな権威体制における選挙とは無関係の特殊法人への移行は、公共的説明責任の問題を生じ、民主的統治の問題をはらんでいる。

これらの組織に対する公共的説明責任の問題が生じ、またその問題が地方の民主的統制を通じて解決すべきかどうかという課題も出てくる。それは（地方自治のシステムが）役割や構造に違いがあることを示し、地方の民主的統制の問題は事例ごとに決定されなくてはならないという議論に通じる。（スチュアート 一九九五年：五）

したがって、現代の都市域で運用されている現実の説明責任に関する経験と実例を改善するために、地方自治のさまざまな構造における政策立案の本質に関わる本書のような研究は、公共的説明責任の表現において、各自が持つ可能性を考慮に入れる必要があるだろう。諸研究は、幾度となく繰り返される選挙とは無関係の地方自治組織への移行が説明責任に影響することに対する批判が妥当かどうかを明らかにするだけでなく、再構築されていない都市域のシステムが本当により高い効果をもたらす選択肢であるかどうかを分析すべきである。

研究目的

ウォルマン（一九九五年：一三五）が論じたように、「組織に問題があるとされてきた政治的、政策的な結果は、組織構造が異なれば自ずと異なると考えられてきたのである」。一方で、逆説的にいえば「英国では、地方政府構造の効果に関する実証的な論文は乏しい」。さらに、以前から政府組織の規模に関連して、地方のサービス提供の能率を評価することに重点が置かれていたために、「民主主義という問題、どのような構造が市民による政府の統制や適確な説明責任を確立するのに最適なのか」（キーティング一九九五年：一一七）という点を無視してきた。

地方政府が持つ異なる地理的な広がりが問題である。それが、さまざまな政策立案者間に相互作用を及ぼし、地方政府の現実の政策に影響を与え、さらにその結果である公共的説明責任の達成レベルにも影響を及ぼすというのが本書における基本的な考え方である。しかし、それは地方主義への傾倒を通じて規範的な意味で「自由主義と資本主義社会を擁護」（ジャッジ一九九五年：二三〇）し、「われわれは皆、多元主義者になった」といっているわけではない。単に、現代都市の現実は、地方自治のシステムが非常に大きな権力と裁量権を維持する本当の政治の中にあるといっているのである。

実証的な研究の中心として、二つのＰＴＡとＰＴＥにおける地方都市鉄道に対する政策立案を選択することにより、鉄道と都市の地方自治構造という二つの別個の領域を統合する唯一無二の機会を得ることとなった。最初にみていくのは、マージサイドとストラスクライドにおける地方鉄道ネットワークの変遷であるが、それは交通投資における「場所の効用」（ホワイト、シニア 一九八三年：一）が、現実に与える影響を明らかにしている。都市交通問題によって引き起こされる空間的不利益の配分、例えば、混雑や公害、アクセスの偏りは、手に入れることのできる生活の質の格差に反映する。また、その問題を改善することを目的とした政策案は矛盾している可能性がある。一例として、新しい鉄道への投資を、既存の交通アクセスが制約されている貧しいコミュニティより、むしろ自動車保有率の高い裕福な地区へ振り向けるか否かという以前からあるジレンマをあげることができる。それは、「空間は、その配置や配分の決定に責任を持つ人々の目的や価値に応じて操作することができる」（ポール 一九七七年：五一）という事実を強調する。このような空間の操作が、個人の都市アメニティへのアクセスや生活の質にいろいろな変化をもたらすことは、すでに触れたように本来の地方政府がすべて、管轄地域に住む市民に対する本当に民主的な説明責任にさらされるべきであるという論点を浮かび上がらせる。

第二の規範的な観念は、スチュアート（一九九五年）やリチャードサン（一九九六年）、その他多くの人々が支持しているもので、地方自治組織の説明責任は、特定の事例に対する経験的な活動による知識の増加を通じて向上するというものである。これは、ストーカー（一九九五年：六六）が支持していた演繹的手法と同様のもので、ストーカーは、統治体制理論は次のような事柄を提供する点で有用であるという。

> 分析を導く大まかで概念的な枠組み（を提供する）。事例研究は、その実際の適用を証明することによって、その枠組み自体を試すのである。

したがって、特定の行為者の信念、考え方、抱負がどのように組み合わさって、マージサイドとストラスクライド両地域で実際の地方鉄道政策が形成されたかに関して貴重な実証と説明を試みたい。結果としてこの経験がさまざまな事例に適用できれば、このような実証的研究の価値はさらに高まる。このような研究の結論は、「場所の束縛」（コックス、メア 一九八八年）に苦しめられるべきではないのである。結論は「詳細な実証主義によってぼやけてしまって」はならない。「研究は理論から実証的な調査を経て、理論に帰結しなければならないのである」（ストーカー 一九九五年：六六）。

したがって、根本的な理論をさらに論証し改善するために実証に基づく論拠を検討することが望ましい。本書の場合、その根本的な理論は、都市政策統治体制である。類型化された統治体制の相違点、そして都市域と公共選択理論により細分化された都市の地方自治構造に由来する力学の違いを比較することによって、各意思決定者間の相互作用を形成する要素と、各研究地域における全体としての地方鉄道政策立案体制を明らかにする。

統治体制の構成において、国家間、あるいは地方間でさえも、その違いを理解することは、動機や政治が多様であることを説明する手がかりとなる。（ストーカー、モスバーガー 一九九四年：二〇二）

また、異なる地方組織における政策立案を比較することにより、統治体制理論の発展に貢献することができる。本書ではストラスクライド郡と、マージサイドPTA合同委員会が各々を代表している都市域及び地理的に細分化された都市の地方自治が、どのようにして実在した二つの地方政治統治体制における行為者間の権力交渉の類型や構成、目的、形式に寄与したかを分析する。

（統治体制理論の中で）無視されてきた領域、それは空間の役割に関するものである。これを論じるにはいくつかの方法がある。都市統治体制に関する論文が、実在する自治の多様な（空間的な）機能を問題にしなかった理由の一つとして、課題として取り上げることについての協力がえられずに、推測にとどまっていたことがあげられる。その主要な要因の一つは、いくつかの機関が一部の社会関係において特定の場所に依存していることである。そのことにより、相互に作用できる機関の数が限られ、空間的な問題や独占に関する問題と都市経済の専門家がとらえている数多くの問題が生じることとなる。それらは、抽象的な用語を用いれば、自治の体系における機能的な重要性を説明できるさまざまな状況である。（コックス 一九九七年：一〇〇）

このように統治体制分析においては、空間を「背景幕」（コックス 一九九七年：一〇五）の役割に限るのではなく、それを「動員」することを通して、二研究対象地域における特定の政策統治体制の運用に関するより詳細な説明と、ストーカーとモスバーガー（一九九四年：一九九）による類型化で描写されていたような都市域と空間的に細分化された異なる政府構造が、どのようにして全般的に都市政策統治体制の構造や目的に影響を及ぼすかを立証することも可能となる。さらに、統治体制が「地域環境」（ストーカー、モスバーガー 一九九四年：二〇〇）のような地域コミュニティや有権者と関わる際に用いられる役割に、地方自治の空間的な構造がどう影響するかに注目することで、説明責任概念を統治体制概念と統合することが可能となる。その結果、政策立案に対する市民参加の領域が生まれ、地方鉄道の政策立案における効果的な説明責任への理解も生まれる。

したがって、要約すると、本書の目的は一九八六年から一九九六年にかけて、ストラスクライドとマージサイドのPTAで一般的に見られていた地理的構造、すなわち都市域全体にわたる郡議会と法令による合同委員会が、次の諸点にどのように影響を及ぼしたかを分析することにある。

・各地域の都市鉄道政策統治体制の類型と階層。
・その結果生じた政策論争とその後の政策の成果。
・政策過程における市民参加を通じての鉄道政策立案者による効果的な説明責任の機会。

第4章　研究対象地域における地方自治と鉄道

1　序　論

研究対象地域であるマージサイドとストラスクライド

本章では、研究対象地域であるマージサイドとストラスクライドを紹介する。それぞれの中心都市であるリヴァプールとグラスゴーの社会経済的発展を概説した後で、現代の英国経済におけるそれらの役割を考察する。研究が行われた一〇年間において、各地域に見られた都市域と、公共選択による対照的な地方自治の構造についても説明する。その中には、地方自治議会、多種多様な中央政府機関とそれらの責任、さらには二つのＰＴＡとＰＴＥの内部構造という問題が含まれる。一九七〇年代の主要なインフラ開発を含む鉄道整備の簡単な歴史を両地域について示す。その後に、一九八六年四月の鉄道ネットワークの主要な特性の要約も示すこととする。最後に、政策立案者が選ぶことのできる鉄道ネットワーク整備案の選択肢が、各地域での「都市交通問題」を構成する社会的・経済的発展の問題に関する地域における考え方に関連して分析される。

2　都市開発の趨勢

帝国の都市

キーティング（一九八八年：一）によれば、貿易及び工業中心地としてのグラスゴーの勃興は、「スコットランドの貿易業者に、イングランドの帝国の市場へのアクセスを与えた」一七〇七年連合法と強く関連していた。これに続く一八世紀の間、グラスゴーは、利益が上がる煙草とのちにはアメリカ植民地との間における綿花取引で繁栄した。しかし、一九世紀には重工業地帯となった周辺の後背地との経済的統合が増大した。その後背地とは、グラスゴーにおいて戦略的な意味を持つ川岸に近く、鉄鉱石と石炭の鉱床とが結びついた地域であったことから、世界的に有名になっていった。

第一次世界大戦の開始時に、世界の船舶生産の五分の一は完全に「クライド産」であり、造船業は一〇万人に職を与えた（キーティング一九八八年）。同様に、グラスゴーは一八三〇年以降のセント・ローロックス及びハイドパークの事業開始に続いて、機関車生産の世界的中心地になった。一九〇〇年までに合併されたノース・ブリティッシュ機関車会社は、年間に少なくとも五〇〇両もの蒸気機関車を英国内と大英帝国に供給した。

より広い地域であるクライドサイド大都市圏の経済基盤は、一八八〇年以降かなり多様化した。出版、化学薬品、カーペット製造は、グラスゴーの重要な産業になった。同様に、クライドの浚渫により改良され拡張されたドック設備によって促進された海運業の継続的な成長により、グラスゴーはトン数で見てロンドンとリヴァプールに次ぐ英国第三の港になった。一八九五年、クライドバンクのシンガー・ミシン工場が世界一になり、いくつかの近くの町は米国内陸部への投資から利益を得た。エンジニアリング会社バブコックは、一九一〇年にレンフリューとダンバートンに工場を設立し、木綿糸の紡績はペイズリー柄生地の生産によって成長に強い刺激を与えられた。

都市の人口は、一八〇一年の八万三〇〇〇人から一九一一年の一〇〇万人以上に、一三倍の上昇を見せた（カーマイケル一九九五年）。何よりもこのことが、都市自体の経済的発展を物語っている。第一次世界大戦の開始によって、グラスゴーは、文字どおり「帝国第二の都市」のマントを身につけた。

グラスゴーと類似した形で、リヴァプールは、英国と大英帝国の間での貿易を扱う西の海港として発展した。しかしながら、地方で生産された製品にとっての市場への出口として、グラスゴーの港が大いに拡大した一方で、リヴァプールは、他の場所で生産された商品を海運を通して中継し、ロンドンに次ぐ英国最大規模の港に発展した。そしてその後背地は「英国のほとんどすべてを含む」（ホルト一九七六年：二七）までに拡大した。

帝国の海運会社の利益が生んだ富、雇用、有名な都市景観にもかかわらず、都市経済における港湾機能への過大な偏向はその将来に影を落とした。単純にいえば、「リヴァプールは、モノを作るより動かすほうが得意だったので、大きな製造部門の出現は決して経験しなかった」（カーマイケル一九九五年：一二八）。このように、「重要な職人階級が発展しなかった」（インディペンデント紙一九九七年三月一一日）ので、同市は、「マンチェスターに近いこともあって影が薄くなった」（ニュートン一九八六年：三六）。同様に、マージサイドエリアに建物や工場を置いていたそれらの製造業が、河口の対岸の空いた用地に移る傾向があった。バックンヘッド近くのキャンメル・レアード造船所、エルズミア・ポートの石油精製工場、ポート・サンライト科学工場に基盤を置くリーヴァーの実験的な工業コミュニティが有名な例である。

リヴァプールの経済基盤の脆い本質は、同様の英国の都市との比較における人口減少の初期の徴候に反映された。サウザンプトンへの大西洋横断航路の最初の移転と同時に、その都市の最大人口八六万七〇〇〇人は一九三七年に達成された。一方、グラスゴーの人口は、一九五一年の国勢調査において、ピークの一〇九万人を記録した。

戦後の衰退

グラスゴー、リヴァプール両都市と周辺地域における戦後の歴史は、経済的地盤沈下と人口減少によって特徴づけられる。二つの都市は、西欧で最も密集したスラム街地域を持つ戦前の遺産を相続している（例えば、チェリー 一九八八年）。一九五〇年代と一九六〇年代には、密集した中心地域に対して「総合的な再開発」が行われ、都市人口の相当な割合が郊外や新しい町へ計画的に移転させられた。グラスゴーに住む人口一一〇万人の半分を、別の住宅に移住させせようと構想した一九四六年のパトリック・アバクロンビー卿による「クライドバレー地域計画」をはじめとする人口分散政策は、その後に生じた英国の諸都市における郊外化に対する自由放任主義的姿勢の先駆けといえるだろう。

急激な人口減少と税収基盤の侵食を防ぐことを意図して、双方の市議会から出された分散化に反対する最終的な政策転換にもかかわらず、双方の中核都市から人々が脱出する傾向は基本的に加速された。グラスゴーにおける、キャッスルミルク、ドラムチャペル、イースターハウス、ポロークの四つの大きな郊外住宅供給計画とその建設は、現存する都市領域内に居住する約一〇万人の人々に新しい収容設備を提供するものとして構想された。リヴァプールでは、同様の開発が南東にあるスピークで行われた。しかし、キーティングとボイル（一九八六年）によれば、これら周囲の団地は、容易に人々の社会的権利を剝奪する新しい中心地となった。ストックホルムやハーグのような類似したヨーロッパの都市プロジェクトとは対照的に、新しい英国の団地は、移住者のための買物やレクリエーション設備という地元のサービス提供を犠牲にし、住宅供給の必要性だけを強調したものであった（ローレス 一九八九年）。スウェーデンやオランダの経験との一層の相違は、団地への新しい鉄道アクセスの供給に失敗したことに見られる（シンプソン一九九四年）。新しい団地は、密集した構造と高い居住密度により、大いに鉄道輸送に適した人口集積地としての可能性を持っていたにもかかわらず、新しい周辺開発地区から都心の職場などへの交通はバスに委ねられたため、バスの輸送力にとっては、実際の輸送量がしばしば過大となった。同時に、多くの都市内地区の再開発では、人口密度が低く抑えられたため在来の都市鉄道サービスが受け持つ人口が大幅に減少した。

その他いくつかの都市計画により人口が郊外に流出し、グラスゴー、リヴァプール双方の都市において社会の両極化が進んだ。高所得者層は、密集した都市域を離れて拡大しつつあった郊外に向かい、土地を所有する持家の所有者となる機会を求めて郊外への移住が増加した（パチオニ一九九五年）。開発は、都市域周辺の小さな居住地へ都市のスプロール化が及ぶことを制限するために新たに設けられたグリーンベルトを越えて進行した。これにより、カンバノルド、イーストキルブライド、ウォリングトン、ランコンのような新しい町、あるいは、クロスビー、ウォレシー、カーキンティロフのような富裕層のための町は、最初の過剰人口の移動が終わりつつあったのちに、民間部門の開発によって刺激された第二の成長の波を経験した。一方で、大都市の中心では、多くの総合的な再開発地区の特徴となった新しい高層建築に歩道橋によってアクセスするようなところに、低所得者層が取り残されることが少なくなかった。

ポスト産業都市の台頭

一九七〇年代と一九八〇年代初頭において、都心部における人口の減少と税収基盤の脆弱化は、大都市圏の至るところで産業の一層の衰退を招いた。マージサイドにおいては、ヘイルウッドとエルズミア・ポートの自動車製造業（それぞれ、フォードとヴォクスホール（ＧＭ））の成長にもかかわらず、すでに減少した製造拠点の一層の減少と、港湾のコンテナ化に起因する荷役労働者の大量流出が、「英国において最初に脱工業化した都市」というレッテルをリヴァプールに貼り付けた（パーキンソン一九八五年：九）。ストラスクライドでは、製造業が表面上末期的な段階に入ったので、グラスゴーとその周辺産業都市において雇用が失われた。リンウッドにあったルーツ自動車工場を含め、グッドイヤー、シンガー、キャタピラーなどの名門企業がこの地域から撤退したため、港湾を含む他の多くの経済活動の規模が大幅に縮小した。こういう状況のもとで、都市の再生を促進するために形成された最初の公共団体が、全国的な規模のスコットランド開発局と、地方的な規模のグラスゴー東部地域再開発組合（ＧＥＡＲ）である。

カーマイケル（一九九五年：一三四）は、一九八一年夏にトクステスにおいて生じた市民の騒動に関連して、リヴァプールの再生を目的とした政策の作成を追求した。彼は、マイケル・ヘーゼルタインがマージサイド大臣に任命された直後に書いた秘密の覚書を引用している。それには、都市問題に本格的に取り組むために、その実情を中央政府に納得させようとして、「暴動が起こった」と記されていた。その結果誕生したマージサイド・タスクフォース特殊法人は、同市と周囲地域に企業を誘致するために、さまざまな魅力的な施策を打ち出した。おそらくさらに重要であったのは、もう一つのヘーゼルタイン改革である。それは、一九八四年に最初にリヴァプールで開かれた全国ガーデン・フェスティバルで、余暇、教育、その他のサービス部門における成長の機会を強調し、ポスト産業化の中心地として都市が再編成されることを予告するものであった。同市における観光開発の拠点として、テート・ギャラリー分館が置かれているアルバートドック・コンプレックスのような歴史的都市景観を持つ限られた地域の再開発が行われ、それ以後このような傾向が継続した。バックンヘッドの歴史的中心、ハミルトン・スクエアのように、大都市圏内における同様の都市景観復興計画は、最近になって進捗している。この地域における第三次産業の大規模な新規雇用は、主にブートルへのジャイロバンク本部の移転、あるいはその近くへのバークレーズ銀行の小規模な管理センターの移転などによりもたらされた。

意義深いことに、第三回全国ガーデン・フェスティバルは、一九八八年にグラスゴーで開催された。ヘイトン（一九九六年：二四六）によれば、それは「グラスゴーの『イベント都市』戦略という自己再発見の重要な一部分」を成していた。自己再発見は、一九八三年の市議会による有名な「グラスゴーズ・マイルズ・ベター」広告キャンペーンに始まるプロセスである。次の一〇年間には、グラスゴーを、サービス、小売、観光の中心地とするための精力的な努力が払われた。しかしながら、「一九八〇年代末に現出した楽観的な事態」（ローレス一九八九年：三五）につながる商業都市としての中心住宅地開発という限定的な成功と、小売と金融を含むいくつかの第三次産業における雇用の拡大にもかかわらず、グラスゴーの経済成長は、相対的にスコットランドの他の地域に遅れをとり続けた（ヘイトン一九九六年）。

さらに広範囲な大都市圏においては、産業の再生の焦点を外国の製造業による投資の誘致に合わせた。IBM、コンパック、モトローラのようなマイクロプロセッサ部品会社は、インヴァークライド、イーストキルブライドの周辺で事業を拡大した。ノースラナークシャーのモセンドにあるスコットランド海峡トンネル貨物ターミナル・ユーロセントラルの立地が、以前は鉄とその加工に依存していたこの区域に、ヨーロッパ最大のテレビブラウン管製造工場の設立という重要な投資を誘引した。

表4－1　男性の失業率（1971～91年）

（％）

	1971	1981	1991
リヴァプール	9.6	28.0	26.1
グラスゴー	8.2	24.1	23.8
マージサイド	7.0	21.6	19.7
ストラスクライド	6.2	17.2	16.5
英国合計	5.6	12.4	11.3

出所：国勢調査。

3　地方自治の構造

ストラスクライド

ストラスクライドは、スコットランドの地方自治組織（第3章3節を参照）における一九七五年の改革によってつくられた九つの郡の内では最も大きく、スコットランド人口合計五〇〇万人のほぼ半分を有していた。その地理的広がりは、一七〇万人の人口がグラスゴーに集中するクライドサイド大都市圏と、アーガイル、エアーシャー、ラナークシャーの高地と低地という大都市圏とは対照的な農村部を含んでいた。改革によってつくられた地方政府の下部に位置する行政組織は、一九の地区評議会から成っていた。大都市圏の中では、グラスゴー市の継続的な拡大に対する懸念が、新しい地区評議会エリアの「社会と政治的組織に対して重大な影響」（キーティング一九八八年：四一）を与えていた。このように、衰退を続ける都市内の中心地域は、一九七〇年代における再編成過程で相当に拡大された多くの他の主要な英国の都市とは対照的に（カーマイケル一九九五年）、豊かな周辺の郊外地域から分離されたままだった。

地域のための戦略的計画策定組織としての郡は、それ以前にあった道路のための郡当局と、グラスゴー圏ＰＴＡ（ＧＧＰＴＡ）双方の公共交通に関する権限を引き継いだ。郡の監督下で改名されたストラスクライドＰＴＥ（ＳＰＴＥ）は、本質的には郡議会の他の部署と同様に管理された。その専門スタッフは、旧ＧＧＰＴＡが持っていた法令上の責任と地方鉄道整備の権限を引き継いだ郡の道路交通委員会に対して意見を述べた。法律的に定められたＰＴＡ区域は、一九七五年の再編成時には拡張されなかったが、クライドサイド大都市圏地域に制限されたままではなく、郡はその発足時からＳＰＴＥがストラスクライド全域の公共交通整備の責任を引き受けるべきであると決定した。このように、ＰＴＡの区域を二五マイル越えたところまで地方鉄道サービスに対するＰＴＥの支援拡大を可能にする一九六八年交通法第一〇条の規定が、ＳＰＴＥに対する支援を、エアー、ヘレンズバラ、キルモーノック、ラナークなどの重要な路線を含む地域内のすべての通勤鉄道路線に拡張して適用された。

道路・交通委員会は、四年ごとの郡議会選挙の後に選出される議長と副議長の二人を含む約三〇人の郡議会議員から構成されていた。郡議会そのものと同様に、委員会は一〇年間にわたって労働党に支配されており、野党議員の参

図4－1　ストラスクライド郡と地区評議会エリア

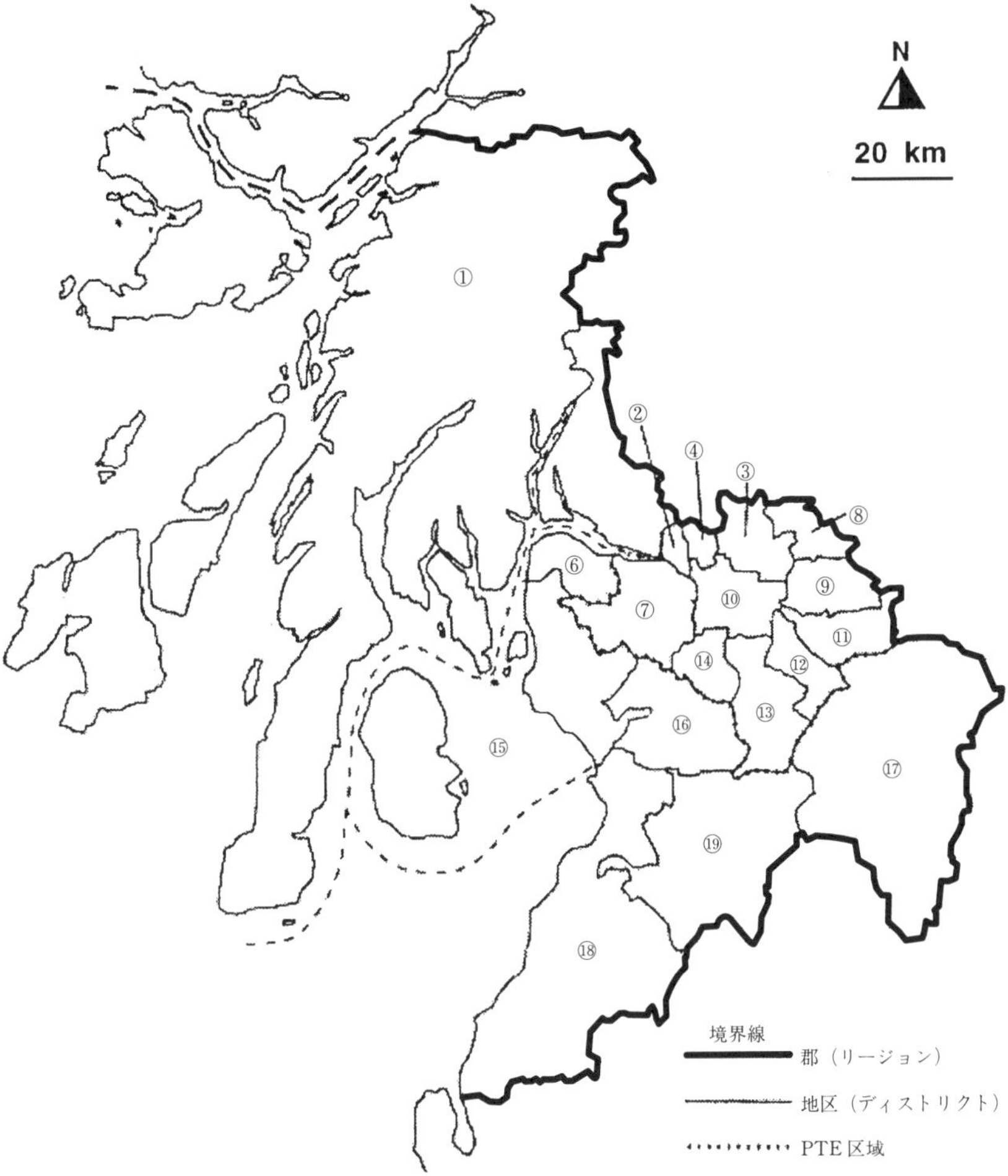

①アーガイル・アンド・ビュート
②クライドバンク
③ストラスケルヴィン
④ベアスデン・アンド・ミルガーイ
⑤ダンバートン
⑥インヴァークライド
⑦レンフリュー
⑧カンバノルド・アンド・キルシス
⑨モンクランズ
⑩グラスゴー市
⑪マザーウェル
⑫ハミルトン
⑬イーストキルブライド
⑭イーストウッド
⑮カニンガム
⑯キルモーノック・アンド・ラウドン
⑰クライズデール
⑱カイル・アンド・カリック
⑲カムノック・アンド・ドゥーンバレー

表4-2　ストラスクライド郡と地区ごとの常住人口（1991年）

地　　区	人口（人）	変動率（1981～91年）	郡合計に占める割合（%）
アーガイル・ビュート	65,140	−1.14	2.9
ベアスデン・ミルガーイ	40,612	+0.87	1.8
クライドバンク	45,717	−14.23	2.0
クライズデール	57,588	+0.04	2.6
カンバノルド・キルシス	62,412	−0.73	2.8
カムノック・ドゥーンバレー	42,594	−6.23	1.9
カニンガム	136,875	−1.59	6.1
ダンバートン	77,173	−2.21	3.4
イーストキルブライド	82,777	−1.73	3.7
イーストウッド	59,959	9.67	2.7
グラスゴー市	662,853	−15.52	29.5
ハミルトン	105,202	−4.34	4.7
インヴァークライド	90,103	−12.00	4.0
キルモーノック・ラウドン	79,861	−4.35	3.6
カイル・カリック	112,658	−1.93	5.0
モンクランズ	102,379	−8.25	4.6
マザーウェル	142,632	−6.10	6.3
レンフリュー	196,980	−6.75	8.8
ストラスケルヴィン	89,191	−3.65	4.0
ストラスクライド計	2,248,706	−7.83	100.0

出所：国勢調査。

図4-2　ストラスクライド郡議会とストラスクライドPTEの法令上の関係

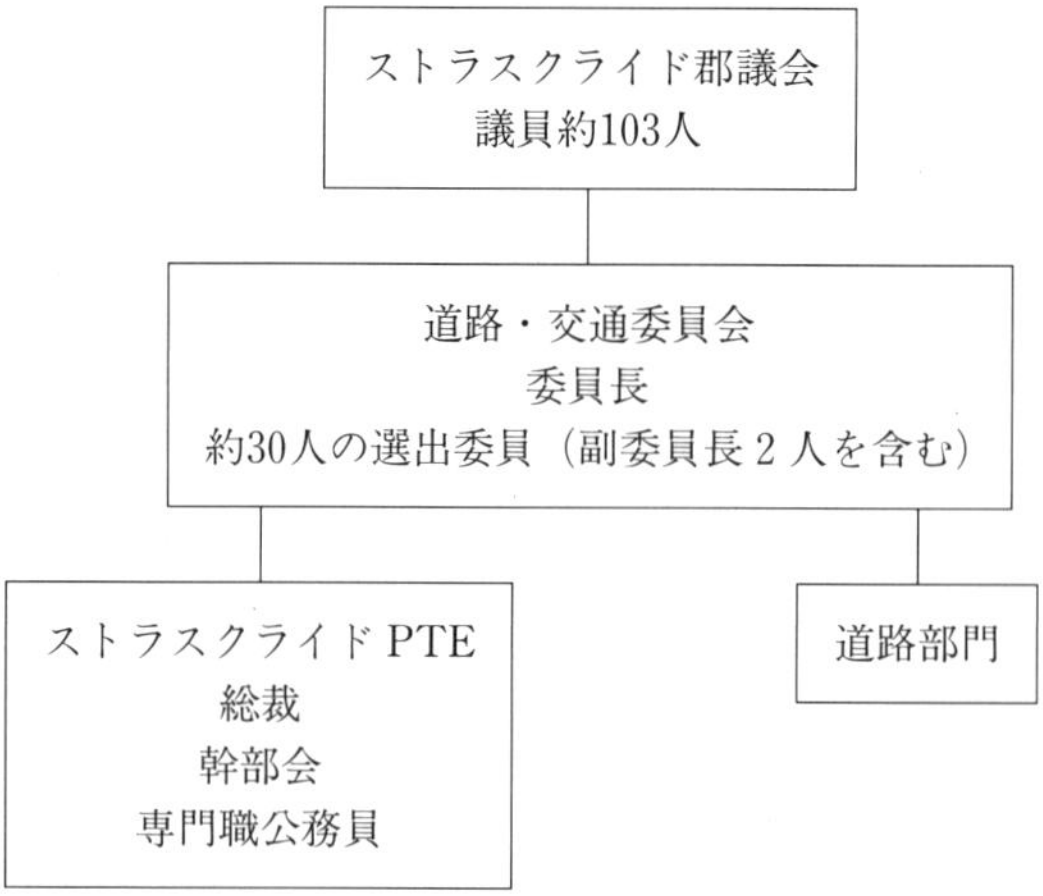

加は多くても一度に三人に限られていた。二つの主要な小委員会はそれぞれ道路と公共交通問題のために設置された。ストラスクライド地域の中で、地方政府の下層を形成する一九の地区評議会は、地方の計画当局として郡の交通政策全般について、非公式にあるいは法定の交通政策とプログラム年次報告の検討を通して意見を求められたが、公共交通に対しては直接的な権限がなかった。同様に、主要な中央政府機関であるスコティッシュ・エンタープライズ（一九九二年まではスコットランド開発局）と、その地域内における補助的なローカル・エンタープライズ・カンパニーは、地方交通政策の形成や投資において公式の権限を全く保持していなかったが、地域の経済成長に責任を持つ観点から地方交通政策の問題を扱った。

地方鉄道政策に関して直接的な権限を保持していないにもかかわらず、中央政府は、スコットランド省を通じてストラスクライドにおける地方鉄道ネットワークのための設備投資とその財源に対して重要な影響力を保持した（付録参照）。毎年、郡議会全体による設備投資に対する借入金への同意には、地方鉄道に割り当てられる分が含まれていた。設備投資に対する同意（表4-3）は、一九八六年以降に実行された信号と車両の更新という主要設備の更新計画にその影響が及んでいる。一九八九年から一九九〇年と、一九九〇年から一九九一年の数字が、一九五〇年代から一九六〇年代に造られ寿命を迎えた北部線の電車ブルートレインの置換えコストである三〇〇〇万ポンドを含む一方で、一九八五年から一九八六年と、一九八六年から一九八七年の間の増加は、エアーシャー線用の新しい電車の購入によるものである。一九九五年以降の投資における間隙は、すべてのＰＴＥ区域において見られるもので、それらは鉄道民営化によって引き起こされた状況の不透明な結果である。

一九八九年一月一日から、ストラスクライドは、衰退しつつある重工業地域として欧州連合オブジェクティブ２の対象地域となった。そして、それゆえに鉄道設備投資プロジェクトに対する欧州地域開発基金による補助金支援の適用を受けられるようになった。

表4-3　ストラスクライド郡議会の鉄道設備投資への同意（1985～95年度）

年	ポンド（100万ポンド）	年	ポンド（100万ポンド）
1985／86	20.6	1991／92	9.0
1986／87	26.3	1992／93	6.8
1987／88	9.4	1993／94	16.4
1988／89	6.4	1994／95	5.5
1989／90	25.9	1995／96	1.2
1990／91	14.4		

出所：ストラスクライド議会（さまざまな資料より）。

マージサイド特別都市

一九七四年四月に創設されたマージサイド郡は、マージ河口両岸の都市部を含んでいる。この郡は、東側にリヴァプール市とそれに隣接する後背地、さらにブートル、クロスビー、サウスポートなどの海岸の町、あるいはセントヘレンズの独立した産業センターを含む歴史的なランカシャー地域の大部分を組み入れている。川の西側の地域は、チェシャーから譲渡されたバックンヘッドとウォレシーの旧特別市を組み込んで、ウィロー半島を横断して伸びている。ストラスクライドと対照的に、同郡は大規模な農村地区を組み込むことはなかった。郡の境界線は、都市化された地域の周囲に固く線引きされ、リヴァプールにおける戦後の過剰人口の大部分を吸収した新しい町であるウォリングトンとランコンは新しい郡から除外された。同じように、他の多くの主要都市と異なり、リヴァプールの境界線は、周囲の郊外地区を含むように拡張はされなかった。それによって、中核となる市の税収基盤から相当の人口分が除外されることとなった。英国の六特別都市のうちの一つであるマージサイドは、管轄下にある五つの「万能の」自治区議会によって分割された一四〇万人の人口を持っている（一九九一年国勢調査）。

一九八六年四月一日に実施されたマージサイド郡議会の廃止によって、廃止されずに継続する地区と自治区議会は、廃止される当局の機能の多くを継承した。警察、消防と並んで旅客輸送は、郡全体にわたる合同委員会の責任となった（表4-4）。新マージサイドPTAは、各自治区の人口に比例して郡内の各々の自治区議会の代表によって構成さ

表４-４　マージサイド郡地区ごとの常住人口（1991年）

地　区	人口（人）	変動率（1981～91年）	郡合計に占める割合（%）
ノウスリー	152,091	－13.9	10.8
リヴァプール	452,450	－13.5	32.3
セフトン	289,542	－5.0	20.6
セントヘレンズ	178,764	－6.9	12.7
ウィロー	330,795	－4.8	23.6
マージサイド計	1,403,642	－9.1	100.0

出所：国勢調査。

れた（表４-４）。政党の構成は、五つの自治区議会を合わせた比率と同様となった。近年は労働党の施政下にあったが、二つの野党ともストラスクライドの場合よりも多くの代表を送りこんでいた。リヴァプール・セフトン地区では自民党の支持率が高く、また保守党は主としてウィローから代表者を出していた。一九九〇年からＰＴＡとＰＴＥは共通の衣装であるマージトラベルを採用し、両者の区別は法令上及び財政上の目的のためにだけ残存した。

財政的、法的な問題を検討したＰＴＡに加えて、マージトラベルの二つの小委員会が、事業の目的、政策、資源のために設置された。一九九二年から別個の委員会が、地方鉄道政策の検討のためだけに設立された。マージトラベルの専門職員は、それぞれ鉄道サービスや戦略的計画策定を含むいくつかの事業グループに分けられ、どの部門にも総裁に報告を行う部長が置かれた。

一元的な組織としての地区評議会は、高速道路管理を含む計画策定に対する責任を保持した。法定協議は、ＰＴＡへの直接的な議員の代表選出に加えて、これらの当局とマージトラベルの間に存在した。一九九一年以来、大都市の地区評議会には、地方当局が大都市中心地区における総合的な再開発計画のための補助金を受けられる政府のシティー・チャレンジ補助金獲得競争に参加する資格が与えられた。公共交通と道路両方の要素が、適格なプロジェクトには含まれている。

スコットランド省のモデルと異なり、マージサイドには多くの中央政府機関が存在する。マージサイド・タスクフォースの後継組織であるマージサイド政府事務局（Ｇ

図4-3　マージサイド郡と大都市自治区議会エリア

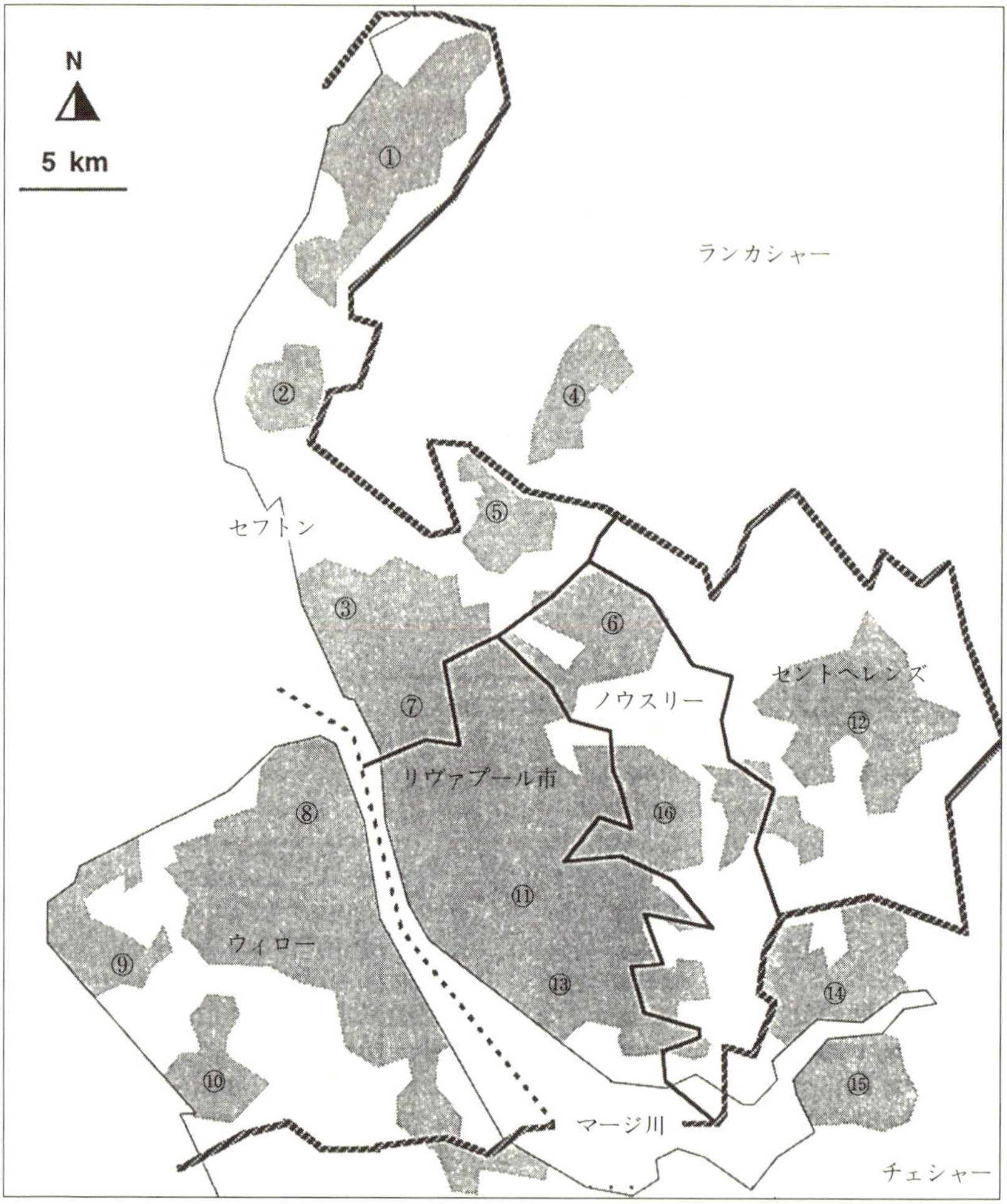

①サウスポート	⑨ウエスト・カービー
②フォービー	⑩ヘスウォール
③クロスビー	⑪リヴァプール市中心街
④オームズキルイ	⑫セントヘレンズ
⑤マーフル	⑬ガストン
⑥カービー	⑭ウィドネス
⑦ボードル	⑮ラノーム
⑧ニューブライトン	⑯ヒュートン

図4-4　マージサイドPTA及びPTEとマージサイド大都市自治区議会の法令上の関係

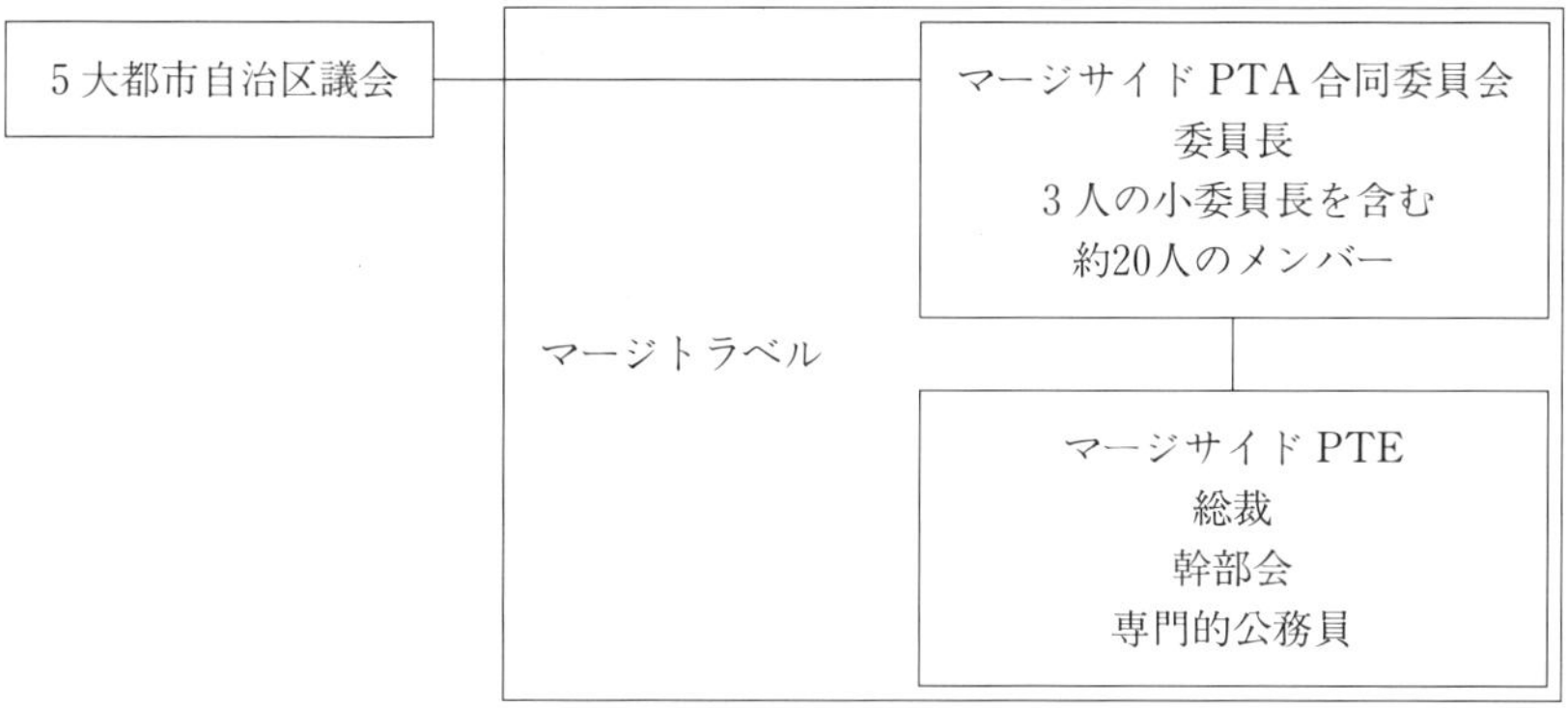

ｏＭ）は、イングランド内で、雇用教育省、環境省、通産省そして運輸省を代表するためにいくつかつくられた政府による地域事務局の一つであった。交通に関していえば、マージサイド政府事務局は、自治区議会とマージトラベルへの高速道路と公共交通両方の政府補助金の割当手順を、一九八〇年地方政府計画策定法の規定下で管理する（付録参照）。郡における鉄道整備のための全体的な設備投資の計画（表4-5）は、主に二つの点においてストラスクライドと異なる。一つ目に、合同委員会運営の初期における低水準の補助金割当は、地方政府再編成そのものから生じる管理費の負担に資金が割り当てられた。二つ目に、一九八六年から一九九六年の間に、鉄道輸送機能のためにマージトラベルに割り当てられた資金の全体的な合計額が低いのは、一九八六年以降に行われたストラスクライドの主要な車両の取替とは対照的に、一九七〇年後期にマージレールの電車の取替が完了していたことによっている。一九九三年度以降の投資がないのは、その後の民営化に先立つ鉄道業の再編成によるもので、ストラスクライドと同様の状況を映し出している。

　マージサイド開発公社（ＭＤＣ）は、見棄てられていた大都市中心地域の再開発を奨励するために、一九八一年に政府によって設立された都市開発公社の最初の一つであった。ＭＤＣは、その総合的な権限の中で、規定された河岸地域に、その経済開発の責任者として、道路や公共交通を建設

表4-5　マージトラベル鉄道設備投資への同意（1985～95年度）

年	ポンド（100万ポンド）	年	ポンド（100万ポンド）
1985／86	0.8	1991／92	9.3
1986／87	0.2	1992／93	13.9
1987／88	0.7	1993／94	12.4
1988／89	2.9	1994／95	4.3
1989／90	5.9	1995／96	2.0
1990／91	8.1		

出所：マージトラベル。

したり補助金を支出する権限を持った。

マージサイドは、ストラスクライドと同様に、一九八九年から一九九三年初頭まで、衰退する産業地域として欧州連合オブジェクティブ2の地位を保持した。しかし、GDPがEU平均の七五パーセント未満に落ち込んだので、同地域は六年間のオブジェクティブ1再生プログラムに移行した。地方経済の業績改善に向けた公共交通計画は、マージサイド政府事務局の援助の下で、公共、民間、ボランティア各部門の代表による運営委員会によって管理される郡の六億三〇〇〇万ポンドのオブジェクティブ1基金から追加の援助を受ける資格を得た。しかしながら、オブジェクティブ1補助金は、あらゆるプロジェクトの設備投資コストの最大五〇パーセントに制限されている。したがって、地方当局が交通分野へ配分する一般的な資金と、シティー・チャレンジやMDCのような財源を含む融資パッケージを集められるかどうかに成否がかかっているのである。

4　鉄道建設の経緯

マージサイドにおける鉄道整備

イングランド北部の大半の工業地帯のための港湾としてリヴァプールは重要な位置を占めていたため、マージサイド・エリアには早くから鉄道が敷設された。ホルト（一九七六年：一五）は、どのようにして一八三〇年に最初の路線であるリヴァプール・マンチェスター鉄道（L&M）が、二つの都市間における貨物と旅客の急速な成長によってもたらされた「緊急問題を解決する」ために建設されたか記している。第二の幹線であるチェスター・バックンヘッド鉄道は、一八四〇年にマージ川西岸の埠頭とフェリーを南部やロンドンにつないだ。

次の建設は、リヴァプール・マンチェスター鉄道の分岐点と、都心の東側へ伸びたエッジヒル支線の連絡に焦点が絞られた。地上の路線が、市街地を回りブートル近くで拡張されたリヴァプール港の埠頭に達した。中央埠頭は、エッジヒルとつながったが、二つのトンネルを掘削することが、人口密集地である市内を横断するために必要であった。

三番目の会社であるランカシャー・ヨークシャー鉄道（L&Y）は、リヴァプールからウィガン（一八四八年）、プレストン（一八四九年）、サウスポート（一八五〇年）まで北上する路線を建設した。一八七五年までに地方の独立会社の合併が数多く行われ、三大グループが拡大する交通市場で競い合うことになった。グレートノーザン・マンチェスター、シェフィールド・リンカンシャー、ミッドランドの三社を合併したチェシャー鉄道当局は、北部の埠頭と自社線をつなぐ市内横断トンネルを提案した。これはのちに、リヴァプール・マンチェスター鉄道の場合と同じように、コストを理由に断念され地上の路線が選定された。しかし、ブランズウィック埠頭から都心への路線延伸は、競合関係にあったライム・ストリート駅よりも立地がよく新しい中央駅の建設を可能にした。

一八六六年に、今日のマージレール体系の中核となるマージ川底下のトンネルができた。トンネル掘削作業における問題と、空気タイヤ技術に手を出して失敗したことなどによって、何度も延期を繰り返し開通までに二〇年かかったがともかく完成した。川を横断した後、その当時は単にマージ鉄道と呼ばれていた同鉄道網の二本の支線は、バックンヘッド・パークと、ロック・フェリーにまで達した。そこで、ウエストカービー、ニューブライトン、チェスターへそれぞれ接続することができた。実際に、この新しい路線の影響は、パトモア（一九六一年：二四一）によれば、「専門化された郊外鉄道の開発を一歩先の段階へ進め」、「ノースウィローの郊外住宅地開発に果たした重要性は強調されすぎることはない」ということになる。この線は、一八九二年にリヴァプールの中でジェームズ・ストリートから中央駅のチェシャー線施設の下にある新しい半地下レベルの終着駅まで東へ延伸した。

翌年には、ヨーロッパで唯一の高架鉄道が開通し、鉄道においてリヴァプールが革新的であるという評判をさらに強固なものとした。六マイルにわたるリヴァプール高架鉄道は、高架構造とアメリカ・ウェスティングハウス社製の第三軌条式電車からなる鉄道で、それは明らかにリヴァプールが大西洋の反対側にある姉妹港との類似性を増大させつつあることの証左となった。しかし、「港湾労働者の傘」と呼ばれた鉄道は、ただそれだけで重要というわけではなく、同様の技術を在来線に応用する道を開き、電気動力の先駆的利用という点においても重要な意味をもった。マージ鉄道は、その最初の事例となった。狭苦しい急勾配のトンネルとアプローチは、蒸気機関車に相当の負担を強いるもので、加えて乗客は非常に不快な環境におかれた。この問題が、利用者と収入の落ち込みにまで影響したため、同社は電化のための資本を調達し一九〇三年五月に電化開業した。

マージ鉄道は、主として通勤輸送のために考えられ建設された最初の鉄道であったが、川のランカシャー側の在来線もすぐにこれと同様の通勤鉄道としての役割を持つようになった。

急速に増加している郊外の交通は、他のタイプの輸送も扱わなければならない路線によって大部分が扱われていた。新しい路線の建設なしに路線の輸送力を増やす一つの方法は電化であった。（パトモア 一九六一年：二四二）

リヴァプールからサウスポートとオームスカークまでのランカシャー・ヨークシャー鉄道の北線は、一九〇四年から一九一三年の間に電化された。ハルサル（一九八五年：七九）は、「リヴァプールからサウスポートまでの環状線を確立するために、オームスカークからバースコー及びサウスポートまで電化する意図があったが、一九一四年の開戦によって挫折させられた」経緯を明らかにしている。実際にこのプロジェクトが実現することはなかったが、今日でさえ現実的な計画といえよう（第9章2節を参照）。

このように、「一九一二年までにマージサイドの鉄道ネットワークは、その最大規模に達し」（パトモア 一九六一年：二四二）、その結果「都心の終着駅から伸びる一連の放射状の路線と、その内部と中間の郊外に環状線を持つ英国の大都市に典型的な形」（ハルサル 一九八五年：七七）がつくられた。戦間期には鉄道の整備が制限されたが、主な改良としてウエストカービーとニューブライトン線の電化があり、一九三八年にはリヴァプールからの全線が電化された。

戦後のマージサイド鉄道の改善構想は、三つの幹線終着駅を接続することを通じて、ネットワーク統合の可能性を追求する姿勢に戻った。その構想は、古く一八五〇年に最初に提案されたものであったが、このような提案に対する最初の本当の支援が一九六二年に英国国鉄によって行なわれた。この構想を「高価な道路建設を節約する手段」と見なしたリヴァプール公社によって一層の支援が行われた（ハルサル 一九八五年：七九）。研究チームが、大都市圏の将来の輸送需要を検討するために、英国国鉄とマージサイド地域の各地方当局からなる代表で構成された。その結果完成した一九六九年の『マージサイドの土地利用及び交通に関する研究』（ＭＡＬＴＳ）レポートは、当初の英国国鉄提案と一致し、リヴァプールの中心を通る二つの新しい地下鉄路線の建設を提案した。最初に、南北の「リンク」について、エクスチェンジ駅に入る各線とガストンに延びる古いチェシャー線ルートを中央駅の地上で結ぶこととした。一方、ジェームズ・ストリート、ムーアフィールズ（エクスチェンジ駅に隣接した場所）、ライム・ストリート、リヴァプール中央駅を接続する時計回りで一方通行の環状線「ループ」が形成されることになった。「ループ」と「リンク」の乗り換えは、ムーアフィールズと中央駅で可能とし、インターシティ、東部方面地方線区との接続はライム・ストリート駅で行うこととした。マージトンネル区間の輸送力は、その線の二本の支線がバックンヘッドのハ

図４－５　1978年におけるマージレール路線図

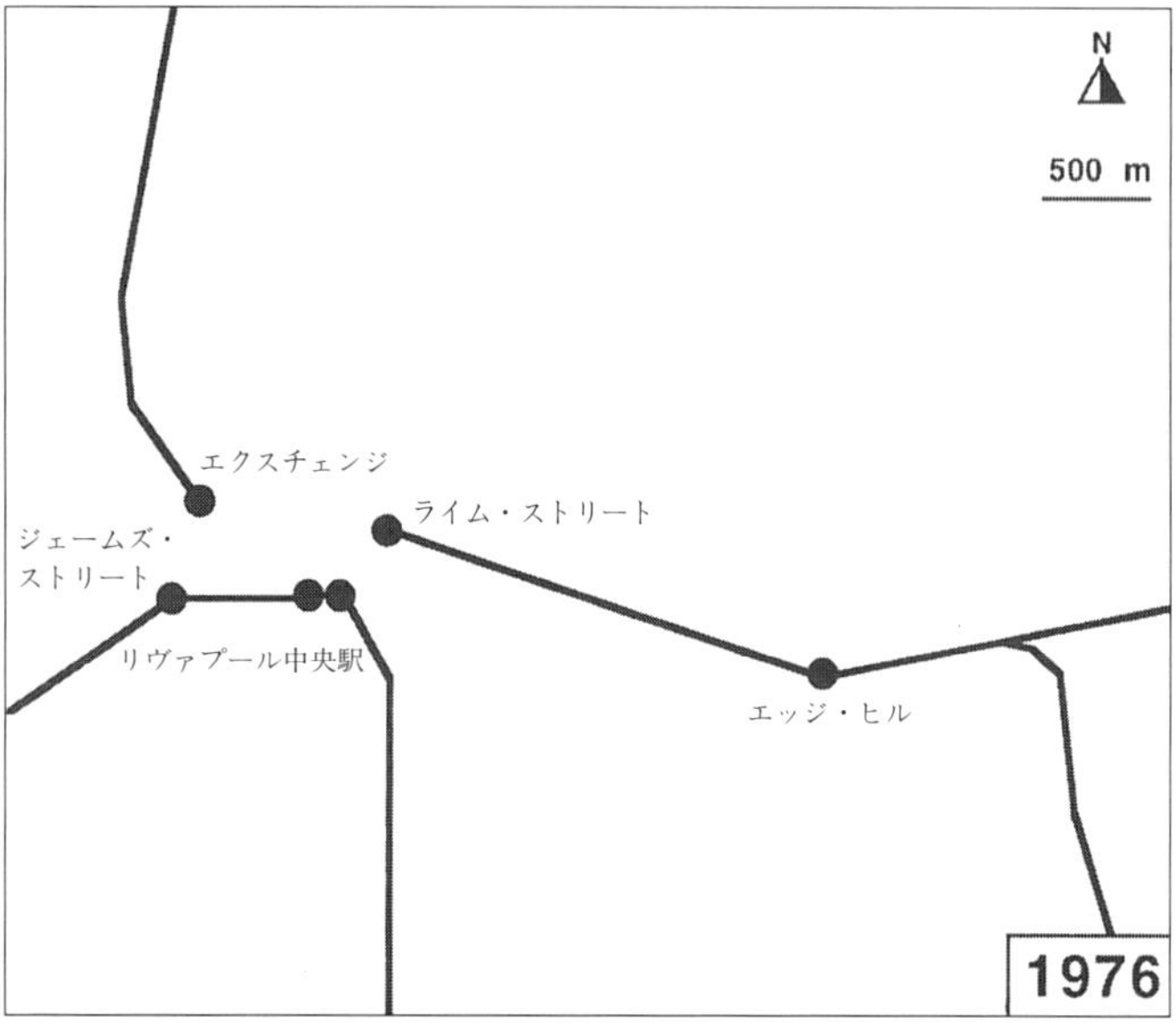

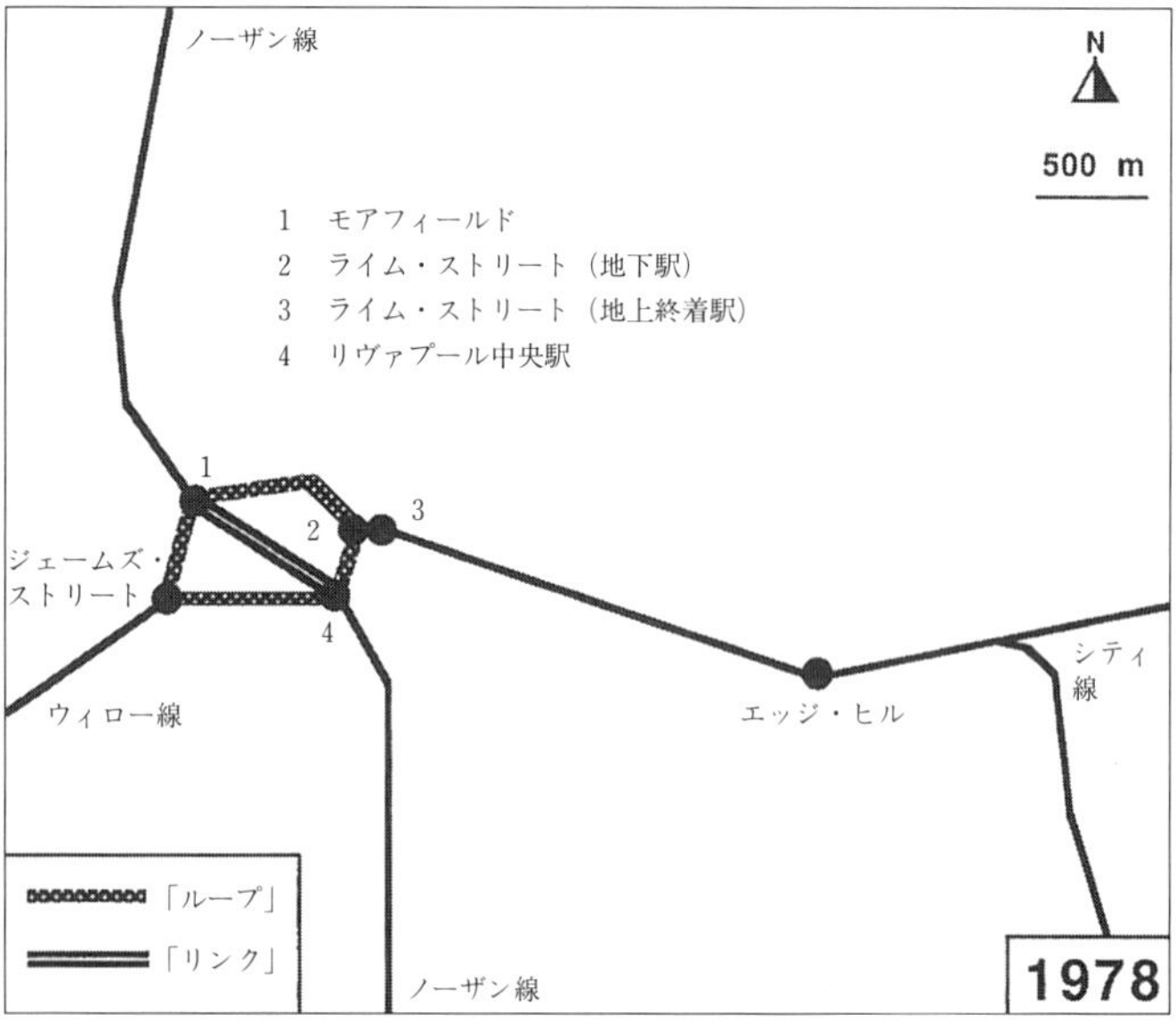

図4－6　リヴァプール「ループ」線ムーアフィールズ駅のウィロー線電車

出所：マージトラベル。

ミルトン・スクエア駅で合流し新しく地下を掘削することによってできる分岐の導入によって増強できることになった。これによってウィロー行きの列車が、反対方向の列車の進路を横断することなしに、どちらの支線にも接続することができるようになった。将来、東のシティ線がこの新しいシステムに統合できるように、中央駅の南からエッジヒルまでのもはや使用されていないワッピング・トンネル区間の保全が図られた。しかしながら、ビーチング報告による提案の実行は、マージサイド・ネットワークから旅客輸送サービスのいくつかの撤退を引き起こした。ウォールトンからウエストダービーとゲートエーカーを経由してハンツクロスに至る環状の支線は、撤退の最も主要な例であった。

かつてのマージ鉄道の建設時と同様に、労使紛争とトンネル掘削における諸問題を経験した後、最初の改善策として登場したのは、新しい北線の営業開始であった。この時期初めてマージレールの旗の下で、中央駅からサウスポート、オームスカークと、新たに電化されたリンク経由のカービー支線まで新しい北線が一九七七年五月二日に開通した。ループすなわちウィロー線の営業は、その一週間後に始まった。最初はジェームズ・ストリートと中央駅に停車した。一九七八年一月までに同プロジェクトは完成し、ムーアフィールズとライム・ストリートにウィロー線の駅が開業した。一九三〇年代のアメリカ製車両は、その年の一〇月まで走っていたが、カービー・ノーザン線は、ガストンまで新たに電化された区間を延伸した。このプロジェクトが実行され、最終的に目的を達成しようとしていたことは明白であった。

問題があるにもかかわらず、旅客調査の総数では相当良好な結果が得られ、また、リヴァプール中央駅における乗車数合計が一九七七年三月から一九七八年三月までの間に二一パーセントの増加を示した。（マージサイドPTA及びPTE 一九七八年：八）

プロジェクトの投資額は合計五〇〇〇万ポンドで、これにより「今日のマージサイド公共交通システムの中核」（ハルサル 一九八五年：八二）が形づくられた。

ストラスクライドにおける鉄道整備

マージサイドと同様に、初期のストラスクライドにおける鉄道整備は、それぞれ別個のルートを建設した多数の小規模鉄道会社の合併を中心に進められた。一八六五年以降、三つの主要なグループが出現した。第一は、英国とスコットランドを結ぶ主要幹線の周囲に、グラスゴー市の南と東にまで拡張されたカレドニアン鉄道である。それは、一八四八年にカーライルに達した。第二の主要な企業は、一八四二年のエジンバラ・グラスゴー鉄道を中心とするノース・ブリティッシュ鉄道、第三は、ダンフリース経由でペイズリー、クライド・コースト、エアーシャー、カーライルへの路線を開通させたグラスゴー・アンド・サウスウエスタン鉄道である。

リヴァプールと同じように、河岸の埠頭への延伸がグラスゴーにおける継続的な鉄道整備の課題となった。グラスゴーの港湾が西側へ伸びていったため、高密度に発展した都市中心部の存在が、鉄道アクセスにとってますます大きな障害となった。しかし、リヴァプールとは対照的に、貨物輸送のために周辺環状線の建設が加速された。それは、都心部のクイーン・ストリート駅を通って、西のパトリックから東のパークヘッドまで、ノース・ブリティッシュ鉄道による半地下式のシティー・アンド・ディストリクト線建設によって実現した。西の埠頭への貨物輸送アクセスの改善に加えて、郊外の旅客輸送のための新しいルートが都心へのアクセスを改善し、「北岸に都市鉄道の包括的なシステムを確保する」（トーマス 一九七一年：二〇八）こととなった。

カレドニアン鉄道の勢力増大に対して、グラスゴー、サウスウエスタン、ノース・ブリティッシュ鉄道会社の間に戦略的な同盟が結成され、それがグラスゴーシティ・ユニオン鉄道の建設に発展した。シティ・ユニオン線は、カレッジとシールズ・ロードでそれぞれの会社線を補完して北部と南部のネットワークの間を結んだ。それは、クライド川にかかる新しい橋梁を経由した。さらに、ゴードン・ストリートに新しく開業したカレドニアン鉄道の中央駅と競うために、建築学的に価値のある新しい共有の終着駅が、都心部のセントイノックに建設された。それは、比較的孤立した位置にあったブリッジ・ストリートの元の終着駅に取って代わった。

マージサイドと同様に、一つの重要なルートが主として郊外の乗客が利用するために整備された。カスカート地方鉄道は、一八八〇年に独立した会社によって開業したが、拡大された中央駅の着発線容量が増加したのにあわせて、カレドニアン鉄道に吸収された。同線の大部分の区間は、グラスゴーの新しい南部の郊外地域の開発に先立って建設され、地上の路線であったため、地下の北岸路線と比較して建設コストを低く抑えることができた。

同じくこの時期に、カレドニアン鉄道は、ノース・ブリティッシュ鉄道によるシティ・アンド・ディストリクト半地下線のライバルとなるような路線の開発を進めることに成功した。利益の多い北岸の郊外輸送と埠頭の貨物輸送のシェアを拡大しようとしたグラスゴー中央・郊外線は、中央駅を通過してシティ・アンド・ディストリクト線と並行した。これは元来、リヴァプール高架鉄道の後の高架路線として考えられていたが（ケレット一九六九年）、用地取得のコストを考慮して半地下への設計変更が必要となったものである。同線は、六マイル以上の間、東のダルマーノックからメリーヒル通りまで、ほとんどトンネルの中を通り、ブリッジトン、グラスゴー・グリーン、グラスゴー・クロス、グラスゴー・セントラル、アンダーストン、ストブクロス、ケルヴィンブリッジ、植物園、カークリーに、中間駅が設置された。一八九六年に開通した時、新線によって喚起された需要は大きく、一日に二六〇本以上の電車が中心部を通って運行されたほどだった。

一八九六年には、都心部と西の埠頭地域にある一五の駅を結ぶ完全に独立したグラスゴー地下鉄が開業した。物理的には他の鉄道ネットワークから切り離されていたものの、地下鉄はすぐに重要な役割を担うようになった。特に、パトリックとガバンの間で川を越える新ルートを提供した点で大きな効果があった（ライト、マクレイン一九九七年）。

トーマス（一九七一年）は、世紀の変わり目にグラスゴーには二本の並行した半地下路線により都心部と開発中のウエストエンド地区を結ぶ優秀なアクセス線をはじめとして、「過剰な」鉄道施設が集積したという。しかも、都心部の鉄道は、市の路面電車との間で熾烈な競争に直面した。路面電車の電化は、市公社が管理を引き受けた四年後の一八九八年から始まった。多くの短距離移動は快適な路面電車という新システムに切り替わった。路面電車の路線は、郊外にも達し、競合するいくつかの鉄道の一〇倍の頻度と、迅速、清潔、安価なサービスを提供した。

リヴァプールの鉄道の多くが、スピードとサービスの質を上げるために、電気動力を迅速に採用し、先行するマージ鉄道に続いたのに対して、グラスゴーにおいては、大都市中心地区の路線の多くが路面電車の台頭に単に屈伏した。

路線や駅の一部は早くも一九〇二年に廃止された。都市からはるか離れたペイズリー、西のローモンド湖岸、東のラナークシャー内の町にまで路面電車網が拡大した。鉄道整備は停滞し、第二次世界大戦の勃発までに、中央半地下鉄道網のカークリー支線や、また良い場所に立地した駅ですら閉鎖されるまでにそのシステムは縮小を余儀なくされた。路面電車によってカレドニアン鉄道の年間輸送人員は、一九一三年の九八〇万人から、実に一九四九年には四二〇万人にまで激減した（ミラー一九八五年）。一九三五年に電化に着手したものの、路面電車との競争により、西の環状線を越えて地下鉄線を延伸するという最初の計画推進が遅れた。さらに第二次世界大戦によってもこれは遅れ、東の環状線とロブロイストンからキングズ・パークに至る南北地下鉄線の計画は、新たに国有化された英国国鉄の在来線を改良する方法が選択されたため最終的に断念された。（ライト、マクレイン一九九七年）

過剰人口対策や総合的な再開発計画を伴う一九四九年のクライドバレー地域計画は、英国国鉄によってその後に開発されたストラスクライド内鉄道ネットワークを再評価するための基礎を提供した。この地域における鉄道インフラの遺産を活用して、鉄道という交通機関を将来の旅客輸送の積極的な担い手としていこうとする見識は、電車と色灯式自動信号の導入によって、クイーン・ストリート半地下路線を完全に近代化するという決定を導き出した。新しいサービスが一九六一年に本格的な運行を始めたとき、西のヘレンズバラ、バレッヒ、ミルガーイを、東のブリッジトン、スプリングバーン、エアドリーと連絡する新しい電化区間の利用者は少なくとも三〇〇パーセントに増加した（トーマス一九七一年）。

その後、一九六二年におけるカサート環状線とその支線の電化は、それほどの旅客輸送量の増加には結びつかなかった。それは、キャッスルミルクにできた新しい南の過剰人口を受け入れる住宅団地を鉄道と結ぶことに失敗したこと、乗り入れを行っている半地下路線では多数の都心目的地へ行けるのに対して、この場合は中央駅で路線が引き続き終点となっていること、そして環状線周辺の南側のより裕福な郊外地域において自動車保有率の急速な上昇が見られたことなどにより、北岸のシステムが達成した成果と比較して顧客の獲得が限られていた。それでも、これによって旅客数の倍増が達成された（ミラー 一九八五年）。その後も近代化は続き、一九六七年にはペイズリー経由でグラスゴーからウインズ湾とグーロックに至る南岸線まで、そして一九七四年に完成した西岸幹線構想の一部としてラナークまで電化区間が拡張した。

斬新な新しい装いをまとって登場し、「ブルートレイン」として知られるようになったこれらの整備は、他方で並行して走るセントラル半地下線廃止の一因をつくった。同路線は、活性化されたクイーン・ストリート線システムの清潔で近代的な環境には到底かなわなかったし、いずれにせよ二〇年前における集積地でしかなかったところの駅を廃止して以来衰退していた。ネットワークの縮小はビーチング時代にも続けられ、ビューカネン・ストリートと、セントイーノッヒ双方のターミナル駅が廃止された。北行き及び南行きの交通を扱うことが可能で、そしてほとんど隣接した良い立地に地下鉄との乗り換え地点があったセントラル線とセントイーノッヒ駅の維持を支持したアバクロンビーとは対照的に、ビーチングは狭苦しくアクセスが悪いと認識したビューカネン・ストリート駅とセントイーノッヒ駅の廃止を提案し、交通を中央駅とクイーン・ストリート駅に集中させようと考えた。

セントラル半地下線が廃止されるやいなや、その再開と近代化のための構想に注意が向けられるようになった。一九六八年にグラスゴー市公社は、従来の高速道路計画を、公共交通の改善と首尾一貫した達成可能な戦略に統合するように設計し直す「グラスゴー圏の交通に関する研究」（ＧＧＴＳ）を開始した。ＧＧＴＳ研究からつくられた鉄道計画を継承したグラスゴー圏ＰＴＥは、それを「クライドレール」として一九七四年に公表した（英国国鉄 一九七四年）。クライドレール戦略は、二段階の整備方策を提案した。第一段階は、ストブクロス（のちのフィニーストン）、アンダーストン、セントラル、アーガイル・ストリート、トロンゲイト、ブリッジトンに新駅を持つパトリックからラザグレンに至るセントラル半地下線の再開と電化であった。パトリックヒル駅は、地下鉄と直接に乗り換えを行うために移設する予定であり、バックンヘッドと類似した地下の分岐点は、新しいルートがクイーン・ストリート線に交わった所に設置される予定であった。第二段階は、クイーン・ストリート線のシステムをさらに向上させることであった。新しい半地上の駅が、グラスゴーで開発中のオフィス・金融地区の中のブライスウッドに造られる予定とされ、旧ノース・ブリティッシュ・ブリッジトン中央駅の場所を通るトンネル化された連絡線により、ラナークシャーからの列車は都心を通る際に二本の半地下線という選択肢を得られると考えられた。第二段階の最終部分は、セントジョンズ連絡線として知られている構想であった。これは、一九六八年のセントイーノッヒ駅閉鎖以来、乗客の利用が廃止されている川を横断する旧グラスゴーシティ・ユニオン路線の活性化と、カレッジ・グッズ駅で接続するための曲線の新設を含むものであった。それによって、南側へ行く電車に、西行きのクイーン・ストリート半地下線へのアクセスが与えられることとなっていた。

クライドレール計画は、政府から部分的な賛同しか得られなかった。補助金は、トロンゲイト駅を除いた第一段階の工事に対して交付されたが、それには第二段階の設計過程も含まれていた。続く章で示されるように、セントジョンズ連絡線計画と、その現代版であるクロスレールは、その間、ストラスクライドにおける鉄道整備政策をめぐる議論の中心であり続けた。

第一段階の構想は、一九七九年一一月五日に開通し、その路線の中心部分が地下を通る大通りの名をとってアーガイル線として知られるようになった。重要なことは、路線の営業再開の効果を調査するために英国国鉄によって委任された交通研究ラボが、『グラスゴーにおける鉄道の影響力に関する研究』の第二章において、都市鉄道に対する投資に関するジレンマを強調した点にある。全体の鉄道旅客は、三月までに二七パーセント増加したが、これは期待された数値のおよそ半分に過ぎなかった。しかも、新しく増加した乗客のうち、わずか一九パーセントが自家用車から転移した人達であって、圧倒的多数はバスから転移した人達であった。したがって、一五〇〇万ポンドを費やしたア

図4-7　クライドレール提案

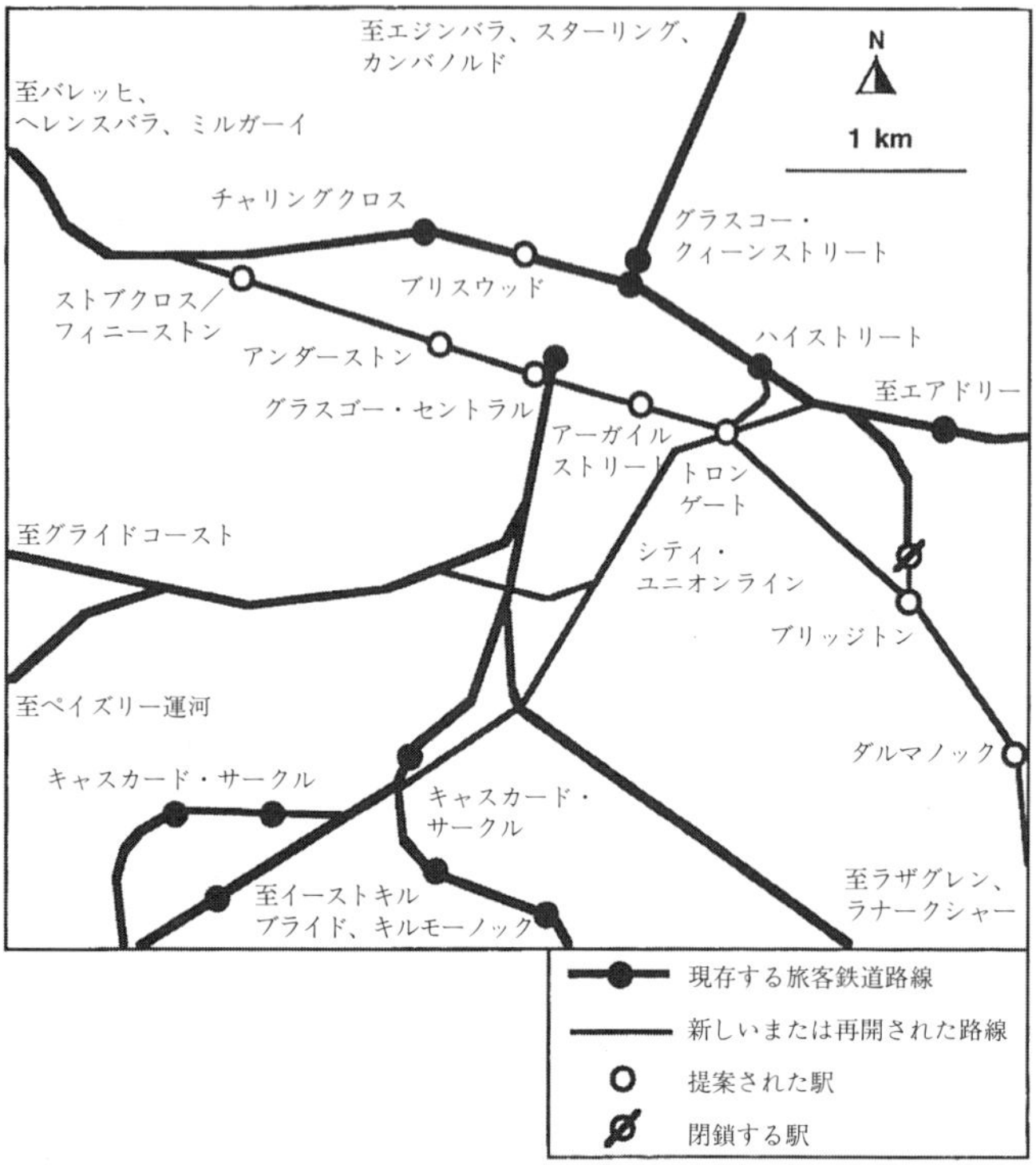

出所：英国国鉄（1974年）。

ーガイル線計画は、グラスゴーにおける自家用車利用の削減に対して大きな貢献をすることができなかった。この構想によってもたらされた全体の便益は、「TRRLが明確な社会的収益率と名づけたところの成果を生むのに十分ではなかった」（ミラー 一九八五年：四九）。

鉄道ネットワークの整備については、当初クライドレール戦略と並行して、公社の交通部門で、一九七五年の改革後は新しいGGPTEで、グラスゴー地下鉄を近代化するプロジェクトが計画されていた。グラスゴー地下鉄の近代化は、「強い切迫感を持っていた……本質的にビクトリア朝時代の産物ともいえる地下鉄は、高齢化の様相を呈しており、これが永遠に生き残りそれを頼りにすることは不可能であった」（ミラー 一九八五年：五〇）。このシステムの将来に対する選択は、「廃止するか、もしくは完全に近代化することであった」（ストラスクライド郡 一九八七年a：一二七）。

地下鉄近代化のためのプロジェクトに対して、中央政府は一九七四年にインフラ補助金の交付を認めた。この補助金は全体の七五パーセントを占め、これによって、長期にわたる設備上の課題が解決し、地下鉄の将来が保証された。新しい車両を持つ近代的なシステムは、駅を拡張し、ビューカネン・ストリート、クイーン・ストリート、パトリックにおいてヘヴィ・レール・システムとの接続を改善して一九八〇年四月に開業した。開通後の新しいシステムの利用水準は、近代化以前と比べると二〇〇万人増加して初年度には九〇〇万人に達したが、それでも、計画策定時に予測された年間二四〇〇万人という数値の三分の一をわずかに上回るにとどまった。システムの機能が都市の人口分布における変化によって不十分となったと主張していた人々が抱いていた懸念は、少なくとも部分的に証明された。

一九八六年におけるネットワークの概要

近代化された地下鉄とアーガイル線における期待はずれの初期の実績は、一九八〇年代初頭のストラスクライド鉄道ネットワークにつきまとう問題の一つにすぎなかった。一九八〇年度と一九八二年度に一年につき利用者が一〇パーセント低下したことに関して、郡は資金の節約という点から路線廃止の可能性を真剣に検討し始めた。一九八二年に議会は、ペイズリー運河経由のグラスゴーからレンフリューシャーのキルムコルムまでという最もコストの高い路線について二〇条に基づく援助を打ち切ることを可決した。それはすでに一九七六年にＰＴＥによって提案されていたことであるが、地元の住民によって強く拒まれてきた（ミラー一九八五年）。

しかし、財政上の疑問符は、年数を経た車両、低い作業効率、旅客数の低下という悪循環に苦しむ非電化のディーゼル機関車に頼る鉄道網の大部分に広がっていた。さらに、一九八〇年交通法と一九八一年公共旅客自動車法により、独立の民間事業者が三〇マイルを超える距離における快速バスのサービスを導入できるようになり、バス規制緩和（第2章2節を参照）の最初の段階を迎えることとなった。このような状況の中で、郡は完全な地方鉄道ネットワー

図4－8　ストラスクライドにおいて20条に基づく援助が行われている
地方鉄道のネットワーク（1986年、ストラスクライド）

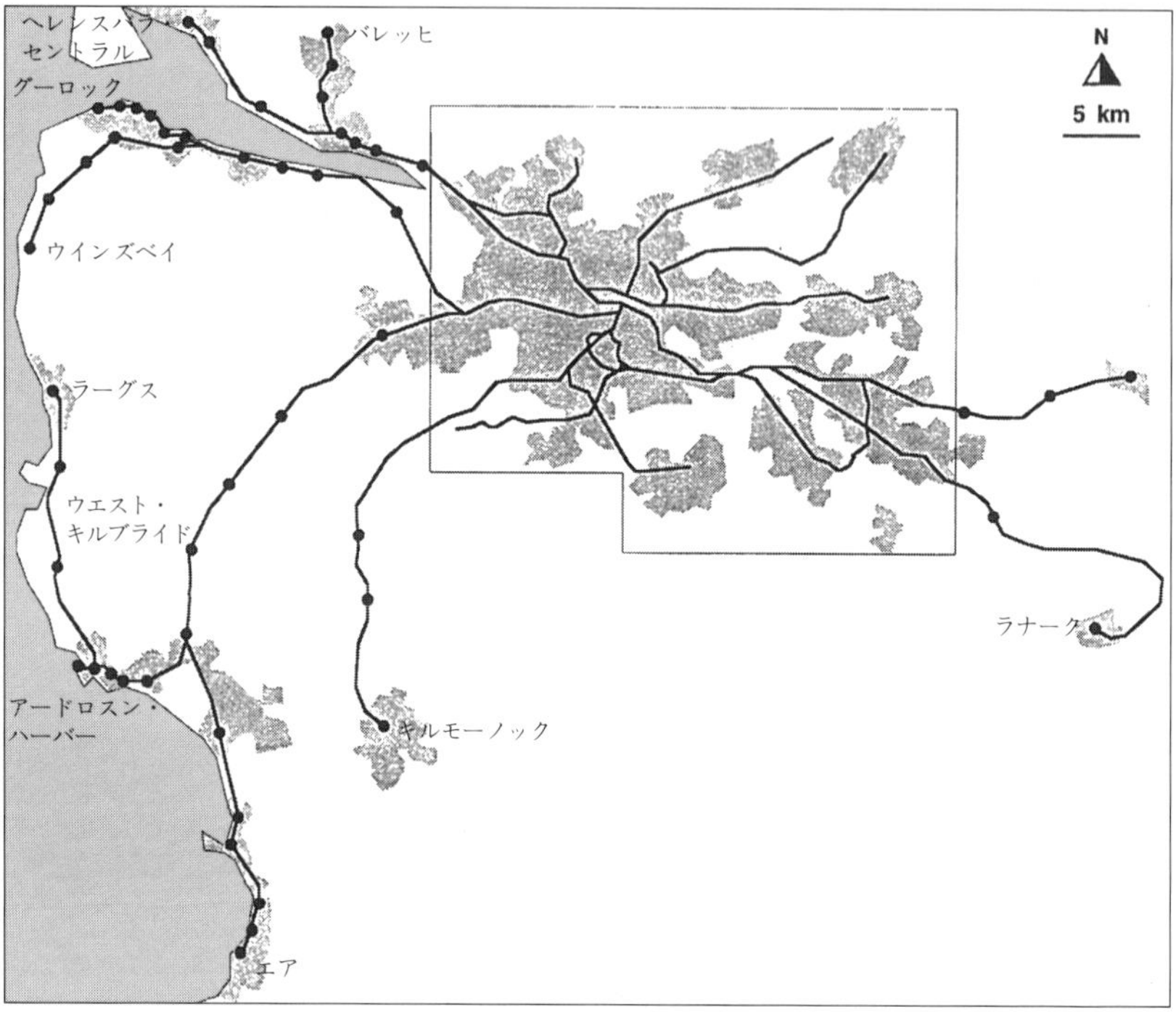

クの再検討がこれらの問題に取り組むために必要であることを一九八三年に決定した。

> 郡は、中央政府によって設備投資に課された縮小しつつある資金の制限、補助金割合の削減、増加している二〇条に基づく請求、二〇条に基づいているネットワークへの投資の必要性、バスとの競争強化の観点から、二〇条に基づく事業の再調査に着手することを決定した。（ストラスクライド郡 一九八七年a：五）

『一九八三年鉄道調査報告』は、輸送量の増加と将来の維持費の削減を目的とした先行型の投資戦略だった。そして、近代的な信号設備と車両の置き換えという投資計画は、ワンマン運転の列車を含

図４－９　ストラスクライドにおいて20条に基づく援助が行われている
地方鉄道のネットワーク（1986年、クライドサイド部分）

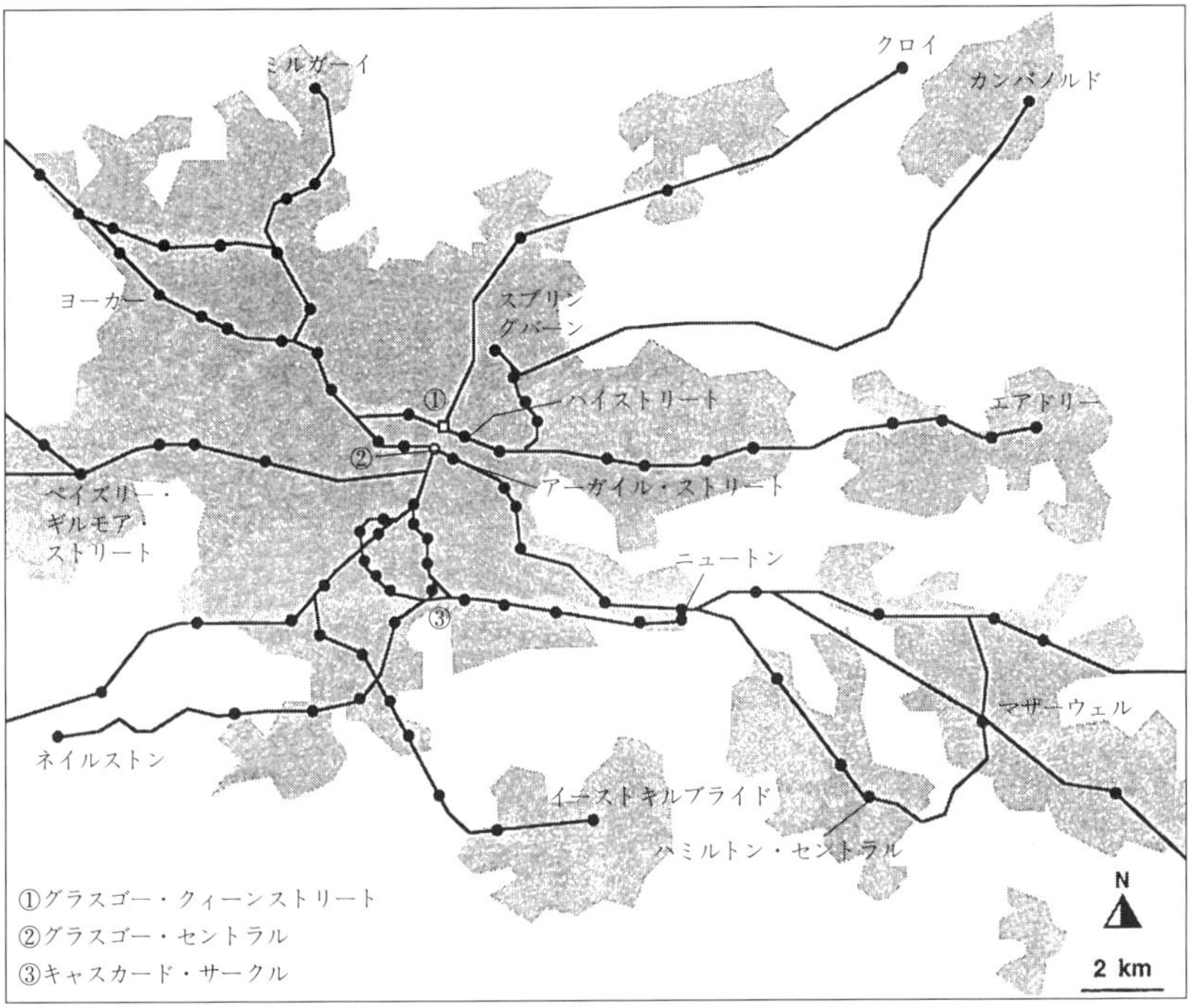

むより弾力的な勤務パターンを伴うものであった。この提案による最も重要なインフラの開発は、四三〇〇万ポンドを必要とするペイズリーからアードロスン、エア、ラーグスまでの各路線の電化であった。しかしながら、グラスゴー地下鉄の拡張に関する具体的な計画は、現存のトンネル、地上運転に適さない車両、特有の軌間など、幹線鉄道と共通性を持たず、しかも都市内における新たなトンネル掘削という法外なコストなどさまざまな要因のために、研究期間中に全く進められなかった。したがって、地下鉄はストラスクライドにおける鉄道政策の策定過程における議論にあまり出てこないのである。

　これとは対照的に、より積極的な状況がマージサイドに現れた。旅客数はループ及びリンクの各線が完成した直後に達

表4－6　20条鉄道ネットワーク（1985年度）

	マージサイド［a］	ストラスクライド［b］
援助下にある営業キロ	121km	435km
電化率	75%	78%*
援助下にある駅数	71	141
移動数	5650万人	4040万人
人キロ	4901億人キロ	5731億人キロ
列車キロ	530万km	1500万km
旅客収入	1590万ポンド	2300万ポンド
PTE 補助金	1360万ポンド	2760万ポンド

注：［a］20条による援助を受けなかった郡内の4つの駅を除く。
［b］20条による援助を受けなかった郡内の15の駅、及びグラスゴー地下鉄を除く。
＊　エアーシャー線（97キロメートル）で進行中の電化を含む。
出所：マージトラベル、ストラスクライド議会、ストラスクライドPTE。

成した高い水準を維持し続けていた。一九八〇年代初頭に、この投資は電車の更新計画を達成し、一九八五年九月にはロック・フェリーから郡境のフートンまでウィロー線の電化拡張を四九〇万ポンドで完成した。

次の地図と表は、一九八六年四月一日における各鉄道ネットワークの主要な特性を示すものである。

5　マージサイドとストラスクライドにおける都市交通問題

現実の都市交通問題

一九八六年以降に、マージサイドとストラスクライドの両研究対象地域で実際に見られた現象は、多くの点で第2章で触れた自家用車の継続的増加に由来する都市交通問題の影響を例証するものであった。ストラスクライドにおいては、サービスを提供する地域としてグラスゴー都心部の開発と結びついたグラスゴー内部からベアスデン、ニュートン・ミアンズのようなベッドタウン、カンバノルドとイーストキルブライドのニュータウンへの継続的な人口移動は、従来の雇用形態が継続して減少しているにもかかわらず、放射状に延びた通勤流動の増加を定着させた。グラスゴー内部からの人口流出が続いたため（第4章3節を参照）、働く人々はますます自動車によってより長距離を通勤しそして多くの道が渋滞した。クライドサイド大都市圏に入る道路の年間平均増

図４-10　ストラスクライドにおける主要な道路インフラプロジェクト(1986～96年)

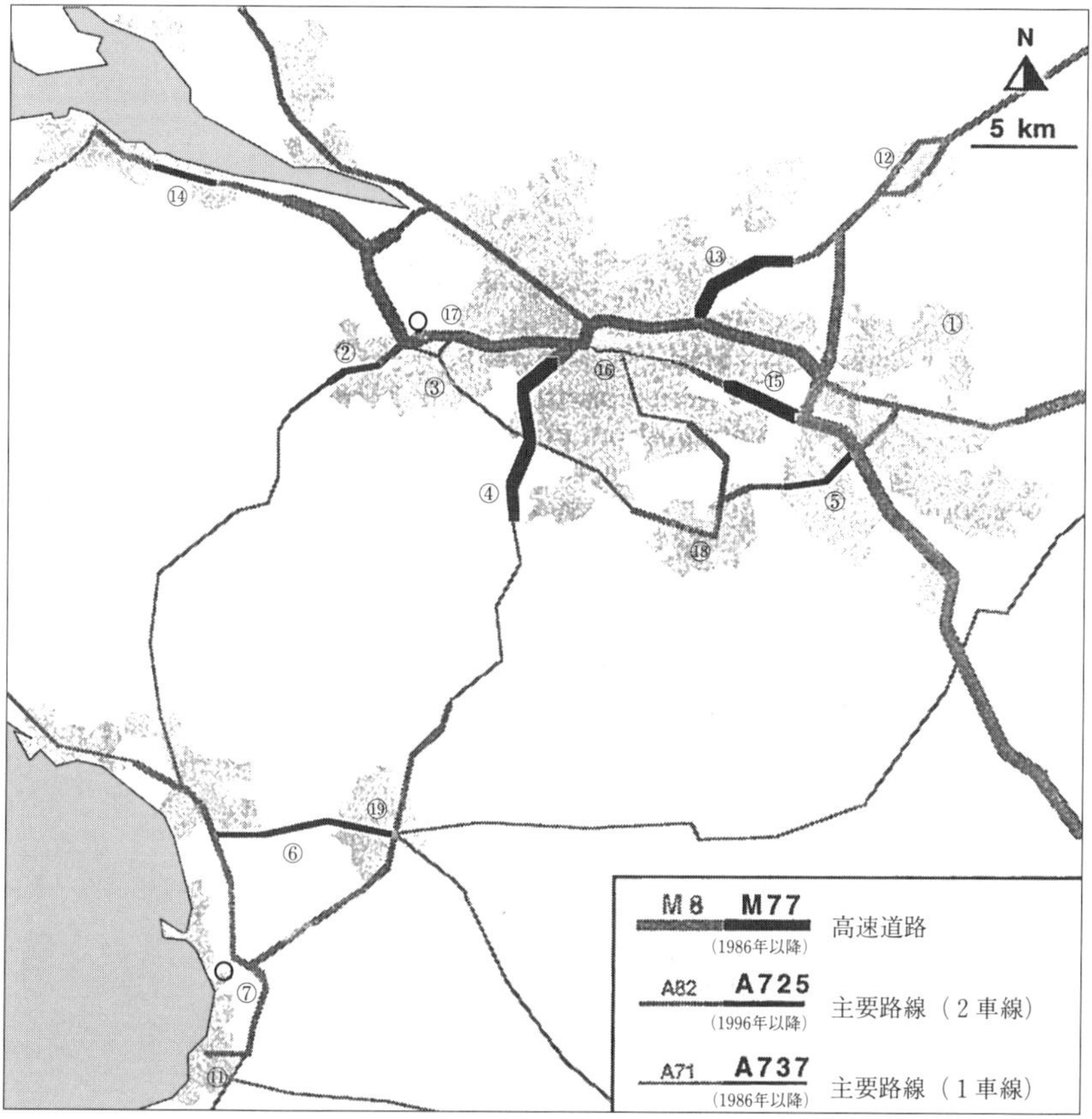

①エアドリー
②A737　ジョンストン・ハウウッド・バイパス
③ペイズリー
④M77　エア・ロード線
⑤イーストキルブライド高速道路
⑥アーヴィン・キルモーノック高速道路
⑦プレストウィック空港
⑪エア
⑫カンバノルド
⑬M80　ステップス・バイパス
⑭A８　ポート・グラスゴー高速道路
⑮M74　ノーザン・エクステンション
⑯グラスゴー市中心地域
⑰グラスゴー空港
⑱イースト・キルブライド
⑲キルモーノック

加率は、一九九〇年代初頭に一二パーセントに達し、都心を通るM8高速道路の特定区間におけるピーク時交通量は、一時間当たり五万六〇〇〇台に達して設定された量の二倍となった（ストラスクライド郡一九九二年）。このような状況の中で、M77及びM80の延長線のようなストラスクライドによって一九八六年以降に着手された主要な道路建設構想は（図4-10を参照）、歴史的な大通りが主要な道路ネットワークの一部として機能し続けている地区における代替道路とバイパスの整備に焦点を合わせた。

ニュータウン自体の開発と、都市の西側に位置するグラスゴー空港周辺における新たな雇用の発生は、その地域の主要幹線道路であるM8の交通渋滞の一因となり、より複雑なモビリティ・パターンが生じた。しかし、ストラスクライドにおける自家用車による移動の増加は、アクセスの二極化という従来から続いた傾向を不明瞭なものにした。ストラスクグラスゴーにおける最も貧困な大都市内中心地区と、四つの主要な周辺団地における自家用車の所有は、一九九一年には一〇〇〇人につき一六五台で全国平均の約四〇パーセントという低い状態のままだった（ストラスクライドPTE一九九三年）。さらに、渋滞の悪化は団地までのバスの運行時間にも影響を与えた。例えば、都心からイースターハウスまで一〇キロの平均運行時間は三五分から四〇分で、これは平均時速がわずか一五㎞であることを表わしている。重要なことは、鉄道が欠落しているこれらの地域におけるバスの利用者は、一九八六年から一九九六年の間に一三パーセント減少し、他方で四つの団地における自家用車保有の増加率は、一九九六年に年間一三パーセントと英国平均の二倍に達したことである。これによって、問題点が浮き彫りになった（ストラスクライドPTE一九九三年）。

マージサイドにおいても道路交通に対する影響が、同じように現れた。そこでは、交通量の年間増加率は、一九九一年から一九九二年の景気後退前に九パーセントに達した（マージトラベル一九九三年）。ストラスクライドと同様に、これらの増加は富裕層の住む郊外住宅地への放射状の流動に集中した。しかし、一九八六年以降、マージサイド

図4-11　マージサイドにおける主要な道路インフラプロジェクト（1986～96年）

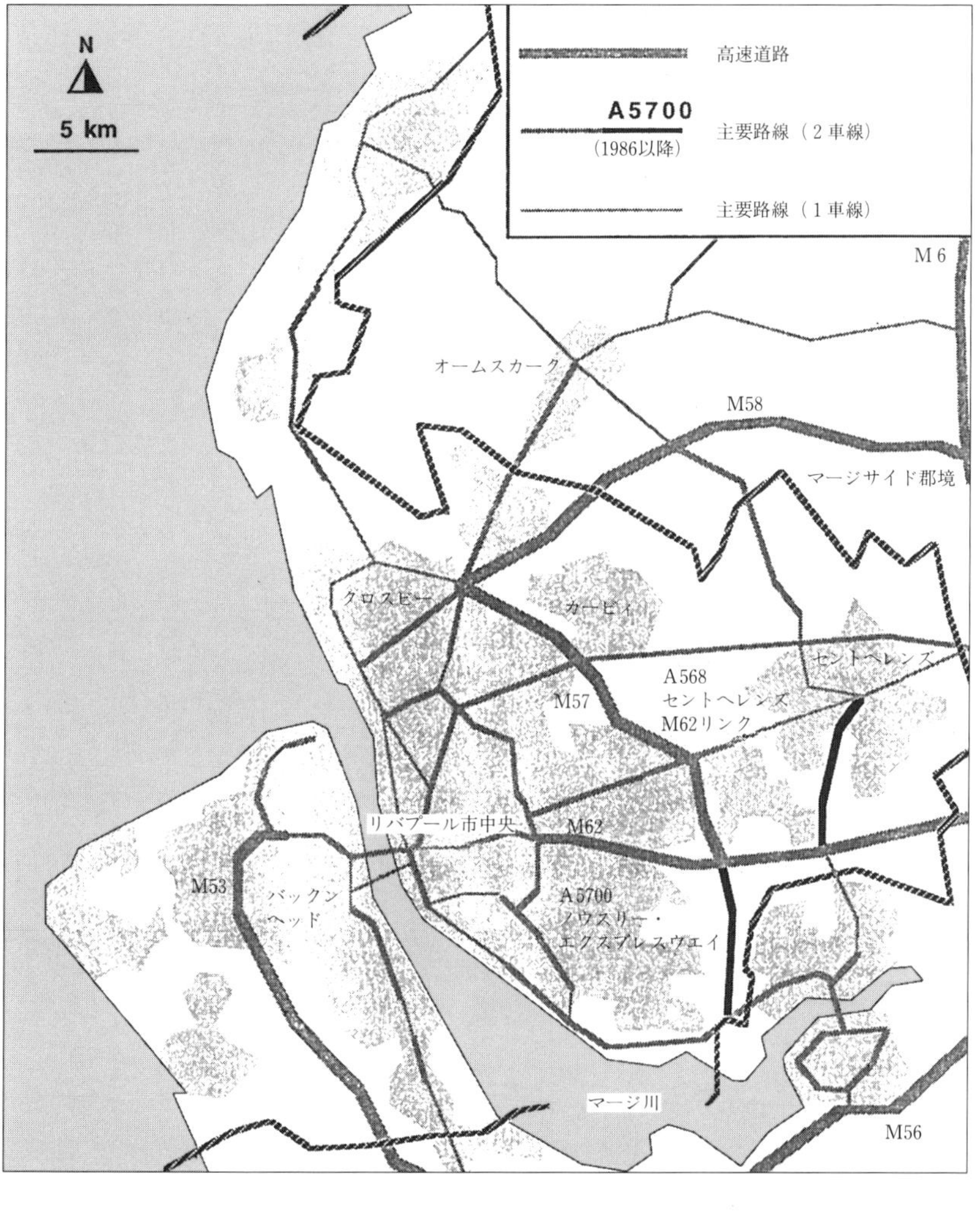

においては、新しい道路が環状のわずか二区間（下の図4-11を参照）しか建設されなかったので、渋滞はリヴァプールとウィローを結ぶ二つのマージ・トンネルの両端、リヴァプール都心からM62高速道路と開発中のウォリングトン・ニュータウンまでの東の路線、リヴァプールをクロスビー、マグハル、オームスカーク、サウスポートというベッドタウンとつなぐ北の路線の窮屈な地点で、特に厳しい状態のままであった。

グラスゴーのM8のように、中心部で自動車の流れを分配するような高速道路がリヴァプールに欠如していたことにより、都心部とその周囲の大通りに相対的に大きな負担圧力がかかることとなった。その圧力はバスの信頼性と運行時分にも影響した。マージレール駅の徒歩圏内になく、しかもマージサイド人口の実に七〇パーセントが住んでいる大都市中心地区からリヴァプール都心部までのバスの所要時分は、郡内で最大の増加を示した（マージトラベル一九九三年b）。バスに対するコミュニティによる多くの束縛が、マージサイド世帯調査によって明らかにされた。この調査は、一九九二年度においてバスの乗客のわずか四パーセントしか代替的な輸送機関に移ることができなかったことを示している。

自動車の優位性が増してきているにもかかわらず、ダニエルスとウォーンズ（一九八〇年）が指摘するように、鉄道は依然として、経済、社会、教育、娯楽、文化それぞれの移動目的のための総合的な地方都市輸送を担う重要な要素となっている（第2章2節を参照）。鉄道による輸送は、機関別シェアにおいて約一〇パーセントという相対的に低い貢献度であったが、広範囲を網羅する強力な放射状のネットワーク遺産は、その形態からとりわけ主要な幹線筋の移動パターンには最適の手段となっている。一九九一年度に、リヴァプールとグラスゴーそれぞれの都心へのピーク時における公共交通輸送のそれぞれ二八パーセントと三六パーセントを鉄道が占めていた。（マージトラベル 一九九三年、ストラスクライドPTE 一九九三年）。鉄道が広範囲にわたる地方交通へ寄与する重要性を持つかどうかは、主としてグラスゴーとリヴァプール及びその後背地における経済的、社会的な活力が放射状に延びた交通流に依拠しているかどうかにかかっている。両都市圏の地方鉄道ネットワークは、一九九六年にそれぞれの都市において、三三万人と一九万人の仕事量に相当する文化的な活動と観光業という有力な成長分野における集積を最大化することで経済成長に対する重要な役割を担った（国立統計事務局 一九九八年、リヴァプール市 一九九八年）。それは、労働市場の拡大をもたらし、都心部に依然として集中している小売業や高等教育機関（八万人以上の生徒が各都市に住んでいる）に寄与した。渋滞と環境汚染の緩和を通して都市環境を改善することができる鉄道の潜在能力は、都市の観光と文化の中心として中核都市を継続的に発展させることに通じる。鉄道輸送による移動のパターンは、社会的発展においても重要な役割を果たしている。バスとは対照的に、鉄道によって提供されるより短い移動時間と渋滞が引き起こす不信感からの解放は、都市居住者に対して、都心部に集中した仕事、教育、そして他の消費機会へアクセスの範囲を広げている。

鉄道整備のための政策選択

地方鉄道整備のために利用可能な選択肢は、「ネットワークの集積を拡大すること」と、「鉄道ネットワークの階層を統合すること」という二つのカテゴリに大別することができる。ネットワークの集積拡大は、現存する路線上における新駅の設置、貨物専用駅の旅客駅化もしくは使用されていない旅客駅の再開、または完全に新しい路線の建設によって達成できる。マンチェスター圏、ナント、ストラスブールのような、マージサイドやストラスクライドと類似したヨーロッパにおける中規模の都市において、多くの新しい整備は地上のＬＲＴ構想によって実施され、トンネル掘削による多額の設備投資コストなしに、鉄道の事業範囲を拡大した。都市鉄道ネットワークにおける異なる階層の統合による改善は、長距離の郊外鉄道路線と都心エリアに振り分けられた路線との間の乗り継ぎを便利にすることによって、また、都市を横断する機会を拡大する新しい連絡線の建設を通じて達成できる。

政策過程の緊張関係は、鉄道ネットワーク整備の各段階において、競合する構想を選択する際に生じる。各プロジェクトは、潜在的な経済・社会的発展に関する便益に対して、異なるバランスを提供するからである。マージサイドとストラスクライドの両方において、地方都市交通問題の異なる局面を扱ういろいろな計画案がさまざまなタイトルの下に存在した。

マージサイドにおいて、鉄道政策の立案者は、特有の逆説に直面していた。マージレール・システムは、郡人口のわずか三〇パーセントにしか交通サービスを提供できていなかったが、既存のネットワークは、サウスポート線沿線とウィローの比較的豊かな人々のコミュニティに焦点を合わせていただけでなく、バックンヘッド中心部とリヴァプール・ウォーターフロントの再開発のようないくつかの重要な都心部の再生計画に役立つ良い位置にあった。したがって、これらの中核的な再開発地域における新駅開業は、投資家に対して労働及び消費市場への有効なアクセスの可能性を提供した。しかしながら、他の居住地区における新駅または路線の営業再開構想は、マージレールの集積地の外に残された大多数の市民の交通における相対的な不公平を拡大するだけだろう。同様に、リヴァプール及びその周辺における新しいLRTルートの計画地は、北東のエヴァートンとアンフィールド、南東のグランビーとセフトン・パークのような、現存する鉄道ネットワークから遠く離れた都心地区へのアクセス改善か、あるいはより繁栄している近郊へ通じる主要な幹線ルートの渋滞を緩和するものかのどちらかにしなければならなかった。

ストラスクライドでは、都市再生地域における新駅設置の可能性はあまりなく、鉄道整備における経済的・社会的発展に関する考え方の対立は、主として広範囲にわたる路線の営業再開と、LRTの構想を中心に存在した。支線の営業再開においては、都心部に貢献する計画と、ラークホールやカーキンティロフ支線のような大都市圏の遠隔区域に貢献し、かなりの数の長距離自動車移動をなくす可能性のある計画との間で対立が起きることは明白だった。LRTを適用する各種計画の間の緊張関係は、従来の鉄道アクセスなしで発展したそれらの戦後に形成された居住区域の間の鮮明な社会・経済的な差異を反映していた。意義深いことにLRTは、大都市圏の中で最も速く成長しており、最も豊かな郊外地域の一つであるニュートン・ミアンズ、そして、国で最も貧しい地域であるグラスゴーの四つの主要な周辺団地の双方へ、鉄道交通アクセスを拡大する可能性を持っていた。政策立案者は、キャッスルミルク、ドラムチャペル、イースターハウス、そしてポロークの各コミュニティが苦しむ、貧困と社会的排除のレベルを下げることと、郡の政策と一致して、その都市で最も混み合う通勤路線の一つで著しく自動車利用を減らす可能性をもたらし、それによって、ストラスクライドで一番の買物とレジャーの中心地として都心部の立場を維持するという、競合する要求の間のバランスをとるよう求められたのである。

いくつかの他の戦略的政策案も両地域に共通であった。提案された鉄道によるグラスゴーとリヴァプール空港それぞれへの「固定された連絡線」として可能性が指摘された多様な形態は、政策論争の重要な分野となった。同様に、各地方鉄道ネットワークのさまざまな構成要素の間のより良い統合を達成させる方法も、論争の主要な論点を形成した。ストラスクライドでは、同郡の鉄道ルートの一部において統合の改善をもたらし、ターミナル駅から輸送サービスを迂回させることによって、より広範囲に直接的なグラスゴーの横断移動を可能とする「クロスレール」構想が、その提案を潜在的に肯定するかあるいは否定的影響を強調するか意見を異にする地方政策統治体制メンバーの間で最も激しく論議される投資提案の一つになった。同様に、リヴァプール都心における中核的な地下鉄網からマージレール・シティ線が孤立していることを、新しい連絡線の建設を通じて解消することが、マージサイドにおける主な要求として形づくられた。

次章では、どのように、対象地域で優勢となっていた政策が、対象地域の政策統治体制による鉄道交通投資に関して、社会的・経済的発展目標の間で構築されたバランスに寄与したかに焦点を当てる。その後、各地域における地方鉄道政策統治体制の構造と運営を示すモデルが組み立てられる。それらによって、統治体制内の政策交渉を通じて、実際にこれらのさまざまな対立する政策選択の間の緊張が、どのように解決されたかを分析する。

第5章　政策立案の概念

1　序　論

鉄道政策の環境

本章では、次章以降の事例研究において詳述される特定の鉄道政策の発展を特徴づける戦略的政策の環境を明らかにする。最初に、鉄道投資の潜在的な経済的・社会的発展目標に関して、マージトラベル及びストラスクライド郡で定められた戦略的政策目標の位置づけを分析する。ストラスクライドにおける「社会戦略」に掲げられた目標に対して、そしてマージサイドにおける都市再生というテーマに対して、それぞれの統治体制メンバーによる強い執着を明らかにする。第二に、構造化理論の一環として、地域における鉄道整備に関して各地域で支持されている目標に対する個々の政策統治体制メンバーの個人的な見解が、最も類似性のある地域鉄道開発における特定の次元を明らかにするために示される。行為者間で対立が生まれる可能性のある分野が強調されることとなる。最後に、マージサイド及びストラスクライドにおける地方鉄道政策統治体制の類型、構成、階層、目的を表わすモデルが、統治体制メンバー自身による実際の政策過程の運営、目標、そしてそれに関わっている行為者の相対的な権限についての説明を分析することにより組み立てられる。公務員、議員、各分野に関わる他の行為者との間のさまざまな関係が扱われる。

2　ストラスクライドにおける戦略的概念

戦略的鉄道政策目標

ストラスクライドにおける地方鉄道政策の正式の目標は、自治体の活動全体を通じて見られた開発への首尾一貫した共通のアプローと深く関連していた。一九七六年に新設されたストラスクライド議会は、最初の『郡報告書』を発行した。そこには全般的な共通の使命に対する提言が含まれており、一九九六年三月三一日における議会の廃止までそれが変えられることはなかった。この戦略の傘の下で、社会的排除に関する改善を推進した社会的戦略は、主たる戦略的政策目標として強調された。

社会的戦略の優位性は、ストラスクライド共通の政策要求の階層によく反映されている。議会の政策展開すべてにおいて、社会的戦略の目標や目的は他のものを適用する際の参考となり、都市サービスの提供における公平性を推し進めることにより、社会的発展面の便益を最大限にすることを意図した政策への明白な修正となって現れた。郡の経済的戦略政策さえもが、企業が成長する機会を促進するよりも、「雇用機会の数を増やすことと、公平な富の分配を奨励すること」（ストラスクライドPTE 一九九二年：一）という言葉で表現された。社会的戦略を議会の存在理由として明確に位置づけるこのアプローチは、実質的にストーン（一九九三年）が「進歩的象徴的統治体制」の主要目的として明らかにしたものと同一である。それは次のようなものである。

表5-1　ストラスクライドの社会的戦略

社会的戦略

社会的戦略は、複数の社会的排除が最も多く見られる地域において、次のような条件を改善することを目標にしている。

・生活状態を改善すること。
・期待や抱負の全般的なレベルを上げること。
・最も必要とする人々に利用可能なサービスを保証すること。
・より地元のニーズに応えるサービスの提供を行うこと。

出所：ストラスクライドPTE（1993年：1）。

> 「貧しい者に対する機会（という）基本的価値」を強調している……経済成長は、それ自体に目的があるのでなく、都市がどうあるか、またはどうあるべきかについての統治体制のより幅広い価値を一致させなければならない活動として存在する。（ストーカー、モスバーガー 一九九四年：二〇一）

したがって、議会の交通戦略（表5-2）を通して表わされた全般的な公共交通の運営及び整備の目的は、社会的戦略の戦略的抱負に従属的（SPTE 一九九三年：一）であるべきだと考えられた。

郡戦略の枠組みの中で、鉄道政策の継続的発展過程は、ストラスクライド郡と、SPTEによって、両組織が廃止されるまで続いた。そこから、第4章2節で触れたアーガイル線のような一九七〇年代の鉄道整備が出現したのである。

> 社会的費用便益分析で正当化され、利用可能な資金を得られるようになったところのサービスは、新線や新駅の建設により向上するであろう。（ストラスクライドPTE 一九九三年：一）

研究期間中の一九八七年にこの過程は新たな前進を見た。それは、「社会的要求と財政面の制約を考慮し、議会が支援する将来の鉄道サービスと、議会が支援

表5-2　ストラスクライド郡議会の交通戦略

交通戦略
交通戦略は、地域レベル、国家レベルでの考え方の変更に十分敏感かつ柔軟に対応する。そして、以下を含むものである。 ・要求の抑制に関する措置。 ・現存するインフラの一層効果的な利用。 ・移動に対する必要な輸送力の確保と、環境や公共交通の改善促進のために制限された新しい道路建設。 ・公共交通ネットワークの品質強化。 ・交通システムにおける事故数減少のための活動。

出所：ストラスクライドPTE（1993年：1）。

に際して取るべき行動」を決定するための作業部会が道路・交通委員会によって正式に設立されたからである（ストラスクライド郡一九八七年：二）。幹部職の公務員、議員、鉄道業の専門家、労働組合代表による同部会（構成員は、四年前に前回の査定を行ったときと類似していた）は、一九八七年一〇月に、その報告書をストラスクライドの道路・交通委員会に提出した。

さまざまな投資選択の純費用を評価した『鉄道調査報告』（一九八七年）は、ストラスクライドに現存する二〇条に基づく鉄道事業の分析を扱った。それらの計算は、明確に社会的費用便益分析の形式に基づいて行われた。それは「スコットランド省で高速道路計画の評価において使用され、スコットランド省との間で論じられ合意されたものと全く同じ」であった（ストラスクライド郡一九八七年a：一七三）。従来は鉄道の改善の分析に組み込まれなかった追加の「利用者」と「非利用者」に対する社会的な便益の発生を説明したいというSPTEの専門家の希望を明確に反映した点で、道路計画評価基準の使用は重要であった（コール、ホルバード一九九六年）。一九六八年交通法五六条で規定した都市鉄道構想に対する中央政府の補助金に関するガイドラインが、サービス改善による運賃収入の増加のみを意識しているのに対して、SPTEによって採用された方法論は、鉄道サービスの強化に起因する乗客の移動時間短縮（利用者便益）と、改善された空気の質（非利用者便益）に関連した社会的費用や便益に関する予測を組み込んでいる。したがって、この検討作業は次のことを示した。ある既存の地方鉄道線区の閉鎖は、財政上の純益を生み出すであろうが、これはバスに切り替えた乗客にとって、道路交通事故の増加や移動時間の延長のように社会的費用において結果的に生じる増加によって、その利益はゼロどころかマイナスとなるということである。

しかしながら、「社会的」と付いているにもかかわらず、そのような分析方法は、郡の社会的戦略のように、幅広い社会政策によって構想されたアクセシビリティの「可能性」を拡大という抽象的な便益、さらに都市の機会及び公平性における結果として生じる便益を数量化することはできない（ガーバット一九八九年、アラベア一九九八年）。これは、ストラスクライドの計画査定における逆説の再現を示している。正式な郡戦略は、広域な社会的発展を基とした抱負に焦点を合わせていたのだが、『鉄道調査報告』（一九八七年）等で採用された数量的な査定方法は、そのような政策基準を十分に組み込めなかったのである。この対立を解決へ導く道程は、後述の事例研究において詳述される政策決定後の調整の中に見出すことができる。

『鉄道調査報告』の提案に関する協議は、郡の地区評議会、国会議員、欧州議会議員、関係のあるコミュニティという交通に関する利益集団により行われた。それは、自分達が「代表者として、提案の中で将来の計画に組み込むに値するものがあるかどうか」を判断するためであった（ストラスクライド郡一九八七年ａ：四）。

『鉄道調査報告』（一九八七年）の中心的な結論の一つは、二〇条に基づく鉄道ネットワークと広範囲にわたる郡の交通システムを、登場したばかりのＬＲＴ技術による可能性に特に配慮をしながら、再評価すべきであるということであった。そこで、一九八八年四月に、ストラスクライドにおける交通の発展に関する研究（ＳＴＤＳ）が、「現存する公共交通システムのさらなる開発の可能性を再検討し、新しい方針となる可能性のある案に関しての領域を調査する」ために確立された（ストラスクライドＰＴＥ一九八九年ａ：四）。研究活動は、戦略的開発部門の部長をリーダーとするSPTEの専門的職員の小規模で献身的なチームにより着手され、PTEの総裁と郡議会の道路・交通委員長に直接報告された。このプロセスの最終成果は、一九九二年に発表された公的諮問文書『ストラスクライドにおける移動』である。それは、STDSの活動によって展開された郡の未来の鉄道整備に関する数多くの競合する選択を概説するものであった。これらの提案は、第六章及び第七章で分析されるストラスクライドの政策に関する事例研究の大部分を成している。

鉄道政策に関する個人的見解

都市内の交通に関して明らかにされた経済的・社会的発展の役割の中で、郡共通の「社会戦略」的観点から得られたストラスクライドの戦略的鉄道政策の目標は、都市の政府と関連した次のような諸点を強調している。それは、ルグロン（一九九一年）とバッハン（一九九二年）の都市交通システムにおける中心的関心事である公平性と幅広い社会アクセス問題に関する議論を反映している。地方鉄道ネットワークが郡の生活と経済に価値のある役割を持っているという議会政策において表わされた公式の一般的な考え方は強く支持されているが、個々の政策統治体制メンバーから引き出されたストラスクライドにおける鉄道という交通機関の役割の広範囲にわたる個人的定義は、ストラスクライドで継承された都市鉄道ネットワークの地理的遺産として課された現実と、戦略的社会政策目標を調整するものであった。

さまざまな提言の中で、ストラスクライド道路・交通委員会委員長であったチャールズ・ゴードン議員は、都市における自動車使用の減少に対する地方鉄道ネットワークの役割を明らかにした。

私は通勤が絶対に（都市鉄道の）最も重要な機能であると考える。それは、そこに大規模な市場があり、嫌でも乗らなければならない人々がいるからである。しかし、それはまた、われわれが競争相手である他の交通手段に影響を与える立場にいる市場であり、その最も重大な競争相手は自動車である。したがって、もしわれわれが自動車から公共交通へのモーダル・シフトを達成するのに本気であるならば、鉄道ネットワークの可能性を発展させ、改良することが重要である。（チャールズ・ゴードン議員、ストラスクライド議会）

また、都市鉄道の放射状の構造によってアクセス可能となった広範囲にわたる都心の有益な施設についても同じように強調された。

グラスゴーを出たり入ったりする大きな動きは、鉄道ネットワークの第一の機能である――ただ通勤者のためだけでなく、買物客や他の人々のためでもあり、そしてそれは他の移動パターンではあまり要件を満たすことはないと思う。しかし、鉄道の持つ問題は、大量の輸送量がなければならない点で、二つの場所の間でかなりの需要がない限り、鉄道サービスを正当化できないのである。（公務員、ストラスクライドＰＴＥ）

（ＰＴＥは）列車を走らせるためにここにあるのではない。それは、ストラスクライド全体を共同体として、そして特にグラスゴーを活気のあるコミュニティとして維持するための経済的な交通を提供するためである。そしてそれは、仕事に行くための十分なアクセスを提供する必要があり、ストラスクライドでビジネスを始めようと考えている誰もがよい場所だと見なすような交通を提供する必要があることを意味する。（回答者、ストラスクライド地方自治体）

このように、継承された鉄道システムの役割は、自動車通勤から鉄道へ効果的な選択を促し、地方経済を支える方向に少し傾き、グラスゴー市中心部の活力を支えることになる。そのための投資は、輸送力を根拠とした一定の基準によって正当化されるべきであるという見方は、ストラスクライド鉄道ネットワークの地理的な遺産に対する現実的な解答であった。「社会戦略」の中で比較的数量化しにくい計画と決意は、依然として政策展開における重要な側面となっていた。

鉄道ネットワークについて検討すべき問題がある。なぜなら、バス利用者よりさらに高い割合の利用者が、A及びBの社会・経済的なカテゴリーにいるからだ。しかし、人々を自動車から降ろし、道路から離れさせ、渋滞を減らすことも戦略の一部であり、その方が排出ガスの減少等に関していえば、はるかに広い社会的便益を持つのである……われわれは、鉄道ネットワークにおいて「社会戦略」に関していえば、多くのことができなかった。というのは、既存の鉄道サービスを改善することしかできなかったからである。われわれは、実際、完全に新しい土地に新しい鉄道線路を建設することに関して、賢明に考えることができないということが分かった。なぜなら、それがもたらすであろう混乱が莫大だからだ……したがって、多くの場合、われわれの思っていたような「社会戦略」上の提供はそう多くはない。（公務員、ストラスクライドＰＴＥ）

同様に、グラスゴー市参事会は、概して公共交通ネットワークのような地方鉄道ネットワークが都市の有益な施設での社会的消費において重要な役割を果たし、その整備政策が「市民すべてが等しい基準で……都市の施設へのアクセスができることを保証する」ために努力するべきであるという考え方を補強した。しかしながら、一方で、選挙で選ばれた地方政府以外から得られた回答は、地方鉄道ネットワークに関する経済的発展の可能性にのみ集中していた。

われわれは鉄道システムを、人々が、仕事に、買い物に、そして彼らが消費したり、商業に参加するために、他の地域に行ったり来たりさせてくれる公共交通インフラの一部と見る。（回答者、グラスゴー商工会議所）

都市の将来は、郊外店舗やオフィス開発による挑戦を打ち砕くことにかかっている——多くの人々に、実際に買い物や仕事に行くことを可能にし続けることは、都市にとって重要である。（回答者、交通圧力団体）

鉄道は、実際に自動車と替わることのできる一筋の維持可能なものである。（環境・交通運動家）

現代における都市鉄道サービスの第一の機能が、自動車利用者に魅力的な選択肢を提供し、そうすることで大都市圏の自動車使用レベルを減少させるというこの見解は、ストラスクライドの鉄道事業運営会社であるスコットレールの言明においてさらに強調された。地方都市鉄道システムのさまざまな改善の可能性に関して、商業的見方を詳述している一方で、同社の社員は、大都市中心地区の鉄道サービスと、より距離が長くより高い収入が得られる輸送の可能性がある経済的に活発な郊外もしくは遠隔の通勤地区と都市中心部のビジネス商業地域とを結ぶサービスを区別した。

実際に良い収益率を達成しない事業、都市の内部の事業について……私は、幾分節約することを望んでいる。都市の内部には、開発が可能で有益性があり交通手段を変える可能性のある多くの地域があるとは思うが、人々は資金がある郊外の外延について語り始めている。（回答者、鉄道業）

同様に、鉄道ネットワーク整備のためのそのような純粋に商業的な期待と、社会的要求が最も大きい地域に向けた投資を目的とした政策の間に対立が生まれる可能性も強調された。

われわれは、ストラスクライドと仕事をして彼らの要求を満たすことにかなり満足している。しかし、われわれは、商業面においてわれわれにとって良いものとするわれわれの見解が、明らかに基本的に彼らの見解や期待と異なることを認識している。（回答者、鉄道業）

都市域における鉄道輸送の全般的な役割に対して、このように多様な認識があるにもかかわらず、その可能性を最大化することにおいて、また交通アクセスにおける社会的公平性を促進することについて、地方ネットワークが包括的に網羅することがその重要な力となるという一般的な合意があった。

弱さがたくさんあるにもかかわらず、それは明らかにロンドンを除けばわが国における最も包括的な郊外ネットワークであり、非常に広域なので良いサービスが提供でき、まだ多くの可能性を秘めている。（チャールズ・ゴードン議員、ストラスクライド議会）

われわれは、ストラスクライドにおいて、実際にロンドン以外で最も包括的な地方鉄道ネットワークを持っており、都市域としては英国で最も良い総合的鉄道輸送を行っていると思う。（公務員、ストラスクライドＰＴＥ）

その力は、それがネットワークである点にある。それは、何の思考もなく単に集められた路線の数々でなく、まさに歴史的に発展し現在ではかなり包括的になっているネットワークである。(回答者、鉄道業)

私は、新線、新駅を開くことによって、それらの地域で旅客鉄道の役割を拡張しようと試みたという点で、ストラスクライドはある意味ではうまくいったと考える。彼らは、ストラスクライドの人々のためにネットワークが少し熱心に働くように試みたと思う。そこでは、縮小よりもむしろ開発が行われ、事業を妥当な範囲で広げることを達成した。それは、英国で二番目に大きい郊外の鉄道ネットワークを形成した。(環境・交通運動家)

ストラスクライドにおける鉄道の役割に対する回答者の認識は、異なる組織メンバー間でその根底にある相違を明らかにしている。PTAとPTEの中の議員や公務員は、可能な場面では常に社会的発展面の目的と固く結びつけていた。なぜなら、彼らは鉄道の持つ長所にもかかわらず、地方鉄道ネットワークが多数の恵まれない地域の役に立たず、郡の「社会戦略」構想との間に食い違いを生じ、これが最も重要な弱点であると認識していたからである。しかしながら、地方政府の外からの他の回答者は、自動車に変わるものとしての役割を通して経済的発展に貢献する鉄道ネットワークの可能性に注目している。この相違は、すでに触れたようにストラスクライド統治体制が「象徴的」であるという特徴を裏づけるものである。ストラスクライド・ネットワークによって提供された包括的に地域内を網羅する概念が、システムをさらに発展させる際の「共通目的意識の基盤」として現れたことは、「象徴の戦略的な活用」(ストーカー、モスバーガー一九九四年)であり、それは異なる構想を持つ二派を一つにまとめるためのものであったと考えられるからである。

インタビューのデータから得られた回答者の認識に関する第二の特徴は、都市鉄道政策統治体制構造の中の各個人によって保持された権限の相対的レベルを評価することに関係する。第2章で述べたように、この研究の中心となる演繹的な仮定は、この政策ネットワークは限られた数の機関とエリート行為者から成り立っているというものであった。そして本節では、エリート・ネットワーク内の行為者の構造と階層を明らかにするために、インタビューを行った人々のさまざまな認識と経験を見ることとしたい。

一九六八年交通法によって制定された法令上の交通関係機関としてのPTEと、地方政府においてそれを管理するものとして並行して存在したPTAは、明らかに地方鉄道政策統治体制の主要なメンバーである。専門的官僚制として、ストラスクライドとマージサイドのPTEは、数名の幹部の人々によって率いられた。本節でインタビューに選ばれた人々は、総裁とそれぞれの部署の主要な管理者である。ストラスクライドの場合は、議会の道路・交通委員会がPTAの役割を果たしており複雑である。それは、委員長に加えて委員会そのものが、PTEの活動と一定の政策に対する法律上の責任を保持する組織として重要な役割を演ずるためである。

ストラスクライドでは、全体的な都市鉄道政策エリートの中における各組織や行為者のそれぞれの役割に関して、回答者の間で広範囲の合意があった。PTEに関しては、総裁自身が次のように自分の役割を表わした。

私と委員会の委員長の間には非常に密接な関係があり、郡によってただ割り当てられたというよりも、むしろ鉄道に純粋に関心を持つ非常に良い委員長に恵まれたと思っている。私達は連携して働いていると思う。（局長、ストラスクライドPTE）

政策展開における公務員と議員の共同の役割が認められていたにもかかわらず、両者の状況を良く観察していた人々は、最終の意思決定権を選挙で選ばれた議員に割り当てた。

選挙で選ばれたメンバーが政策を決めると思っている。それが実際に行われると考える。教科書で言われているようなことだから、それが起こるというのはたやすい。私は、公務員が政策を決めるとは考えない。選挙で選ばれたメンバーが政策を決めると考える。彼らは自分達でそれを決めるのである。公務員が役割を果たし始めるのは、政策に応じて戦略を練ることからである。それは相互作用の段階であると思う。議員は、戦略を提案し、それは政治過程における変更を通して進められる。これが、計画の展開がどのように機能するかのおそらく最も重要な要素である。私は、それが最終的な結果にとって非常に重要であると思う。（回答者、ストラスクライド地方自治体）

「なぜこれをしないのか」と発言することは、専門家の役割ではない。しかし、「もしこれをしたいのなら、こんなことが起こり得る」と言うのは専門家の役目である……彼らは「それを試みるならば、こういったことが起こる」と言う声であり、彼らの専門的役割はこれらの政策の効果をすべて見ようとすることである。さて確かに、公務員が個人的に良い考えだと思うことも、専門的に考えて良い考えであると思うこともあるだろう。そしてこれらは必ずしも同じではないかもしれないが、それらが直接的な影響を持っているとは言いがたい。（回答者、ストラスクライド地方自治体）

さらに、ＳＰＴＥの幹部職にある公務員と選挙で選ばれた委員会のメンバーは共同で協力して働くという一般的な認識にもかかわらず、それでもなお、委員長が政策面で支配的な地位に就いており、その結果ＰＴＡとＰＴＥの「エリート集団」においては選挙で選ばれた人々が代表しているという認識が繰り返しみられた。

ゴードン議員が、組織構造の頂点にいることは、完全に明白である。（回答者、グラスゴー商工会議所）

ここでの私の任期中、マルコム・ウォーとチャールズ・ゴードンという二人の献身的な人たちがいた。彼らは、自分達には何が必要なのか、かなり明確に分かっており、彼らが捕えたものは、そう簡単には放さなかった。道路・交通は、地方政府においては、ほかにあるいくつかの事業のように時代に取り残された部門ではない。それが相当目立つ部門であるであるという事実は、それに対してかなりの職責を持った選挙で選ばれたメンバーが配置される傾向にあることを意味する。したがって、私には彼らによる推進力があったと思える。明らかに彼らは、ＰＴＥの幹部職の公務員と親密な関係はある。（回答者、スコットランド労働組合協議会）

近年ストラスクライドで道路・交通委員会の委員長の座に就いた二人の議長が持つ明らかな資質を認識することができる。そして、彼らが非常に重要な個人的役割を演じていたことは明らかである。（回答者、スコットランド省）

優れた戦略が政治的リーダーとしての強さを見せたと考える。つい最近まで道路・交通委員会の委員長であった一個人（ウォー議員）が、常に特定の事柄を推し進めた。（回答者、鉄道業）

私がここで経験した会議の性質として、選挙で選ばれたメンバーが事態を動かす力を持つ傾向があると思う。（回

答者）

政策は、明らかに「ベテラン」政治家によって導かれている。（公務員、グラスゴー市参事会）

回答者間で一致して表わされた最終の意思決定権の存在箇所としての議長の地位に対するこのような外部の認識は、その地位に就いていた人たち自身によっても明確に受け入れられていた。さらにウォー議員は、議会における自分の地位と、英国のＰＴＡに在籍する彼の同僚である代表者の地位との基本的な相違を述べた。

もし私が決定を下すとすれば、ロンドン、ブリュッセル等どこへ行っても私が決定を下すことができる。一方、他の人達（ＰＴＡ委員長）は皆、「私は合同委員会に戻って彼らがどうするかを見なければならない」と言わなければならないだろう。（私が政策を変えることを望んだならば）私は政治的な力を利用することができる……（ＳＰＴＥ）総裁も、あなたに同じことを言うと思う。（マルコム・ウォー議員、ストラスクライド議会）

重要なことに、委員長としてのウォー議員の後継者も、政策決定システムにおける公的説明責任の中核としてその地位を保持する者の役割を強調した。

それは、かなり簡単なことである。私は常に（政策論議において）勝つ。結局のところわれわれが当局者であり、われわれが選挙で選ばれた説明責任を持つ者だからである。私の下で働く公務員は、彼らがどこかへ行き、問題を見て、一つの採るべき解決策を示す、すなわち彼らが政策を提案することを私が望まないことは、今ではかなり明確に理解している。私はほかに選択肢がないかどうか探しているのである。たとえ、のちの段階において、推薦された唯一の選択肢を私自身が選ぶとしてもそうである。（チャールズ・ゴードン議員、ストラスクライド議会）

委員長の持つ中心的な役割に関するストラスクライド回答者の間での幅広い意見の一致を反映して、政策形成において委員会メンバーの持つ相対的な役割に関する認識が同じように見られた。大部分の回答者が、委員会機能の特性に関する見解を述べることはできないと感じていたものの、意見を述べた人々は、各委員が演じた限られた役割を明確に強調した。

私が外側からみて気づくのは、議員はなされるべき多くの決定に直面し、また道路・交通委員会だけでなく他の委員会の人々とも対峙するということだ。議員は非常に多くの仕事の負担に直面する傾向があり、出された情報の一部は必然的に選択されたと思う……私は、決定を下すように要求されていた事柄について、詳細な判断を行う立場に事実上なかった多くの経験が乏しい議員がいたと言ってよいと思う。（環境・交通運動家）

政治について、もしくは鉄道が実際どのように運営されているのか、ほとんど知らずに委員の立場にある人々がしばしばいる。（回答者、公共セクター）

私はもう行くのは止めたが、以前は道路・交通委員会において、ほとんどの議員よりも出席率が良かった。明らかに、決定はそこでは行われない。どのように進められるかを見れば分かるだろう。何ページにもわたる議題があるが、彼らの大部分は単に頷くだけだ。時折、彼らは何に合意しているかさえ分からない。彼らは、単に当然のことだと考えているのである……大部分のメンバーは、彼らの目前に出された提案の選択肢に真に関心を持つ暇がなく、「これは素晴らしい考えであり、あなたがしたいと思っていることだ」と告げられているだけなのである。（回答者、交通圧力団体）

ストラスクライド地方自治体に積極的に参加している一人の回答者は、次の匿名による論評によってストラスクライド道路・交通委員会の役割を要約した。

議長が決定を下す。委員会の他のメンバーは完全に無関係である。彼らの誰もが、何が関係しているのか実際には分からない。単に言われたことをするだけだ。（回答者、匿名）

意思決定過程に近い回答者からの意見はより慎重なものであったものの、それらは一般的な意見と一致しており、法令上の委員会よりむしろ選挙で選ばれた議会の議員全体、とくに議会の与党グループの潜在的な影響力を強調した。

委員は委員長の権力の行き過ぎを抑えて、均衡を保つ役割を果たしていると思う。委員長の能力は、同僚が自分とともに行動してもらえるようなアプローチを判断することにある。だが、委員会はそれ自体では全く価値がない。なぜなら、すべてがすでに当然のごとく決定されているからだ。（公務員、ストラスクライドＰＴＥ）

誰もが容易に委員長は非常に強大な権力を持つという印象を受けると思う。なぜなら、もしそう言うとすれば、彼は明らかに報道官であるからだ。あなたが委員会に行けば、ほとんどすでに台本ができているという印象を受けると思う。書類が配られ、二言三言、話がなされる。しかし、大抵討論はほとんどない。さまざまな調整は舞台裏で進むのではないかと思う。委員長は彼の背後にメンバーを維持する限り、非常に強い発言力を持っている。議会全体の中の異なるグループにおいて、何が関心事か、なにが課題となっているかを把握し、それとぴったり歩調を合わせている限り、彼は背後のメンバーを維持し続けるだろう。（回答者、ストラスクライド地方自治体）

（郡）労働党内の討論における活気は、委員会の討論をはるかに上回っている。（回答者、ストラスクライド地方自治体）

委員会が限られた役割しか持っていないという認識は理解できる。しかし、ストラスクライドにおいて機能した政治過程の方法とは、何かを変えることを望んだり、何か間違った理解をしていたり、メンバーの間に流れる空気を誤って判断したりしたならば、舞台裏でそれを修正するというものである……もっと早い段階でそれを知る必要があっただろう。そして、通常の流れを考えれば、大きい問題については、労働党会派に行って調査をすべきであったと思われる。（チャールズ・ゴードン議員、ストラスクライド議会）

それは、ストラスクライドの利点の一つであった。なぜなら、私が一旦労働党会派に一つのことを説得すれば、私はそれを進めることができたからだ。知っている通り、すべての決定が（労働党）会派で行われた。（マルコム・ウォー議員、ストラスクライド議会）

ＰＴＡとＰＴＥ構造の外で、政策統治体制ネットワークの概念は、中央政府、その下の特殊法人から、民間セクター、交通利益集団、労働組合など他の組織の範囲にまで及んでいる。そのような一つの企画集団からの一人の回答者は、第三章において概説したような統治体制の中心で影響力を得るための潜在的なメカニズムを反映して、自分の組織の圧力戦略を詳細に述べている。

（職員）の協議の過程に加えて、われわれは、各地の商工会議所、市民やビジネスのネットワークの構築を通して、多くの慎重な圧力行使を行う。われわれの商工会議所が行う圧力行使は、さまざまなレベルにある――もしわれわれがある問題について強く意識するなら、われわれの会議または協議グループの一つにその問題を提起するであろう。われわれは、その問題について討論し、商工会議所としての施策をつくり、そしてそれが提言となり、メディアや記事発表・記者会見を通して明らかにしたり、あるいは直接われわれが影響を与える必要があると感じたり、実際に開発を担当している人々に直接手紙を書いたりするのである。（回答者、グラスゴー商工会議所）

しかしながら、一人の経験豊かな観察者は、ストラスクライド統治体制を「エリート主義」で「排他的な」（ストーカー、一九九一年）利益集団と関係するモデルの範囲内にあるとして、明確に概念化したいくつかの他の非公開とされた意見と同様の見解を語った。明らかに統治体制の中核にいる人々に対して同情的であり、公的セクター以外のグループにほとんど影響力は見られなかった。

もしそう言いたいならば、「主流派」の中に、真に影響を与える二、三のグループがあると考える。企画会社が、特定の考えを持っている人々として浮かぶ。しかし、真の圧力団体で「Xをすべきである」と言う人々は、個人の作用に明らかに大きな差異がある。（回答者、ストラスクライド地方自治体）

特筆すべきことに、政策決定構造において真の影響力を保持する企画会社のネットワークについて、地域で最も大きい公開会社であるグラスゴー開発局は、公共交通問題に関する正式な政策やそれを検討する職員はいないと回答していた。それは、社会的発展を支持するエリート集団と、より明白に経済的発展面の期待を持っている他のより多くの中核から離れた統治体制メンバーの間の「距離」を改めて強調するものである。同様に、企画会社のネットワークにおける協力者も、ストラスクライド鉄道ネットワークに関する関心を、公式にはさらに幅広い空港戦略の一環としてグラスゴー空港連絡鉄道の整備に限定しようとしていた。

われわれには都市の旅客輸送に関する全体的な戦略は全くない……われわれは、人々が仕事等のために移動する方法については、地方当局及びPTEの責務であると考えている。そういう組織でそれをする誰かがいるならば、われわれが埋め合わせをする必要はないだろう……われわれが関わる分野は、われわれの空港戦略の一環としてのグラスゴー空港への連絡鉄道である。（回答者、企画会社ネットワーク）

われわれは、グラスゴー空港推進委員会によって交通に関係しており、それを成長させて強化しうる方法を模索している。そして、アクセスは、成長における制約の一つである。したがって、われわれは、空港連絡鉄道のような交通問題にかかわっているのである……（しかし、他の構想については）われわれの地理的領域の中でなければ、われわれは正式の意見を持っていない。（回答者、企画会社ネットワーク）

批判的な交通政策「運動」グループを正式な行政構造から除外していることは、議会、SPTE、地方交通政策の

「主流派」と調和していない過激な政策を支持する人々により示された特別な対立によって強調された。

実際、政策過程は、討論、検討、意思決定という通常の経路にはなく、他の選択肢が出てくることを認めない。私は、選択肢を提示するという考え方を通して関与したが、そのシステムが実際にはそれを認めないので、常に勝ち目のないものとなっていた。（環境・交通運動家）

公共交通に関してあまりにも多くの圧力団体が、達成に際してそれが現実的であるというより、むしろわれわれが持っているべきであると彼らが考えるものを提案してくるように思う……われわれは、身の丈に合ったことをしなければならない。（公務員、ストラスクライドＰＴＥ）

同様に、鉄道労働組合は、統治体制の社会政策に関する期待を支持すると思われた「企画」集団の地位を占めていたが、『鉄道調査報告』（一九八三年）投資プログラムの一部である「ストラスクライド人員配置に関する合意」にしたがった政策決定に、ほとんど影響を及ぼしていなかったと考えられる。

私は、一九八三年に組合を見に行った。そして、私は損失をカットするために、投資する予定であると告げた。私は、彼らの協力を必要とした……私は、「ストラスクライド人員配置に関する合意」を望んだ。それは、列車乗務員は、運転士以外に乗車券をチェックするために一、二名、あるいは三名のスタッフで可能であるというもので、駅務員を何人か削減できるとした。その時、組合はこの見通しをそれほど嬉しくは思わなかったが、（近代化された）路線に従事していた鉄道従業員は、条件が良くなり、列車が時間通りに走ることで利益を得ており、その方が

自分の職も確保できることを認識したのである。(マルコム・ウォー議員、ストラスクライド議会)

われわれは、英国国鉄の経営側だけでなく、組合とも現実的に折衝し、一九八三年に公表されたサービスの再検討が出来上がった。それは、基本的に全三組織、すなわち、鉄道経営者、労働組合、議会・PTEが協力すれば、われわれはすべての人にとって有益な事を成しうるであろうと提言した。そして議会は、それを手助けするために、他の組織ができる限りのことをするのであるならば、鉄道ネットワークに多額の投資をすると約束した。したがって、われわれは、すべての面で、「ストラスクライドの人員配置に関する合意」、つまり異なる考え方に関する合意を得たのである。(公務員、ストラスクライドPTE)

スコットランド労働組合協議会は、年に約一度PTEとの会合を開く。彼らは自分達が関心を持っている問題に関してプレゼンテーションを行い、もしわれわれが取り上げたい問題があるならばそれを提起する。しかし、直接的圧力行使と圧力は、主として組合からくる。しかも、それは伝統的な労使関係のルートに制限されている。(回答者、スコットランド労働組合協議会)

最終的にスコットランド省の形をとる中央政府は、地方鉄道整備のための主要な財政の源泉となるのだが、ストラスクライド政策統治体制により、競合する投資計画に対して現実の優先順位をつける際にほとんど影響を及ぼしていないと見なされていた。実際に一人の上級スコットランド省代表は、年間の設備投資資金配分の中で、自らの都市鉄道の目的を追求する際に、中央(経済的発展)と、地方の(社会的発展)政策の間に対立の可能性があったにもかかわらず、ストラスクライドに運用上の自由を与えていたことを認めた。

中央政府の政策原則は、効率、交通サービスの供給、消費者ニーズへの敏感な反応が市場原理で提供できるということであった……これは、経済を支え、交通手段を提供する際において、交通政策の有効性に対する伝統的な方法である……（しかし）自らの地域においてどれだけ社会的次元の問題を考慮したいかを決定することに対し、中央政府はストラスクライドに任せたと言ってよい……地方当局に与えられる自由は、これらの決定を下すのに必要な情報や知識を持つ点で、はるかに良い立場にあるとの想定の上に、これが断定されなければならない。私は、広い意味において中央政府は、鉄道ネットワークが社会目的に貢献するということをはっきりと認めていると言おう……それが、鉄道ネットワークの整備に関する正当化の一部であると考える。（回答者、スコットランド省）

このような活動における自由の存在は、中央政府と地方との関係における他の観察者によって同じように認められた。それは、いくつかのイングランド特別都市議会と比べると、ストラスクライドが採った中央政府に対する消極的な姿勢の結果とも見られる。

ストラスクライドにおけるアプローチは、これは単なる公共交通だけでなく、全般的に長年にわたり政治色が異なっていたために、セントアンドルー・ハウス（スコットランド省本部）における権力間の調整という意味合いが強かった。（SPTEは）現実的で、政治は可能性の芸術であるという方法で仕事をしていたので、公共交通の面では他のどのPTEよりもたくさんの事柄を達成したと言えるだろう。（回答者、ストラスクライド地方自治体）

中央あるいは「地域外」の政治的な直接統制からストラスクライド統治体制が明白に独立していたにもかかわらず、

地方政府に課せられた設備投資における制限は、実際には象徴的統治体制のようなこれらの行動が、中央政府の財政にいかに「依存」し続けているかを強調するものであった。

今日の交通と環境における新しい設備投資は、議会において早い時期に利用可能であった予算よりも大幅に減少した額で資金が提供されなければならない。例えば、設備投資への配分は、今日では一九七五年における地方政府再編成時と比べて実質的にはわずか五〇パーセントに過ぎない。（ストラスクライド郡　一九九二年a：一九）

私がもっと行おうとしたのを止めた唯一の理由は財源の欠如であった。（マルコム・ウォー議員、ストラスクライド議会）

インタビューから明らかになったように、ストラスクライド地方鉄道政策統治体制に関して推測されるモデルは、中核となる強いエリート集団である道路・交通委員長と、総裁をリーダーとするＰＴＥの二、三人の幹部職にある専門的な公務員を中心とする非常に「象徴的な」ものである。従来の自動車を基本とした移動に代わる手段として提供される地方鉄道ネットワークではなく、都市へのアクセシビリティの拡大という「社会戦略」の社会的発展目標に一貫して適用することは、象徴的統治体制と関連した「表現的な政治」と、「イデオロギーの方向転換」を明瞭に示している（ストーカー、モスバーガー　一九九四年）。委員長が意思決定の中心にあるとして広く理解されていたこのエリート集団の周辺で、企画会社、鉄道会社、特定の地区評議会のような他の政府部門の少数の組織が、統治体制の端に位置している。地方鉄道への経済的発展面からの影響に焦点を合わせると、各組織はそれぞれ統治体制の戦略的政策論議に定期的に参加するよりもむしろ、自らの責任の及ぶ分野における特定の開発政策に対する助言または支援を行う。しかし意味深いことに、労働組合や交通圧力団体のようないくつかの他のグループは、統治体制の議論から非常に阻害されたと認識していた。重要なのは、鉄道ネットワーク整備のための主要な設備投資財源を持っているにもかかわらず、中央政府は、スコットランド省の形で政策が進捗する中でも「後部座席」に位置し、統治体制への直接的な介入を最小限にしたと広く認められた。

3　マージサイドにおける戦略的概念

戦略的鉄道政策目標

一九八六年四月に、後任のマージサイドPTA合同委員会は、マイケル・ヘーゼルタインの「マージサイド大臣」としての任命と、一九八〇年代初頭に並行した地方当局の再生戦略に遡る都市の再生を促進する政策としての地方公共交通のための政策枠組みを、廃止された特別都市議会から継承した（カーマイケル 一九九五年）。このように、マージサイドで継承された交通戦略は、地域が直面した「困難な社会、経済そして環境面での問題」の結合であると認めたのである（マージトラベル 一九八五年九月二六日）。

効果的な公共交通システムは、再生に貢献するであろう。なぜなら、それがあまり裕福でない人々にとって多様なアクセスの可能な雇用機会を広げるからだ。そして、マージサイドの企業が社員を募集しうる集積区域を拡張するであろう。（マージトラベル 一九八五年九月二六日）

経済・社会面の発展に関する目標におけるこの二元的な強調は、一九八五年の地方政府再編成プロセスの中で、イングランドの旧特別都市におけるPTAの継続を図る際に、中央政府が認めていたことであった。

社会・経済両面の検討は（双方とも）、新しいPTA合同委員会の考えの中心となる。それよりも重きを置かれるものはない……自分達の地域での社会・経済的ニーズに関心を持たなければ、彼らは効果的な仕事をすることができないだろう。（英国下院 一九八五年二月一九日：一四七二集）

このような全体的な戦略の下でマージレール・システムの将来の役割は、最初に新しい自治体と幹部職公務員・専門的職員による作業班によって作られた一九八六年初頭の「公共交通政策」の協議文書に概説された。

PTAは、（地方）鉄道ネットワークのマージサイドにとっての価値を認識しており、財源を条件としてそれを維持し改良するという現在の政策を保持することを忘れない。収入を増やす方法は、例えば新駅設置のような設備投資、あるいは、バスの運行と調整を進めることによって追求されるであろう。（マージトラベル 一九八六年五月二一日）

新PTAがその後に発表した最初の法定年次報告書である『交通計画』において、新駅設置、在来駅の改善、交通機関間の連絡設備の改善、電化計画が、マージサイドが支援する鉄道ネットワークの将来の投資における四つの優先分野として認められた。

表５－３　マージトラベル鉄道の使命に関する提言

鉄道事業
使命 ・小地域の必要を満たすために、支援を受ける鉄道サービス及び設備の経済的、効率的、かつ効果的な供給を保証すること。
目標 ・高い安全基準を満たす支援を受ける鉄道サービス及び設備を保証すること。 ・支援を受けた鉄道サービスが経済的、効率的、かつ効果的な方法において指定された輸送に関する要求を満たすことを保証すること。 ・共同で決められた目標及び財政上の目標の中で支援を受けた鉄道サービスを管理すること。 ・年配者や身体障害者の要求が、支援を受けた鉄道サービスの提供において推進され、確保されることを保証すること。 ・支援を受けた鉄道サービス利用者への良質なサービスを提供すること。 ・支援を受けた鉄道サービスが20条合意の下での条件に適合することを保証すること。 ・支援を受けた鉄道サービスが、経済的、能率的、かつ効果的に他の鉄道サービスと調整されることを保証すること。

出所：マージトラベル（1989年８月３日）。

マージレール・プログラムにおける次の段階は、提案されているいくつかの新駅の整備である。それは、過去の設備投資を活用し、他の人口集積地へ大規模なシステムの便益を広げるものである……新駅の建設が、新しい顧客を増やし、収入増加を生み出すことによって、乗客のために現存するマージレールのサービスを保護するだろうと考えられている。（マージトラベル　一九八七年）

マージトラベル最初の年次報告書である『交通計画』の発表後、その検討作業に携わった臨時の作業班は解散させられ、完全に別個の組織を再編成する方針がとられた。本質的には、地方政府再編成の後に変更された法令を考慮した統治体制の再建に伴って、戦略的鉄道政策の策定に対する責任は、ＰＴＡの政策・財源委員会に報告する新しい専門的な鉄道事業部チームへ移された。新しい組織から出された最初の本質的な戦略的政策提言は、一九八九年八月の『鉄道事業の使命に関する提言』であった（表５－３）。

ストラスクライドにおける「社会戦略」の適用による「象徴的な」目標と、マージサイドにおける都市再生の推進は表面的には似ているにもかかわらず、マージトラベルにおける使命に関する提言においてマージサイド鉄道政策統治体制を「象徴的」としてストラスクライドと同じように分類することには疑念をさしはさむものがあった。ネットワークを拡張するという「表現的な政治」を欠いていることは、ストラスクライド交通戦略に組み込まれているものとは対照的で、控えめで即座に達成できる具体的な結果を優先し、品質と効率の改善に集中するものであった。特に、新しい路線と駅の新設を通して地方鉄道ネットワークの公平性を広げるという「象徴的な」抱負が欠如していることは注目に値する。

鉄道政策に関する個人的見解

マージサイドで広く普及している「都市再生の文化」（カーマイケル 一九九五年）は、郡内でインタビューした人々のほぼ一致した意見として認められた。マージトラベルと、旧特別都市議会で公式に表明された政策と同じように、都市の再生の手段として都市鉄道の改善を推進するというテーマは、地域経済に投資することと、雇用を含む都市の機会や快適な施設へのアクセスを拡大するという二つの目的の間で調整をとりながら継続的に提唱された。

公共交通は、定義によりそれ自身が目的というよりむしろ目的への手段である。公共交通は、経済的再生や雇用機会の創造にとって必須なものであり、そしてしばしば内部の投資決定における非常に重要な要素である……鉄道ネットワークは、都心の活力に関して、また他の場所から引っ越してくる人々にとって、マージサイドにおける仕事が魅力的になるという点で特に重要である。（公務員、マージトラベル）

われわれは、リヴァプールを再生させるために、ここにおり、そして、それが究極の優先課題である……もし公共交通ネットワークが生き残り、成長しようとするならば、それは、人々のニーズに合うべきであり、その最も大きい理由のうちの一つは、仕事へのアクセスである。（公務員、マージトラベル）

マージレールが大都市圏においてきわめて重要な役割を果たしていることは疑いなく、ここ数年間行われてきたマージサイドの再生においても主要な役割を果たしている。（マーク・ダウド議員、マージトラベル）

交通はただ輸送することではない。それは、失業者を訓練先へ、労働者を仕事場へ連れて行く手段である。（回答者、マージサイド政府事務所）

議論は、リヴァプールを常に再生させている。（回答者、鉄道業）

しかしながら、この意見の一致に対して、異なる意見を表明したのが、地方鉄道会社であった。インフラ改善を目標とした「マージトラベルの明瞭で首尾一貫した戦略」を認めつつも、鉄道業の観点からみた一観察者は、スコットランドの同業者によって概説された意見を繰り返した。それは、事業的観点から見て、鉄道は都心の集積地域において、郊外や都市圏外の地区に比べるとその事業展開の可能性がほとんどないというものであった。

彼ら（マージトラベル）は、交通関係者であればしたであろうことをしなかったと思う。なぜなら、自分達ならば再生できると考えたからだ。北部線のバンクホール駅は、典型的な例である。どんな合理的な人も、何年も前にそれを閉鎖したであろう。そして、より遠くへ鉄道を建設し、離れたところからさらに速い通過列車を提供し、縮小した移動時間による便益を活用しただろう……現代では、純粋に地元のニーズよりむしろより広い地域の要求を満たすことを鉄道は得意としている。電車をバスのように動かそうとすることは、高価な趣味にすぎない。バスの方がバスのやるべき事業をうまくこなすからである。鉄道がやらなければいけないことは、A地点で列車を満員にし、できるだけ早くB地点に走り、その間どこにも止まらないことである。人々が実際に金を支払っても良いと考えているのは、そのようなサービスだからだ……ビジネスを成長させたいならば、人口の多い中心地間でできるだけ速い電車を走らせなければならない。（回答者、鉄道業）

さらに、マージサイド地方鉄道ネットワークの整備を先行することが、都市の再生を推進することに繋がるということは広く支持されていた。マージレールの従来の整備に関する一連の論評は、活動的な商業中心地としてのリヴァプールの魅力の増大に貢献した一九七〇年代の「ループ」と「リンク」のプロジェクトから得られた便益に焦点が当てられた。

マージレールの成功の基盤は、リヴァプール都心の「ループ」と「リンク」の建設にあり、（それは）さまざまな都心の活動にアクセスする。（マージトラベル 一九九三年b：四・一節）

マージレールのネットワークは、非常に良く整備されたネットワークであり、その主要な要素は地下の「ループ」と「リンク」である。そのため、例えば、路面電車システムの開発を真剣に検討してきた二つの都市、マンチェスターとシェフィールドと異なり、実際にリヴァプール市においては、地下鉄で都市の片方の側から他方へ横切るという方法があった……二〇年から三〇年前のマージサイドにおける地下鉄の整備が、他の都市や都市域においてより、現実に他の選択肢の開発を緊急に行う必要性を少なくするような鉄道ネットワークを与えたという点でわれわれは幸運だった。（公務員、マージトラベル）

マージレールとは、何か。それは、運行頻度である。それは、品質に関するものである。それは、ブランド化に関するものである。私達の小さな鉄道である……私は、そのシステムがマージサイドにおいてかなり重要な役割を成し遂げていると考える。その理由の一つには「ループ」と「リンク」開発の有効性がある。（公務員、マージトラベル）

このシステムの美は、地下の都心を網羅することにある……都心におけるアクセスは、巨大な資産である。（回答者、鉄道業）

鉄道システムは現実として土地に固定している。そのシステムを取り上げて、簡単にそれを移動させることはできない。もちろん、「ループ」と「リンク」という際立った例を持つマージサイドの場合においてもそういえる。したがって、彼ら（マージトラベル）は、それがどこにあるか、そして何ができるかを見出したという限りでは現実的であった。しかし、確かに、システムへの投資は、特に一九七〇年代には……実際に、真の都心への配分機能を持つものを創造した。（回答者、鉄道業）

そのネットワークに関する限り、われわれはリヴァプールに良いヘヴィ・レール・システムを持つという面で幸運である。それは本当に素晴らしいシステムである。私は、他の多くの当局者がこの基礎となる鉄道ネットワークを

持っていることを事実とてもうらやましく感じていると思う。（公務員、リヴァプール市議会）

しかしながら、マージレール「製品」は、「ループ」と「リンク」を経由してリヴァプール都心部に行く電車サービスに限られているという認識が持たれており、シティ線における孤立したディーゼル列車によるサービスの質と、都心部へのアクセスのレベルにある重大な差が強調された。

そのネットワークは、マージサイドの「メトロ（地下鉄）」システムとして、その顧客およびPTEによって捉えられることが多い。その大部分を占めるマージレール電車は、他の運営会社が入り込まない独立した路線である……したがって、彼らはそれを自分達のシステムとしている。しかしながら、システムの第三の翼、セントヘレンズから来る非電化線は、マージレール電車の一部ではなく、それは電化されたシステムと同一ではない。（回答者、鉄道業）

第三軌条の直流電化システムの鉄道であるマージレール電車と、非電化線の間には興味深い差異がある。マージレール電車システムは根本的に独立しており、マージトラベルと一定のマージサイド居住者自身によって、基本的に自分達の財産として認識されている。それは、特に一九七〇年代にかなりの額の投資が同システムに対して行われたためであると認識されている。他方でシティ線は、常に貧しい仲間であり、もちろん、第三軌条（電化）、新しい電車、トンネルなどすべての新しいことと関連した魅力を持っていなかった。（回答者、鉄道業）

シティ線に関する限り、それは多くの面で貧しい比較対照になる。というのは、システムの他区間は電化されているからだ……われわれは東に行くシティ線区間には投資してきたが、それによってノウスリーやセントヘレンズの自治区、リヴァプールの東方に、ウィローやセフトンの自治区に走る電車のような効果的なサービスを提供できていない。（公務員、マージトラベル）

したがって、マージレール・ネットワークの最大の長所は、ストラスクライドと同様に、地域全般にわたる地理的範囲ではなく、特定の路線で提供された「サービスの規則正しさ、頻度、速度、および直行運転の多さ」にあると再認識された（マージトラベル 一九九三年b：四・三節）。

（マージレール電車）は、急行運転にしては多くの地下部分を持たない。だが、それは古い鉄道なので、多数の（住宅）地区にアクセスしていない。（回答者、鉄道業）

政策過程の概念

驚くべきことに、郡における鉄道政策立案に関して詳しく聞いた際に、マージサイドでインタビューを行った人々からから得た回答は、ストラスクライドで明らかにされたものと著しく対照的であった。最初に、PTEの幹部職専門公務員と、選挙で選ばれたPTA所属議員の間の関係について異なった認識があった。小さい「エリート集団」の存在がここでも広く認められたにもかかわらず、その回答はストラスクライドにおける地位とは逆に、マージトラベルの上層部にいる総裁や他の幹部職にある役員に権限があると一致して表明した。彼らは、マージサイドPTA合同委員会の選挙で選ばれた委員長より、全体の政策立案構造の中で、事実上より多くの影響力を持つと広く認識されていた。

明らかに何人かの議員は活動的であり、いろいろな提案していると見られることを望んでいる。しかし、私は、現実には行動力と計画策定の大部分は、幹部職の公務員にゆだねられており、選挙で選ばれた委員はそれでよいと思えば判で押したように賛成するという印象を持つ……公務員は専門的人々であり、彼らの一部は公共交通に大変関心があり、担当の立場にいることを望んでいると思う。鉄道事業部のチームは、非常に献身的である。したがって、課題は実際には公務員によって解決されていると考える。（回答者、交通圧力団体）

総裁をはじめとする幹部職にある公務員が物事を進め、その進行速度を決めていた。（公務員、ウィロー特権都市議会）

彼（マーク・ダウド議員、ＰＴＡ委員長）は、マージトラベルの総裁と非常に密接に仕事をしていると思う。（しかし）それらの関係がどのように機能するのか、私は必ずしもよく分からないが、マージトラベルに在籍する公務員の方が大きな影響力を持っており、彼らが政治家を道連れにすることができると思う。（公務員、マージサイド地方自治体）

私が最初にマージトラベルの総裁に紹介された時、私は彼が非常に優秀で当局者の間の評判も良いと聞いた。つまり、彼が政策の一番の源であると言えるだろう。（回答者、マージサイド政府事務局）

私は、公務員によって導かれる組織としてマージトラベルを見ている。（公務員、リヴァプール市議会）

マージトラベルは、政治家をうまく制御する状態を一貫して保っている。政治家は、ＰＴＥから周到に準備された書類を渡され、そして総裁は常に、その提案に関係するリーダーあるいは委員長を自分の権力下に確実に置いていた。したがって、マージサイドにおいてはっきりと政治的な驚異が生じるのは、ごくごくまれであった。（回答者、鉄道業）

慎重な言葉で言い表わされたものの、政策の進捗と実施におけるマージトラベルの幹部職公務員の強さは組織内に在籍する回答者達によって同じように確認された。

ＰＴＡの委員長とＰＴＥの最高業務執行者または総裁は、ここでの私の役割である政策を立案するために、特に強い立場を与えてくれる唯一のものである……ここで、政策主導権は一般に公務員が持つというのは正しい。それが私の仕事なのである。新しい政策立案を追求することについても、選挙で選ばれたメンバーが一貫して支持してくれたわれわれの戦略を進めようとすることについても、マージトラベル内の公務員と議員の関係が堅実で生産的なものであることを私は喜んでいる。（総裁、マージトラベル）

彼ら（マージトラベルの公務員）は、聡明である。彼らは私のところへ来てこう言うであろう。「われわれはこれとこれができると考えている。これを進めても良いだろうか。」もしわれわれがそれを好まないならば、われわれは、「ノー」と言い、そして皆で考え直す。しかし、単に常識で判断できるものもある。（マーク・ダウド議員、マージトラベル）

PTAとPTEの組織間の関係について、ストラスクライドと類似していたのは、マージトラベル委員会構成員の影響力について、その役割が非常に限られていると多くの人が回答したことである。しかし、大半の見解は、ストラスクライドに比べて否定的ではなかった。おそらくその理由は、一領域全体を掌握している与党の存在しない合同委員会であったために、政治家が舞台裏で政策論議を行う場がないからである。

マージトラベルは、五つの異なる自治体から来る議員によって統制され、彼らは各々自分の課題を持っている。メンバーが混合体であるために、同じレベルの関心がないという印象をえると思う。それは、組織がマージサイド全域をカバーしているからだろう。(公務員、リヴァプール市議会)

メンバーが非常に組織的な役割を持っているとは思わない。しかし、特定の苦情と不平を持ち出すことができるという点で民主主義的な役割がある。しかし、組織には行き過ぎを抑えて均衡を保つということがない。委員会が些細なことについて、つまり、他のどんなことよりもむしろこの間の火曜日に二、三時間の間列車がなかった時のことについて、さらに興奮した状態になる傾向がある。(公務員、マージサイド地方自治体)

われわれは一種の精査の役割を果たしていると思う。地元の人なら分かることがあって、われわれ(メンバー)は、「これはどうだろう。あれはどうだろう」と言うことができる。(マーク・ダウド議員、マージトラベル)

選挙で選出された議員が補助的で「臨時の検査官」の役割を演じ、政策立案における優位性がマージトラベルの専門的な公務員に帰することは、マージサイド地方鉄道政策統治体制の性格と権力配分がストラスクライドとは大幅に異なることを示唆している（第3章2節を参照）。統治体制理論そのものは、専門家の優位性が、過去に成功した行政上の技術の応用を通して得られる組織的な力、専門的資源（主に情報）や専門家の知識、個人的な評判の積極的な動員による支配力に由来することを示している。

文書類と次に示すインタビューから、二つの過程が明らかとなる。その過程を通して専門的公務員はマージサイド統治体制の政策過程において支配的となった。第一は、郡の自治機関を分裂させたことと直接関係があり、ストラスクライドよりさらに詳細で包括的な統治体制ネットワークの構成に関係している。インタビューを行った人々の多くは、PTE以外にいくつかの半官半民の組織が存在し、都市鉄道整備に投資する可能性をそれぞれが持っていて、言葉による伝達や情報交換を一層複雑にしていたと主張した。それは、組織相互のパートナーシップで概念化されうる。マージトラベルの総裁は、方針策定に密接に関連したいくつかのパートナー組織を明らかにした。

鉄道ネットワークに関する方針は、二つの過程の生産物であると考えられる。第一は、われわれのパートナーとの討論である。われわれは、非常にパートナーシップ志向の強い組織である。したがって、われわれは、長い議論をするであろう。それは、鉄道面でのパートナー、すなわち列車運行事業者とレールトラックだけでなく、マージサイド郡そのものにおけるわれわれのパートナー、関係する地方当局、政府事務局（マージサイド）、マージサイド開発公社、地方商工会議所、その他何らかの役割を持つすべての団体と行うものである。（公務員、マージトラベル）

逆説的に言えば、広い範囲のマージサイドにおける地方政府の中に組み込まれた法定の組織は、明確に中央政府の細分権化政策の結果であるが、これらの組織の活動を再統合するための方針とパートナーシップという枠組みによる今日の地方鉄道政策統治体制の形成もまた中央政府による介入に遡ることができる。特に、中間的な組織であるマージサイド・タスクフォースとその後継者となったマージサイド政府事務局は、地理的には地方レベルの機関と定義されるが、中央政府の腕としての役目を持っておりいわば触媒と見なされる。その周囲において、郡による都市の再生促進という目標に基づいた新しいパートナーシップによる統治体制が組み立てられた。

一九九〇年にマージサイド・タスクフォースは、交通が都市再生を助けるために貢献できる分野を見出すために作業グループを設置した。マージトラベル、近隣の地方官庁、マージサイド開発公社、民間セクター、郡内の五つの地区評議会による交通戦略作業グループが結成された。

マージトラベルは、作業グループにおける積極的な参加者であった。作業グループは、今年初頭に戦略的調査結果が交通研究によって出されることが必要であるとの結論を付した。それは、都市再生の目標に密接に結び付けられ、選任された議員への助言と、種々の交通や開発の選択における経済的、社会的、環境上の影響に対して関連機関への助言ができるものとされた。

技術及び計画を担当する地区主任公務員は、その後にこの提案を検討するために集まった……彼らは「マージサイドの戦略的交通と整備問題に焦点を当て、地域全体のための一致した政治的考察と意見の深度化を図り、助言することのできる組織の明白な必要性」があることを報告書で認めた。(マージトラベル 一九九一年五月一六日)

このように地区主任公務員と認定された人に関して記されたことは、パートナーシップ・ネットワークが、当初は統制された構成であったにもかかわらず、地方当局が首尾一貫した郡域の交通戦略を確立する可能性がこの構造にあることをすぐに認識した。

それはやむを得ない妥協であった。なぜなら、運輸省が最初にこう言ったからである。「われわれは、ウエストミッドランド郡においてパッケージ・アプローチと呼ばれている新しい方針を打ち出した。われわれは、他の地域にもそれを試してもらいたい」と言い、次に同省はさらに強く、特別都市の当局者が集まるであろうと推測していたと言った。

それが発展していくにつれ、協力できる方法が分かり、その中で戦略に関する決定を行った。したがって、われわれすべてが同じ交通戦略（計画や再生の戦略と連動したもの）を支持した。皆、マージサイド全体を基盤として行うことについて合意した。（公務員、ウィロー自治区議会）

重要なのは、都市再生を推進するという概念を軸とした中央政府によるマージサイド地方鉄道政策統治体制の再統合は、明らかに「象徴的」というよりむしろ「インストルメンタル」統治体制に関連した政治的なパートナーシップの型を浮き彫りにしている。

（統治体制メンバーの間に）共有の目標は存在する。しかし、パートナーシップは、引き受けるというよりむしろ、活発に創造されなければならない。新しい組織、議論、補助金、支援は、開発協力者間の協力と妥協を確保するために提供されなければならない。（ストーカー、モスバーガー一九九四年：二〇六）

マージトラベルの専門的な公務員と郡の地方当局者の間で行われたこれらの「新しい議論」の成果が、郡の戦略的交通計画である『マージサイドの交通に関する総合的研究』にまとめられた。マージトラベル、郡の五地区評議会、マージサイド開発公社に共同で委任された『マージサイドの交通に関する総合的研究』の全体的な目的は、政策的要求の革新と、都市圏における自治の細分化されたシステムに対するマージサイド開発公社のような特殊法人の影響を反映した「都市の再生」を明らかにすることであった。

都市開発会社は、都市再生のアプローチに関して、差別化された計画策定と資産の増加において、市場を誇張して捉えている保守党政権のイデオロギー的、政治的価値を象徴している。（イムリー、トーマス 一九九三年：vii）

したがって、経済的発展の機会と、一九八六年度の新しいPTAの当初の立場に関する提言において概説された社会的な発展を目指す「表現的な政治」の間の「象徴的な」バランスよりも、『マージサイドの交通に関する総合的研究』は、郡の物理的な経済的再生と開発におけるマージレールの役割を強調した。それは、中央政府が優先する政策と、「インストルメンタル」統治体制の具体的結果である「計画の実現」という目標を強く意識していた。

『マージサイドの交通に関する総合的研究』は、マージサイドのために統合された交通戦略を準備しようとしている。それは、経済成長と都市再生を達成することを手助けし、個々の提案を評価し査定するための政策枠組みを提供し、マージサイド当局が交通への投資のための融資を外部から得やすくするための根拠となるものである。（マージトラベル 一九九三年一〇月二一日）

資金を得るための申請は、マージサイドで認可され統合された交通戦略（『マージサイドの交通に関する総合的研究』）に基づく必要がある。

マージサイドの戦略的（公共）交通政策は次のとおりである。

政策一　経済的発展と都市再生の機会を支援するために必須である交通ネットワークの一層の改善を目標にすること。

政策二　自動車使用の増加傾向を食い止め、自家用車からのモーダル・シフトを確保する手段として、公共交通及び自動車以外の交通手段の相対的な魅力を増加させること。（マージサイド政府事務局 一九九六年：一）

マージサイドの鉄道政策ネットワークにおける新しいパートナーシップの構築に対する中央政府による動機づけは、鉄道インフラ計画のための資金提供の仕組みにおける変化に見られる。郡全体にわたる共同の交通戦略の原理が確立されたため、いわゆる「パッケージ・アプローチ」と呼ばれる方式が用いられた。これは、五地区評議会地域それぞれで実施するもので、交通計画の策定までを含んだ一つの設備投資資金入札を行うという方式であり、明らかに論理的進歩が見られた。

大部分のことにおいて、パートナーシップがすべてであると思う。そして、交通に充てられる資金が減るにしたがい、当局者は、この減少する財源を有効に活用するために、協力と統合を最大限にする必要があるときわめて合理的に考えたと思う……したがって、マージサイドは先駆的な地域の一つであったと思う。というのは、『マージサイドの交通に関する総合的研究』は、単により多くの資金を要求するよりも、戦略的アプローチを行い、現存する財源を最大限利用することの優れた例であるとして大臣より推奨されたのである。それで、地方官庁が必要だと認識し始めた協力と、政府が望んだ協力の共同作用により、現存する資源をより効果的に使う方法を見出そうとした。

また、その作用によって、さらに金額に見合う良い価値を得る方法を見出そうとする両者の歩み寄りがあった。(回答者、マージサイド政府事務所)

パッケージ・アプローチを採用したイングランドのPTAのために、政府が資金配分の増加を申し出たことが、決定的に特別の誘因となった。それは、マージサイド政策ネットワークのインストルメンタルな統治体制を完成させるものであった。

細分化された不確実な世界における特別の誘因は、共通目的意識を確立するための力強い仕組みを提供するだろう。(ストーカー、モスバーガー一九九四年：二〇四)

マージサイドパッケージは、この二年間にわたりとてもうまくいっている。それは、国内で最高の(一人当たりのPTAパッケージ)割当であったと思う。地元に地域のための交通設備投資プロジェクトをもたらす点に関してとてもよく機能している。(回答者、マージサイド政府事務局)

マージサイドの政策進展におけるインストルメンタル統治体制の相互作用と計画ごとに行われた中央政府への融資申請、双方の組み合わさった構造の重要性は、政府の採用した査定方法の結果にあると考えられる。議会がその単一の比較的大きい資金配分において本質的に自由に活動できたため、自らの象徴的目的にしたがってクロスレール(約八〇〇〇万ポンド)、グラスゴー空港連絡線(三〇〇〇万ポンドより多額)のような大規模な構想を自力で推進できたストラスクライドとは対照的に、設備投資コストが二〇〇万ポンドを超える査定において、国と政府事務局レベル両方の中央政府による積極的な役割が強調された。

パッケージ入札のためのガイドである『マージサイドの交通に関する総合的研究』は、（マージサイド）政府事務所、すなわち当時のマージサイド・タスクフォースの支援を受けてできたものである。その時以来、この組織は、パッケージの開発において非常に積極的な役割を果たした。われわれは、パッケージの準備の間、運輸省と定期的に会議を行っており、実際、ロンドンから運輸省がさまざまな段階でパッケージに関して話し合いに来ることがあった。そうすることで、そのプレゼンテーションの仕方、提起されている問題点について、われわれは彼らが必要とするものを提出していることがはっきりするのである。われわれは最終的に、ガイドラインにしたがっていないからといって、彼らがごみ箱に捨てるような書類を作りたくはないのである。（公務員、リヴァプール市議会）

われわれが実際に主に見るものはパッケージである。われわれが探しているのは、五つの地区評議会とマージトラベル、ＰＴＡの間での統合されたアプローチ、協力、パートナーシップであるからだ。したがって、われわれは、運輸省当局に話をし、申請書類を宣伝ためにロンドンに行く。それは、一連の二者協議と呼ばれる。なぜなら、郡事務所における大部分の仕事のようにわれわれが両方に顔を向けているからだ。一面は、地方官庁とＰＴＡであり、他面は、ロンドンにおけるわれわれの政策面での同僚である。そして、われわれは、一組の人々を他方に説明しなければならない時がある。この場合、われわれは、地方当局やＰＴＡに、可能な限り最も良いパッケージを出し、政府の目的にしたがってすべてのテーマ、パートナーシップ、企業等に光を当て、さらに本物のパートナーシップを示すよう仕向けなければならない。（回答者、マージサイド政府事務局）

したがって、パッケージシステムの下で最大限の資金を獲得するために、マージサイド統治体制は、中央政府の経済発展における中核的な優先目標であるモーダル・シフトの達成と調和した鉄道整備政策を提出する必要に迫られた。

自動車への依存を減少させるために（そして）高品質の他の選択肢を推進するために、戦略が必要とされる……パッケージ・アプローチは、本省の地方交通政策部門の基石であり、乗用車に代わるもののための主たる財源であり続ける……パッケージ融資のための地方当局の入札を考慮する際に、大臣は自動車使用に影響を与える確固たる計画の策定と履行に明確な根拠を求めるであろう。（運輸省 一九九六年ａ：二一）

とりわけ、そのような基準にしたがった中央政府によるパッケージの精査は、「五六条」に限定された費用便益査定による適用をストラスクライドの場合よりはるかに小規模な計画へも適用した。

二〇〇万ポンド以上の計画は……十分な経済的査定を必要とする。（運輸省 一九九六年ｂ：三〇）

われわれは、純現在価値を追求している。大規模構想（コストが二〇〇万ポンド以上）において、純現在価値に関してわれわれが行う計算がある。明らかに、もし何かが負の純現在価値を持っていたら、それに対して大きな疑問が生じるであろう。しかしパッケージ全体に関しても、われわれは同様のガイドラインを（中央政府から）与えられ、地方官庁は、何が優先かについての指導を受ける。（回答者、マージサイド政府事務局）

このような数量的な査定技術の厳しい適用は、混雑緩和、モーダル・シフトという経済的発展面の効果を優先し、利用者と利用者以外の人々の社会的便益を除外するものだが、マージサイド鉄道政策統治体制における権力配分に対しても深い衝撃を与えた。最初に、そのような評価がほとんどすべてにおいて必要条件であると中央政府によって要求され、ストラスクライドにおいて明白であった戦略的政策目標のより「不明確な」あるいは質的な適用とは対照的であったために、幹部職公務員が保持してきた専門的知識と査定技術にますます焦点が当てられることとなった。

結局、われわれは皆何の為にここにいるかというと、これは私が信ずる非常に正直な考えであり人々はそれを聞いたら驚くかもしれないが、金銭的に積み上がらないのであれば、もしくは、それが正しいことのように思えないのならば、鉄道整備をしても無駄であるということである。したがって、私は、次のことを言うのを本当に嬉しく思う。「いいえ。それはやらないことにした。私の郡内のことだが、収入につながらない。財政的に実現不可能なのだ」。（公務員、マージトラベル）

同様に、専門的公務員の権限はさらに強化された。競合する計画の査定のための政府ガイドラインが、質的、政治的、もしくは「象徴的な」目的を犠牲にして、彼らの信念を強調したばかりでなく、非常に技術的で複雑な過程に対する信頼を一層深めることによって、査定技術の実際の運営を任された専門的公務員の統治体制における相対的な影響力が拡大した。

すでに運輸省により五六条補助金（手順）に関する過程が出来上がっていた。その過程はパッケージ・アプローチを導入したから変わったのではなかった。それらの申請は今でも精査され、事実少し強化される必要がある。その過程は、パートナーが実際にその構想が金額に見合う価値を十分に持っているということを、残りのパートナーに説得しなければならないということである。実際、われわれは七月中旬に会議を開く。その際、各パートナーとわれわれは、初めに選抜候補リストを持って話し始める。その後、それは削られ、それから、われわれは決定を下す。「さて、そのプロジェクトはパッケージに入れられるべきである。そして一番優先されるべきである。」われわれは全員テーブルの周りに座り、そのプロジェクトの支援者は、残りの同僚にそれが進める価値のあるものだと説得しなければならないという会議の方式を採っている……これらは、公務員レベルで、われわれがすべてのパートナーを参加させ続けるためにやらねばならないことである。

それ（設備投資案）は、個人的及び地域的目的によるものではない。また、「われわれは、それが自治区にとって良いので、これを持とうと思う」のでなく、われわれは理由や方法を示さなければならない。それは、金額に見合う価値という点において他を圧倒しなければならない。さもなければ、失敗するかもしれないということで、公務員はそれを進めることを許さないであろうからだ。この点では今のところ、どんな地区（議会）にも、公務員が言ったことに賛成しないメンバーはいない。ある地区が次のように言う状況もあるであろう。「私は、自治区の技術者が何を言っても気にしない。われわれは、このプロジェクトを必要とするのだ」。そしてそれによって、パッケージは終わりとなり、この過程も終わりとなるであろう。しかし、われわれは、そこには至っていない。（公務員、ウィロー自治区議会）

さらに、明らかにされている「金額に見合う価値」の概念は、確認し得る経済的利益と、地方官庁の間の相反する投資要求の調停に焦点を当てるだけでなく、マージサイド郡を管轄している種々の半官半民の組織による共同の優先支出案への影響力をも考慮している。ストラスクライド議会がその領域における地方鉄道ネットワーク開発のための設備投資資金を圧倒的に支配していたのに反して、マージサイド開発公社、オブジェクティブ1事務局（マージサイド政府事務局の下部組織）、シティー・チャレンジ補助金を持つ特定の地区評議会を含むマージサイド全体にわたる一連の組織が、この目的のために重要な資金を分担していた。したがって、郡の細分化された地方自治構造を映し出しているいくつかのより小さな融資「小包」から、マージサイド鉄道投資のための全体的な資金配分を分離することは、ストラスクライドと比較した場合のマージサイド鉄道政策統治体制のさらに入り組んだ本質を説明するうえで決定的な追加要因を形づくっている。

何人かの回答者は、設備投資への同意に際して、この細分化された配分状況が政策策定に深い影響を与えていたことを明らかにした。

どのようなプロジェクトも、巻きこまれるすべてのパートナーに関して全面的に歓迎できるプロジェクトである必要がある……われわれは明らかに、単に（中央）政府からの自分達への簡単な信用承認よりも、他の分野で資金を得る機会を考慮する。例として、われわれはオブジェクティブ１資金をはじめとして、欧州連合からも着実な資金の流れを手に入れているだけでなく、その割り当てが特に新駅設置に関してかなり寛大な開発公社がここで活動していることをあげることができる。そして、新しいパートナーも得ている。彼らは、主としてシティー・チャレンジ形式のパートナーだが、時として自らの地域において公共交通の推進を望むのである。（公務員、マージトラベル）

われわれの政策は、その一部が外部からの融資の有無によって決められている。われわれは、パートナーシップを非常に熱望している。そして、きわめて現実的になれば分かることだが、パートナーシップには財政上の便益があるのだ。（公務員、マージトラベル）

重要な構想のためには、資金を得るために可能なところはどこでも探すであろう。われわれは歩き回り、資金を執拗に求める段階に達したのである。だから、一般的に資金の有無が、基本的に何が起こるかを決めるというのは本当である。というのは、この組織は、他社からの投資なしに主要な設備投資構想の資金を供給できるとは簡単に思えないからだ。（マーク・ダウド議員、マージトラベル）

彼ら（マージトラベル）は、可能な限りどこからでも資金を得る。オブジェクティブ1、シティー・チャレンジ、その他、あらゆる種類の大きな資金がある。（回答者、交通圧力団体）

一九九五年七月に運輸省へパッケージ入札をした設備投資提案は、プログラム分野への影響（オブジェクティブ1、シティー・チャレンジ）、および他のパートナーシップ要素に配慮して優先順位が決定された。（マージトラベル一九九五年二月一〇日）

このような「パートナーシップ」主導によるネットワークが、マージサイドにおいて種々の組織を含んで発展したことは、これらの組織の潜在的な財政面での寄与が意思決定における中心的な役割を果たしていることを示しており、政策形成議論の中にはそういう組織的な力が強く現れている。さらに、投資の優先順位決定において採用された共同の構造は、競合する構想の純粋に財政的もしくは他の数量的な査定、また各種利用可能な外部の財源のさまざまな質的合格基準との調和に強く依存していた。それは評価過程にかかわる管理を負わせられた個人の役割が増していたことを意味している。このように、政策過程でのマージトラベルの幹部職公務員の組織的な力と支配による優位性は、さまざまな外部の資金提供者によって与えられる可能性に関する専門知識の必要性と明らかな繋がりを持っている。

マージトラベルの総裁は、議員よりも公務員と共通の要素を持っていると思う。それは、物事を実行する方法を追求するためにそこにおり、基本的に与えられた評価基準を受け入れ、物事を実行するのに最も現実的な方法を探そうとし、そして政治の世界の中で注意深く切り抜けるのがとてもうまいからだ。人々ができないことについて泣き言を言い始めた時、彼は言うであろう。「あなたがたは、政府からさらに二〇パーセント得ることはないだろう。さあ、まず席について、それでどう協力できるかを考えよう」。（回答者）

さらに、マージトラベルの総裁は、法律上、地方鉄道政策の整備を課された組織における専門家のトップとして、そのような議論の中心となることによって組織的な力を増加したようにみられる。

一つにはわれわれはあちこちに散らばるので、パートナーの信頼を得ているのではないかと思う。つまり、総裁は尊敬されている。彼は、人々と話して歩くのに多くの時間を費やしている。私のレベルでも、常に六週間ごとに地区の計画担当者や技術者と会い、われわれが何をしているかを説明しそして協力しようとする。したがって、それは実際、再びパートナーシップという言葉に戻るのである。冷たくどんな提案にも抵抗するような象牙の塔にいる人々のようでなければ、誰からでも協力を得ることができるだろう。（公務員、マージトラベル）

このように、マージサイドPTAにおいて、選出された議員が相対的に力を持っていなかったという認識は、地方政府の構成に直接起因している。重要なことは、利用可能な設備投資資金の細分化、インストルメンタルな政策統治体制における複雑な政府主導の数量的査定基準、「具体的な成果」、経済的発展面での目標、それに関連してより質的な「象徴的」社会的発展の要求よりも「金額に見合う価値」を優先する概念の優位性が、選出された議員、すなわち、「都市再生」の社会的な発展に熱心な人々の役割を制限する要因となったと認められる。

私はもうリヴァプールに一一年住んでいるが、私が会った議員は、彼らが代表となっている人々のために役立とうとして純粋に関心を持っている人々である。しかし、彼らが行使できる権限は減少し、議員の質も低下してしまった。なぜなら、真面目な人であれば誰も権力なしには責任を持とうとしないからだ。彼らは今そうなのだ。それゆえ、複雑な地方財政施策などを理解する議員の能力はますます低下し、彼らにはますます理解できなくなり、公務員が支配するようになるのである。（回答者）

あなたは反対意見を聞くかもしれないが、彼ら（専門的公務員と選出された議員）の目的が全般的に一致しているとは思わない。公務員は、まさに「われわれは、需要に基づいてこれが正当化でき、二〇条補助金を減少させ、かつＰＴＥの支出を充足するのでこれを整備しよう」という立場に立っている。したがって、そういう点でたいへん現実的になりがちである。何人かのメンバーは、それを社会的な基盤におき、貸借対照表は原則として二番目に重視すべきであると考えている。しかし、私は彼らと一緒のグループになったとき、貸借対照表について彼らが採った決定を破棄すると言わねばならない。（回答者、鉄道業）

マージサイドにおける政策統治体制ネットワークの明白な広がりにもかかわらず、資金を提供する可能性の少ない組織が、政策展開の中で及ぼす影響力が少ないという状況は、インストルメンタル統治体制の発想と一致している。

鉄道事業者がマージトラベルの上層部と近い業務上の関係を保っていると見なされていたが、意思決定における彼らの役割は、ストラスクライドと同様に、二〇条合意の契約上の関係を映し出す単なる顧問にすぎなかった。

私は一一年以上にもわたって密接にマージレール・ネットワークに携わってきたが、（政策展開）の大部分がPTEによって成されていた。それが、一九六八年交通法の下での彼らの役割である。英国国鉄にとって二〇条は、結果的にはゼロ・サム・ゲームのようであった。PTEのための地方列車運行事業者であることの損得はなかった。したがって、主要なプロジェクトを明確にするために主導権をとるのは彼らの責務である。われわれは忠告をしたが、PTEがブログスビルに新駅が必要だとし、鉄道部門も賛成して実際に設置されたとしても、彼らの判断を後で批判するようなことはしなかった。（回答者、鉄道業）

しかしながら、一つのグループの役割における重要な違いが明らかにされた。マージサイドにおいて、ストラスクライド鉄道ネットワークで以前に専門職にあった回答者は、PTA委員長と密接な関係にある労働組合が、統治体制の中でストラスクライドよりも圧力をかけ影響を及ぼす力が強いことを認識していた。

労働組合員は、労使関係問題に参加していく傾向があり、そこからマーク・ダウドが出てくるのだと思う。今にも爆発しそうな争議があると、組合員はいかにそれを解決すべきかに関して深く関わろうとする傾向がある。人員配置に関する合意があるストラスクライドとは全く違う。（回答者、鉄道業）

こういう見解は、同じように労働組合員の要求を導く者としてのPTA委員長の役割を強調する労働組合の代表によっても表明された。

われわれの関与は、明らかにPTAによって異なる。マージトラベルに関して言えば、委員長は鉄道員である。彼は別の組合のメンバーであるが、われわれとうまくいっており、政策展開について逐一知らせてくれる。彼とわれわれは、過去においても将来においても、サービスや仕事を保護するためにできる限りのことをして共に働くであろう。（回答者、鉄道・海員組合）

しかし、労働組合が委員長を通じて統治体制の中心へ近づいたこと、マージトラベルでは駅の人員配置政策（第9章2節参照）に関して委員長の密接な関与があったにもかかわらず、その意思決定において、戦略的ネットワーク整備政策上における組合の権限行使に触れた回答者は一人もいなかった。このことは、このような意思決定における委員長の二番手としての役割を再び強調するものとなった。同様に、マージサイドにおける交通政策圧力団体からの重大な影響力も見当たらなかった。これは、郡の地方鉄道ネットワークが、スコットランド全域レベルで構成されたいくつかの圧力団体にとって重要な関心事となっていたストラスクライドと異なり、マージサイド鉄道問題をめぐって積極的に圧力を加えた強力なイングランドの全国的または北西地方の団体がなかったためである。マージサイドにおける活動的なグループはただ一つで、それは一連のインタビューに含まれたウィロー交通利用者グループであった。重要なことに、同団体の回答者は、特定の政策や整備戦略に関わる活発な運動よりも、マージトラベルが地方鉄道利用者に情報を広めることができる道具としての機能を説明した。

4　要　約

マージサイド及びストラスクライドにおける鉄道政策統治体制の特性

マージサイドおよびストラスクライドの両研究対象地域において、インタビューのために選ばれた人々と組織は、大部分において類似していたが、この章において提示したインタビューは、統治体制の類型とその中の鍵となる行為者の立場および権限における本質的な差異を明らかにしている。

グリアとホゲット（一九九五年）によって予想されたように（第3章2節を参照）、マージサイドとストラスクライドの間に見られた最大の類似点は、PTA議長と二、三人の上層部の専門的公務員で形成する統治体制の中核となる小さい「エリート集団」の存在が回答者によって確認されたことである。ストラスクライドでは、エリート集団の選挙で選ばれたメンバーも専門的なメンバーも、その社会的な発展要求が完全に「象徴的」統治体制のアプローチと一致していた郡議会の「社会戦略」による「表現的な政治」にしたがった地方鉄道ネットワークの整備構想を強く支持していた（ストーン 一九九三年）。しかし、マージサイドでは、「都市再生」の定義において緊張状態が根底にあり、それは合同委員会PTAの早期の政策提言において掲げられたような社会的な発展目的をこの戦略的政策要求の中に組み込もうとしていたPTA委員長と、郡における鉄道整備の追加融資を確保するための最も良い手段として、組織間「パートナーシップ」を通して、中央政府の経済的発展基準を遵守し、それによって具体的な結果を得ようというインストルメンタルな統治体制を管理する専門的な公務員に区分された。

同様に、エリート集団における二つの勢力は、地域間で大きく異なると認識された。ストラスクライドにおいて、観察者と自らエリート集団内の地位にあった人達は、意思決定構造の頂点には道路・交通委員長が位置するとしていた。委員長の目的に賛成してさらに広い支持を表わすための公開討論の場として郡議会与党の役割が明らかにされた。

しかし、マージサイドでは、PTE上層部の専門的な公務員が、エリート集団と統治体制全体における支配的なパートナーであることが一致して認められた。これは、そういう人々の組織力と支配力を最大限にした郡における地方自治組織の細分化に直接起因している。企画会社や地区評議会のように、数少ない鉄道に関心を持つ組織が、統治体制の端で政策進展における裏の顧問役を果たしていたストラスクライドとは異なり、マージサイド開発公社とマージサイド政府事務局の専門的当局者は、鉄道インフラ整備のための設備投資資金を調達する可能性を通じて、政策ネットワークにおけるさらに強力な地位をえた。したがって、統治体制において入手可能な「投資の可能性」を基礎とする組織力は、ストラスクライドの場合よりも、マージサイドにおいてさらに多様な組織の間に広がっていた。

同様に、マージレール整備のための設備投資資金の申請に関わる郡全体にわたるパッケージ・アプローチは、マージトラベルそのものと並んで五つの自治区議会の権限を強めた。政策の優先が、郡全体への中央政府融資の増加という特別の誘因を獲得するために、各議会の投資への合意の交渉過程を通して、パッケージ・パートナーにより合意されたために、採用された共同政策は他の選択肢よりもさらに良い「金額に見合う価値」を証明するよう要求された。これは、モーダル・シフトおよび道路混雑の減少のような数量化可能な「具体的な効果」に焦点を合わせた五六条による査定方法の経済的発展基準に基づいたパッケージ入札の中の比較的小さい設備投資構想（コストが二〇〇万ポンド未満）においても、効果的な数量的評価を重視するというマージサイド政府事務局を通じて中央政府の方針がさらに強められた。

マージサイドにおいて政策の優先順位を付ける際に用いられた高度に技術的な過程は、統治体制の効率よい管理が中央政府の公務員が優先する事項、それに関連した数量分析技術、地方議会以外からの追加融資の機会に関する知識に依存しており、匹敵するシステムの働いていないストラスクライドとは明確に対照的である。ストラスクライド統治体制の中では、鉄道投資のための所定の資金を持つ団体が郡議会以外にないことにより、エリート集団そのものに政策議論の主要な争点を戻すこととなった。郡議会にあった単一の大規模な設備投資への合意を最適と思われる鉄道投資プロジェクトに用いる自主権の度合により、ＳＰＴＥの最上層部と道路交通委員長に意思決定の権限が集中した。実際、議員と公務員の両方が「社会戦略」目的に強くこだわったので、ストラスクライドエリート集団内の専門家と議員の間において、現実の政策における志向の違いからくる対立は存在したものの、その仲裁は目標の定義そのものより、目標を達成するためにとりうる最善の政策論議に集中した。特筆すべきことは、マージサイドに見られるような専門的な資源と知識の適用からなる公務員の組織的支配力への都市政策統治体制の一般的な「偏向」（ストーカー一九九五年）にもかかわらず、ストラスクライドの回答者は、選挙で選ばれた委員長が意思決定構造の頂点にいると一貫して認めており、それは異なった力がストラスクライド統治体制では優勢であることを示している。

次の二つの章は、一九八六年から一九九六年の間のストラスクライドにおける鉄道政策の実際の発展を詳細に分析し、いかにその間に職務に就いていた二人のストラスクライドの委員長が、幾度となくＳＰＴＥ内の専門的な公務員の見解と相反し、自分達が好む特定の政策について、統治体制を通して大々的な支持を得ることができたかを例証する。特別計画を支持したさまざまな戦略的目標を持つ統治体制メンバーの提携の成立と、幅広く郡議会全体に圧力をかける圧力団体の影響が、主要な要素として現れる。続いて、マージサイドに焦点を合わせた並行する章は、多様な政府組織にわたる設備投資資金の分散が、その地域で発展した実際の政策にどのような影響を与え、意思決定過程から選挙で選ばれた議員が確実に相対的に排除されたかを明らかにする。

第6章　ストラスクライドにおける主要開発プロジェクト

1　序　論

ストラスクライドにおける新しい鉄道整備

本章は、一九八六年以降、ストラスクライド地域の三つの主要な鉄道整備政策が展開した方法を分析することによって、すでに概説されたストラスクライド鉄道政策統治体制に関して推測されるモデルを詳述しようと試みるものである。選ばれたプロジェクトは、これから建設に向かって前進しなければならないものだが、それらは研究期間に推進された最も大きい設備投資コストのかかるプロジェクトであり、この期間においてストラスクライドにおいて戦略的鉄道整備議論の焦点を形作った。統治体制メンバーの間における権力交渉の過程に焦点を当てることによって、ストラスクライドにおける地方鉄道政策過程の実際の運用を例証することが可能となる。現実の政策結果を引き起こしたメカニズムが明らかとなり、それによって、体制の組織、階層、目的のより詳細なモデルが現れ、ストラスクライド統治体制の「象徴的な」モデルがより明確となる。

三つの政策提案それぞれの展開は、いかに地方鉄道政策統治体制の中に組み込まれた組織と個々の行為者が特定の政策提案の展開に影響を与えようと試みたか、そして都市鉄道の役割に対する根底にある傾向としての持つ姿勢や、関連している現実の構想に対する人々の目標や期待が、どのように政策論議に影響を与えているかを確認する。統治体制メンバーそれぞれの成功のレベルが、彼ら自身の権力資源の使用を通じて、政策展開の方向性に影響を与えようとする点において、どれだけ達成したかということを実証することによって、なぜ特定の政策の優先性が生み出されるかを説明することが可能である。その政策ネットワークにおける構造や行為者の階層が明らかとなる。特定の政策上の目標に対するストラスクライドにおける地方都市鉄道投資の回帰的傾向は、郡の「社会戦略」の適用に集中している特定の戦略的なテーマの優勢や、前の章において強調された郡議会の道路・交通委員長の手中に権力が集中しているということを証明するために示される。

2　プロジェクトの歴史

クロスレール

ストラスクライドにおける地方鉄道ネットワークに対する郡の継続的な寄与の結果として出現した多数の鉄道改善政策のうちで、クロスレール・プロジェクトの展開は、対立の仲裁と郡の都市鉄道政策統治体制における権力の表現を最も端的に示している。クロスレール構想は、北岸と南岸にある電化された鉄道網の間に新たな連結線を新設することを通して、クライド川が障害となって生じている交通の制約を緩和するために計画された。それは一九六〇年代から旅客輸送が廃止されていたシティ・ユニオン線（第4章4節を参照）、全く新たな二つの連絡線、中心街から北

図6-1　提案されたストラスクライド・クロスレール路線のルート

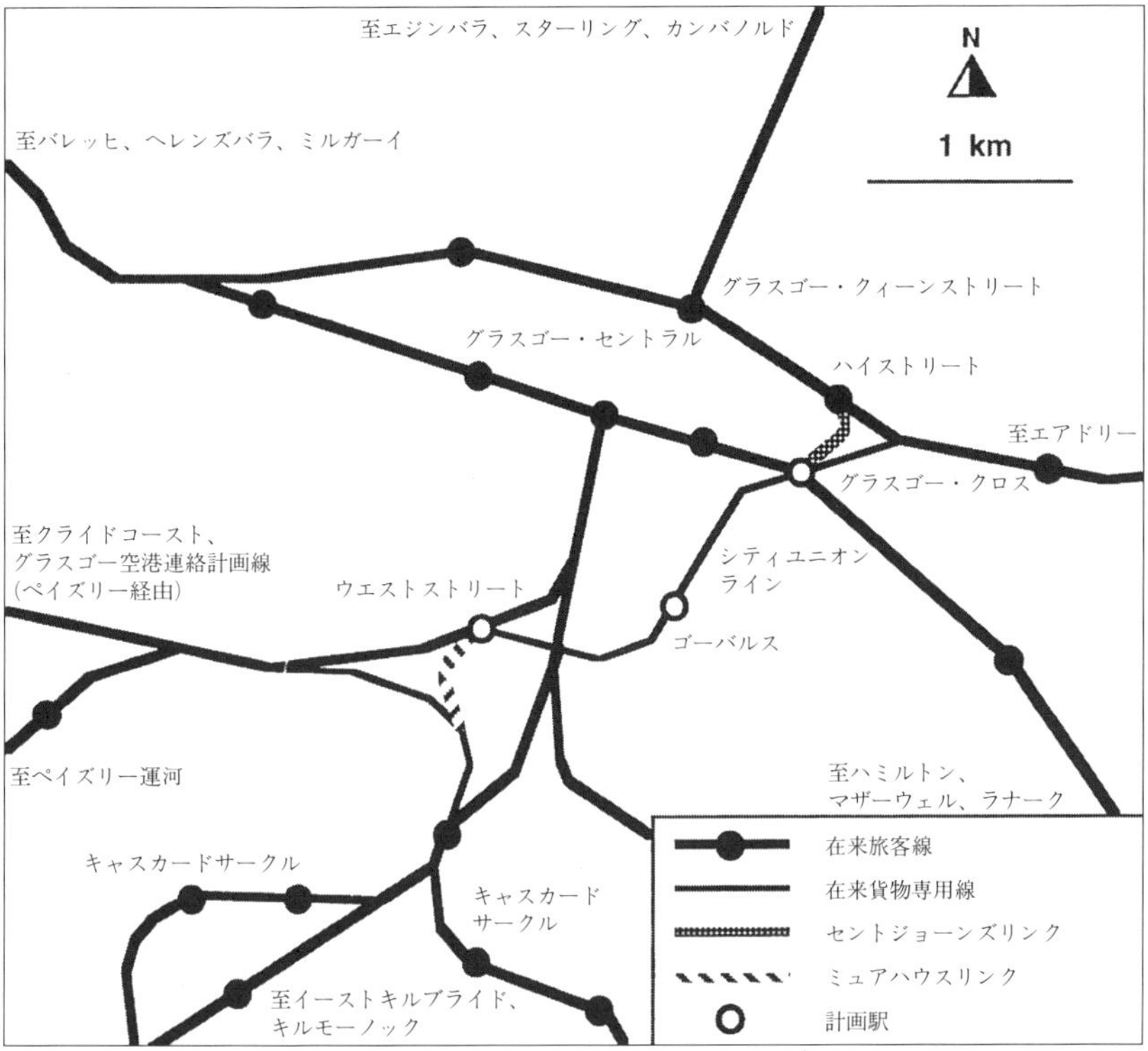

東に向かい旧カレッジ貨物・ヤードの位置に短いカーブがあるセントジョンズ・リンク、南西に向かうセントジョンズ・リンクに似たカーブであるミュアハウス・リンクなどの建設によって完成すると考えられた。そうすることによって、二つのターミナル駅に集中する現状より、むしろ鉄道のアクセシビリティは都心を横断して拡張すると思われた。新しい駅は、ウエスト・ストリート、ゴーバルズ、グラスゴー・クロス（以前のトランゲート、図6-1を参照）、ハイ・ストリートとルートに沿って構想された。クロスレールによって、南部から来る電車をクイーン・ストリートの半地下駅経由で、グラスゴー中心街の西側、パトリック、ダンバートンシャーへと運行することができる。そして、エジンバラやアバディ

ーンから、ペイズリー、エア、さらには提案されているグラスゴー空港への連絡線を含む南西の目的地へ至る長距離列車に、ラスゴー横断ルートを提供することも可能となる（次を参照）。

ストラスクライドの『一九八七年鉄道調査報告』は、クロスレールに関して郡議会に広く浸透している政策的な立場を要約しているが、その中で連絡線の潜在的な利点を認識する一方で、同構想は都心のビジネス・商業エリアへのピーク時輸送力増強に関して、潜在的な可能性がわずかしかないので正当化できないとされた。

（クロスレール）は現在の旅客にいくらかの便益を提供し、さらなる移動の機会を生み出すことは間違いないが、これらの総合的な便益は、その計画を成し遂げるために要する資本投資のコストとの兼ね合いを考えると重要とはいえないであろう。（ストラスクライド郡 一九八七年a：一二〇）

このプロジェクトが、『一九八七年鉄道調査報告』の評価に基づき提案された投資計画には含まれていなかったにもかかわらず、進行している「ストラスクライドの交通発展に関する研究」（ＳＴＤＳ）の一部として、クロスレール整備に関する一層の活動が許可された。しかし、最初の「ストラスクライドの交通発展に関する研究」の正式な諮問文書『二一世紀のための公共交通』の一九八九年一二月における発表によって、クロスレールの将来の発展に対するストラスクライドＰＴＥの抵抗がさらに強くなり始めた。

プロジェクトの設備投資コストは、列車を除いて二一〇〇万ポンドとスコットレールによって変更された。利用者数や時間節約による便益はＳＴＤＳの研究モデルを使うことで評価されてきた。そして、新しい調査がセントラル地区において実行された。その結果によると、現在利用している人々のわずか三分の一しかこの新しい連絡線から利益を得ることができないと考えられ、残りの三分の二は、仮に特定の路線がクロスレール経由へ転換したとしたら、不便になるだろうということも示唆されている。

それゆえに、この段階でこれらの路線で従来の郊外型鉄道サービスを再導入しないという『一九八七年鉄道調査報告』において支持された決定を変更する理由はないということが結論づけられた。（ストラスクライドＰＴＥ一九八九年ａ：一二）

インタビューの中で、ＳＰＴＥの公務員は、クロスレールの潜在的な価値に関する「スコットランドの交通発展に関する研究」の結論が研究チームの専門的なスタッフによって応用された数量的で社会的な費用便益分析に依存していることを述べた。その公務員は同分析に関する経験が豊富で、その専門スタッフとかなりの類似性があった。

明らかにそれが今までなかった移動の機会をつくり、それを利用し得る人々のために乗り換えを減少させるという点では、都心を行ったり来たりするよりもむしろ都心を走り抜けることに利益がある。しかしそれは、それら二つのとても望ましい効果から想像できるほど、全体的にみて利益になるというわけではない。なぜならば、クイーン・ストリート駅まで列車に乗ることによって、グラスゴー中央までの現在の移動時間に約八分加えることになるからだ。もう一点は当然のことながら、現在の鉄道によってさえ、非常に多くの人々が都心を往き来していることである。

今まで鉄道に関してやってきたことはすべて厳格な社会的費用便益分析の適用によって進めることができた。移動時間の短縮、渋滞におけるさまざまな節約といった測定可能な人々への便益は、それが利用者にとってのものであっても、利用しない人々にとってのものであっても、投資期間を通じてかかる設備投資コストに対して常に正当化

表6－1　クロスレールの社会的費用便益分析の概略

	財政面の査定（100万ポンド）	社会面の査定（100万ポンド）
設備投資コスト（1991年ベース）	7.5	7.5
セントジョンズ・リンク（ハイ・ストリート駅を含む）	7.7	7.7
トロン線の電化、駅	15.2	15.2
（グラスゴー・クロス　250万ポンド		
ゴーバルズ　60万ポンド		
ウエスト・ストリート　60万ポンド）		
ミュアハウス・リンク	7.8	7.8
合　計	23.00	23.00
年間運営費の増加	0.146	0.146
収入増加	0.387	0.387
社会的便益の年間評価額	－	0.87
資本及び社会的便益の現在価値	14.63	15.94
現在の収入	3.76	－
現在の社会的便益	－	7.45
純現在価値（財政面）	－10.88	－
純現在価値（社会面）	－	－8.49

出所：ストラスクライドPTE（1992年：27）。

されてきた……クロスレールは、その基準を満たしていない。それは、どのような社会的費用便益分析によっても正当化できない。現状においては、現在の利用者にとっては、率直に言って、利益を得る人々より不利益を受ける人々の方が多いのである。したがって、それは正当化されず、そして、「われわれ」の条件の下で次のように言わなければならなかった。「本当に、われわれは、実際これを（PTA）当局に推薦することができない」（公務員、ストラスクライドPTE）

一九九二年の『発展的研究による第二期進捗状況報告』は、クロスレール構想への専門家による消極性の基礎となっている社会的費用便益分析による計算を詳述している。特にこのプロジェクトの本質が、新しいエリアまでその集積地を拡張するより、むしろ現存する鉄道ネットワークの相互連絡関係を高めることにあったため、「社会戦略」の目標を表現する可能性が制限されていただけでなく、直接的な財政面での実行可能性も制限されていた。つまり、「この構想の財政面での成績がこれほど低い理由は、同構想から利益を得ることができる既存の乗客は、誰も追加の運賃を払いはしないと思われるからである」（SPTE 一九九二年：二六）。

一九九一年にグラスゴー市参事会に宛てられた書簡からの下記の抜粋において示されるように、SPTEから出ている社会的費用便益分析によって表わされたクロスレールのプロジェクトに関する疑問は、計画への支持をしないようスコットレールを説得するのに十分に強力であるということも証明された。

私は、もちろんスコットレールが地方鉄道ネットワークにおける一層の投資や改善を熱心に支持してくれることを確信している。そのような事業のための融資は、通常すべてがストラスクライドの郡議会及びPTEからくる。そして（そういう事業は）正当化を査定する資源及び専門技術を単独で持つSPTEによって遂行される。（クロスレール）の事例は、ストラスクライドの『一九八七年鉄道調査報告』の一部として再検討された。同報告書は、連絡線の建設が、その支持者がおそらく理解しているであろうことよりも、おそらくいくぶん複雑であることを示している……私は、SPTEによって着手された市場調査によって、現在グラスゴー中央駅を使っている利用者の大多数が、今利用している列車がクロスレール経由に転換されたらもっと不便な思いをすることを実証していることを理解する。これらの状況において、SPTEが特にこの構想を熱望していないことに私は驚かない。そしてこの問題について（さらに）議論することに、ほとんど利益を見出すことができない。（スコットレール社長一九九一年五月二一日）

実際、インタビューの中で、一九九六年において、クロスレール構想が商業価値をほとんど持っていないとの認識が依然としてあったことが明らかにされた。

われわれは、ほとんど便益を見出すことができず、より多くの不利益を見てとれる。顧客の立場に立ってさえも、利益をほとんど見てとることができない。実際、最も重大な不利益は、イースト・キルブライドのような鉄道沿線の人々にとって、グラスゴーの中心に来るのにさらに七、八分長くかかってしまうことである。（回答者、鉄道業）

しかしながら、SPTEとスコットレール双方にわたるこのような専門家のためらいに直面して、利害関係団体の提携が、クロスレール案を支援しようと現れた。鉄道整備協会（RDS）のスコットランド支部により先導された「グラスゴー・クロスレール活動団体」は、設備投資プログラムに同構想を採用するよう郡議会に活発に働きかけた。ストラスクライドの議員一四人に加えて、そのグループは、グラスゴー商工会議所、スコットランド労働組合協議会（STUC）、人々のためのグラスゴー、グラスゴー市議会の中央地区計画チームなどから公務員を含むさまざまな組織によって支持された。

この提携がその後発揮した力の鍵は、その構成の多様さにあり、そしてこれらの組織は、経済的及び社会的発展双方の見地からクロスレール連絡線が有利であると認識していた。これが可能であったのは、クロスレールが地方の鉄道ネットワークの統合改善の象徴としてその支持者によって推進されていたためで、もともと持っている経済的もしくは社会的な発展の志向と関係なく、大部分の統治体制メンバーがその重要な力として気づいていたシステムの包括的な利用範囲を強調していた。

鉄道整備協会は、現存する鉄道ネットワークの統合改善というテーマの下で、グラスゴー市全体にわたるクロスレールによる個々のアクセス機会の増加を強調した。

現在利用している旅客にとって、鉄道利用者の多数派がグラスゴー中心部に向かっているであろうことをわれわれは受け入れているのだが、（クロスレールは）中心部の中及び全体にわたって点在している活動の中心地、例えば仕事場、学校、店舗、レジャーの場所への接続性とアクセシビリティという便益を、現存している移動者と潜在的な移動者に提供する。（鉄道整備協会〔スコットランド〕一九九〇年：二）

同様の社会的な発展面での便益は、二番目の著名な鉄道改善運動家によっても認められた。彼は、郡議会の「社会戦略」を含む戦略的な目標と、経済的発展と結びつく数量化しやすい経済的な便益の間に生じる対立の可能性に注目していた。

社会的、経済的な目標の点でそれぞれの投資に関して、何が得られるかという費用便益分析のアプローチとは対照的に、大まかなアプローチを望むなら、あることは良いことだからしようと言うこともできる。そのどちらを採るかが問題なのだ。私の感覚では、クロスレールは非常に重要である。なぜならば、南から来た人々がグラスゴー中央までしか行くことができず、そして列車から出て出直さなければならないのは、都市におけるより幅広い鉄道利用にとって深刻な障害だからである……私の感覚では、クロスレールはシステム全体を開放するのに絶対に必要である。そしてうまく進めれば、全体のアクセシビリティを向上させるということに関して非常に多くのことを達成できる……ストラスクライドは、鉄道をラッシュ時において都市中心の内外へ通勤者を往き来させる手段であると見なす傾向にあった。彼らは、都市を横断する移動者に、鉄道を代替手段にさせようとしなかったのである。（環境及び交通運動家）

活動的な人々が同構想への支援を拡大しようと試みたので、グラスゴー・クロスレール活動団体に関連している組織間の幅広い議論は、提携ネットワークの形成という明瞭な形となった。ある段階においては、明らかな公的部門への働きかけが、地方新聞の紙面で起きた。

ストラスクライドの郊外鉄道は、グラスゴーにおいてきわめて重要なクロスレール連絡線が欠如している結果として、不自由なネットワーク上を未だに走っている。全く信じられことだが、一九九〇年代になっても、グラスゴーとクライドを横断して走る列車は一つもないのである。例えば、パトリックからペイズリーまで、カスカートからクライドバンクまで、またはカードノルドからコートブリッジまで同様である。仕事、教育、ショッピング、余暇のためのそのような移動はすべて、グラスゴーでの乗り換えの強制により、時間を浪費することによる不満を起こし、全く移動する意欲をなくすことを伴う……この人工的な隙間は、本来あるべき姿よりも非効率的な二つの分離された鉄道システムに残るだけである。（鉄道整備協会〔スコットランド〕『グラスゴーヘラルド』一九九一年一一月二九日）

クロスレールの支援活動をより広く宣伝する試みと並行して、個々の連絡ネットワークの形成が利益集団の間で進行した。グラスゴー市参事会の公務員は、次のように彼の関与を示した。

一九七〇年代末から一九八〇年代初頭の間を通して、鉄道整備協会がクロスレールを復活させることに励んでいたことを思い出す。私はこれに引き込まれ始め、そしてわれわれは最初に一九八六年の中央地区地方計画諮問文書を出した。そこでわれわれはクロスレールを主張した……そして幅広い人々がこの提案を支持してくれた。（公務員、グラスゴー市参事会）

続いて、これらの見解は、市参事会の中央地区計画策定チームによって正式に採用された。クロスレールによって提供されるネットワーク統合の改善は、全般的な社会的ニーズの観点と、都市のインフラを競合する都市と同じ水準にまで向上させるための幅広い「象徴的な」戦略の双方に一致していた。

クロスレールは南北の鉄道ネットワークを結び、そしてそれをすることによって明らかにレジャー、雇用、残りすべてのことに関して、人々が利用可能となる機会を増やしているのだ。われわれは、ヨーロッパのレベルで競うことができる全体的に整った都市を完成しようとしている。したがってわれわれは、クロスレールのように高品質の設備を持つ必要がある。（公務員、グラスゴー市参事会）

提案を受け入れていた地元の労働党の中でも、クロスレールの支持が働きかけられた。

われわれが必要としたものは、そのインフラに可能な変更を少し実行することを通して、郊外鉄道システムが真の都市の「ネットワーク」として統合されることである。そしてクロスレールは、多くの面で決定的なものであった。（回答者、労働党）

また、地元の党やクロスレール活動団体に参加していた下院議員のような地方政府の外のベテラン労働党政治家は、広範囲にわたる郡議会に選ばれた議員の間での同構想に対する姿勢を、より積極的にするよう他のメンバーと団結した。

中央地区計画に関する提言と並行しながら進行したのは、多くの政治家と接触することによる鉄道整備協会内での別個のそして個人の努力であった。ストラスクライド全体にわたって多くのベテラン政治家や下院議員が、文書で返答を求められた時や、さまざまな問題が説明された時に、（議会に対して）自ら署名した手書きの手紙を書き、その中でこの特別な計画に対する支持を表明した……その中にはブライアン・ウイルソンが含まれていた。彼は労働党の（国会での）交通部門報道官の一人で、彼の行動はストラスクライドにおいては非常に影響力があったと思われる。（公務員、グラスゴー市参事会）

しかしながら、重要なことに、その提携は、いくつかの地方の小売業者やその他の事業を営む事業者の関心を含めて、クロスレールに認められた社会的発展の役割を強調しながら、地方の政治的関心を超えて広がっていった。そういう企業は、SPTEが経済的な側面からの同プロジェクトの価値を懸念しているのにもかかわらず、クロスレールを彼ら自身の経済的な発展の願望に応じて、グラスゴー経済を支援するための力強い手段として認識したのである。

少なくとも鉄道利用者としての私にとって、クロスレールを通して提案された南北連絡線は、戦略的に最優先されるべきである。

鉄道整備協会は最も声高に計画の実施を求めているグループであった。この組織によって、われわれはこのことに注目するようになった。われわれはそこで諮問文書が作成されており、小売業者、特にマーチャント・シティ地域の事業者が非常に熱望していることを知っている。必ずしも人々を自動車から降ろすものではなく、人々を電車によって（店舗のある）大通りに行ってもらうためのものである。（回答者、グラスゴー商工会議所）

さまざまな目的を持ついくつかのグループによる横断的な提携と支援は、象徴的統治体制の政治の典型である。単純にいえば、地方鉄道ネットワークの統合と改善という「象徴」、それに続く一層の利用増進に対する可能性についての宣伝を通して、クロスレール支持の提携は、同構想を貧困層のために一層広範な都市アクセシビィティを拡張するという「表現的な政治」という地方政治的な関心だけでなく、同構想を都市中心部の活動を支援する経済的発展に関する地方経済の関心をも組み込むこととなった。このように、クロスレールは、象徴的な体制における提携作りの特徴である「競争の中における合意」タイプであることを実証している。

パートナー間の（戦略的）利害の一致は比較的低い。しかし、まだ共に行動し、共通の目的を達成するという要求もある。ここでは、共通の関心事に焦点を当てている課題のネットワークが関係している。しかし、そこにおいては、さまざまな利益の間における深い共有された理解は欠けている。（ストーカー、モスバーガー 一九九四年：二〇六）

同構想に対する公式な反対を何年にもわたって表明した後、ストラスクライドの一九九二年における調査文書『ストラスクライドにおける交通』は、クロスレール構想を世論の支持を得るために市民に紹介した。しかし、その時、道路・交通委員会の委員長であったマルコム・ウォー議員は、インタビューの批判的な一節の中で、『ストラスクライドにおける交通』で概説された多様な提案の中にクロスレールを含めたのは、そのすべてが圧力団体の圧力行使によるものではないと説明した。

クロスレールに関して鉄道整備協会は、私がそれについて話すまでの約四年間、私にこのことを働きかけていた。しかし、クロスレールに関する彼らの考えは、鉄道ネットワークの両サイドを接続するというものであった。私はそれでは有益とは思えなかった。両方ともに良いネットワークを持っており、私は接続を必要とは考えなかったのである。しかし、私は（グラスゴー）空港連絡線について考えた時、ストラスクライド全土から空港まで人を集めるために、その時に接続が必要だと思うようになった。

私がここで言わなければならないことは、私が数年間彼ら（SPTE公務員）に耳を貸して、そして、何年にもわたって彼らの味方をしたということだ。それは、クロスレールが必要ないと私が考えていたからである。しかし、私が空港への路線を思いついた時、クロスレールが必要となった。だから私はそのことを提案した。『ストラスクライドにおける交通』は私のアイデアであった。私は住民の反応と支援が欲しかった。なぜならば市民をつかむことは重要であり、私が人々の心をつかんだことを証明することができたら、本気で抵抗する労働党の派閥はなくなるからだ。

私にはその根拠が必要だった。PTEを説得するのは煩わしいことではなかった。もし私が労働党の会派を納得させられたら、PTEも私と共に行動し始めるからだ。それは、ストラスクライドの利点の一つであった。なぜなら、あることについて、私がいったん労働党を説得すれば、私は前進することができるからだ……それ（『ストラスクライドにおける交通』の調査作業）の結果に、私は非常に満足していた。それはあなたが物事を評価することができたからだ。私は、住民の信頼を得ており、そしてその時私は労働党に戻り、「クロスレールのために資金が欲しい」と言うことができると考えたからだ。（マルコム・ウォー議員、ストラスクライド議会）

このように、かつての議会において専門的知識に基づいてつくられた労働党地方組織のクロスレール政策を転換させ、強力な見解を構築するために、ウォー議員は象徴的統治体制と関連する別の戦略を採用することによって、彼自身の持つ組織的な力を発揮した。彼自身による協議作業を通じて、政策を世論に反映させたのである。それは、「(象徴的)統治体制に市民が参加することの必要性」(ストーカー、モスバーガー一九九四年：二〇一)が存在しているためであった。

(『ストラスクライドにおける交通』の背後にいた権力者)は、マルコム・ウォーであった。彼はそれを武器として使った。それは、(クロスレールを却下するという)PTEの計画を止め始めるために、市民という弾薬を作り出した。彼はこう言った。「私は(クロスレールに対する)計画を協議の場で提案するつもりである。夏には公の協議の場があるだろうから、われわれはそこでPTEの計画を発表し、その他の提案も発表し、住民に選択してもらう」。(回答者)

SPTEは、協議作業の結果の後では、(クロスレール)計画に反対し続けることができなくなった。(回答者)

グラスゴー空港連絡鉄道の整備に関連して、クロスレールの支持に転換したとするウォー議員の説明(下記参照)は、提携による圧力の影響は表面的には限られていたとされていたにもかかわらず、『ストラスクライドにおける交通』調査の結果を通して表現された「世論の主導」により、自らの態度を変えるのに重要な役割を果たしたと大部分の回答者によって認識された。そして、同構想に対する支持は、六三・五パーセントの賛成を記録したのである。こうして、市民の支持は、クロスレール・プロジェクトを支える提携を維持するためにきわめて重要な役割を演じた。特にウォー議員の活動は、合法的組織的地方民主主義のモデルによって定義づけられる議員活動といえる。彼は、政策統治体制の枠組みの中心へ世論を伝達する「導管」となったからである。
実際、このような働きかけがその計画の最終的な採用に重要な役割を演じたであろうことをその後の状況が示している。一九九四年春、クロスレールに対する明確な計画が郡議会の設備投資計画に組み込まれる前にチャールズ・ゴードン議員は道路・交通委員会の委員長に選ばれた。彼は議会の公式な立場を再転換するための自分の役割を次のように説明した。

（クロスレールが最終的に受け入れられる計画になったということ）は、私の活動によるものである。一九九四年に私が委員長を引き継いだ時、私は何を望むかを決めた……クロスレールに関しては、私は全国鉄道員組合時代にセントジョンズ・リンクとしてそれを知っていたが、折に触れて、全国鉄道員組合は鉄道整備協会やスコットランド公共交通協会の資料を検討し、そしてわれわれはセントジョンズ・リンクを支援した。そこで、私にはそれを復活させることに関して責任があった。（しかしながら）クロスレールについてＰＴＥ及び鉄道業界の中に、専門的見地からそれを進めることに対する躊躇の念がかなりあったというのは確かで、そしてそれはある程度理解できることであった。なぜなら、人々がクロスレールについて留意しなければならないのは、それが鉄道整備協会のようなところの人々によって疑問が出るほどにかなり単純に表現されていることである。そういう人々は、どこからでもどこまでも行くことができるという考えを主張しているが、その際に、移動区間によっては常に乗り換えなければならないのだ。もう一つは、グラスゴー中央駅へ今日では全く簡単に入って来る通勤者の多くが、クロスレールの周辺に迂回させられる予定であり、彼らがそれを不満とするかもしれないことがあげられる。専門的見地からの躊躇は、査定つまり経済分析に関してであった。ところで、私はそういう分析がそのまま公共交通に適用されるのを受け入れられない。われわれには社会面でも環境面でも当局者として果たさなければならない責任があるからだ。そして実際に、ご承知の通りより多くの責任がある。新しい雇用機会の場への交通、アクセスもある……何らかの展望と信念を少し飛躍させることが必要だと思う。人々が、完全に技術的及び経済的な査定によって出された批判の影響のみを受けていたとしたら、マンチェスター空港連絡鉄道のようなものは建設されることがなかったであろう……これらの決定は、多少の戦略的な展望を持って行わなければならない。つまるところ、政治的決定だからである。クロスレールのような大規模な構想に関する決定は、学者だけに任せるわけにはいかない。（チャールズ・ゴードン議員、ストラスクライド郡議会）

ゴードン議員の意見に見られる重要な要素は、郡の「象徴的な」社会的政策の目標と、経済的発展に関する「具体的な結果」と関連している数量化できる計画の査定方法との間にあるパラドクスに遡及していることである。選挙で選ばれた委員長とPTEの専門的職員は、互いに「社会戦略」の政策を適用するという点で同様の目標を共有してはいるが、彼らの査定方法に対するアプローチは元来持っている特質からして鮮明な違いを持っている。専門家にとって、「社会戦略」の目標をさらに十分に組み込んだ査定方法へ改良する際の鍵は、中央政府によって受け入れられ、『一九八七年鉄道調査報告』に使われた輸送需要に基づく数値を超えて、分析に含まれる多様な要素を拡大することにあった。

利用者便益と利用者以外の人々の便益の双方についての十分な効果は、政府によって考慮されていない。政府は明確に測定できることしか考慮していない。すなわち、交通渋滞や想定されている事故の減少等は考慮されているが、さらに広範な利用者以外の人々の便益、すなわち汚染、騒音、（自動車の）侵入の減少は、考慮されていないのである。（公務員、ストラスクライドPTE）

しかし、この査定基準の拡大も、二人の委員長を満足させるほど十分ではなかった。二人の委員長とも、他の提携メンバーと同様に、より幅広い側面からクロスレールの便益を認識していた。数量分析によって明らかにされた現存するターミナルから離れた所へ路線を変更するという同構想における明確で潜在的な社会不利益にもかかわらず、委員長達は、新しいルートによる都市横断鉄道サービスの提供により推測される都市全体での将来における全般的なアクセシビィティ改善の可能性が、貧困層や他の社会集団にいる人々の雇用への利便性という都市設備への「潜在的な」アクセスを高めることができると強調した。実際、このようなより「戦略的なビジョン」が投資の方向性として伝えられるべきであるというゴードン議員の主張は、別の経験豊かな観察者によって繰り返された。彼は郡議会の「社会戦略」にみられる目標に対する質的な適用に向かって、この「信念の飛躍」はクロスレールが一層の広範囲に及ぶ支援の扉を開く鍵になるとして賛同した。

専門的意見は主として費用と便益の比較に基づいてまとめられたと思う……かなり広い文脈以外で、便益を（主張することは）常に困難であった。なぜなら、グラスゴー中心部に向かうという人々の主要な動きに関して、実際にクロスレール構想からあまり多くの便益は得られないからだ。その決定が変えられたのは、おそらくある程度、さらに綿密にさまざまな便益を見てそしてこう言ったからだと思う。「まあ、もっと重大な便益もあるだろう。都市中心部の再生という点でも利益があるだろう。ネットワークの可能性を拡大するという点だけでも利益となるであろう」。しかし、これらのものはすべて、信念に基づく行動が伴なう必要がある。なぜなら、それらが実現するであろうと言うことは大変困難であり、そして、便益の中には厳密には交通と無関係のものもあり、それらは広く都市にとって利益となるものだからである。したがって、SPTEの当初の専門的意見は、その種の分析に基づいていたと思う。

（しかしながら）政治的意見はおそらく常に同構想に対して少なくとも好意的であったと思う。常に広い意味でそれが起きてほしいという政治的な願望があった。地元（グラスゴー市）の議会においても、影響力を及ぼそうとしていた他の組織においても同じであった。そして、その願望は疑いもなく成長し、ついには郡議会までもが同構想は自分達が欲しているものの一つだと言ったのである。結局、もし郡議会がその構想が推進されるのを見たいと決定すれば、PTEは前進するしか選択肢がない。（一方で）そこにいる一部の人々は、未だに経済的な部分は根本的に弱いと考えているにもかかわらずである。しかし、疑いなく、同構想をプログラムの中に組み込むのには多大な政治的圧力がかけられた。そしてその圧力は幅広く議会全体の中からと議会に働きかけた人々の中から起こったものであった。（回答者、ストラスクライド地方自治体）

確かに、クロスレールは適切な事例である。専門的観点からは、われわれが適用しているルール、つまり費用便益分析の下でそれを正当化することは困難であったが、（整備に好意的な）世論の高揚があった。費用便益分析では「社会戦略」によってわれわれが得ようとするより広い意味での再生に関する効果ではなく、単に具体的な効果のみを考慮する……人々が実際により遠くへ移動すること、土地開発を完成すること、より簡単に移動できるようにすることなどは、今ではグラスゴー再生の一部としてしか見られない。したがって、かつてわれわれが考慮していなかった将来起こり得る再生、人の移動等を起こすための刺激としての意味で重視されるようになったのである。完璧な市民の認識があり、その他のすべてが整っている……単に全体的な雰囲気なのである。（公務員、ストラスクライドPTE）

クロスレールの最終的な採択が、それを好意的に受け止める「全体的な雰囲気」によるというのは、非常に重要である。インタビューの中で、ゴードン議員は、いくつかの交通利益団体による最も目に見えた働きかけでさえも実際には逆効果であったと主張した。それは、ストラスクライド統治体制が、全般的に組織された地方の政治活動に対して「排他的な」立場をとったという第五章で概説された認識を補強するものであった。

人々は時々、われわれに会って説得するのが難しいと考えるのか、あるいは（グラスゴー）ヘラルド紙において宣誓を発して地歩を固めてからわれわれに会いに来る方が力を持って乗り込めると思うようだ。これは公共交通自体についてよりむしろ、この国における圧力団体の政治的手段の様式に関して問題点を浮かび上がらせているのかもしれない……（一方で）特に鉄道関係の圧力団体が少し独裁的になっていると私は思う。（このことは）議員が心を閉ざしていると言っているわけではない。議員は影響を受ける。第一に、礼儀正しく振る舞い、公共の場で点を稼ぐ機会として討論をとらえない圧力団体や個人から影響を受ける。これは、おそらく明白な点であろうが、もし誰かがわれわれに影響を与えようとするならば、彼らがすべき最初のことは、われわれと私的に会い、互いに見解を述べ合い、そしてわれわれが彼らのことを理解するのと同様に、われわれの立場の背後にある理由を理解しようとすることである。もし彼らがわれわれに影響を与えようとするならば、私の考えでは大声で叫ぶような戦略は避けるべきである。なぜならば、しばしばそれは逆効果になりうるからである。（チャールズ・ゴードン議員、ストラスクライド議会）

同様の意見が別の観察者によっても表明された。

一部（の圧力団体）は、善よりもはるかに多くの害を与える。なぜならば、自分達と異なる意見を受け入れることを拒絶するからである……そして、その耳障りな感じは（PTAやPTEにいる）人々に不快感を与えうると思う。（回答者、ストラスクライド地方自治体）

政策立案に携わる上層部と、公共的レベルから「排除された」特定の圧力団体との間におけるこのような対立は、この他のいくつかのコメントにおいて表明された意見にも見られる。それは、政策立案における団体の影響力は、より幅広い議会全体や他の潜在的に影響力のある人々に対する「二次的な」圧力を通して得られたものである。このようにして、メディアを通じたそういう団体の非常に目立つクロスレールの推進は、エリート集団そのものに対する直接的な影響によってではなく、支援に関する提携を一層拡大することにより、プロジェクト全体に対する支持を広げていった。

人々のためのグラスゴーや鉄道整備協会のような団体は、新聞を通して地元ではよく知られていると思う。そして、（クロスレールの推進に）参加している地元の下院議員のような人々は、圧力団体によってかなり強力に働きかけられたと私は確信している。（回答者、交通圧力団体）

圧力団体が影響力を持つ方法はさまざまであり、そして、おそらく彼らが行う最も積極的な方法は、実際に地元の（議会）のメンバーに影響を与えることである。なぜならば、結局決定を下すのは議員であり、彼らにとって、議員を説得するのが最も効果的な方法だからである。（回答者、ストラスクライド地方自治体）

したがって、一九九六年までに、より詳細な設備投資費用の予測がおよそ八〇〇〇万ポンドとされ、それはSPTEが行った好ましくない社会的費用便益分析の基礎となっていたSTDSの推測の約三倍となっていたにもかかわらず、世論によって支持されたウォー議員の組織力と、ゴードン議員自身の構想支持を反映した提携拡大の影響が結びつき、クロスレールはストラスクライド鉄道の設備投資プログラムにおける重要な要素として堅固とした地位を保証された。

ストラスクライドにおける将来の見通しを良くするために、またわれわれの環境の質を改善するという全般的な目的をもって、一九九二年にストラスクライド議会は『ストラスクライドにおける交通――地域のための統合された交通戦略』を公表した。クロスレール構想は、この中のパッケージに含まれており、それは同戦略に対する協議作業の中で市民による後押しが幅広く見られた。そのことは、早い時期から住民や広範囲な組織から支持を得たことを裏付けた。

クロスレールは、建設が完了すれば、グラスゴー北部電車とグラスゴーの南にある他の電化路線を連絡する新しい旅客鉄道路線となる。それはグラスゴー中心部にある目的地の選択の幅を広げるだろう。そして、乗り入れや乗り換えの機会をさらに数多く生み出すであろう。私は、それがストラスクライドの市民にとって大きな利益を提供するであろうと信じている。(チャールズ・ゴードン議員、ストラスクライドPTE 一九九四年)

グラスゴー空港連絡鉄道

グラスゴー空港への連絡鉄道の実現可能性は、『一九八七年鉄道調査報告』の中で、ストラスクライド議会によって初めて公表された。この時期に、設備所有者であるスコットランド空港株式会社(BAA社の一部)は、大西洋横断や他の長距離航空路線に関するスコットランドの主要な出発点としてグラスゴーが「ゲートウェイ」としての地位を獲得するよう、主要ターミナルの拡張プログラムに着手した。それゆえ、空港連絡鉄道の潜在的な便益の研究は、将来の航空旅客の大幅な増加予測、特にエジンバラ、マンチェスターという英国内の他の空港との競争の激化という背景の下で開始された。グラスゴー空港連絡鉄道と議会の「社会戦略」との調和は、主として空港での雇用機会の向上に限られており、連絡線は主にストラスクライドの経済成長を促進させるという経済的な投資を意味しており、その推進はストラスクライドにおける「象徴的な」鉄道輸送政策統治体制の概念と一致していた。なぜなら、それが表現的な政治」の最良の例を構成しているからである。「表現的な政治」とは次のものを産み出すのである。

「われわれの地域が他の地域と競い合っている」という考えは、しばしば経済的発展への地方の関心を動員するのに使われてきた。人々にとって、自分が誇りに思える都市、「先頭に立つ」、「世界クラス」で、他の地域に打ち勝っている都市に住むことは、個人にとって重要なこととなりうる。(ストーカー、モスバーガー 一九九四年：二〇四)

議会は、実現可能な限り、スコットランドを往き来する外国人旅行者がイングランド経由の必要がなく、申し分なく要求を満たされることが保証された「ゲートウェイ」としての地位を持つスコットランドの主要な空港としてグラスゴー空港の整備を支持している。

このことを基礎として、空港と鉄道を接続する利点がある。これに対する可能性は、ヒースロー、ガトウィック、バーミンガム、サウサンプトン、ティーズサイドで使用中であり、スタンステッド、マンチェスター、ニューカッスル空港で検討中である鉄道設備に関してすでに調査がなされている。(ストラスクライド議会 一九八七年a：一

一一）

「象徴的な」空港連絡という全体的な枠組みの中で、三つの可能な手法が評価の過程に提示された。第一にグラスゴー地下鉄システムの拡張は、車両が小型であったことや、線路網の自己完結的な循環線パターンを崩壊させるという不都合のためにすぐに退けられた。第二の手法は、グラスゴー中央駅から、ペイズリーの東にある古い不使用のアークルストン線に、ターミナル・ビルまでの短い線をさらに延伸して空港までのノンストップ鉄道をつくることであった。これが提案された唯一のヘヴィ・レール案であったということは、ＳＰＴＥの幹部職公務員が土木工学を基礎とした背景を持っていることに繋がる。具体的には、現実的な新しい鉄道インフラは完全に新しく設計される路線の建設ではなく、歴史的な鉄道路線の再使用によってのみ、都心部に提供されるということである。

西側の路線が検討された。なぜなら、それが空港とペイズリー・ギルモア・ストリート駅とを結ぶことができるからだ。しかしながら、この選択は、現在の道路、鉄道のルート、空港近くにおける空路のため、満足できる路線設計を成し遂げることがきわめて困難なために非常に早く放棄された。（ストラスクライド議会一九八七年ａ、七・九－三）

われわれはすでに空港を通り過ぎる鉄道路線を持っているのに、なぜわれわれはそれを転換させて空港に行くようにすることができないのかというのが私の中心的な主張であった。最初、公務員は、「いや、それをすることはできない」と言っていた。道路がすべて変更される必要が出てくる。そしてＰＴＥは、ああだ、こうだと理由をつけて、それをすることができないと言った。（マルコム・ウォー議員、ストラスクライド議会）

図6-2　ガトウィック空港のライト・レール「ピープルムーバー」

最終的な選択はより画期的なものだった。ペイズリーの町自体、そしてグラスゴー以外のもっと遠い目的地まで行けるように、ガトウィック空港のターミナル間連絡線（図6-2）として以前に作られたような、別個の「ピープルムーバー」と呼ばれる自動運転のライト・レール・シャトル路線が提案された。

SPTEが一九八九年に発表した諮問文書『二一世紀のための公共交通』に含まれた空港連絡線研究作業の進展に関する暫定的な提言の論調は、組織内の専門家による研究チームにおいてピープルムーバーという選択肢に対する熱意が増していることを示している。それは、すでに包括的な地域の鉄道ネットワークと空港連絡線との統合を最大化し、「先端技術を使った」解決策という点で、彼らの「象徴的な」好みを満足させるものであった。

従来型の直通連絡鉄道は、列車上の移動時間を短くすることにつながる。一方、三〇分以内の頻繁な割合で運行するには、車両増備に関わるコストが非常に高くなることを意味する。また、この鉄道ネットワークの利益は、グラスゴー中心部から往き来する乗客に限られるだろう。空港から約一・五マイル南下したペイズリー・ギルモア・ストリート（駅）への接続線は、グラスゴー、エア、ラーグス、そしてインヴァークライドに行く既存の高速で頻度の高い路線と連絡できるだろう。短い距離（同じようなシステムで現在運行しているガトウィック空港での駅と空港ターミナル2の距離の約二倍）であるため、路線の運行頻度を上げた連絡運転が可能になり（最高で一時間に一〇本）、その結果全体的な移動時間が短縮される。一段上を走る自動化されたモノレールのようなピープルムーバーは、必要な速度と利便性を提供し、未来志向でハイテクなイメージをその地域に与えるという付加的な恩恵もある。（ストラスクライドPTE 一九八九年a：二一〇）

財務分析的な手法による一九九二年のSTDSの『第二期進捗状況報告』に先立つ二つの案の展開は、クロスレール構想の場合と同じように専門家により数量化データが重視された。とはいえ、空港連絡線の案は、同じ目的地に運行する二つの計画における選択であったので、どちらにおいても等しいと仮定された付属する社会的な費用と便益を説明するための試みはなされなかった。特に、両計画の相対的な便益は、それぞれの交通機関における平均推定待合せ時間における小差に関わるものであった。

	直通鉄道	高速交通（「ピープルムーバー」）
徒歩時間（分）	一〇	一〇
待ち時間（分）	〇八	〇六
移動時間（分）	一三	一五
合計（分）	三一	三一

表6－2　グラスゴー空港への連絡線（評価の要約）

	直通鉄道	ピープルムーバー
現在価値での投資と運営コスト	5,202万ポンド	3,826万ポンド
現在価値での収入 （1.35ポンドの運賃で年間5％の交通量増加を想定）	2,913万ポンド	3,699万ポンド
現在価値での収入 （1.6ポンドの運賃で年間5％の交通量増加を想定）	3,376万ポンド	4,300万ポンド
構想の純現在価値 （1.35ポンド運賃）	－2,290万ポンド	－127万ポンド
計画の純現在価値 （1.6ポンド運賃）	－1,830万ポンド	＋475万ポンド

出所：ストラスクライドPTE（1992年ａ：33）。

ここから、次のことがわかる。

・全体的な移動時間は、双方の選択肢において同じであると考えられる。
・徒歩時間は、両方の選択肢において同じであると考えられる。

高速の交通連絡線によるわずかに長い乗車時間は、高速交通システムとペイズリー・ギルモア・ストリート双方における非常に高い運行頻度による合計待ち時間の短縮によって均衡される。

乗客は、同じ時間ならば、歩く事や待つ事よりも車内にいることを望むと推定するのは交通計画立案の上では自然なことである。これを基に考えると、上記の分析によれば、乗客にとっては、直通鉄道よりも高速交通連絡線の方が魅力的であるはずである。（ストラスクライドＰＴＥ一九九二年九月八日）

以上のような予測と、ペイズリー・ギルモア・ストリートでピープルムーバーから既存路線へ乗り換えることによって生まれる一層の移動機会（利用増）により、この選択が好ましいというに充分な経済的な分析結果がもたらされた。インタビューの回答者は、ＳＰＴＥの公務員の間で、専門家としての見地からピープルムーバーの選択を強く望んでいたことを認め、それはペイズリーにおける幅広い目的地の選択肢が設けられることによる中継地点駅としての価値に関してだけでなく、新しい自動化されたＬＲＴ技術や数量的に計測可能な時間の有効活用による可能性を重視した。

（ピープルムーバーが公務員に好まれていたというのには）いろいろなわけがあったと思う……まず、乗客が、運行頻度の高い電車への乗り換えができる、ペイズリー・ギルモア・ストリートまで行くことができる、ということがあった。そして乗客をそのネットワークに直通で連れて行ってくれるから、行ける目的地の範囲が広がるのである。そこで専門的な感覚で言えば、利益の面から、ピープルムーバーは、早くても一五分かかる直通鉄道サービスよりはいいし、鉄道はおそらく行けるところは中心地一つであろう……元来、勧められている提案は、専門的な視点からコストや利益を考慮したうえで出されたものであったと思う。（回答者、ストラスクライド地方当局）

厳密に費用便益分析の点から見れば、ピープルムーバーは最高の成績を残した。コスト自体は両者ともほぼ同じであるが、実際、ピープルムーバーの方が、空港からグラスゴー市中心部までの平均移動時間が短い。また、ペイズリー・ギルモア・ストリートでの乗り換えによって、より多くの移動機会が生まれると同時に、ペイズリーそのものとの往き来も可能となる。重要な点は、もしそれが、最後に私達が頭に描いたように四分間隔で運行されれば、平均待合せ時間は二分となる。そして、乗車時間が約四分であったと思う。ターミナルから駅に行くまでの時間は六分となる。もちろん、駅は空港のすぐそばである。もし駅を空港の別のターミナル、つまり空港の一部と考えれば、人々は空港内を何とも思わずに動く歩道等を使って数マイル歩くのだ……設備投資費用は両者とも同じくらいであったが、厳密な計算の上では、ピープルムーバーの方が低い遅延の可能性と、より多くの移動機会を提供できる面で利便性が高い。そしてもちろん運営コストも低い。なぜならば、一度設備の建設費を負担すれば、後は自動的に運行を繰り返すから、かなり安上がりになるのである。（公務員、ストラスクライドＰＴＥ）

いろいろな意味で、クロスレール構想採用までの過程と類似して、グラスゴー空港へのヘヴィ・レールによる連絡鉄道の計画は、道路・交通委員長であるマルコム・ウォー議員の努力の結果として再浮上した。インタビューの中でウォー議員は、在来鉄道案を好んでいた背景にある自らの性向と、ピープルムーバー政策立案の中心にいたSPTE上層部の公務員との間の議論を明らかにした。

空港への何らかの交通手段が欲しかった。ガトウィック（空港）のピープルムーバーを見に行って、公務員の人たちは夢中になっていたが、正直に言うと私はあまり感心しなかった。むしろ直通の鉄道路線を作るべきだと思った。重い荷物を抱えている人々を見ると、ピープルムーバーにはたくさんの問題点があるようにみえた。「これは私の求めていたものではなく、私が必要とするのは空港ターミナルへの直通線だ」と思った。

彼ら（公務員）は、空港へ行くような人達の話をする傾向にあったが、彼ら自身がロンドンとの往復にいつも飛行機を使っているようだった。だが、私はロンドンへは飛行機では行かず、たいていは列車もしくはバスで行き、その様子を見てみるのだった。以前私はよく、「ブリーフケース一つなら問題なしにピープルムーバーに飛び乗れるだろうね。だけど旅行で行く人は二つや三つは荷物を持っているものだ」と言った。ピープルムーバーは、そういう人々にとっては便利ではないだろう。だから鉄道連絡線が欲しかったのだ。最終的におそらくスティーブは、私が自分の政治的な力を使ったと言うであろうが、私には分からない。明らかに言えるのは、クロスレールと直通鉄道連絡線は、私の目から見て必要だったということである。公務員は、ピープルムーバーが計画からはずされたことに満足したとは思わない。彼らは速くて効率的な乗り物と判断したからである。だが、それは実際には速くはなかった。ピープルムーバーは、実際には速くは走らない。彼ら役員たちは、ピープル（人間）ムーバーというだけあって、人が空港に行くことだけを考えていたようだが、私が彼らに述べたことは、ピープルムーバーに乗るのは人間だけではないということであり、飛行機に乗ったり休暇で出かけたりする人は、洋服や他のものを持って行くということだ。しかし、ピープルムーバーを排除し、私の求めている直通鉄道連絡線の決定をするために、私自身が政治的手腕を利用したことをここで言わなければならない。（「マルコム・ウォー議員、ストラスクライド議会）

再びウォー議員は、『ストラスクライドにおける交通』の中で、彼の好む計画である直通鉄道連絡と、SPTEの専門家が好むピープルムーバーの二つの選択肢を公に示すという戦略をとった。同文書によって、数量的な計画査定の下では明らかに見劣りするにもかかわらず、自らの好む計画に対する市民の支持を求めて論争を解決しようと試みたのである。

住民への調査による回答は次のようなものであった。概算コストの違い（鉄道ネットワークは約七〇〇〇万ポンド、ピープルムーバーは約二五〇〇万ポンド）、そしてペイズリーでの潜在的な乗り換え地点の欠落において明らかに不利であるにもかかわらず、七一パーセントの回答者が直通鉄道案に好意的な印象を示した。一方、直通連絡線に対するこれだけ圧倒的な市民の支持がありながらも、専門家の疑問は依然として残された。

もともと最初から、ピープルムーバーは推し進めるべき正しい選択ではないという強い政治的見解があったように思う。マルコム・ウォーは、この案にあまり興味を示していなかったと思う。今となっては、敗因が公務員側の説明不足によるものだったのか、計画自体に不備があったからなのかは分からない。（回答者、ストラスクライド地方自治体）

直通鉄道連絡線案に対する専門家の躊躇は、SPTE総裁による公的な協議過程の結果に関する報告書において明示された。この文書では、ピープルムーバー構想の長所が正確に理解されてない点を再び強調し、二つの案に関して予測される旅客の時間に関する便益分析を掲げて次のように主張した。

『ストラスクライドにおける交通』に対するアンケートの回答では、直通鉄道連絡線が強く望まれ、七一パーセントの人々が同案を支持し、残りの二九パーセントが高速交通連絡線を選択したというものであった。（しかしながら）諮問文書の中では、二つの案についてかなり簡単な説明しか示すことができず、限られた情報量を基に人々が判断を下した回答に対して、過剰な評価をすべきではない。ピープルムーバーではなく直通鉄道連絡線を好む最大の理由が、グラスゴー市中心部に直通で行けることによる利便性向上の認識にあることは疑う余地のないところである。諮問文書に対する回答は、高速交通連絡線（ピープルムーバー）からペイズリー・ギルモア・ストリート駅で乗り換えをする必要性に対して強い反感を示していた。

（ストラスクライドPTE 一九九二年八月八日）

つまり、道路・交通委員長としてのウォー議員とSPTEの専門家の間で、空港までの最適な輸送手段の選択に関して大幅な不一致は依然として残り、両政策とも進展を続けた。この対立とクロスレールの評価を取り巻く問題の類似点が、その後に起きた状況によって明らかとなっていく。ピープルムーバーを犠牲にしたストラスクライドにおける空港連絡鉄道のための選択としてヘヴィ・レールによる接続の正式な採用を迫るために、『ストラスクライドにおける交通』調査の直後に、交通政策における二番目の提携が形成された。しかし、クロスレールを推進したものと比べて、空港連絡鉄道線に関する提携は、正式な主導組織や仕組みがなく、さまざまな公共セクターの組織によってそのすべてが構成されていた。クロスレールに限られた資源を集中させるため、交通圧力団体からの参加はほとんどなかった。

しかしながら、クロスレールのための組織との最大の類似点は、提携の強さが空港への直通鉄道の連絡が参加者個々の異なる期待を満たしているという事実の中に存在したということであった。この状況に関して、異なるグループを繋いでいる「象徴」は、空港鉄道連絡線によって示される近代性と経済的繁栄であった。空港鉄道連絡線は、もしこの地域が、同様の連絡線を建設したり、あるいは開発途中の他の都市中心部と競い続けるのならば不可欠と見なされた。そのことが「ピープルムーバー」よりも鉄道による連絡線のほうが好ましいと考えていた諸組織の団結を生み出し、SPTEがしたように、グラスゴー市中心部だけではなく、ストラスクライド全体に役に立つ空港への連絡線の必要性が重視されたのである。

空港連絡線に関して、人々がその構想を推進しているのは、基本的にはマンチェスターには空港連絡線があって、グラスゴーにも連絡線が必要だからである。確かに、国際的なゲートウェイとして、そして国際空港としての役割を担い競い合っていく主要な空港であるためには市内との連絡線が必要である。これこそが、初歩的な一般的条件である。（回答者、エンタープライズ・ネットワーク）

われわれの最重要課題は、市内までの鉄道路線を得ることである。（公務員、グラスゴー市参事会）

もし、海外または英国の他の地域からストラスクライド内部への投資を誘引することに本気であるならば、都市中心部への快適な公共交通機関を持つ空港が必要である。そして今のところ、グラスゴーはそれを持っていない。これは、ビジネスマンが飛行機を降りて、グラスゴー空港を出たときに何が起こるのかということに対する認識である。タクシーに乗らなくてはならないのでは困る。他の空港では連絡鉄道線に飛び乗れば、市の中心部へすぐに着くのである。（回答者、スコットランド労働組合協議会）

空港への連絡鉄道線の価値は、グラスゴー市中心部が活気と魅力のあふれる街となると推測されることに加えて、ストラスクライドにある包括的な地方ネットワークと連絡する直通鉄道は、スコットランド空港会社、グラスゴー空港推進委員会の他のパートナーにとってビジネス面で大きな可能性があることが示唆されていた。同組織は、地方の企画会社が主導する緩やかなパートナーシップによるもので、グラスゴー空港の役割、そしてさらに幅広くスコットランドの経済発展全般に対する同空港の役割の拡大に対して本腰を入れてきた。この側面では、いくつかの提携グループは、SPTEに反対して直通鉄道接続の選択を迫っていたものの、ピープルムーバー構想の根本をなすSPTEの主な専門知識に基づく目標の一つと類似していた。それは、どのようなグラスゴー空港への連絡鉄道線の整備も、単にグラスゴー中心部だけでなく、より広範囲にわたる地理的な集積地への空港アクセスの改善により提供される潜在能力に焦点を合わせるべきであるというものであった。

空港には、集積地を拡大するために、そしてより多くの人に利用してもらうために、鉄道連絡線が必要である……それは空港の集積地拡大を助け、空港でのビジネスに貢献できる商業的でかつ実行可能な提案でなければならない。その計画の実施によって、より良いサービスが提供され、さらには雇用やその他あらゆる面で副産物を生むものでなければならない。（回答者、エンタープライズ・ネットワーク）

計画された鉄道連絡線の問題の一つとは、それがあたかもグラスゴー市中心部への鉄道路線であるかのように計画されたことである。そのように計画は進めるべきではない……全体が目指すべきアプローチ、その理論的根拠、その精神は連絡線にある。私の意見としては、鉄道連絡線はグラスゴーだけのものではなくて、この計画は、エジンバラ、ダンディー、パース、北イングランドのような後背地の市場にも広げるべきものである。この鉄道連絡線の原理はマーケットの拡大におくべきである。たとえ、地元の旅客の大部分が往復するのに利用し、外に出ていく人は、裕福な地域である市中心部の北側や西側であるベアスデン、ミルガーイ、ヒンドランドから来る傾向があるとしても、彼らこそが空港へ行く人達なのである。(回答者、エンタープライズ・ネット7-7)

われわれの予測値は、グラスゴー空港の旅客のわずか一一パーセント程度が中央駅から徒歩圏内に最終的な起点や目的地があることを示している。残りは、スコットランド中心部全体に広がっている。川の北側、例えばビジネス街がある場所から想像できるように、われわれの乗客の大部分はベアスデンやミルガーイ等から来ている。(回答者、航空業)

(鉄道連絡線の役割は)空港から人々を市の中心部まで運ぶのと同様に、空港を利用する人を空港へ運ぶという側面もあるので、交通はかなり双方向的なものになるであろう。駐車をすることも、ターミナルまで雨の中を歩き回る事もない。そして、そのおかげであちこちからの旅行客は列車に乗って直接空港へ向かうことができるのである。(回答者、グラスゴー商工会議所)

重要なことに、どのような空港連絡鉄道線もグラスゴーの中心部だけでなくより広くストラスクライド全域の役に立つべきであるという、ピープルムーバー構想促進へのSPTEの根底的な動機の一つと同調しているにもかかわらず、これらの人々は、ウォー議員と同様に、空港と鉄道ネットワーク間のLRTによる接続は受け入れられないと主張した。

人々が求めているものは、電車に乗ればグラスゴー空港へ行ってくれるということである。人々は、特に旅行に行くときは、自分達のために決定をしてもらいたいので、「ここで降りるのか」などと心配をしたくない。ここが降りる場所かどうか確実に分かっておきたいし、乗り換えが、ここか、そこかの心配もしたくない。利用に当たってそれを単純にしなければならず、それがもしかすると、ピープルムーバーが余計な交通手段と理解された理由なのかもしれない。（回答者、エンタープライズ・ネットワーク）

われわれは、LRT連絡線が機能するということを納得しているわけではない。実際のところ、機能しないであろうという点で完全に納得している。というのも、ここに来る平均的な旅行客やビジネスマンは、立って待ち続け、ペイズリーまでしか行き着かないLRT連絡線に乗り、それを降りて違う鉄道に乗るなどということはしないだろう。どれだけ頻繁にその列車が来ようが、どれだけ円滑に乗り換えできようが、乗り換えであることに変わりはないし、人々は荷物を持っている場合が多いのだから、それはさらに困難を伴うのである。（回答者、航空業）

こんなにおかしなことはない。人々が降りて、他の交通手段に乗り換えるなんて。（回答者）

自分の好むヘヴィ・レール案へのそのような提携による支持を基盤として、ウォー議員はようやく、統治体制のエリート集団の中で、このプロジェクトの将来の開発を指示する立場に就いた。

彼（ウォー議員）はわれわれに、（SPTEの）公務員が彼の計画（ヘヴィ・レールの連絡線）に沿った空港への異なった計画案を作成するように指示したと述べた。（回答者）

誰が、それ（ピープルムーバー構想）を生み出したのか。提案したのはPTEであった……最初は公務員側から言い出したことであったが、当時の責任者（ウォー議員）が「私はそれでは納得しない」と言ったことによって、この案は政治的な問題になった。（回答者）

このようにして、私はストラスクライドを説得した。私は皆の意見を聞いたが、私は自分で決断を下した（ということを彼らに示した）。（マルコム・ウォー議員、ストラスクライド議会）

こうして、一九九四年三月、議会の道路・交通委員会に書類が提出された。それは『ストラスクライドにおける交通』発表以降、グラスゴー空港鉄道連絡線に対してなされた開発作業の概容を述べたものであった。注目に値すべき点は、次のように同文書がいくつかの提携パートナーの影響力を認めていることである。

広い領域にわたる協議が、提案に関係する団体の見解を知り、選択の評価において考慮されうることを保証するためになされた。現実的な実現可能性において、選択肢の形成と検討に参加した主な団体は、次のとおりである。

スコットレール、スコットランド空港株式会社、グラスゴー空港推進委員会、スコティッシュ・エンタープライズ、レンフリューシャー・エンタープライズ、グラスゴー開発局、ストラスクライド議会、レンフリュー地区評議会。（ストラスクライドPTE　一九九四年三月四日）

信頼できる観察者による次の報告は、空港連絡線プロジェクトに対する同意を多様な提携組織と世論から取り付けたことに関する効果を裏付けるものである。

政策転換の点では、とても言えばいいのだろうか、それ（政策転換）はまさに協議過程の成果であると言ってもよいだろう。協議過程においては、ピープルムーバー案には反対する人が多く、空港からの直通鉄道連絡線を好む方が多かった。空港関係者からもそのような声が上がっていたが、長い間そうであったようにこの点については少し曖昧な表現をしていた。しかし、「ピープルムーバーが最も適した空港への交通手段ではない」という商工会議所などの人々もいたのである。（回答者、ストラスクライド地方自治体）

それ（ピープルムーバー）は高い輸送量をこなすほど頑丈ではないとされており、ヘヴィ・レールの方がより多くの人に良いものであると理解されていた。もちろん、ヘヴィ・レールは、クロスレールとの相互作用でより多くの直通運転の可能性をも持っている。だから、それ（直通鉄道連絡線）は基本的に、一般的に言って、一般受けする選択だったが、交通計画立案者の見地からはそれほどの正当性を与えられなかった。（公務員、ストラスクライドPTE）

したがって、関係者間の妥協が必要となった。ピープルムーバーに関しては、提携パートナーとウォー議員のどちらにも受け入れられなかったが、彼らはＳＰＴＥにおいて同構想選択の根底にある専門的な見解の一つと意見が一致していた。その見解とは、最初のアークレストン・ルートはペイズリーを通らず、したがってより広域なストラスクライド鉄道網と空港連絡線との統合を阻むものなので納得できないというものであった。そこで、この対立の解決策としては、ヘヴィ・レールの鉄道路線案の再検討が必要となった。つまり、歴史的な土地であるがゆえに選択肢を制約するという以前の考え方を葬り去らなければならなくなったのである。

ストラスクライドＰＴＥによる代替の郊外鉄道（接続）案の実行可能性に関する最近の研究から、（アークルストン支線への）（二つの）選択肢が明らかにされた。（ストラスクライドＰＴＥ 一九九四年三月四日）

ストラスクライドＰＴＥは、二種類の鉄道接続案を明らかにした。一つ目は、ブレイヘッドとレンフリューを通るルートで、独立したコンサルタント会社であるフォービーズ株式会社の調査文書（フォービーズ株式会社 一九九三年）において推進されたもので、いくつかの使われていない鉄道線の再利用を含んでいる。二つ目は、ペイズリー・セントジェームズ駅の近くから空港の西側に行くもので、『一九八七年鉄道調査報告』研究の中でＳＰＴＥによって当初行われた実行可能性に関する研究で一度は否定された全く新しい路線であった。しかし、さらに詳細な検討によって、両者とも商業地や住宅地における立ち退きが必要であり、特にセントジェームズ案の場合は、地元の公立公園の相当な部分が指定解除される必要があるにもかかわらず、両方のルートとも実行可能であると説明された。これらの代替構想に対する最低投資コストの予測値は、セントジェームズ案の場合は二八五〇万ポンド、ブレイヘッド・レンフリュー経由のルートの場合は五六九〇万ポンドであった。

そのため、次のように指摘されることとなった。

図6-3　グラスゴー空港連絡鉄道線の代替案（1994年）

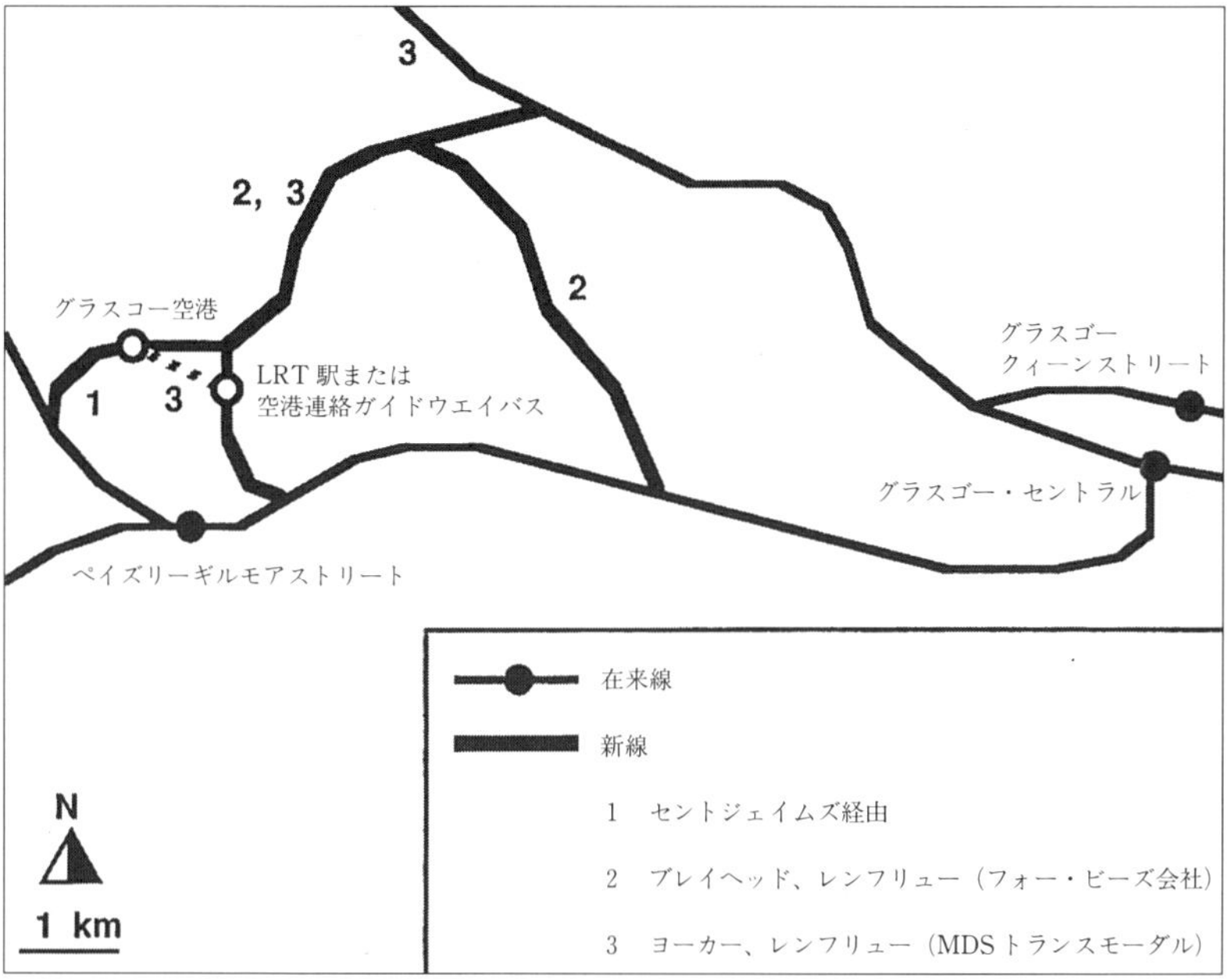

> ペイズリーは、レンフリュー・ブレイヘッド経由のルートでは列車が通らないこととなる。（それは）高いコストと商業地区及び住宅地の分裂と相まって、正当化されることはないだろう。そして二つのルートの内でより直行しているペイズリー・セントジェームズ経由の方が、アークルストンやピープルムーバーといった案と比較して費用の点で近似しており、ペイズリーにも運行される……したがって、セントジェームズ案の認可が推奨される。（ストラスクライドPTE 一九九四年三月四日）

『一九八七年鉄道調査報告』発行から七年後、ウォー議員が好む案に傾いたかに見えたグラスゴー空港鉄道連絡線計画論争ではあったが、議会における再度の政策転換が生じた。チャールズ・ゴードン議員は、道路・交通委員長に選ばれた後、彼自身による地方交通戦略についての見直しの一部として、空港鉄道構想の各選択肢を再検討しようとした。セントジェームズ案の採用で形成された鉄道接続案を含めて、ゴードン議員は提携を結んでいる諸組織との協議をもう一度始めた。

元のルートは、他にいくつか選択肢があったことに苦しめられた。そして、ヨーカーで北側からクライド川を横切るという案は、その時点では検討対象に含まれていなかったが、私はそれも検討してもらいたいと思い、議長になった時に再検討を進めた。

そして郡制度最後の年に、私は、グラスゴー空港への道路と鉄道によるアクセスに関する専門家会議を三回開催した。われわれは、共通の解決策を見出すのは不可能と考え、それはしないようにしながら、賢明なやり方で問題点や競合する各種構想を提案することに集中した。（チャールズ・ゴードン議員、ストラスクライド議会）

ゴードン議員は非常に献身的に、専門家会議を三回開き、そこで鉄道の各提案が考察され、この政策に関して思案すべき点の多くが明らかになった。（回答者、航空業）

この再協議の段階を通じて、空港鉄道連絡線プロジェクトの開発に関わる多様な統治体制のメンバーは、それぞれが好む接続方法を提案した。協議の結果は、ゴードン議員によって明らかにされ、スコットランド中部における各空港アクセス改善の可能性に関するより広い委託評価の結果として、スコッティッシュ・エンタープライズによって提案されたクライド川を渡る路線とセントジェームズ支線に対する支持が高いことが明らかとなった（ＭＤＳトランスモーダル 一九九四年）。

われわれの見解は、レンフリューを通るようにすべきだということだった。（北部電車）の列車が空港まで行くことができるようにレンフリューを路線図に載せ、列車がレンフリューを過ぎ旧ヨーカー変電所の検車庫の所で川を越えて、ガスカーデン近くで（北部電車）路線と繋ぐというものだ。（回答者、労働党）

われわれは、ある選択が少し前から何人かのコンサルタントによって議論されていることに気づいている。それは、ペイズリー線から分かれて川を渡り空港を通る新たな連絡線で、それがクロスレールに取って代わるものとされた。多くの点でそれはわれわれにとって、他の提案よりも道理にかなうものだった。（回答者、鉄道業）

直行線を作ることもできる……ヨーカーでクライド川を越え、レンフリューに駅を作ってそこを通るようにし、空港やペイズリーに行くというものだ。この方法だと、クイーン・ストリートもしくはそれよりも遠い地域からの電車を受け入れることができる。（回答者、エンタープライズ・ネットワーク）

この論争を再開するに当たってゴードン議員は、特定の政策案に対して支持を得るために、委員長に与えられた権力をさらに強調した。

空港への大きな環状線が欲しいと思う。私はクロスレールが必要だと思うが、そのペイズリー駅からセントジェームズ経由で、空港を通ってレンフリューに達し、さらに橋梁かできればトンネルでクライド川を渡るようなものが望ましい。（チャールズ・ゴードン議員、ストラスクライド議会）

つまり、一九九六年三月の郡議会廃止の頃には、グラスゴー空港への連絡鉄道線に関して優勢とされた構想は、PTEの専門家らが立ち上げてきた当初のピープルムーバーの案から二度も変わったのである。これは明らかに、都市鉄道統治体制の中で政策案を発展させるための議長の潜在能力を示している。それは、市民の支持の活用と、主として「象徴的な」目標の推進に基づいたさまざまな政策統治体制メンバーの幅広い支持による提携の形成を通じて構築された。この事例は、提携をもう一度一つにまとめ上げるために他と競合している地元の地域を象徴として使っているが、ストラスクライド鉄道政策統治体制を「表現的な政治」の領域に深く入り込んでいる「象徴的」体制に分類する根拠となる。

ストラスクライド・トラム

この章で扱った他の二つの大規模プロジェクトと同様に、「ストラスクライド・トラム」ライト・レール構想は、その根拠を『一九八七年鉄道調査報告』にさかのぼることができる。都市鉄道の支援とその運営において一層の効率向上を推進するという全般的なテーマの中で、ライト・レールの技術革新が持つ可能性によって、この地域の公共交通を前進させることができると認識された。

将来の投資の可能性を考えた場合……、調査は、新しい技術によって提供される革新の可能性に目を向けなければならない。加えて、ストラスクライドにライト・レールを導入するかどうかについての総合的な研究を積極的に進めるべきである。英国、特にロンドンのドックランズやマンチェスターという他の大都市中心部においてLRTの整備案が出ているので、ストラスクライドがこういう開発に遅れをとらないようにすることは非常に大切である。スコットレールによって運行されている既存の特定路線は、LRTシステムの一部として運行可能であるかどうか、追加調査が行われている。この調査研究は、ストラスクライドの経済的、社会的ニーズと同時に、議会に対する財政面での影響、公共交通利用者、環境、そして道路利用者に対するより具体的な影響も細部にわたって検討すべきであるとされている。（ストラスクライド郡 一九八七年ａ：ｖ）

このように、ストラスクライドにおけるＬＲＴ整備に関する諸提案は、『一九八七年鉄道調査報告』答申後、ＳＰＴＥによって組織内で継続された「ストラスクライドの交通整備に関する研究」の中心的な課題となった。特に関連して取り上げられたのが、寿命が迫っていた一九六〇年の「ブルートレイン」構想の中で導入された車両、電気設備、信号システムの大部分についてであった。中でも、カスカート環状線とその支線については老朽化が目立っていた。それらは、グラスゴーの人口密集地帯に運行されていたにもかかわらず、電化されたルートの中で最も脆弱な収支比率を示していた。

ＰＴＥが南部電車を調査していた折、ライト・レール（プロジェクト）の最初の部分が『鉄道調査報告』に反映された。（南部電車）は、かつてとは比べ物にならないほど老朽化していた。電気設備は三五年もの古さで更新時期に近づきつつあり、それは目に見えるところまで迫っていた。「そのルートに、専用軌道の運行をもっと経済的に行う方法はないだろうか」というのが当方の考えだった。それは基本的に既存の路線を使い、グラスゴー中央に行くだけではなく、中心部では大通りへ飛び込み、可能であれば反対の端でキャッスルミルクやニュートン・ミアンズ等へ行くというものだった。（回答者、ストラスクライド地方自治体）

一九八七年にあった別のことといえば……われわれは一抹の不安を抱いていた。いや今もなおそうである。それは、カスカート環状線に関するものである。われわれは、時折この路線を活気づけようと繰り返し努力したが失敗に終わっている。もし、カスカート環状線のせめて半分でもライト・レールに転換できるのであれば、もっと多くの駅を途中に作ることができ、それが答えになるのではないかというはっきりとした問題意識があった。（チャールズ・ゴードン議員、ストラスクライド議会）

（ＬＲＴの）グラスゴーへの導入は大きな意義を持つものである。ヘヴィ・レールにかかる莫大な出費のいくらかを減らすことができるし、カスカート環状線を鉄道として残すことができ、その上に路面電車を走らせ、クライド川を越えるのに半地下の橋か既存の橋を渡って市中心部に下り、中心部を通るネットワークを通過させて、さらにスプリングバーン支線や北郊外線か何かで再び都心から出るようにすればいいのだ……私は疑いなく大都市中心部ではそれが今後のやり方だと思う。（回答者、鉄道業）

一九八九年における協議文書『二一世紀のための公共交通』に示されたストラスクライドでその後行われたライト・レール計画策定作業において、ＬＲＴの導入が実現可能だと考えられるクライドサイド大都市圏における一連の路線について検討が加えられた。議会の支持を得たばかりの英国最初のライト・レール計画であるマンチェスター圏のメトロリンクに似た好ましい「専用軌道の部分的な地下鉄戦略」（ストラスクライドＰＴＥ一九八九年ａ：一三）は、新しいインフラ整備への現実的なアプローチとして究極的なものであり、それは既存のあるいは不使用の歴史的な鉄道路線を通じて、グラスゴー中心部と周辺郊外における路面運行の機会を結びつけるものであった。このようにして、新しい鉄道建設による列車運行ができないところでも、より遠くの都市地域へ鉄道アクセスを拡大することができるのである。

同郡の鉄道の集積地をさらに向上する手段として、ＬＲＴは中核的な役割を果たしている。ストラスクライド鉄道ネットワーク最大の強みは、包括的な地理的範囲にあり、そのことが統治体制内の個人と組織の間に幅広い支持を集めていた。

ライト・レールに関しては、その特質ゆえに、実際にはバスの利便性の九〇パーセントに加えて、鉄道の利便性の九〇パーセントを得ることができる。そしてそれゆえ、あなたは一定の場所と場所の間では専用軌道で速く移動できるが、出発地と目的地である自宅や店舗まではたやすく行けるという意味で一八〇パーセントの利便性を得られるのである。（公務員、ストラスクライドＰＴＥ）

（当初の）ネットワークは、現在では運行されていないかもしくは運行が不十分ないくつかの地点へ鉄道ネットワークを延ばしていこうとしたものである。その際に、既存のインフラと鉄道用地を利用する方法をとり、そしてもしそう言いたいならより速く移動するためという事柄を組み合わせて考えられていた。それは実際には、鉄道ネットワークがよく整備されていないところに行くためであったと思う。（回答者、ストラスクライド地方自治体）

それは、鉄道ネットワークが通っておらず、そして特にヘヴィ・レールという観点からすれば鉄道の望みはさらにない地域へ専用軌道の利点を拡大しようという取り組みだった。（回答者、ストラスクライド地方自治体）

路面電車をもう一度取り入れることを提案していた……つまりハイ・ストリートからパトリックへ、中心地を通り抜ける東西連絡線でナイツウッドのような鉄道ネットワークが今まで届かなかった所にも届く見込みのあるような

図6-4　推測されるストラスクライドLRTルート

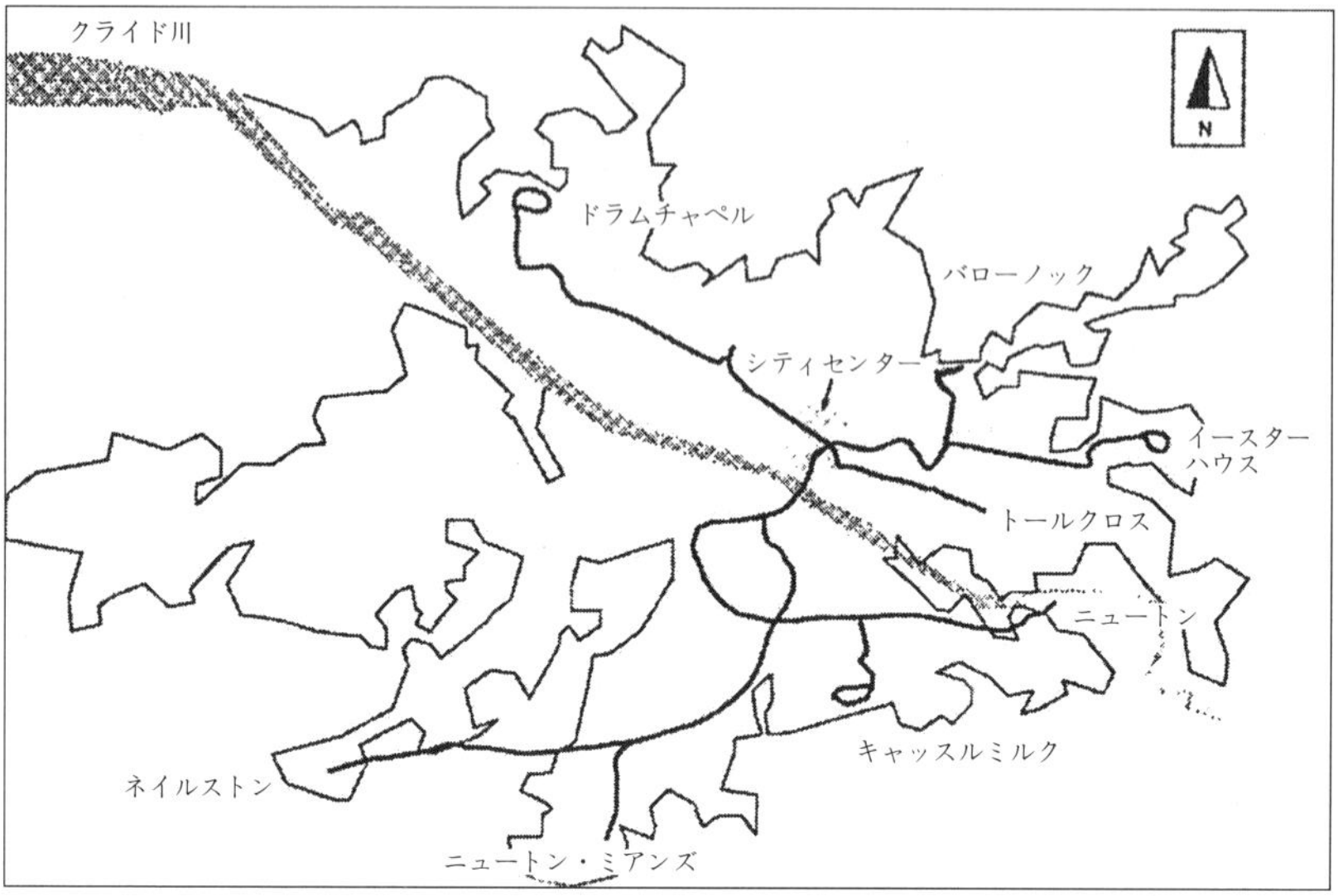

出所：ストラスクライドPTE（1993年）。

ものとして提案し、それによって中心部のディーゼル・バスによる輸送の軽減にも取り組もうと考えた。(回答者、労働党)

一九八七年にこの議会は『ライト・レール・トランスポート』というレポートを発表した。それは、グラスゴーにわれわれが切望しているにもかかわらずバスのネットワークしかないために達成できていない質の高い公共交通の導入をLRTによって、実現できる場所があるかどうかを検証したものである……ライト・レールは、低いコストで鉄道ネットワークの上にさらに統合されたシステムを構築するための道具を提供できる。(公務員、グラスゴー市参事会)

残存する鉄道サービスにLRTが実際に与える影響に関する調査の結果、一九九二年までに実現可能なルートの数は大幅に減少した。この結果、今ある南部電車のルートにクライド川の南にあるキャッスルミルクとニュートン・ミアンズへの全く新たな短い延長路線二つを加えたものと、市中心部の区域では路上を走行し北岸にある主に廃止された区間を通る五つの支線というネットワークが残った。

ＬＲＴ導入を採用するルートの選択が、『ストラスクライドにおける交通』の協議が完了した後の一九九四年に行われた。これはまた、ストラスクライド鉄道政策統治体制内の調整過程が、クロスレールとグラスゴー空港鉄道連線に関するものとは著しく異なることを示している。

簡単にいえば、北部ＬＲＴネットワークの整備が今ある南部電車路線の改良や延長に先立って採用されるべきであるというのが、エリート集団における二つの集団の間にある強い「利益の一致」の結果であるとみられる。二つの集団とは、強力な「象徴的」要素の組合せを基礎とするＳＰＴＥの幹部職公務員と、議会の道路・交通委員会である。まず、都心と西端を通る中心部分を例外として、同ルートがグラスゴーで最も衰退している都市中心部と周辺の団地のいくつかを通ることは、彼らが共通して持っていた「表現的な政治」や議会の「社会戦略」における目標と密接に関係としていた。

当初の提案は、主に南側を改良するというもので、さらにキャッスルミルクやニュートン・ミアンズ地域へ支線が通ることになっていた。なぜならカスカート環状線は基本的にヘヴィ・レールでは効率的なところではないからである。ヘヴィ・レールとしては、駅と駅の間隔が狭すぎるが、基本的に既存の駅の間にさらに一駅増やすことでかなり効率的な路面電車システムを作ることができる。その改良は軌道の変更だけなので、もちろん安く完成させることができる。しかし、実際には集積地増加という点からは、さらに多くの利用者を開拓することはできないだろう。そして、「社会戦略」に戻ってみると、イースターハウスとドラムチャペルは、周知の通り活性化させ再生効果に寄与する必要性のある二つの地域である。

われわれは、今この場所にいる。約一五〇年前に鉄道が建設されたとき、路線は中心部に向かって放射線状に走る傾向にあった。われわれは今、隔絶を理由に新しいヘヴィ・レールの鉄道路線を通すことを考えることのできない立場にいる。しかし、路面電車のルートを使って何をわれわれが試みているかというと、既存の（不使用の）専用軌道の一部をうまく利用すること、一方で移動する際の交通アクセスの整わない周辺住宅地域の一部にサービスを提供することである。これは、社会政策として非常に重要なことである。路面電車提案の肝心なポイントは、イースターハウス地区のような所にサービスを提供すれば、グラスゴーの東端地域一帯が路面電車によって改善されたよりアクセスのよいシステムを得られるということである。（公務員、ストラスライドＰＴＥ）

本質的には、ルートは議会全体の政策目標に合致するように設計された……「社会戦略」の要素として、われわれは近代的で速い交通手段を、完全にバス市場の規制緩和になされるがままであった周辺の住宅地域に持っていこうとしたのである。（チャールズ・ゴードン議員、ストラスクライド議会）

北部路線網のための専門家による支持の中で、二つ目の重要な要素は、社会的な費用便益の分析結果が非常に良かったことである。

ライト・レール路線各線の便益と影響の分析は、市の北側へ行くものが最大の便益をもたらすという結果を示している。イースターハウス、バローノック、トールクロス、ドラムチャペル、メリーヒルへ行くルートで構成されるライト・レールのネットワークがこの基準によって査定され、費用と便益の比率が良好であることがわかった。（ストラスクライドＰＴＥ 一九九二年ａ：六三）

同様に選挙で選ばれたメンバーにとって、LRT提案における地理的な面で焦点となった地域は、議会の交通政策を自分達の選挙区に引き寄せることに正当性を与えるという意味でも、明らかに魅力あるものであった。

路面電車は、（郡の）労働党会派にとって政治的に受け入れられるように提案された。つまり、イースターハウス、ドラムチャペル、メリーヒル、ラムヒル、そしてバローノックという主要な地域を含む案は、住宅地構想を導入するということであり、それは労働党の投票者が都市中心部に入るための新しい方法であった。（回答者、労働党）

最後に、現存する南部電車の運行を改善する代替整備手段となっていたクロスレール・プロジェクトを実現するための強い政治的公共的願望は、南部のLRTネットワーク建設から焦点を外すのに大きな役割を果たしたと指摘された。

グラスゴーの南と北にある大規模なライト・レールのネットワークから整備を始めたら、南側に関する決定はクロスレールの実現を見たいとする政治的な願いと抵触した。周知のように、クロスレールを追い求めることは道理に合わない。実際に、クロスレールと南部電車双方の改良への投資を正当化できないと感じた。なぜなら、そうなれば実際にクロスレールを利用する人はそうはいないと思われるからだ。（回答者、ストラスクライド地方自治体）

LRTの導入には、（『ストラスクライドにおける交通』の住民調査）回答者の八八パーセントが賛成した一方で、六三・五パーセントの人が、クロスレールの方が南部のLRTよりも優先されるべきであるという意見に同意した。

図6-5 「ストラスクライド路面電車」完成予想図

出所：ストラスクライド郡。

（ストラスクライド郡 一九九二年四月二三日）

しかしながら、高い支持を受けた北部へのLRTシステムと、同システムに対する議会の「社会戦略」重視の姿勢は、クロスレールやグラスゴー空港連絡鉄道線のように、地方鉄道政策過程に関係する他の人々や組織によって一致して賛成されたわけではなかった。グラスゴー市参事会（一九九二年）とスコットランド公共交通協会（一九九二年）が、全般的な支持を示した一方で、『ストラスクライドにおける交通』協議の他の回答者は、都市交通の供給における中心的なジレンマに関わる疑問を示した。そのジレンマとは、公共交通に依存している貧困地域において都市の施設や有益な施設へのアクセス改善を実施するか、あるいは自動車保有率の高い地域に改善された公共輸送サービスを提供してモーダル・シフトの可能性と、副産物である都市における混雑レベルの減少をもたらすか、というものである。

その（LRT）システム内の（特定ルートの）実施の優先順位を検討するに当たって、二つの考え方が明確となった。一つのグループは、高い自動車保有率を持つ地域を優先すべきだと感じた。これは、ある公共交通手段（バス）から他の手段（LRT）への移行をもたらすよりも、自家用車からのシフトを最大化するだろうということに基づいていた。もう一方のグループは、貧困地域ではその必要性が最大であるので、優先権を与えられるべきだという意見を採っていた。（ストラスクライド議会一九九二年四月二三日）

意義深いことに、議会の好むLRT戦略へのこういう消極的な態度は、共通点のないさまざまな組織の間に広がった。ある段階では、都市内で自動車利用の水準を下げる点で、環境上の利益に関するストラスクライド・トラムが持つ可能性が限られていることについて、グラスゴーの主要な交通圧力団体の一つが強調した。

実際、イースターハウスをドラムチャペルと結ぶのはとても奇妙なルートである。自動車を道からなくすということには実際につながらないのは明らかだ。自動車保有率の極端に低いグラスゴーの中でも最も貧困な二地域について議論しているからである。（回答者、交通圧力団体）

同様に、産業界においても、議会で支持されたLRT政策が好ましくないと認識されていた。移動の最大化と経済的発展の優先は、その地理的主眼点を変えることで、達成度が高くなるであろうと理解しているからである。

産業界から耳にする反応は、提案された路線は市内の二つのかけ離れた地区をつなぐ変わった接続のようだということである。イースターハウス側に関しては深刻な懸念が上がっている。それが存続可能なぐらい十分な人々が実際にライト・レールを移動に利用するだろうかというものである……私は、産業界が路面電車こそが旅客の望むもので、皆がどっと乗りこんで使うものだと言っているとはもちろん思っていない。奇妙な路線が選ばれているように思えるということである。これを建設する社会的な理由を少しは理解できるが、私が話をした人々の一部から、果たしてそういう理由が妥当であるかどうかということについて疑問視する声があった。私が本当に望むのは、これはわれわれが具体的に提案したものだが、ライト・レールが都市中心部とＳＥＣＣや（他の）建設可能な開発地区を結ぶ手段として使われることである。（回答者、グラスゴー商工会議所）

さらに、例外的な同盟としてストラスクライドのＬＲＴ協議に含まれるようになった唯一の労働組合である運輸一般労働組合が、ＳＰＴＥの提案に対して公共の場で最も強い批判を展開した。それはすでに触れた環境と経済面での問題を誇張しながら、地方のバスネットワークの将来を守る方向に強く傾いた議論であった。

われわれは、適切な場所における鉄道をベースとした都市公共交通の提案の発展を歓迎する。しかし、われわれは、今提案されているようなストラスクライド・トラムのルートは、少ない投資財源の正しい使い道であると納得してはいないし、その路線が自動車による通勤者の数を軽減させるのに多大な貢献を示すとも思わないどころか、その逆の可能性が高いだろう。

クライド川はアクセスにおける最大の障害の一つとなっているため、莫大な輸送力を持つ次世代型の公共交通は、グラスゴーで最初に川を越える路線を建設することに最も意味があるとわれわれは信じている。もし、提案されている路線が、特にグラスゴーへの自動車移動の地理的分布に関して詳細に調査されれば、この見解は補強される。提案されている路線が運行される付近の全地区の中で自動車保有率が比較的高いのはカークリー・植物園地区だけでその他は低い。このことは、もし路線が計画された通りに建設されたら、バスから（顧客を）引き離すだけで、最初は自動車による通勤者にはほとんど影響を与えないというのが必然的な結果である。しかし、メリーヒルとイースターハウスの路線が、グラスゴーで最も「バス社会」と言える所であるので、路面電車による旅客の引き離しはバス会社にとって大変な痛手となる。それは、つまり新しいバスに対する新しい投資を切り詰めるということであり、あまり利益の出ないまたは赤字路線を他の収益によって補填する力が減るということである。これらの地域の多くは、高い自動車保有率を有しており、したがってこの路線による影響は市内の混雑に関してはないといえよう……すなわち、最初のストラスクライド・トラムの提案としては、東西ではなく南北の路線の方が妥当といえる。（TGWUスコットランド　一九九五年：一〇）

しかしながら、クロスレール計画とグラスゴー空港連絡鉄道線双方の政策効果に関わる統治体制内の反対派の提携に対する肯定的な影響とは対照的に、SPTE上層部の専門的公務員と議会の道路・交通委員長は、ストラスクライド・トラムのライト・レールネットワーク路線選択に対する再評価の要求を受け入れなかった。自動車からのモーダル・シフト促進という目的と、貧困地域でのアクセシビリティの向上との間に対立を認めていたにもかかわらず、後者の選択と関連した「象徴的な」社会的発展面の便益が強調された。

この二つの政策目標の間には、少々張り詰めた空気がある。なぜなら、もしわれわれがモーダル・シフトの達成に真剣であるなら、自動車利用者にパーク・アンド・ライドの実行に際して、グリーン・ボーナスのような奨励制度を設けるべきなのか。そして、それは資源が貧困地区に回されるべきだと考える「社会戦略」とどのように共存するのか。また、なぜわれわれは、すでに恵まれている中産階級の人々に恩恵を与えなければならないのか。（チャールズ・ゴードン議員、ストラスクライド議会）

LRTの社会的再生面における利益は、提案されているネットワークを議会の「社会戦略」の要素に含めることによって認められる。社会的再生の点からその利益をみると、雇用や買物、その他の施設へのよりよいアクセスを提供することにおいて、最も直接的な結果を生み出すだろう……さらに第二の重要な利益として、それが運行される各地域への質の高いインフラに対する多額の投資は、その地域の長期的な繁栄に対する信頼の証と見なされるだろう。

元々の（北部ライト・レール）ネットワークは、グラスゴー市内で既存の駅が徒歩圏にない大部分の地域で運行することによって、鉄道による交通アクセスの拡張という目的を満たすことになる。それらの路線は、自動車保有率の低い大規模な住宅地域にも運行されるので、非常に良質の公共交通手段を提供することで、自動車保有の増加による悪影響を軽減することにもつながると見られる。そういった地域に直通鉄道をつなげることで、雇用機会へのアクセシビリティーの改善とともに社会的欠乏が緩和される。（ストラスクライドPTE 一九九四年六月七日）

このように、他の二つの主要プロジェクトとは異なり、選挙で選ばれた委員長と上層部にいる専門的公務員との「エリート集団」の間で、北部LRT路線網を支持する郡の「社会戦略」における象徴的な目的を基礎とする強力な意見の一致があった。これが、献身的なストラスクライド・トラム・プロジェクト構想を生み出した。第一段階はメリーヒルの中心部からイースターハウスまで構成されており、次にバローノック、ドラムチャペル、そしてトールクロスに行く支線も加えられた。重要なことは、この構想に反した利益との提携が排除されたことで、クロスレールやグラスゴー空港鉄道連絡線の場合と違い、ウォー議員が専門家によって開発された構想案に同意したため統治体制の中において自ら好む政策に賛成する強力な提携を結ぶ必要がなかったのである。

しかし、プロジェクトの採択が支持を受けた構想として行われたにもかかわらず、これを実行するにはいくつかの障害があった。設備投資コストが一億五〇〇〇万ポンドを超えていた同構想は、ＳＰＴＥの年間の設備投資配分を明らかに超えるものだった。そこで当初から、五六条制度による中央政府からの補助金が、計画を推し進める上で不可欠であると見なされた。さらに、郡は鉄道建設に必要な法的な権限を獲得するのに公的な調査会による承認を得なければならないため、一九九六年の三月にスコットランド担当大臣により指名された四人の独立した委員が主導する調査会が設置されることとなった。

この制度を通して、ストラスクライド・トラム整備への最終段階における劇的な影響が、そのプロジェクトの社会的発展の原理に強く反対していると以前から指摘されていた民間セクターによって及ぼされた。

一般的に、英国全土にわたる他のライト・レール整備がどうなっているかというと、この段階は道路を掘り起こすといったいくつかの地元に残された問題を除いてさほど議論は起きない。しかし、ストラスクライドで起きたことは、この段階としてはかなり珍しい。ストラスクライドのバス会社が、詳細な根拠に基づいて強く請願しその経済的根拠を疑った。それはこの段階において今までなされたことはなかった。そこで最終的には「公的な調査会は、経済及び財政面での査定に関心を持つべきか」という問題に行き着いた。論争は完全にこの査定に関するものであ

った。実際に、権力に関わる激しい論争は全くなかった。(交通計画コンサルタント)

重要なことに、運輸一般労働組合に採用されたストラスクライド・トラム反対論の立案者は、調査会において提案されたライト・レール計画は、設備投資補助金を受けるための中央政府査定ガイドラインを満たさないので住民の利益にはならないと主張し、地元のバス会社側に立った行動をとった。この嘆願が認められライト・レール構想が認可されなかったということは、ストラスクライドの地方鉄道政策の発展において、中央政府によって課せられた最も厳しい制限を浮き彫りにするものであった。

簡単にいえば、「社会戦略」に見られる目的と、一貫した都市施設への潜在的なアクセスの改善という目的の下で、自動車保有率の低い貧困層の住むコミュニティーを対象にして郡は次のような問題を持っていた。

中央政府が求める査定基準に関して、完全に重要な点を見逃した。それは、「もしわれわれに資金を提供して欲しければ、モーダル・シフトが必要だ」ということである。(交通計画コンサルタント)

具体的に、一九六八年交通法の五六条によって要求される限定された費用便益分析の形式は、『一九八七年鉄道調査報告』に含まれているようなSPTE自身による同様の査定において採用されたものと比べて、非常に限られた要素しか組み込んでいなかった。

「限定された費用便益査定(RCBA)」は、一般的に「五六条査定」として知られている。この名称は、五六条補助金の申請は完全で限定された費用便益分析を伴う必要があることを反映している。二つの形式の査定に見られる一番大きな違いは、RCBAでは、新事業を利用する人々の過剰消費における変化が含まれていないことである……RCBA査定の目的は、その計画が、可能な限り公共交通への投資コストは受益者から取り戻すべきであって、どのような追加の補助金も利用者以外への便益によって正当化されるべきであるという本省の一般的な基準を満たすかどうかを査定することにある。（運輸省 一九九六年b：二三二）

（五六条の）基準は、限定された費用便益査定である。そしてその背景にある中心的な推進力は、利益を得ている人々、その人々は運賃箱を通じて事業の建設にかかった費用を支払うべきであり、より広い範囲で利用者に対するどのような追加の利得も主張できないので、事実上それによって排除されるのは公共交通利用者の時間面での便益である。（交通計画コンサルタント）

ここでの致命的な逆説は、提案されているライト・レール事業の利用者に生じるそのような「公共交通利用者の時間面での便益」というものは大変重要であったということである。郡の社会的発展に基づく政策に対する中心的な目的は、都市中心部の雇用や他の機会までの移動時間を減らすために、貧困層の住むコミュニティーに鉄道を基本とする交通を提供することにあった。このことは、「具体的な結果」であるモーダル・シフトと、それに関連する都市の渋滞の減少を通じて移動を最大化するという経済的発展に関する目的により組み立てられた政府の五六条査定によって無視された。

（五六条評価の弱点の一つは、）数値化しにくい問題に十分注意を向けることができないことだ……私はストラスクライドの立場に対していくらかの同情を持っている。それは、政策に対して十分な重みをおいていないと思うからだ。全体像が見えることが不可欠だと思う。残念なことにそれらの査定はすべて、全体像をつかむことに失敗している。(交通計画コンサルタント)

さらに、五六条査定の構造は、補助金を受けられる可能性のある案であっても、社会的階層の全く違う地区へサービスを提供するものには認可を制限した。

(五六条の)基準を十分に満たすために、高い自動車保有率、川を横切る移動を目標にすべきであったのではないかと思う。今の自動車による移動時間よりも少ないという点で利益のある路線を対象にすべきであった。なぜなら、それが政府の望むモーダル・シフトと混雑解消であり、これが唯一成功する方法だからである。すでにバスが浸透している地域にいくのは、こういう基準をさほど満たしてはくれない。もし、今、与えられた基準がイースターハウスと他の全地域の発展と再生にあるとすれば、それは全く有効なアプローチであるとは思うが、残念ながら今の査定はそれを考慮しないのである。(交通計画コンサルタント)

それゆえに、郡によるグラスゴー北部におけるライト・レールのネットワーク案の拒絶は、ストラスクライドで明らかとなった統治体制の権力、そして実に地方政府の自治における最も重大な制限を示している。社会的見地に立って最も必要な地域へ鉄道投資を向けるという同意された政策を適用するための手段として同構想を推進したエリート集団であるベテラン議員と専門的な公務員達の間に明白な合意があったにもかかわらず、プロジェクトに中央政府の設備投資補助金が必要であったために、地方での政策立案における直接的な政府の介入以外の形で、中央政府の潜在的な影響力が示された。ストラスクライド・トラムのような大プロジェクトに関して、五六条に基づく追加資金が必要であることは、郡では年間の設備投資資金配分の中において相当の運営上の自治が認められているにもかかわらず、最も費用のかかる整備案を推進し成功させるためは、依然として中央、あるいは「地域外政治環境」にかなり依存せざるをえないことを示している。

3　要　約

「象徴的」統治体制としてのストラスクライド

この章で挙げられた三つのプロジェクトの歴史は、インタビュー回答者の認識によって以前に積み上げられていたストラスクライドの鉄道政策統治体制に関して推測されていた「象徴的な」モデルを追認するものであった。クロスレールとグラスゴー空港連絡鉄道線の場合は、「競争の中での合意」という考えに基づいたエリート集団を明らかに確認できた。選挙で選ばれたメンバーと専門的なメンバーの両方とも、戦略的な目標を郡の「社会戦略」の目的によって定義していたが、双方の間の極度の緊張関係は、政策の導入が社会的な費用便益分析の基準によってなされるべきか、より質的な政治的に導かれた抱負を基盤としてなされるべきか、というところにあった。専門的な分析によって「正当化」されるプロジェクト案と、議会の与党グループが選ばれた要因である社会政策目標のより質的な適用において支持された案との間の継続的な対立は、ストラスクライドの戦略的な意思決定過程を特徴づけた。それに続く政策討議の中心は、広い基盤を持つ提携を統治体制内に形成することにあった。それは、経済的、社会的発展的利益を結合させ、鉄道ネットワークの範囲と統合を最大化させるという合意による「象徴的な」目標に基づいており、そういう事柄が経済的発展と社会的発展への関心を結び付けた。地方鉄道圧力団体がエネルギーの大部分を注いだより幅広い与党の党員会議や一般市民からの支持は、各委員長が自分自身の好む主要なプロジェクトが政策として採用されることを保証するために利用したこれらの幅広い提携と結集にとって不可欠であった。

三つ目の政策事例であった「ストラスクライド・トラム」ライト・レール構想は、象徴的統治体制と一貫して異なる一連の過程を示している。この場合は、委員長とＳＰＴＥの専門的公務員の間にほとんど論争は起きなかった。というのも、北部ネットワークの選択は、「社会戦略」の抱負における質的な側面も数量的な側面も同じように十分満たしていたからである。それゆえ、どちらの委員長とも統治体制の中で自分の地位を保証するために、積極的に提携を構築する必要がなかった。しかし、統治体制の利害に関係する提携がエリート集団から独立して形成され、体制の中核グループが好むルート案に反対した。委員長が反対派の見解を検討からはずそうとしたことは、エリート集団の中での議論に打ち勝つために提携による力が必要ない時に、周辺に位置する統治体制メンバーを中心から引き離したものと見られる。

政策立案の大部分において地方自治が大幅に認められたにもかかわらず、ストラスクライド・トラム実施の許可が拒否されたことは、ストラスクライド統治体制と中央政府との関係の根底に、年間の設備投資予算を超える巨大な投資プロジェクトへの資金提供をめぐって「依存」の要素が残されていることを明らかにした。中央政府の「五六条」査定基準とＳＰＴＥの専門家による社会的な費用便益計算に含まれるより広い意味での社会的な要素との間の不一致は、中央の経済的発展への目的とは完全に調和がとれているとは言い難い提案を生み出した。重要なことは、中央政府と結集された反対派の提携との間の利益の一致が、その後の公的な調査会でＳＰＴＥの望む構想を打ち負かしたということである。

第7章　ストラスクライドにおける小規模開発

1　序　論

進行中の鉄道ネットワーク整備

本章では、一九八六年から一九九六年におけるストラスクライド鉄道政策統治体制の中で見られた小規模ネットワーク投資計画の進捗過程を分析する。ここでは、小規模な保守作業とすでに言及した三つの主要な戦略を除いて、ストラスクライド郡、ＳＰＴＥ、この期間に活動していた幅広い統治体制によって検討された新しい鉄道サービスあるいは旅客設備の提供に関係する整備政策案がすべて扱われることとなる。『一九八七年鉄道調査報告』におけるプロジェクト案に関する最初の説明に続き、新しい支線と延伸、在来線上の新駅、在来線改良の進展が、特定の統治体制メンバーによって自分の支持する案へ導いた方法について分析される。主要な動機づけの要素として、郡の「社会戦略」の役割と、エリート集団、幅広い統治体制の中で選挙で選ばれた委員長の優位性が強調されることとなる。また、ストラスクライド地方鉄道政策統治体制に当てはまるとされた「象徴的」モデルと、一貫した「表現的な政治」、「具体的な結果」を達成するための「インストルメンタル」な目標、これらにしたがって現実の政策を進展させようとする考え方が強調されている。

2　プロジェクトの歴史

支線の営業再開と延伸

マージサイドPTEもストラスクライドPTEも、サービスが提供される集積地人口を増やすため、現存する路線の延伸や新しい支線の追加により管轄地域の地方鉄道ネットワークの拡張を推進した。大部分の場合において、そのような構想は、貨物専用あるいは都市間の貨客輸送が実施されていた路線、もしくは過去に全面的に廃止されたものの用地は物理的にそのままの状態を維持していた路線において、地方旅客輸送を再開することを提案していた。設備投資コストは、路線の全般的な状態及びその結果必要とされる改良工事の程度、そして新しいサービスを行うのに車両の増備が必要かどうかによる。さまざまなルート案があったが、それらは対照的な社会経済状態のコミュニティに対してサービスを提供するものであったため、アクセシビリティの改善、渋滞緩和、都市の再生などさまざまな目的のどれでも果たすことができた。この一連の潜在的な「具体的」、「象徴的」便益、そして列車を新しい地域で運行することに関する政治的正当化の明確な表現は、新しい支線事業の優先がもたらす地方都市鉄道政策統治体制に見られる理念と運営の分析に関する検討に反映される。

ストラスクライドにおいて実施され、提案された支線の営業再開構想の形態は、これまでの章において明らかにされたいくつかの明確な傾向を補強し、そしてまた限られた「インストルメンタル」、もしくは「プロジェクトの実現」

図7-1　ストラスクライドにおいて営業再開構想が提案された鉄道支線の立地

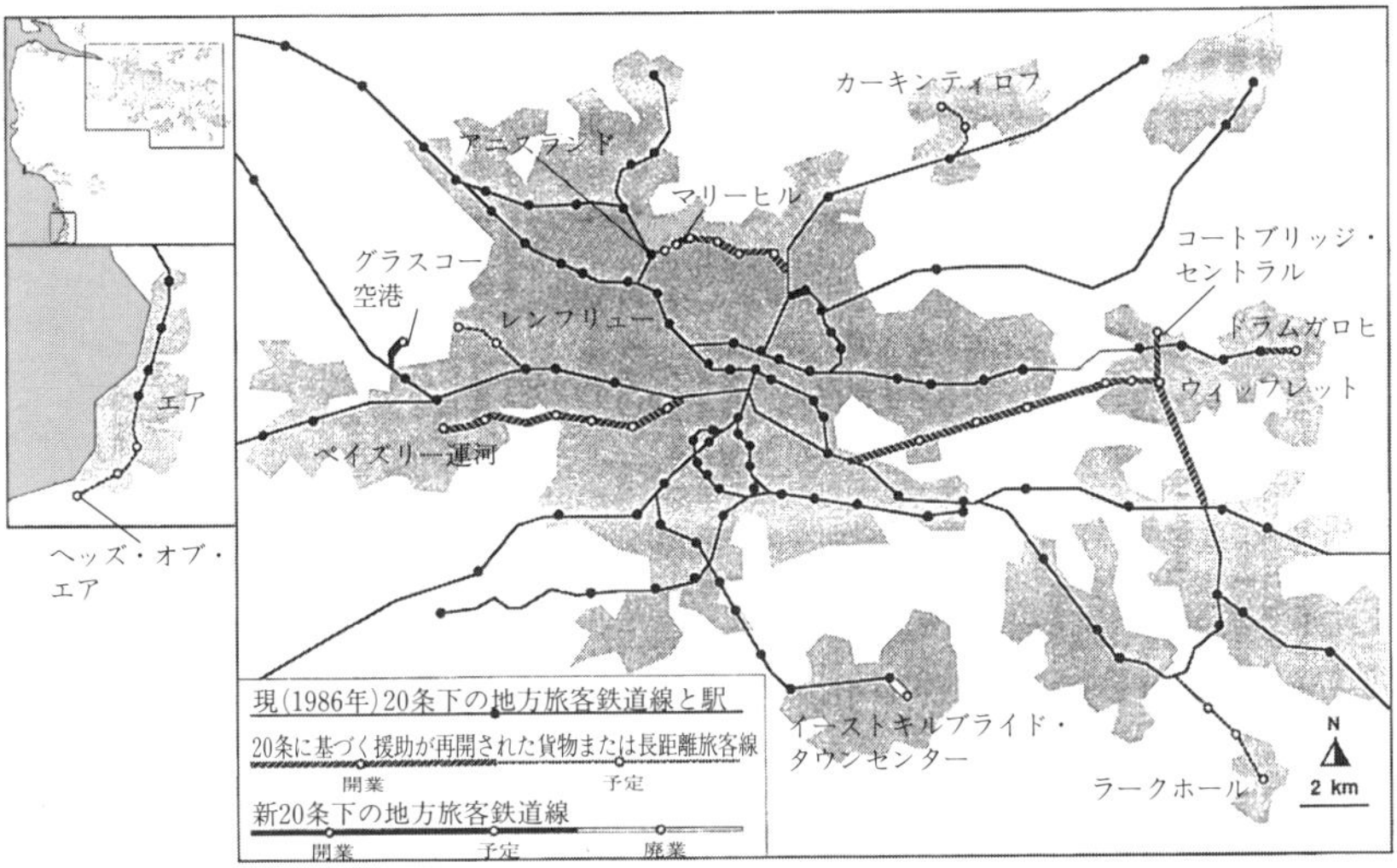

面の目標をも含めようとする統治体制の「目的」を拡張するものである。「目標の一部は、何が実行可能かによって形作られる」（ストーカー、モスバーガー 一九九四年：二〇一）というこのインストルメンタルな部分は、新しいインフラ構想の工学及び財政面からの実行可能性に関連した実用主義的な表現に起因する。

新しいアイデアは不足していない。しかし、われわれは既存の土地で物事を行うことを抑えつけられている。論理的には、新線区間を非常に短くして実施しているクロスレール及びグラスゴー空港連絡線を除いて、われわれは今ある用地以外で新しい鉄道路線を考える立場にあるとは思わない。（公務員、ストラスクライドPTE）

全く新しいヘヴィ・レールの鉄道路線を建設するという考えは、実際に理想の国に近づくようなものである。クロスレールやグラスゴー空港のような切れ端をあちこちに建設することは、当然のことながら古い線路を再利用すればできるだろう。しかし、全く新しい路線は論外である。（回答者、スト

表7-1　ストラスクライドにおける営業再開構想と主な特徴

構　　想	距離	追加の駅数	以前の路線状態	設備投資コスト（単位：100万ポンド）	1996年３月31日時点の状態
ドラムガロヒ	2	1	不使用	0.7	1989年開通
ペイズリー運河	10	6	貨物のみ	3.0	1990年開通
カウレス・コード	0.5	0	完全に新しい設備		1990年開通
	0.8				
ラザグレン・コートブリッジ	14	5	貨物のみ	8.0	1993年開通
北郊外線					
第１段階	5			2.2	1993年開通
第２段階	2			－	調査進行中
ラークホール	5	3	不使用	約14.0	資金待ち
カーキンティロフ	2	2	不使用	－	調査進行中
レンフリュー	4	2	不使用	－	調査進行中
エアの南	5	3	一部PTE事業、一部不使用		調査進行中
グラスゴー空港	2	1	主として完全に新しい設備	約40.0～60.0	調査進行中
イースト・キルブライド町中心部	0.8	1	完全に新しい設備	約4.0～6.0	却下

ラスクライド地方自治体）

　したがって、グラスゴー空港への連絡線、そして却下された町の中心部へのイースト・キルブライド線の延伸（後述）を除いて、郡における新しい地方旅客鉄道サービスの提案は、すべて歴史的に廃止された鉄道路線の再開、または二〇条に基づく援助区間を当時は貨物や長距離の輸送に使われていたPTE旅客事業外の運行路線にまで広げることを構想していた。

　しかしながら、ストラスクライドにおいて不使用の路線を再開するというインストルメンタルな目標は、象徴的統治体制を特徴づける「幅広い展望、または一連の信念」（ストーカー、モスバーガー 一九九四年：二〇一）を犠牲にすることで、統治体制によって採用されたわけではなかった。むしろ、地方ネットワークの包括的な運行範囲を拡張すること、及び「社会戦略」という中核的な合意された価値を「補足するもの」であった。ストラスクライドによって継承された地方鉄道ネットワークの包括的な範囲を思い起こして、ウォー議員はどのようにして支線再開の概念が、基本的な社会的発展に関する理念から、郡の人口の大部分に鉄道アクセスの機会を広げることに発展したかについて述べた。

私は、鉄道ネットワークへのアクセスが欠如した地域が多いことに気づいた。そこで私は鉄道ネットワークを拡張することを望んだ。（マルコム・ウォー議員、ストラスクライド議会）

このように、『一九八七年鉄道調査報告』の中で明らかにされた最初の三つの路線営業再開構想案は、これらの象徴的な目標を、地方鉄道ネットワーク拡張への現実的なアプローチと組み合わせたものであった。それは、これらの路線が、社会的欠乏が見られる地域において、英国国鉄の別部門によって使われていた「既存の」鉄道路線を、地方旅客サービス改善に役立てるというものであったからである。第四のプロジェクトであるカウレス・コードは、グラスゴー・クイーンストリートからカンバノルドへ行く列車が、途中で折り返す必要をなくすために、不使用の鉄道用地を横断する短絡線を建設するものであった。重要なことに、そのような現実主義は、専門家と選挙で選ばれたメンバーで構成されるエリート集団全体に、これらのプロジェクトに対する強い支持を確実にした。それは、どの案も政治的な質的な目的とSPTEの好む社会的費用便益分析基準の両方を満たしたからである。

最初の路線営業再開構想である北部電車のドラムガロヒへの短い二㎞東側への延長は、歴史的なグラスゴー・バスゲート線の当時は貨物専用区間であったところの改良と電化を意味し、PTEの二〇条下路線の収入バランスに純益を生み出すのに十分な新規利用者を開拓すると算定された。同様に、さらに二つの貨物路線、すなわち旧キルムコル

図7－2　再開されたウィフレット旅客鉄道路線のカーマイル駅

ム線のグラスゴーとペイズリー運河間の区間、ラザグレン駅からコートブリッジの近くのウィフレットまでの支線の改良についても、財政、社会両面にわたって費用便益上の純利益を生み出すと予測された。

一方、第四の営業再開プロジェクトであるメリーヒルへの北郊外地方線のサービス提供については、クロスレールとグラスゴー空港連絡線構想において従来見られたのと同様の傾向が映し出された。それは、エリート集団の中における委員長の支配的な地位が、提携の拡大や住民の支持によって時間が経つに連れて強固となったので、投資案に対するSPTEの専門家の数量化可能な費用便益分析に対する重要性は、郡が共有する社会政策面での期待が政治的に支持されたことで弱まった。

北郊外線計画は、当初『鉄道調査報告』では除外されていた。それは、予備的な調査において、現存する二〇条下路線とスコットレールのウェスト・ハイランド線を組み合わせて利用するものではあるが「その迂回的な性質のために、鉄道による移動時間は、現行のバスによる移動時間と似たようなものであり、得られる利益は少ないか、もしくはないといえる」（SRC一九八七年a：一〇七）と示されたのであった。しかしながら、意味深いことに、「ストラスクライドの交通発展に関する研究」の作業の中で、ドラムガロヒ、ペイズリー運河の構想は完成し、ラザグレン・コートブリッジ線の提案も順調に進められた。クロスレールと西岸本線の一部以外では、二〇条に基づく援助を受けられる地方サービスのない開業線は、ストラスクライドの北郊外線を残すだけとなった。

実施すべき構想として北郊外線が再度選択されたのは、住民の強い支持に後押しされた道路・交通委員長の努力の結果であった。一九八九年のSTDS協議報告書の前書きにおいて、ウォー議員は、都市のアクセシビリティに関する公平性の向上を実現したいという願望を強調して、地方鉄道ネットワークの整備に関する個人的な期待を繰り返し述べた。

本書において提示されている可能性は、ストラスクライドにおける公共交通に関して、次の世紀に向かって進む活気に満ちた道を提供している。それらは、信頼できる頻度の高い快適な公共交通という選択肢を郡に住むより多くの人々に与えられるよう計画されている。（マルコム・ウォー議員、ストラスクライドPTE一九八九年a：一）

この提言の重要性は、ストラスクライドにおいてその後見られた路線の営業再開構想の過程において認められた。『ストラスクライドにおける移動』で住民の回答の三分の二以上が、郡内で休止状態にある鉄道路線を将来旅客向けに再開するという意見に賛成しており、なかでも北郊外線は早期に実行すべき路線とされたため、ウォー議員は「社会戦略」の目的と一致していたこの政策の継続を要求した。何人かのインタビュー回答者は、PTEの公務員がラークホールなど他の提案よりも北郊外線構想の進行に同意していたと主張した。それは、社会的費用便益分析の結果では不利であったにもかかわらず、このプロジェクトが、路線の営業再開に関するSPTEの実績を向上させるという見込みと、鉄道ネットワークの範囲を社会経済活動の少ない地域にまで拡張するという幅広い象徴的目標とを結合させるからであった。特に、これは「インストルメンタル」な政策立案と関連したプロジェクトの実現という目標を映し出している。そこでは、「専門家は、それを市民の支持を獲得し、物事を遂行する手段と見て、おそらく自分達が昇進する（ため）と考えるであろう」（ストーカー、モスバーガー一九九四年：二〇三）。このように、ストラスクライドにおいて明白なインストルメンタリズムの程度は、収入と利用者増という「具体的な結果」の最大化より、むしろより実行可能なプロジェクトを「実現する」という願望に基づいていた。

物事の順番は、それらがどれだけ実行しやすいかに影響された。ペイズリー運河は、営業を再開するのにかなり容易な線であった。なぜなら、その軌道の大部分がまだそこにあったからだ。それは、現実の再開とは無関係で、議会の力とも無関係だった。同様に、ウィルフレット線と北郊外線も容易であった。ラークホールやカーキンティロフのように軌道が撤去されていて財政上の問題が大きいと見られるものは、ＳＰＴＥが議会の力を借りる必要があるので問題がより複雑である。（回答者）

ＳＰＴＥは、生き残ろうとするならば、継続的に鉄道に投資し、鉄道を拡張し、存在する理由を生み出していると見られなければならないと考えていた。（回答者）

総合的に見て、財政面に及ぼされるであろう影響に関係なく、路線の営業再開構想を遂行するというこの戦略は、ストラスクライド地方鉄道ネットワーク整備の重点をどこに置くかに深い影響をもたらした。それは、実施された四つのプロジェクトであるドラムガロヒ、ペイズリー運河、ウィフレット、北郊外線は、いずれも比較的貧困なコミュニティに運行されるからである。そこでは、アクセス機会の向上という社会的発展面での目的を達成することが、経済的発展及び収入増の達成機会よりも明らかに重要だからである。

私は、「赤字」という言葉を使うことを躊躇するが、北郊外線、ペイズリー運河、そしてウィフレットの事業のように、実際に良い収益率を達成しないそれら新しいサービスについてその分別を疑う。実際、列車に乗っている人の数を見るならば、ごくわずかしかない。だが、結局のところ私は、純粋に商業的な観点からそれを見ているのだ。

（回答者、鉄道業）

したがって、「社会戦略」の戦略的「象徴的な」目標と、地方政治の正当性に対する効果を上げる方法としての「プロジェクトの実現」目標とが現実的に結合して、ストラスクライドにおいて導入された支線の営業再開構想は、ラークホール、カーキンティロフ、エアの南案という収益性が高いと予測された通勤者の多い地域の計画に先立って、郡内でもあまり繁栄していない地域に運行する構想に目が向けられた。しかし、ストラスクライドが地方鉄道ネットワークの年間運営費に関してそれらの路線の潜在的な影響があったにもかかわらず、この政策を追求することができたのは、ＰＴＥの財政のシステムが比較的寛大であったことによっている（付録を参照）。

しかしながら、最後の路線延伸計画が却下されたことは、地方旅客鉄道ネットワークの拡張に関してストラスクライドによって採用された現実的なプロジェクトの実現アプローチに関する実例を追加するものではあるが、これもまた中央政府が地方における鉄道政策の進展に影響を与える可能性が残されていることを示している。

イースト・キルブライドが八万人を超える人々の住む場所に成長し、一九四七年に新しい町としての指定を受けて以来、ストラスクライド郡で二番目に大きい小売業の中心地になったが、鉄道の終着駅はちょうど一キロ弱ほど町の中心部から離れたところにある。したがって、町の中心部にあるオフィス、小売店、レジャー施設へのアクセスを向上させるための路線延伸の可能性は、ストラスクライド地方鉄道ネットワークによって提供される都市のアクセシビリティの全体的なレベルを潜在的に改善することにつながる。しかし重要なことは、これらの便益が既存の路線ですでに結ばれている比較的繁栄したグラスゴー南部の郊外にまで拡大されるであろうということである。鉄道アクセスを、現在はバスに依存している恵まれないコミュニティへ拡大させることに集中するという「社会戦略」に基づく目標という点から見れば、同構想の成果は限定的であった。

イースト・キルブライド鉄道延伸計画の事例が重要なのは、二つの理由による。第一にその構想は、一九八六年から一九九六年の期間に中止されたストラスクライドにおける唯一の鉄道への設備投資計画であったことが挙げられる。第二に、このような事態になったことは、イースト・キルブライド開発公社の存在が、ストラスクライド鉄道政策統治体制に与えた影響と、同公社と中央政府との関係に直接起因していたからである。

一九九五年に廃止されるまで、イースト・キルブライド開発公社は、英国の至る所にあった他の指定されたニュータウンに存在した同種の組織のように、その地域の戦略的開発に責任があった。そこで、同公社は、スコットランドの政治体系下でわずかしかなかった選挙とは無関係の地方政府機関の一つとなり、住宅供給及び産業開発といった他の地域では通常、郡及び地区の議会が担当していた公共政策のいくつかの面に関して責任を持った。

イースト・キルブライド開発公社は、郡の『一九八七年鉄道調査報告』の後、イースト・キルブライドの町中心部への鉄道延伸プロジェクトの進展に関係するようになった。すでに概説したアクセシビリティ面での便益により、潜在的に価値があるというプロジェクトへの認識があったにもかかわらず、当時採用され広く使用されていた数量的な社会的費用便益分析システムの下で、ＳＰＴＥの専門家は予測された設備投資コストの二〇パーセントの拠出しか正当化できなかった。

一九八六年に、PTE、英国国鉄、イースト・キルブライド開発公社は、鉄道路線を現在のターミナル駅から町の中心部へ、それもショッピング・センターやバスの停留所に隣接する所へ延伸する可能性について調査を実施した。これらの調査では、そのような延伸は達成可能であること、そしてその建設には四四〇万ポンドから五九〇万ポンドかかるであろうということが確認された。

しかしながら、同構想が進められることを正当化するためには多額の資金が郡以外から拠出される必要があると考えられる。したがって、正式のアプローチが、イースト・キルブライド開発公社や他の関係機関になされ、鉄道路線の町中心部への延伸に対してどれだけの財政上の貢献をする準備があるかを確かめるべきである。（ストラスクライド郡一九八七年a：六二）

重要なことは、イースト・キルブライド開発公社自体は、同提案に好意的に反応したにもかかわらず、公社はその上部行政機関であるスコットランド省の産業局に対して、この構想に資金を提供することの許可を得ることができなかった。

現在の終着駅から、新しい町中心部の駅にイースト・キルブライド線を変更するという提案は、スコットランド省の承認を得られず、それゆえにこのプロジェクトは、もはや続けられない。（ストラスクライドPTE一九九一年五月二八日）

われわれは、恐らくご存知のように、町中心部に線路を延長し、イースト・キルブライドに行こうとしていた。そしてわれわれは、交通の面では、その費用のたった二〇パーセントしか正当化できなかった。開発公社が、残りを支払えたであろうが、公社は、政府にそれをすることを禁じられた。それは、（スコットランド省）産業局が、産業及び商業に投資したいと考えているお金が交通に投資されれば、これから他のところでもいろいろと違ったやり方が出てくると感じたからである。（公務員、ストラスクライドＰＴＥ）

したがって、スコットランド省が、イースト・キルブライド線の計画された延伸に対するイースト・キルブライド開発公社からの拠出を認めないとする決定は、同計画の中止につながり、郡の同構想への資金拠出を制限するという元の決定が下されたような数量的な査定方法からの転換がなされたにもかかわらず、その後再提案されることはなかった。何人かの回答者は、非公開の意見として、これはエリート集団全体において継続的に一致している意見が原因だと述べた。元の数量的評価方法の結果に基づく専門家による疑問が依然としてあるのに加えて、ベテラン議員は、「社会戦略」の面でさらに十分に正当化されうるすでに触れた広い範囲にわたる競合路線の営業再開プロジェクトの方が優先されるべきだと強調したのである。

在来線の新駅

一〇年にわたる研究期間の中で、ストラスクライドにある既存の二〇条下旅客鉄道路線に建設された新駅の位置は、より大規模な路線の営業再開構想の選択において見られたものと同様の政策立案結果を明らかにしている。非常に広いネットワークを持っていたため、ストラスクライドにおいて新駅を建設する可能性が考えられる場所は数多く、『一九八七年鉄道調査報告』では、予備的な評価として、既存の運行パターンを維持しながら車両を追加購入する必要性がない新駅設置可能な四八の場所について調査が実施された。それらの場所は、ＳＰＴＥ自体、郡内の地区評議

図７-３　ストラスクライドにおいて新駅が設置される可能性のある場所

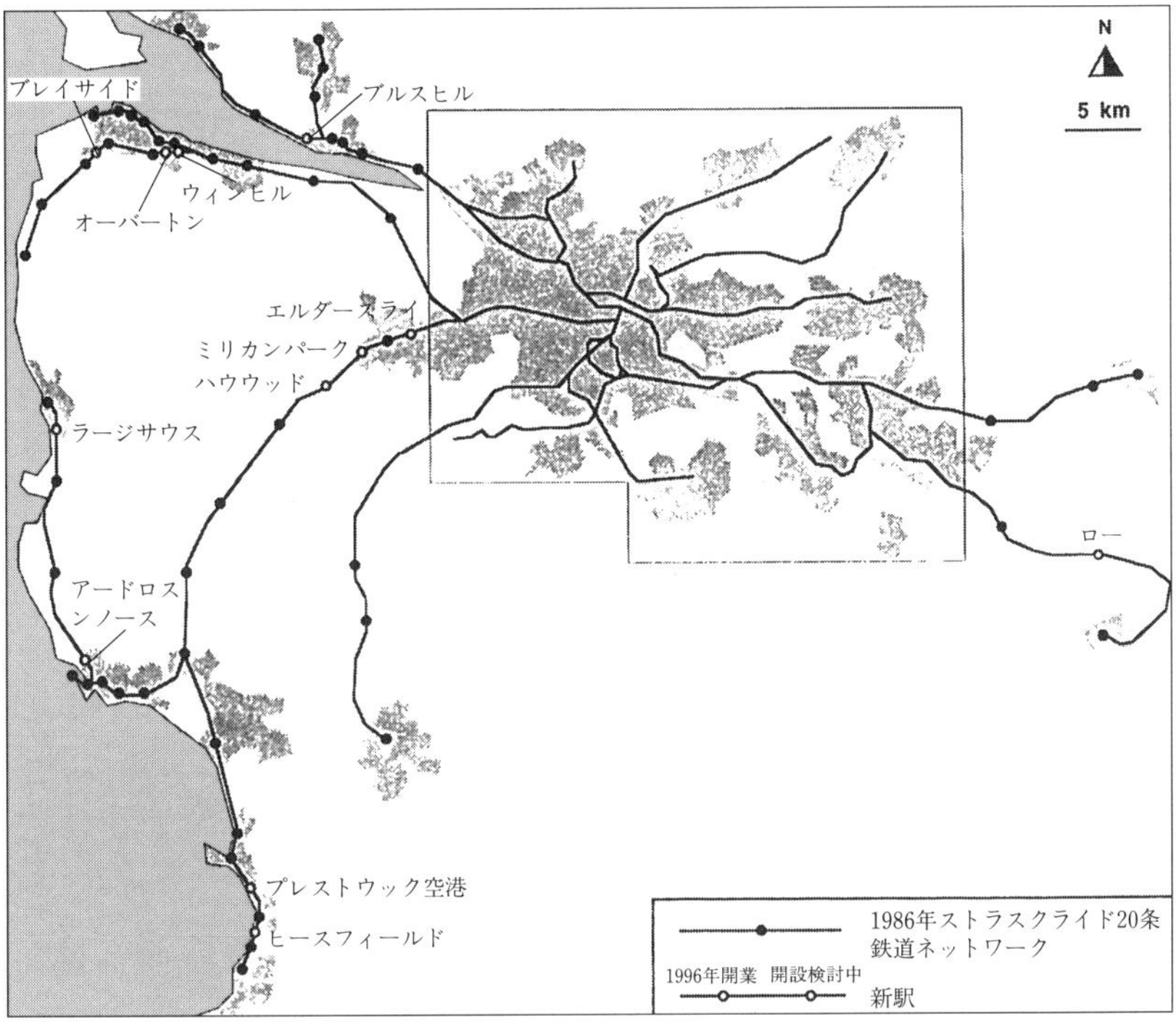

出所：ストラスクライド議会（1987年ａ）。

会、個人、そして二つの圧力団体である鉄道整備協会とスコットランド公共交通協会を含むいろいろな組織によって提案された。

新駅建設のプログラムは、ウォー議員により再び推進された。

> 現存する路線においてさえ、多くの隙間があり、ただ鉄道の停車場を造っただけでも、旅客を呼び込めることに私は気がついた。そうすれば、駅と駅の間隔は二ないし三マイルに設定できるからだ。しかも、その二、三マイルの間に、大きな住宅地を開発することができ、そこでは毎朝、列車に乗るために一マイル半逆方向に歩く必要がないのだ。したがって私は、鉄道駅を提案することを決めた……鉄道駅を建設することによって、さらに多くの乗客を

図7-4　ストラスクライドにおいて新駅が設置される可能性のある場所：クライドサイド地域挿入部分

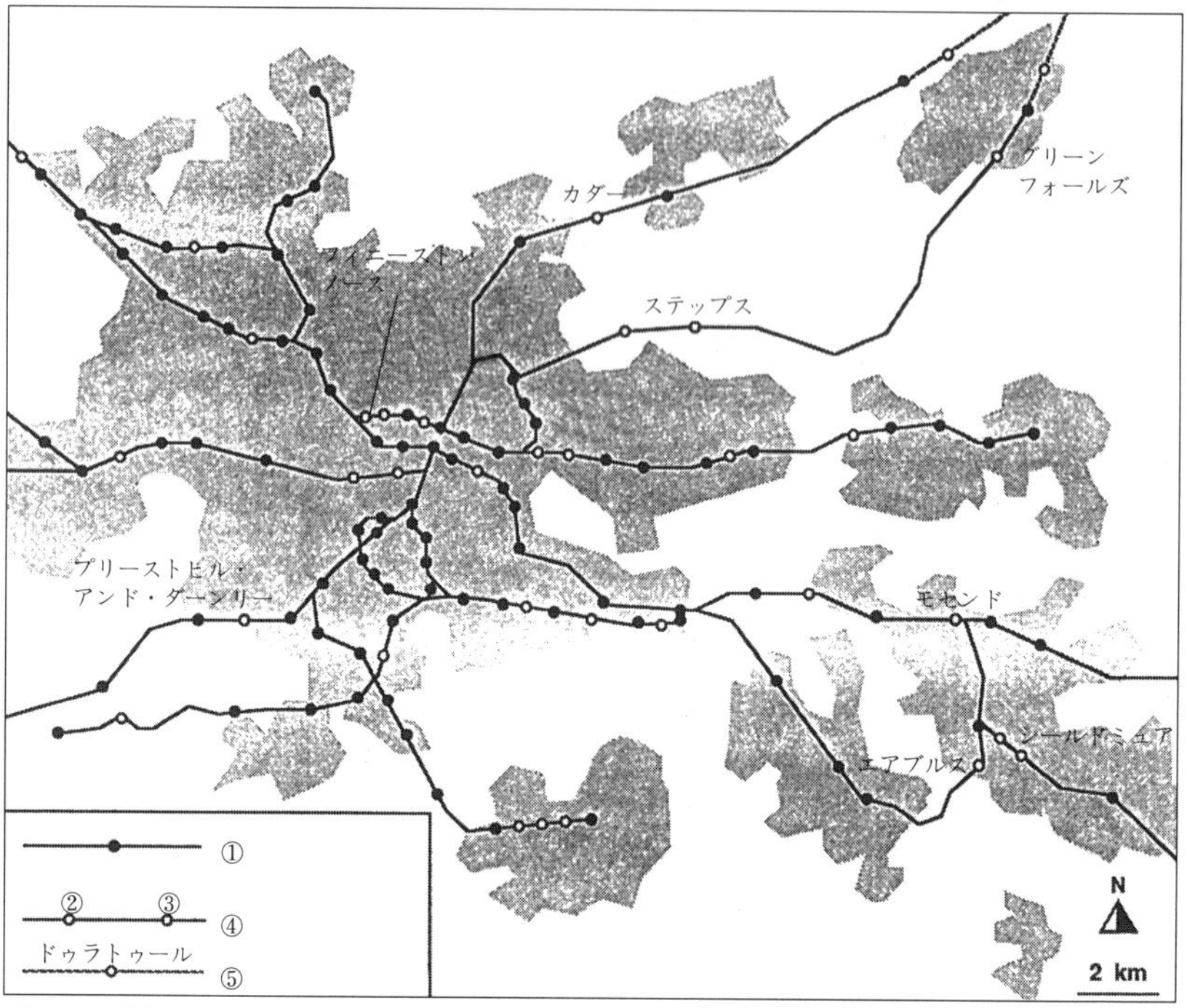

①1986年時点でストラスクライドにおいて20条に基づく援助を受けている鉄道ネットワーク
②1996年開業
③開設検討中
④新駅
⑤既存のPTE管轄外旅客線上の新駅
出所：ストラスクライド議会（1987年ａ）。

獲得した……そして利用が増加したばかりでなく、補助金額も、さらに多くの人々が列車に乗るにつれて減らすことができた……実際のところわれわれは、鉄道へのアクセスが断絶していた多くの人々に門戸を開き、そうすることによって利用を増やしたのである。（マルコム・ウォー議員、ストラスクライド議会）

一九八九年のエアブルス、ミリカン・パーク、ステップス、グリーンフォールズでの最初の四つの新駅開業から得られた経験に照らして、シールドミュア、ウィンフィル、プリーストヒル・アンド・ダーンリー、ウィフレット、それにプレストウィック空港という五つの駅が一九九六年までに支線の営業再開構想と並行して在来線上に開業した。二つの明白な政策的観点が、これらの構想の選択を分析する際に特に重要である。最初に、議会の駅における人員配置政策は、新駅設置のコストに直接関連していた。ストラスクライドでは無人駅が、最初の『一九八三年鉄道調査報告』の後に行われたストラスクライド人員配置に関する合意以来、ネットワークの大部分で見られ、一九八六年から一九九六年の間に開業した新しい無人駅の平均的な設備投資コストは、三九万一〇〇〇ポンド（主として民間融資によるプレストウィック空港駅の一六万九〇〇〇ポンドを除く）で、年間の直接的な運営費と設備投資支出は、各々四〇〇〇ポンドと一万九〇〇〇ポンドに達していた（ストラスクライドPTE 一九八八年八月四日）。これは、PTEが有人駅を維持し（第9章2節を参照）、必要な人員と出札設備を持つそのような新駅の平均コストが、一九八六年から一九九六年の間で八七万五〇〇〇ポンドであったマージサイドと全く対照的である。

第二の重要な要素は、ストラスクライド鉄道政策統治体制の中で、プログラムに組み込まれる構想の選択において採用された査定方法の形式に再び関係する。

ゴードン議員は、在来線上の新駅建設が、完全に新しい鉄道路線に見られるような収入増加への効果を意味するわけではないので、そのような構想案を査定する際に優先する項目は一つだけであったと指摘した。それは、プロジェクトの設備投資と運営コストをカバーするだけの利用が見込め、したがって郡の二〇条関連収益勘定へ正味の貢献を保証することであった。

まず検討しなければならないのは、その駅が財政的に成り立つかどうかである。なぜなら、避けなければならないことは、設備投資を通じて駅を完成させることができる一方で、発生する支出を埋め合わせできないという事態だ。

そこでは、収入増加の効果はないということに、留意しなければならないのである。他のこともある。時には、機会がやって来ればそれを利用しなければならない。誰かが数百の家のための建築許可を得て、そしてそれによって新駅を維持できると思うなら、その所在地を優先順位の上の方に置くことができる。そのように、われわれはこのことに関しては、少しは現実的に対応し、中止したり変更したりしてもいいと思う。（チャールズ・ゴードン議員、ストラスクライド議会）

新駅の建設に対するＳＰＴＥの現実的で日和見主義的な「プロジェクトの実現」アプローチの好例といえる新駅計画は、休日のチャーター便と小規模な航空会社による定期便向けにグラスゴー空港に代わるものとして整備されたプレストウィック空港の駅計画である。電化されたグラスゴー・エア鉄道幹線に乗客ターミナルが極めて近接しているため、空港へのアクセスの重要な役割を果たす鉄道輸送の可能性が認められ、『一九八七年鉄道調査報告』では駅建設のコスト予測の査定が盛り込まれた。しかしながら、その頃のプレストウィック空港は、一九九〇年にグラスゴー空港に移管されるまで大西洋横断の航空輸送を扱っていたにもかかわらず、予測された鉄道乗客数は、当時使用された査定方法の下で、駅に必要な手荷物用ワゴンの利用可能なエレベーター、空港ビルへの屋根の付いた接続通路を提供するのにさえ、「単独ではそれにかかる一五〇万ポンドから二〇〇万ポンドのコストを正当化できるという感触を郡は持たなかった」（ストラスクライド地方自治体 一九八七年ａ：一一五）程度であった。

しかしながら、一九九三年までの間に状況は一変した。空港の新たな民間所有者と、欧州連合からの補助金を受けた同地域の地方政府企画会社であるエンタープライズ・エアーシャーとの共同体は、新駅設置に関して予測されていた二〇〇万ポンドの設備投資コストの内、七五パーセントの資金を提供することをＳＰＴＥに提案した。郡が長年にわたって新駅の優先順位リストに記載されているプロジェクトのための資金から五〇万五〇〇〇ポンドを提供することに同意したということは、外部からの設備投資資金の可能性によって生まれた政策の優先度における最も重要な方向転換の一つとなっている。

珍しい例となったプレストウィック空港のほかに、新駅の場所選択における現実主義の現れと、それに関連した優先提案リストの修正が見られたのは、ストラスクライドのあらゆる新駅における利用の増加が、二〇条下路線の収支に正味の貢献をすることだけが必要であるという基準に直接かかわっている。新駅建設の最初の波に先立って、委員会の報告書は、この財政上の敷居を越えるのに必要とされる乗客数の水準を示した。

コストは、日曜日を除く各駅における一日平均乗客数が一〇〇人以上であればカバーされるであろう。駅によって生み出されたさらに多くの乗客によって、双方の場所でこの数を越えるであろうと考えられる。したがって、双方の場所（エアブルスとミリカン・パーク）は、議会の収支報告における支出減少へ正味の貢献をするであろうと予測される。（ストラスクライドＰＴＥ 一九八八年八月四日）

このように、年間約二万五〇〇〇ポンドという比較的小さい収入合計を生み出すあらゆる新駅は、その運営及び財政面でコストをカバーしており、ＰＴＥの収入勘定へ正味の貢献をするという議会の基準を達成している。新駅がこの収入を生み出す最小レベルをどれだけ超えたかは、重要とは考えられなかった。これによって、構想の選択が一層柔軟性を持つこととなった。それは、このような追加の収支面での負担は、新たな乗客の移動を比較的少ししか誘引することのできない駅でもカバーでき、前述の報告から引用された一〇〇人未満の単一移動という数字に見られるように、最も恵まれない地域にある多くの駅候補地でさえも手が届くような利用目標の水準であった。

さらに、いくつかの競合する選択肢の持つ潜在的な「具体的な結果」の、包括的で「客観的な」費用便益比較を優先したそのような基準の採用は、「象徴的な」地方の政治的要求に関して新駅を設置するための自由を相当程度確保した。

近年、駅はかなり明白に、商業的な理由よりむしろ政治的な理由のために開業されている。（回答者）

いくつかの駅は、単に交通面の理由ではなく、地方の目標を推進するためなどあらゆる理由で設けられている。われわれは往々にして、「サービスが正当化されていると思わない」と言う。そしてPTAは、政治的な理由のために、「ただ、われわれは正当化されていると思う」と言うのである。（公務員、ストラスクライドPTE）

実際に、この直接的な政治力の投入は、ストラスクライドにおける新駅整備に選定された場所に実質的な効果を与えていた。郡内で特に不況の目立つ地域の二つの駅、ラナークシャーにおける旧ラヴェンスクレイグ製鋼所近くのシールドミュア、グラスゴーの南西の端におけるプリーストヒル・アンド・ダーンリーは、新駅構想実施の第一段階に見られた現実的な選択の後、そのような「表現的な政治」の結果として設置が進められたものと確認された。

最初の駅、ミリカン・パーク、ステップス、グリーンフォールズ、エアブルスは、建設しやすく、それらに対する自明の要求があったという事実に影響された。ステップスは、かなり隔離されたコミュニティであり、グリーンフォールズ、エアブルス、ミリカン・パークにはすべて新しい住宅開発地区があった。したがって、その要求は、自明のものであった。詳細な費用便益分析はなかったが、何が行われたかというと、何人の利用者が新駅設置を正当化するのに必要かを割り出し、PTEはどの駅についても当然満足した。それは、利用者数が必要とされた数をはるかに超え、二〇条下路線の支出を増やさずに収入に貢献する一方で、アクセスの向上とネットワークの活用が達成されるからであった。

確かに本質的な政治力の投入があったところは、新駅のうちの二つである。シールドミュアとプリーストヒル・アンド・ダーンリーは、運行の面から見てケニスヘッドとニッツヒルにあまりにも近い。しかしそれに対し、政治的な意思、真の政治的な圧力があった……それは可能な案のリストにあり、「それはわれわれのしたいことの一つだ」と言わなければならない政治的な圧力であった。（回答者、ストラスクライド地方自治体）

このようにして、恵まれない周辺部のコミュニティに狙いを定めて新駅への投資をすることは、地方鉄道整備政策の中において郡の「社会戦略」にみられる価値をより直接的に適用ことにつながった。このアプローチの結果、フィニーストン・SECC北部のような都市中心部における開発予定地域付近と、自動車の保有率が高く、公共交通へのモーダル・シフトの可能性のある比較的豊かで経済活動が活発な住宅区域での新駅設置案が棚上げされた。特に挙げられる例は、既存のビショップブリッグス駅とレンジー駅の中程にあるカダーと、エアの北にあるヒースフィールドで、それらは四つの支持された新駅構想に関する郡の当初のリストに含まれていた（ストラスクライドPTE 一九八八年四月一二日）にもかかわらず、決して前進することがなかった。「社会戦略」の価値にしたがって鉄道輸送の公平性を向上させるという願望は、都市の渋滞を減少させるという幅広い経済的発展面の目的を推進する機会よりも明らかに上位におかれた。

在来線の改良

研究期間において、ストラスクライドの鉄道ネットワーク整備計画から明らかに抜け落ちていたのは、現存する地方旅客鉄道システムの電化促進に相違ない。一九八七年初頭のエアーシャー線プロジェクト完成の後、それ以上の電化構想が計画されなされなかったことは、マージレール電化の継続的な拡大が中心的な開発目標であったマージサイドや、そのような構想を推進したウエストヨークシャー、マンチェスター圏、ウエストミッドランドを含むいくつかの他のPTE地域と対照的である。

『一九八七年鉄道調査報告』において、ストラスクライドで電化の提案がなかったことは、エリート集団と他の統治体制メンバー間の「利益の一致」の結果と見られる。『一九八三年鉄道調査報告』に至る過程で、エアーシャー線を電化するという決定を得るのに一役買ったウォー議員は、近郊路線の電化促進はあまり緊急であるとはとらえていないと表明していた。

ラーグスに行く途中で英国国鉄の職員にスプリンターに関する質問を一つか二つした。それは、私が交通関係者ではなく、技術者であったからだ。私はラーグスに行く時に乗ったスプリンター車両に満足しなかった。それは、上り勾配になると必ず力がなくなるからだ。そこで、エアーシャー線を電化することを決定した……イースト・キルブライドのように短い路線については、それが短い移動でしかないから、私はそれでも納得するだろう……しかしエアやラーグスへ行くのはより長い路線なので、電化は通常のスピードを保つのに利用できるものだと考えた。電化は、スピードと快適さには必要であり、正しさが証明されたと思う。（マルコム・ウォー議員、ストラスクライド議会）

さらに、別の適切な地位にいる観察者は、SPTE内の専門的な観点が、短い近郊ルートを電化してもその便益は限られるというウォー議員の理解と一致していたと見られる。グラスゴーとエア間のような長いルートと比べて、従

図７−５　ストラスクライドにおいて電化された旅客鉄道線（1986年時点）

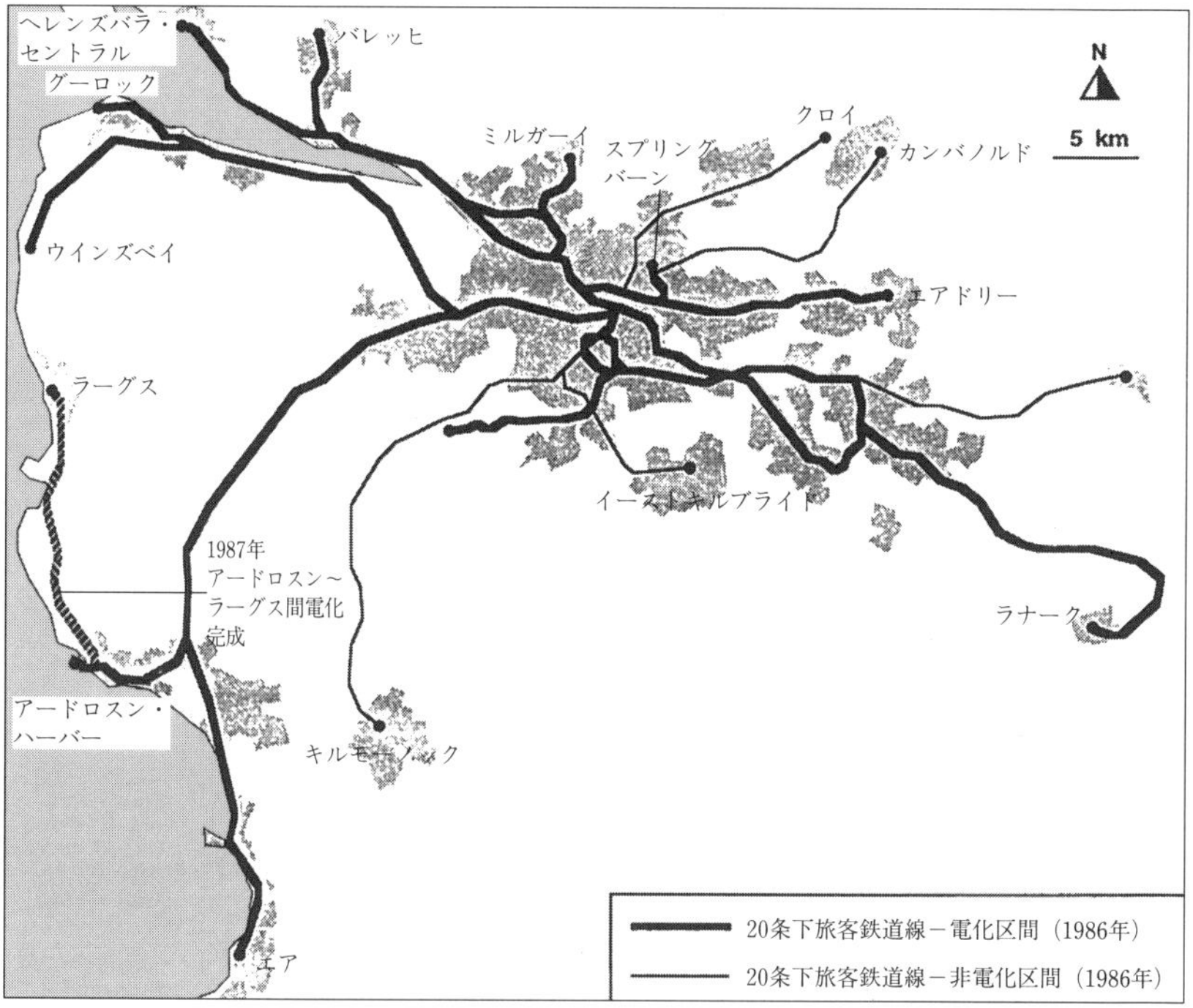

来から脆弱な交通基盤しか持っていなかったこれらの路線にとって、固定設備を伴う電化のための設備投資は、『一九八七年鉄道調査報告』において適用された専門的な査定基準の下では正当化することができなかった。

> カンバノルド線の場合、電化しないというＳＰＴＥの勧告は、単に交通市場基盤がそれを正当化するのに十分ではなかったということだ……そして、イースト・キルブライドの電化について、彼らは検討したがあまりにも高価であったろう。そして公務員は、「火花を散らすような効果」が、実際に同じように郊外の運行に適用されるとは納得していない。電車を特に好む人々や圧力団体はいる。しかし、彼ら（ＳＰＴＥ）は、平均的な乗客がそのことを気にするのかどうか分からない……確かに、新しいディーゼル・スプリンターが導入されて以来、

イースト・キルブライド線の輸送量増加には目を見張るものがあった。（回答者、ストラスクライド地方自治体）

同様に、電化区間の延長から得られる数量化可能な便益が限られたものであるという同じような認識が、エリート集団のほかにも存在した。

優先度という意味では、私にはPTEの管轄地域内においてすぐに電化投資するような所は見当たらない。移動時間の改善を可能にし、列車運行会社がさらに多くの利益を得られ、そしてわれわれが投資をするからには少しでもその恩恵に預かることができるならば、電化それ自体は悪いものではない。だから、明らかにそれは本質的には悪いものではない。しかし、PTEの管轄地域内では、われわれにとって、現時点において詳細を調査する価値のあるような明確なものは何もない。（回答者、鉄道業）

最後に、郡には利用可能な設備投資資金の配分が限られているという観点から見て、現存する路線のさらなる電化は、エリート集団の間で中心的な根底にある「象徴的な」優先すべき課題、集積地の最大化、そして新線や新駅の設置を通しての鉄道ネットワークへのアクセスにおける公平性に先立って推進されるべきでないという意見があった。それは、より広い公の場におけるSPTEの「目に見える」役割を表わしている。

電化しないという決定は、設備投資の便益を拡散させるために行われた。しかしまた、「火花を散らすような効果」は、便益という点では消えてしまった。われわれが初めに電化を構想したのはイースト・キルブライド線であったが、われわれは実際そこに新しいディィーゼル動車を導入した。同線での、その導入に刺激された利用者の増加は、エア・ラーグス線のものと似ていた。したがってわれわれは、ペイズリー運河線の開業、ウィフレット線と北郊外線の開業のようなほかのことができたのである。（公務員、ストラスクライドPTE）

電化しなかったことはカネがなかったために採られた苦肉の策であったと思う。近年において、電化は疑いなく計画に上っていた。しかし、例えばメリーヒルへはディーゼル動車を走らせる方が簡単である。なぜなら、実際の設備投資コストはそんなにたいしたものではないからだ。そして、新しいサービスを確立し鉄道ネットワークをさらに大きくし新しい乗客を引きつけることができるのである。多くの人々は、鉄道について「さあ、われわれのところに列車が来るようになった」ということでしか考えないのである。（回答者、労働党）

意思決定過程の結果が、ストラスクライド鉄道ネットワーク全体にわたって電化を進めるという従来の政策を続けることでなかったことは、すなわち、システムの集積地拡大を政策進展における一番の目標にとどめるべきであるという政策統治体制の中心的メンバーの性質として持っていた姿勢と、「象徴的な」目標の間の一致によるものと考えられる。同様に、運行頻度の向上が、車両の追加購入を必要とする在来の地方鉄道路線に求められなかったということは、整備資金の向かう先が、すでにサービスが行き届いている地域へのサービスを拡張するよりも、むしろ郡全体にわたる地方鉄道へのアクセスの公平性の最大化にあることを確実にするために「社会戦略」目標に執着するという本質を一層強調している。

3　要　約

ストラスクライドにおける「象徴的で実用的な」政策立案

本章において詳述されたあまりコストのかからない鉄道投資計画の進展は、すでに明らかにされた地方鉄道政策の開発において見られたいくつかの重要な傾向を補強しただけでなく、それらの傾向を拡張して政策立案に限定的な「インストルメンタル」概念を組み込んでいる。最初に、エリート集団の専門家と議員双方による郡の「社会戦略」に見られる社会的な発展の原則に対する一貫した執着は、政策進展を補強する上で明らかに構造上の影響をもたらしている。しかしながら、比較的高いレベルでの経済活動が見られる裕福なコミュニティへ地方鉄道ネットワークが与えているサービスの改善に対する大きな制約は、双方のグループによって再び十分に認められた。特に、この遺産によって、公共的正当化の手段として「プロジェクトの実現」という「インストルメンタル」な目的を達成する一方で、ネットワークの運行範囲の改善と鉄道の公平性という二つの象徴的な目標の達成を促進するために、制限的に使用中であったり不使用であったりした鉄道インフラ資産の実用的な活用に向けた現実の政策が方向づけられた。

政策優先順位を付す際に使用すべき査定方法を巡るSPTE公務員と委員長の間の姿勢における最初の不一致を解決した方法もまた、ストラスクライドにおける象徴主義の力を強調している。『一九八七年鉄道調査報告』の後に推進された最初の路線営業再開構想が、地方鉄道ネットワークをさらに拡張したいとする一致した願望に基づいた公務員と議員の間の「競争の中での合意」に起因しており、数量的、質的目標の両方を満たしていたために合意に至ったということが、ストラスクライド統治体制に内在する「象徴的な」本質を示している。同様に、時が経つに連れて、委員長が路線営業再開構想を選択する際に質的な基準の重要性を高めることができたのもまた『ストラスクライドにおける移動』の協議過程を通して表わされた、さらに幅広い世論と彼の志向との一致が要因であった。最後に、ストラスクライド統治体制の象徴的な基盤は、既存路線の電化拡張を犠牲にして、地方の政治的要求における「表現的な政治」に応じ、また象徴的な目標であるネットワークの拡張と鉄道アクセスに対する公平性の改善に専念し、その位置を許可するという在来線上の新駅建設のために設けられた大まかな基準にも見受けられる。このような政策は、政策立案における「インストルメンタルリズム」をある程度示しているが、潜在的な「具体的な結果」の水準に応じてというより、むしろ時間と予算の制限の中で、より「実行可能である」と思われるものに関して、構想の優先順位を上位に決めたことは、ストラスクライドの政策立案が「象徴的でインストルメンタル」というより、むしろ「象徴的で実用的」と捉えられることを意味している。

第8章　マージサイドにおける主要開発プロジェクト

1　序　論

新しい鉄道資産の整備

本章は、一九八六年以降における郡の四つの主要な鉄道整備政策の方法を分析することによって、すでに触れたマージサイド鉄道政策統治体制に関して推測されるモデルについて詳述しようと試みるものである。決められたプロジェクトの内の一つを除いて、すべてが今なお建設に着手されていないが、それらは研究期間内に推進された最も多額の設備投資コストを伴うプロジェクトであり、しかもマージサイドにおける戦略的鉄道整備議論の焦点はこの期間に形成されている。統治体制メンバー間の権力交渉過程がこれらの事例において進められた方法を扱うことによって、マージサイドでの地方鉄道政策過程の現実の運用を検証し、いかに現実の政策結果が引き起こされたかを明らかにし、それによって統治体制の類型、構成、目的に関する一層詳細なモデルを提示し、「インストルメンタル」類型としてのマージサイド統治体制論を補強することができる。

四つの政策提案それぞれの進展は、いかにして地方鉄道政策統治体制の中に組み込まれた組織と個々の行為者が特定の政策提案の発展に影響を与えようと試みたか、そして、いかに都市鉄道の役割に対する組織や人々の根底にある姿勢、あるいは、現実の構想に対するそれらの組織や人々の目的と期待が政策議論に影響を与えたかを明らかにするために順を追って説明する。なぜ特定の政策に対する支持が形成されたかを説明することは、各統治体制メンバーが自身の権力資源を利用して政策の進展に影響を与えようと試みることで成し遂げた成功のレベルを検証することにより可能である。政策ネットワークの構造と行為者の階層も明らかとなる。マージサイドにおける地方都市鉄道への投資が特定の政策要求へ向けて繰り返し使用される状況は、政府の都市鉄道への設備投資資金配分が数多くの組織に分かれていることから生じる影響を中心として、特定の戦略的テーマの優位性を明らかにし、第5章において強調されたマージトラベル上層部の公務員の手に権力が集中するという結果を証明するために示される。

ウィロー線のバックンヘッド中心部に新たにできた地下のコンウェイ・パーク駅は、研究対象となった一〇年間の中でマージトラベルが実施した最も大きい設備投資プロジェクトであり、その後の提案に対して大きな影響力を及ぼしたので、本章における検討事項である政策統治体制内の権力交渉に関する一連の議論を表す重要な実例として他の新駅構想とは別に示すこととする。

2　プロジェクトの歴史

コンウェイ・パーク新駅

マージサイド開発公社のバックンヘッド再生区域の境界線にある住居、商業施設、ウィロー・メトロポリタン大学の開発が混在する提案が出されているコンウェイ・パーク地区で、新駅設置の可能性が最初に取り上げられたのは、一九八七年にＰＴＥの専門家スタッフにより実施されたマージレール・ネットワーク全体にわたる潜在的な新駅の立地に関する広範囲にわたる調査においてであった。

それは、私がＰＴＥに来た時に検討し始めた構想であった。なぜなら、バックンヘッドに鉄道がその下を走る莫大な土地があることに私が気づいたからだ。そしてそれは、大規模開発が提案された場所で、開発の一部として駅を建設することは正しいと思われた。（公務員、マージトラベル）

コンウェイ・パークが、ＰＴＥ公務員の頭の中にある「潜在的な駅用地としてわれわれがこれを見ることもあるだろう」というある種の予定買収を含むあらゆる種類の駅を載せた一種の概念的地図上にあったと思う。（回答者、鉄道業）

当該地区における新駅の設置が、都市の再生を促進するという共通で根底にあった目的に結び付くことは、プロジェクトに関する早い時期の委員会報告書において強調されていた。

駅を開発に入れるという提案は、マージサイドの都市中心部を支えるというＰＴＡの政策を満たし、マージサイドの再生に役立つものである。

提案された駅は、マージサイド内の主要な都市中心部を支え、また郡全般の再生を支援するというＰＴＡの政策目標と一致している。バックンヘッドは、ウィローにおける買い物の中心地である。新駅は、全般的に町の中心部全

図８－１　コンウェイ・パーク新駅の場所

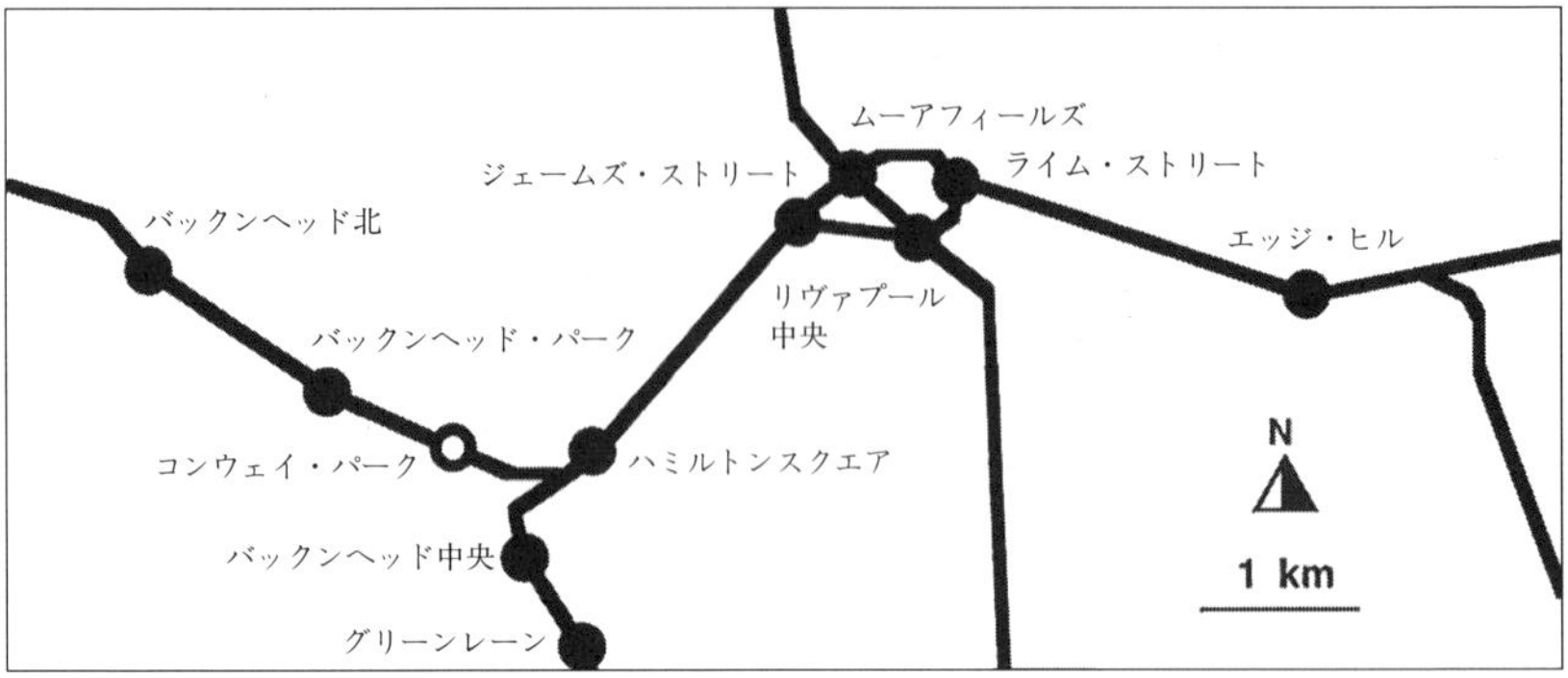

体へのアクセシビリティの増加をもたらし、コンウェイ・パーク開発への大きな支援となるだけでなく、周囲にあるバックンヘッドの他地域の再生をも推進するであろう。（マージトラベル　一九八八年四月二〇日）

予備的な開発に続いて、コンウェイ・パーク構想に対する最初の査定は、マージトラベルと、「コンウェイ・パーク、ヴォクスホール、ブランズウィックの新駅の便益に関する包括的な研究においてマージトラベルと英国国鉄の関与を求めた」（マージトラベル　一九八九年九月一四日）マージサイド開発公社により共同で資金が提供された「一九八九年マージレール新駅に関する研究」に組み込まれた。重要なことに、大まかな「象徴的な」言葉よりむしろ、バックンヘッドの再生に対する駅の貢献は、「インストルメンタル」統治体制の典型であるさまざまな地方の政府組織の「政治的なパートナーシップ」を通じて、資金「力」（ストーカー、モスバーガー　一九九四年：一九八）に基づく融資パッケージを促進するように設計された。その影響については、詳細な費用便益分析によって評価されることとなった。

これらの提案の正当化へのアプローチは、この場合、ＰＴＥによって通常実施される財政面と交通評価面での査定よりむしろ必要性が高かった。これは、マージサイド開発公社と地区評議会の開発戦略との広範囲にわたる連携、つまりマージサイドの再生と駅に隣接した特定の開発に対する直接的な便益に基づくものである。研究の結果は、各駅についての提案に関するさまざまな受益者による駅に対する補助金申請や資本拠出に関する交渉において中心的役割を担うであろう。（マージトラベル 一九八九年九月一四日）

六カ月後に作られた研究報告書は、マージサイド開発公社によって支持された経済発展基準の点からみて、駅整備によってもたらされる再生の可能性を裏づけた。

この駅は、バックンヘッド都市中心部へ一層の買物のための移動を生み出すことによって、ウィローのショッピング戦略を支援し、さらには提案されたコンウェイ・パーク開発の持つレジャー的な要素をも支えるであろう。マージサイド開発公社地域における周辺用地開発の見通しは、ウィロー・ウォーターフロント開発の占有率の増加によって良くなるであろう。一九九七年までにさらに七〇〇人の雇用が駅によって生まれるであろう。地元のビジネスは、労働者のアクセシビリティ向上による利益を得るであろう。（マージトラベル 一九九〇年四月一二日）

しかしながら、同プロジェクトは、駅プロジェクトの財政面における実行可能性に疑問を投げかけた民間セクターの開発事業者によって提案されたコンウェイ・パークの買物・レジャー施設縮小のために中止された。

この研究は、駅は外部の組織からの多額の補助金や資金拠出なしには、現在のあるいは計画されたレベルの開発について、今日では正当化できないだろうと強調した。これは、駅に関する高い設備投資コスト（一〇五〇万ポンド）だけでなく、開発項目が変更されたことからも生じている。具体的には、都市中心部への当初の統合的な拡張から自動車志向の小売り倉庫への変更を含めた駅周辺でのコンウェイ・パーク開発の店舗開発概念の変更、そして二〇〇〇年以前の隣接するマージサイド開発公社用地に対する確固とした開発提案の欠如が挙げられる。(マージトラベル 一九九〇年四月一二日)

変更されたコンウェイ・パーク開発のための概略的な計画立案に許可が出されたにもかかわらず、その後数カ月にわたる景気の悪化により、民間セクターの参加中止と構想の崩壊に帰着した。同様に、マージサイド開発公社が新駅構想に関する準備作業に活発に関与するようになったが、それが同公社の指定地域を外れたところにあったので、コンウェイ・パークはマージサイド開発公社による助成の資格を得られなかった。しかしながら、第一回の中央政府によるシティー・チャレンジの設備投資向け補助金競争により、ウィロー自治区議会は、関連する公共交通の改善を含めたその用地の完全に新しい混合使用の再生開発のために多額の融資を確保する新たな理由を持つ地方自治体となった。それはバックンヘッドの町中心部を拡張、再生させたいとする議会の当初の期待をより切実に反映したものだった。したがって、コンウェイ・パークにおける大規模な新駅の可能性は、地方の政策立案者側からの象徴的な「表現的な政治」の結果ではなく、駅の建設を「実現する」という長年にわたる要求を達成するためのこの新しい資金源により再び可能となったものである。

一九九一年に環境省のシティー・チャレンジ提案の下で、ウィロー区の提出した「シティ・ランズ」は承認を得た。その承認は、(一九九二年四月からの)五年間にわたるウィロー・シティー・チャレンジ地域の再生のために、三七五〇万ポンドの補助金を確保した。バックンヘッド再生のためのウィロー区シティ・ランズ行動計画の焦点は、コンウェイ・パーク開発地域を取り囲むための町中心地域の拡大である。このための鍵は、地域に事業を展開するコンウェイ・パーク新駅の建設にある。用地の再開発とコンウェイ・パーク新駅建設の提案は、高い優先順位でシティ・ランズ行動計画に含まれている。（マージトラベル　一九九五年六月二二日）

元々の開発は衰退し、小売り倉庫になった。そこで駅に対する寄与も失われた。結局、開発はすべてただばらばらなだけになった。したがって、すべてが死んだ。しかしそれから、シティー・チャレンジ提案によってそれは蘇ってきた。（公務員、マージトラベル）

コンウェイ・パーク駅開発の推進力は、パートナーの支援を受けたウィロー自治区議会によるシティー・チャレンジ地位の獲得にあったと思う。地位を獲得したその入札の特徴の一つは、それが、長年荒廃していたバックンヘッド都市中心部の再開発にあると思う……さまざまな活動、住宅、余暇、商業を促進することを切望していた開発事業者がそこにはいたが、その事業者は突然姿を消したので、シティー・チャレンジがやってきたのである。そして、それが推進力となり、われわれは入札を支援するパートナーとなった。その時、各パートナーは次のことを悟り、そしてわれわれはそれに同意した。仮にコンウェイ・パークが、提案されていた多様な活動、新しい商業開発、新しい住宅地や娯楽施設の開発、ウィロー・メトロポリタン大学の整備とともに再生させられる予定であるならば、ウィローの他の地区とそれらの施設の間には良いアクセスが必要である。そして、すべての人がこれらの目的地に達するために車を持っていたり、或いは望んでいるのではないということも同様に認識された……したがって私はその推進力は、地域及びその中のすべての施設を改善する必要があるという認識による競争の勝利であり、また公共交通はその成功への主要なアクセシビリティ面の要素であるという認識もあったと思う。（公務員、マージトラベル）

このように、コンウェイ・パークのプロジェクトの再評価を進める動きは、マージトラベルからではなく、中央政府主導のプロジェクトであるシティー・チャレンジ、続いてPTAの管轄地域内にある自治体であるウィロー自治区議会から出てきた。そのようにして、駅構想は開発上のパートナーシップにおいて進められた。つまり、新しい「シティ・ランズ」開発の支援者としての自治区議会と、そのような大規模な開発によって生み出される利用者と収入の増加に対する究極の受益者であり法定の地方鉄道当局であったマージトラベルは、双方ともプロジェクト実施の恩恵に預かる立場にあった。しかしながら、シティー・チャレンジの賞金による設備投資資金の拠出にもかかわらず、マージトラベルもウィロー・シティ・ランズも、採用された費用便益査定基準の下では、郡向けの欧州連合オブジェクティブ1財源からの追加の補助金なしに、駅プロジェクトのための融資パッケージを組み立てることが出来なかった。プロジェクトの未来は天秤にかけられていた。

オブジェクティブ1技術委員会が同構想にかかる一五六七万ポンドもの合計費用に対して六一〇万ポンドの補助金を承認した……（したがって）この承認の結果、同構想は、マージトラベル及びウィロー・シティ・ランズによる正式の承認を条件として進めることができる。（マージトラベル 一九九五年一一月二五日）

特に本報告書は、さらに外部への補助金申請の準備において、ウィロー区とマージトラベル双方の専門的な公務員によって担わされた政策進展における主導的な役割に関する重要な証拠も記録に残している。

オブジェクティブ1補助金は、マージトラベルとウィロー・シティ・ランズに三九パーセントの割合で与えられた。

ウィローとバーゲンヘッドとマージレール・ネットワークにとってかなりの利益となること、そして補助金の規模が大きいことを考慮した結果、この補助金申請に基づいて、プロジェクトは進めるべきであると考えられた。ウィロー区メンバーの承認を条件として、ウィロー・シティ・ランズとウィロー区は、この補助金申請に基づいて、すでにプロジェクトに関する概略的な承認を確認した……（しかしながら）財政上の計画に関しては、ウィロー・シティ・ランズとウィロー区の公務員間では合意に達した。（マージトラベル 一九九五年一一月二九日）

しかしながら、融資パッケージがマージトラベルやウィロー区、マージサイドのオブジェクティブ1連絡委員会における数名の専門的な公務員の間の詳細な交渉の結果として進展したということは、コンウェイ・パーク駅プロジェクトについてこれらの人々の間でのみ進めたいという願望があったということではなかった。他方で、パートナー相互間での合意を確保する重要性は認識された。このように、構想導入にとって必要な追加の外部資金の役割は、マージトラベルの「象徴的な」プロジェクトに対する優先ではなく、むしろそれらの利用可能な外部からの援助の活用を通して「現実化する」ことができる開発計画を優先する方向を示している。

まず、コンウェイ・パークについては……、われわれがそれに関してしたことは、「さあ、どこで財源を得ることができるか」ということであったと思う。ウィロー・シティ・ランズからの資金があり、ヨーロッパからの資金があり、そしてマージトラベルからの設備投資資金があった。したがって、それらの資金を合わせて造られることとなった。なぜなら、マージトラベルが単独で一五〇万ポンドから一七〇万ポンドの構想の資金を拠出することは実質的に不可能であろうからだ……外部からの財源なしではわれわれがそれを検討することなどできなかったに違いない。（マーク・ダウド議員、マージトラベル）

オブジェクティブ1など外部からの補助金なしでは造らなかったであろう新駅がある。コンウェイ・パークの新しい駅は、そういうものである。われわれは、財政面で見ればそれを建設しないであろう。しかしわれわれは、ウィロー・シティ・ランズから五〇パーセントを得、われわれは各々拠出額に応じてオブジェクティブ1から三九パーセントを得られる。したがって、われわれは再生構想を手にした。バックンヘッドで穴を掘り、駅をそこに入れ、そして地域を再生させ、一日当たり七〇〇〇から八〇〇〇人の新たな乗客を得る。しかし、外部からの補助金がなければ、それは財政面の問題で中止されたであろう。(公務員、マージトラベル)

一般的に、あることに対する資金の入手可能性が物事を決定するというのが正しいことは疑う余地がない。なぜなら、この組織が他の人々からの投資なしで大規模な設備投資構想に資金を拠出する能力というものをまず持ち合わせないからだ。(マーク・ダウド議員、マージトラベル)

決定的なことは、マージトラベル管轄地域内の各議会におけるコンウェイ・パーク駅構想に対して、一致した支持があった。各自治体の公務員間で定期的な意見交換の基礎となるパートナーシップの文化と郡全体の再生を進めるために、利用可能な外部からの援助という「特定の誘因」を最大限に活用するためには協力が必要だという認識で一致した。

コンウェイ・パークの優先について、マージサイドの中に異議を唱える声は、私の知る限りなかった。それを実施するために、多くの資金が他の所、すなわちマージトラベルや地区評議会以外から入って来ていたことを忘れない

でほしい。（回答者、鉄道業）

われわれが公共交通に関して、コンウェイ・パークをマージサイドでの最優先事項とすることを決定した時、セントヘレンズにいた人達の間でさえも、公務員の間でも、メンバーにおいても、決して異議を唱える声がなかった。これは、公務員の間において過去四、五年にわたって築き上げてきた親密な活動のためであり、そしてメンバーはあまり関与し過ぎることなくそれに満足して認め、公務員にもそうさせてきた。われわれは財を持って帰り、この協力なしに他の方法ではこのような多額の資金を交通のためにマージサイドにもたらすことはできないということを示すことができた。（回答者、ウィロー自治区議会）

コンウェイ・パークは、非常によく議論したものの内の一つであった。それは、以下のようなものであった。開発事業者がいて、シティー・チャレンジからの融資があり、ヨーロッパからの融資があり、全体として非常に大きく、一般的には非常に魅力的な構想であった。そして私は、その段階で、このような大きく良い計画を持ったどの地区も、もしそれを実施するために他の地区がそれを支持しなかったとしたら、怒るだろうと思う。それは、巨大な公共交通のインフラであり、われわれが目指す再生の基準に合い、全て正しいボタンを押しているようなものだった。その計画はあらゆる場所からそれに合った融資を得た。実施すべき構想であることは明白であった。そのために、マージトラベルと関係者すべてが「やろう」と言った。二年前の決定の時には、実際にマージサイド全体で一致した支持を得ていた。なぜなら、それは実際に何かをするための機会であり、最も実施すべきものであったからだ。（回答者、セントヘレンズ自治区議会）

図8-2　コンウェイ・パーク新駅（1998年）

出所：マージトラベル。

一九九八年六月のコンウェイ・パーク駅の開業は、マージサイドにおける地方鉄道輸送の意思決定過程の最も首尾一貫した成果の一つであることを示している。それはいくつかの点で郡の地方鉄道政策統治体制を明確に「インストルメンタル」類型に位置づけられることを示している。最初に、プロジェクトを進めるという決定は、「象徴的な」目標にあったのではなく、自分達の戦略的目標に合った非常に「具体的な結果」を得るために、各パートナー機関が実用的にそれらの投資の可能性を結合したいという願望にあった。したがって、統治体制の中の支えとなる提携が、「政治的パートナーシップ」のテーマの上に築かれ、オブジェクティブ1とシティー・チャレンジによる資金の流れが「開発パートナー間の協力と妥協を保証する」（ストーカー、モスバーガー一九九四年：二〇六）のに必要とされる新しい補助金となった。ウィロー・シティ・ランズ地域への補助金の制限は、他に勝ったコンウェイ・パーク・プロジェクトの実現に注力したためだった。なぜなら、それは「何が実行可能かによって形成された目標」（ストーカー、モスバーガー 一九九四年：二〇一）を示していたからである。郡全体としての交通への資金の増加という「特定の誘因」は議員と公務員の双方によって、統治体制の「共通目的意識の基盤」として確認された。重要なことに、そのような将来の資金の最大化が、パートナーシップが実際に実行されていることを示す公務員による統治体制の運営の成功に関わっていたことから、専門家の地位はますます高まって統治体制の中心に位置づけられ、他方で選挙で選ばれた議員の相対的な隔離に拍車がかかることとなった。

シティ連絡線と路線の近代化

都市における列車運行の拡大と品質向上は、鉄道ネットワークの集積地に位置するコミュニティにとって非常に改善されたアクセスの機会をもたらす。しかしながら、特定の路線への無投資または過少投資が、大都市圏における別の場所にある同じようなコミュニティに対して、機会の増加を否定することも同様にありうる。さらに、鉄道サービスへの過少投資により、他の交通手段、特に混雑増加に伴う不利益と、関連する社会面、環境面の費用がかかる自家用車の魅力が増すことになる。

マージサイドでは、PTEによる投資額と提供している地方鉄道サービスのレベル双方の点において、対照的に突出している特別な路線が一つある。第2章で述べたように、PTAの地理的な境界線は、「PTAの境界線と論理的な鉄道運行地域の間の不一致という大きな問題」（ハルサル 一九八五年：八八）を生み出す。したがって、特定の路線では鉄道事業のこの「論理的な」現実のパターンは境界線を越えており、それらがPTA区域内の地域的な役割を成し遂げるという点で、PTEによって支援されるというだけでなく統合された全国の鉄道ネットワーク層の一部と

図8-3　マージレール・シティ線の各路線

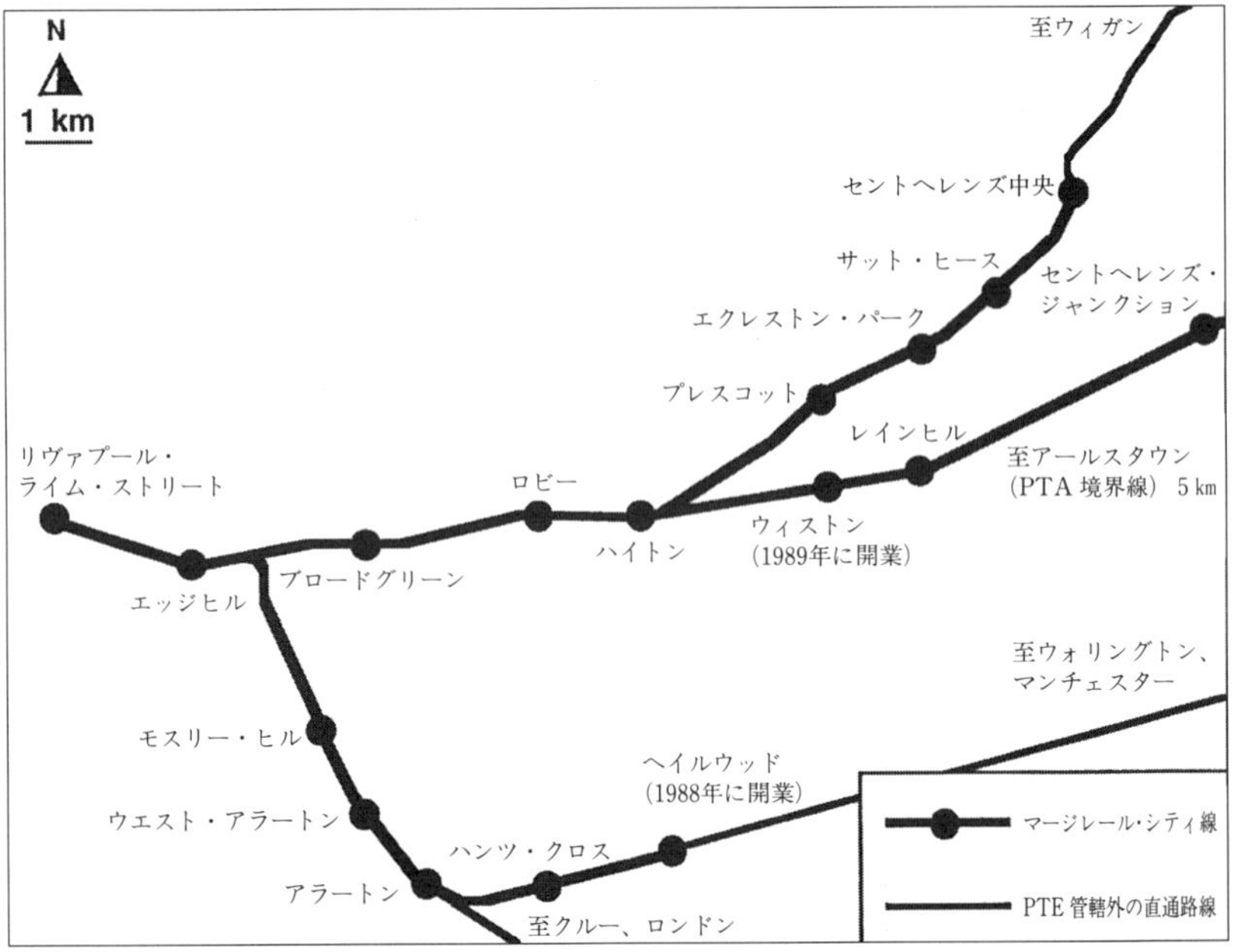

して長距離に及ぶ都市間機能をも満たしているのである。この二重性は、明らかにどのような改善パッケージを組み合わせる際にも煩雑さをもたらすものである。

　エジンバラとグラスゴーの路線とほぼ同様に、マージレールのシティ線事業の中でもリヴァプールのライム・ストリートの高架駅から東に走っている区間は、二つの異なる鉄道ネットワーク層を統合している。そのインフラは、リヴァプール東部とノウスリーとセントヘレンズの各自治区を都心へ連結するPTEに支援された地方部門と、ロンドン、バーミンガム、マンチェスター、ニューキャッスルへのPTE管轄外のより長い都市間列車の間で共有されている。しかしながら、シティ線の終着駅はライム・ストリートだけであるため、提供される中心部へのアクセスのレベルは、いくつかの都心の駅に乗り入れているノーザン線及びウィロー線よりも制限されている。さらに、現在のシティ線列車はディーゼル機関車の牽引をいま

図８－４　マージレール・シティ線連絡案

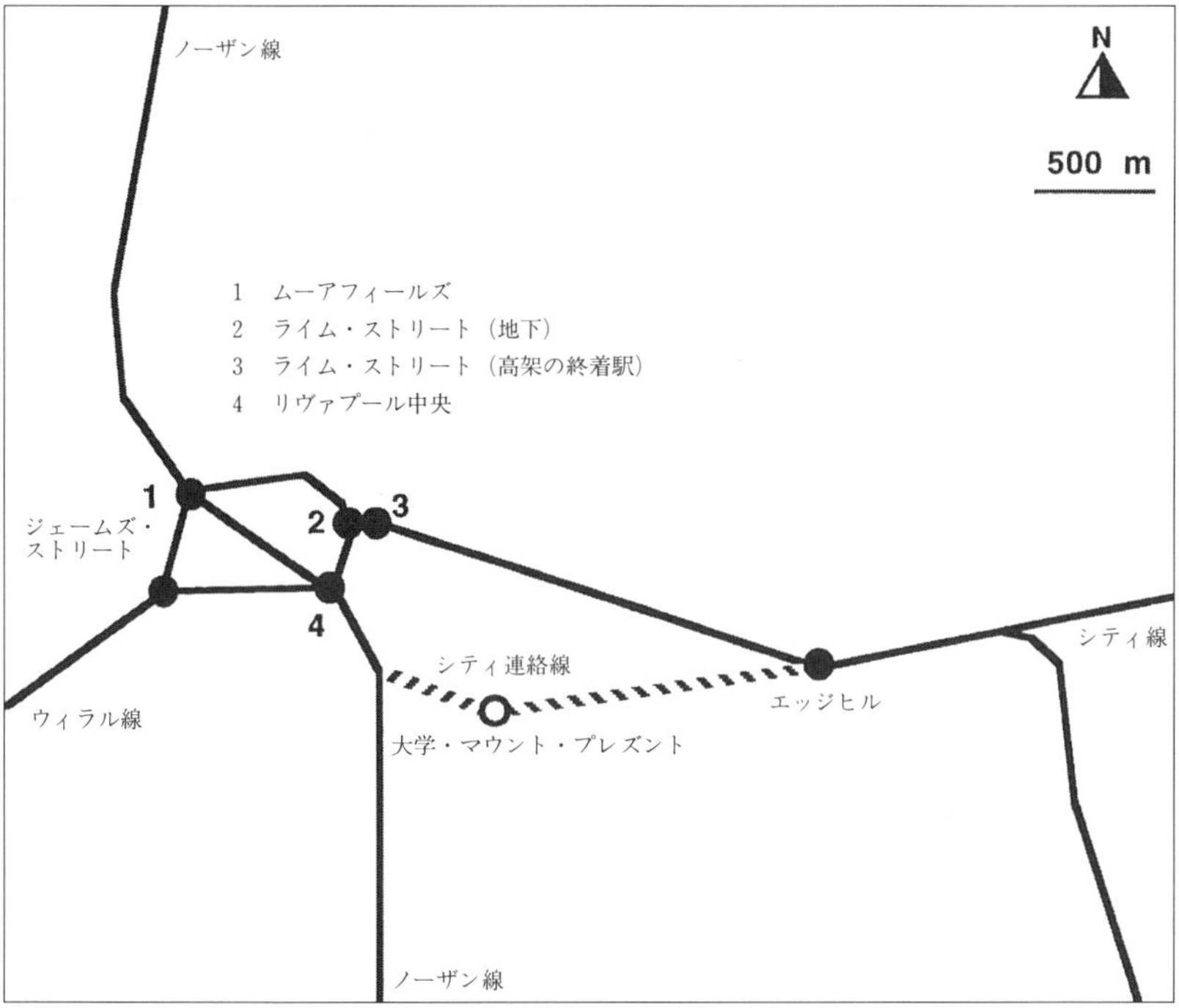

だに用いているので、中心地区の地下線区間においては運行できない。現在ではライム・ストリートから西岸本線のアクトン橋までの区間が電化されているだけである。

しかしながら、これら二つの関連する欠点を是正するために、一九七〇年代における「リンク」建設の中で、リヴァプール中央駅のすぐ南の地点から使用されていないワッピング・トンネルを経由してエッジヒルへ至るトンネルによる接続線「シティ連絡線（CL）」を建設する提案がなされた。

多くの点でストラスクライドのクロスレール構想と類似したこのシティ連絡線は、電化とリヴァプール東部のサービスとマージレール・ネットワークの残区間を統合する可能性を示している。それは、大学や大聖堂の地区にサービスを展開する中間の地下駅の設置を含むものだった。シティ連絡線はマージレール・ネットワークの一層の大規模な潜在的な発展を示しているが、その重要性はそれが計画策定及び開発の最も初期の段階を越えて、前進させられたことが未だなかったという事実にある。

シティ連絡線の検討の見直しは、一九八六年のバス規制緩和の後に続く何年かのうちに始まった。その時、基準となった数値は低かったものの、ディーゼル機関車によるシティ線事業に対する利用者数の成長がマージレールの電化されたウィロー及びノーザン線の数値を大幅に凌いで、年間増加率が一五パーセントを超えたのである。中核を成している電化されたネットワークと比較すると、サービス基準が劣ると認識されていたことと、この好ましい成長傾向により、シティ線のルートに相当な差し迫った要求が依然として残っているという意見が出てきた。地下の「ループ」や「リンク」の各路線と比べると、都心への浸透度合が低かったことがその理由の少なくとも一部を成していた。

以前のマージレールの改良は、「ループ」や「リンク」を通じた都心への直結したアクセスによって支えられていた。ライム・ストリート駅が中心部から離れていることは、シティ線の成長の可能性を制限するかもしれない。

(マージトラベル 一九九二年八月二四日)

シティ線は、ノーザン線及びウィロー線の規模に匹敵する大規模な人口集積地に運行されている。それでもなお、駅利用者分担率による分析によると、一九八五年以来の利用の安定した増加にもかかわらず、シティ線はあまりよく使われないということである。これは、シティ線が地方のそしてまた境界線を越えたマージサイドの交通需要を満たすのに、さらに幅広い役割を担うことができることを示唆している。(マージトラベル 一九九三年ａ：七)

シティ連絡線への最も強い支持は、マージトラベルの会長からえられた。彼は、クロスレールの「象徴的な」役割に関するストラスクライドの同僚と同様に、マージレールの各集積地全体にわたって提供される地方鉄道サービスの品質を調和させることによって、「表現的な政治」を実践する方法としてこの構想を認識した。

長い期間にわたって、私が関心を持っている明白なことは、エッジヒルにあるトンネルに列車をリヴァプール市中心部まで走らせることである。それから数年間にわたって、リヴァプールからセントヘレンズ、さらに恐らくはウィガンまで路線を電化できるだろう。なぜなら、われわれが他と同じようなサービスをその路線上でも行うべきであり、そのためには電化すべきだと思うからである。（マーク・ダウド議員、マージトラベル）

シティ連絡線プロジェクトに関するその後の歴史は、クロスレールの場合と同様に、公務員と議員の間でその価値に関して同じような不一致が明らかになるとともに、この対立にはマージサイド統治体制の「インストルメンタル」な本質と、その結果としてのマージトラベル委員長の「象徴的な」期待に対する過小評価が強調された。同構想の潜在的な「象徴的」価値がダウド議員によって認められていたにもかかわらず、シティ連絡線の専門家による開発はゆっくりと進み、一九九六年に内部の実行可能性に関する作業は中止された。プロジェクトの規模とその推測されるコストは明らかに重要である。そのコストは六〇〇〇万ポンドから一億ポンドの間（マージトラベル 一九九三年ａ）と見積られ、仮にその路線がマージレールの中心地域のトンネルで運行された場合に必要となるシティ線の電化コストも含んでいた。この金額はクロスレール構想において推測されたコストと類似した桁であるが、数人の回答者はそのレベルの融資パッケージを、設備投資への同意が統治体制内のいくつかのパートナー組織に細分化されたマージサイドの環境の中で構築するのは困難であろうという意見を述べた。

同じく、さまざまな小規模な他の構想の方が「パッケージ・アプローチ」の評価方法において要求される直接的な収益をもたらす可能性が高かったので、シティ連絡線が破綻するであろうことも広く示唆された。重要なことは、パッケージ・アプローチが運賃収入の増加、モーダル・シフトのような認識しうる経済的発展に関する効果の面で、「具体的な結果」の最大化と非常に強く連動したことにより、マージサイドのエリート集団とさらに広い統治体制の中での専門的な公務員の優位性が補強され、また彼らは同様に経済的発展の目的を持ち続けた。

私は、郡議会が廃止される前にシティ連絡線を見始めた。しかし、設備投資コストを見ると、それは疑わしい構想のように見え始めた。当時は四〇〇〇万ポンドであったので、今では恐らく約六〇〇〇万ポンドであろう。それは、現在の価格で約八〇〇〇万ポンドであろう「ループ」と「リンク」の両方合わせたものに匹敵する。したがって、何が起こったかというと、その設備投資コストでは、われわれが構想しえないということになったのである。しかし、ウィロー中部のように、そして新駅建設のように、他の問題や可能性も多くある。したがって、私は決してそれをさらに深く掘り下げることはしなかった。（公務員、マージトラベル）

「ループ」と「リンク」の時には、確かに戦略があった。それは、「すでにそこにあるトンネルを使うことによって少なくともシティ線のいくらかをもっと都市の中心部へ持っていくことができる」というものだった。なぜなら、基本的にリヴァプール都心のすぐ外のエッジヒルに行けば、埠頭の方へ繋がる、使われていない連続するトンネルがあり、それらをシステムに統合できるという考えがあったからである。それは、基本的に破綻した。なぜなら、それらが実際、財政上において良い収益率を少しも生み出さなかったし、さらにいえば、時代の流れが大規模公共事業から離れたからであると思う。その手の壮大なプロジェクトは、短期間では元が取れないことから、地方自治体にとってそれは明らかに達成できないものになってしまった。（回答者、鉄道業）

したがって、同構想を支持する提携を築くための地元の圧力団体による活動がなかったために、シティ連絡線構想を推進するダウド議員の象徴的な構想は挫折した。これは、ネットワーク統合という「象徴的な」目的を推進するために、PTA委員長によって統制された提携からの圧力の結果が主な要因となって前進したクロスレールと全く逆である。クロスレールでは、経済面での収益は同じように欠如していたにもかかわらず成果があった。世論の表現がクロスレール支持の提携を推進する際に重大な役割を果たしたにもかかわらず、マージサイドの住民と住民によって選任された議員は、シティ連絡線プロジェクトを中止するという決定から除外された。その決定は、一般的に見られたプロジェクト査定のシステムと、マージサイド全体における投資資金の細分化により、中央政府によって課された政策の優先順位を付けることによる大幅な制限の観点から公務員によって行われた。

重要なことに、マージトラベルによってシティ連絡線を棚上げされた理由に関して見解が表明された。それは、マージサイドにおける最初のLRT路線によって与えられた並行する可能性とその決定とをつなげるものだった。それらは財政的には同じような規模であり、またどちらも都市の東部に事業を展開するものだった。しかし決定的には、その提案はよりよい収益の可能性が推測され、外部からの融資の可能性でも上回った（下記を参照）ことにより、「実現」の見込みが増加した。

その後、起こっているものがある。シティ連絡線が必要な理由の内の一つは、ちょうどリヴァプール都心を越えた丘の上にある病院や大学の地区にアクセスすることにある。しかし私は、次のように自分の考えを変えたと思う。それは、そのアクセスをもたらすのに最も良い方法は、LRTを建設することだというものである。（その方が）コストがかからず、都心からハイトンやオールド・スワンのような場所へ向かう全区間を合わせても、八〇〇〇万

ポンドでできるのだ。（公務員、マージトラベル）

しかしながら、シティ連絡線のトンネル接続そのものが達成出来ないと考えられたことは、シティ線の鉄道事業に関する協定による投資の全般的な目的を否定はしなかった。それは、これらの路線におけるサービスの品質が、マージレール・ネットワークの残区間で達成された「地下鉄」基準に達していないという広範囲にわたる合意の上で認識された。また次のことも確認された。

シティ線は、その他（マージレールのノーザン及びウィロー線）と比較するならば、低い分担率を持つ。しかし、それでもなお、高い人口の集積地を持っており、とりわけセントヘレンズとレインヒルに関してそう言える。したがって、サービス水準をノーザンやウィロー線に匹敵するところまで上げることは、最初からのわれわれの戦略であった。（公務員、マージトラベル）

提供されるサービスの品質において不足が認められたにもかかわらず、一貫して好ましい成長傾向にあったことにより、重大な差し迫った要求がシティ線輸送ではいまだに存在するということ、そしてシティ連絡線の建設がなくても、電化の延長がこの要求を満たすのに大きな役割を担うであろうという見解が示された。しかしながら、電気鉄道システムで構築に成功した高速輸送のマージレールというイメージに、シティ線のサービス水準をより近づけたいという願望は、英国国鉄と近年ではレールトラックによる全国的な鉄道ネットワークの一部とされているインフラに関わるさまざまな要因によって、その当時もそして現在も、限定的にしか達成されていない。

一九九〇年に英国国鉄と英国北部全域の地方自治体による共同体は、リヴァプールからマンチェスター及びリーズ経由で東岸本線のヨークに至る広範囲な鉄道路線の将来展望を調査するために、「ペナイン山脈地域の鉄道戦略に関する研究」を委託した。一九九二年に出た当初の研究報告書は、マージサイド地域内では現在ノーザン線の終点であるハンツ・クロスの東側の部分を含む部分的な電化を勧告したが、民営化に先立つ一九九四年四月の鉄道業界再編成により、レールトラックとさまざまな新しいフランチャイズ会社が創設されたことから、一九九二年の同研究報告書の再評価が進められた。再評価の結果、「新しい鉄道構造を背景として、進むべき戦略を見出す最も良い方法」（マージトラベル一九九六年九月二五日）と題した二段階の改善案が構想された。改正された戦略は、ヨーロッパ大陸でますます使われるようになってきていた振り子型ディーゼル列車の早期の導入に基本が置かれており、限られたインフラ設備の改善を二〇〇一年までに行い、幹線の電化は二〇一〇年に期限が延ばされた。

研究審議の結果、ペナイン山脈を横断する路線の電化が棚上げされたにもかかわらず、マージトラベルは、二〇条に基づく援助下にあるサービスの大部分が運行されていた主要なセントヘレンズ支線の改良と電化に引き続き専心した。それは、「ウィロー及びノーザン線上で達成された信頼性や快適性の基準をこれらのシティ線事業が達成するのを可能にするという提案を検討する必要性」（マージトラベル一九九一年一月九日）を認めてのことであった。

営業を再開した路線における新しいディーゼル動車の供給を通じてネットワーク拡張という「象徴的な」優先が公務員と議員の両方によって主張されたストラスクライドにおいて電化の早期拡張に反対するという合意とは対照的に、電化の拡張がセントヘレンズ路線で達成されることに対する全般的な支持の基礎となる戦略的要求は、マージサイドの地方政策統治体制内の二つの中核的要素の間で再び異なった。マージレールの三つの路線すべてにわたって提供されるサービスの品質を調和させる方法としての電化に対するダウド議員の象徴的な認識が再び明らかにされた。

われわれは、リヴァプールからセントヘレンズ、そして恐らくはウィガンまで路線を電化することができるだろう。

なぜなら、われわれはその路線上で同じサービスを提供すべきであると思うからである。それは電化すべきなのだ。（マーク・ダウド議員、マージトラベル）

マージトラベル及びセントヘレンズ自治区議会の公務員も、象徴的にではなくむしろ「具体的な」効率の点において電化の便益を考えた。つまりそれは、信頼性向上と移動時間の減少から得られる環境面、移動しやすさと再生に関する利益についてであった。

現存する地元のシティ線事業は、ノーザン線やウィロー線の事業と比較すると、苦しんでいるように見受けられる。特に、時間厳守に関しては非常に悪く、運行はあまり頻繁ではなく、そして車両は低水準にあり就役度が低く故障率が高いという問題に悩まされている。それは、マージサイドにおける主要な鉄道路線として、その十分な可能性を明らかに達成していない。同路線は、より広いエネルギー、環境、輸送面での意味を持っている。

マージトラベルの企業としての使命は、地域の社会的経済的な要求を満たすために、効果的な輸送サービスの提供を保証することである。電化は次のような方法でこれらの要求に対処できるだろう。

・鉄道路線沿線、特にセントヘレンズ、ハイトン、リヴァプール地域の要求を満たすために、地方のサービスを向上させる。

・マージサイドを再生させる取り組みを支援する。特に、セントヘレンズ、プレスコット、リヴァプールの各都市中心部においてである。（マージトラベル 一九九一年一月九日）

電化は、常に本の中に書いてあるもの、提案できるものの内の一つである。その便益は、基本的にさらに速い列車、良い列車の提供である。今までよりもはるかに良い車両を得る方法であり、われわれが今あるものを向上させ、そしてその効率を上げ、よく使われるようにするためのものである。それが達成された上で、さらに改良を加えようとすることができる。（回答者、セントヘレンズ自治区議会）

しかしながら、さまざまな統治体制メンバーにわたるセントヘレンズ電化への全般的な支持にもかかわらず、マージサイドの「パッケージ入札」に課された設備投資の資金調達施策の本質によって、再び構想の前進が不可能になった。かなり単純化していえば、八五〇〇万ポンドのプロジェクトの実行可能性に対する委任された調査の結果は、そのプロジェクトがパッケージの査定において必要とされる「具体的な」便益のレベルを生み出さないとの結論を下した。

すべての電化提案の評価は、すべての提案における財政上の実行可能性が運輸省の財政上の基準（五六条）に対して大幅に不足した状態であることが論証され……需要創出の効果、すなわち、今いる鉄道利用者の一層の移動、または新しい交通設備によって生まれた新たな移動を含めても、その結果は大幅に変わらないことが認められた。（マージトラベル　一九九二年八月二四日）

さらに、パッケージ・アプローチにおける鉄道構想査定に関して、中央政府によって要求される五六条方法論に含まれる要素の範囲が限られていることが、政策の優先順位づけに対して与える影響についても言及された。重要なことに、道路の構想の評価に関して中央政府によって使われるもの、当然のことながら『一九八七年鉄道調査報告』においてストラスクライド議会の公務員によって採用されたものと類似したより幅広い基礎を持つ社会的便益基準であれば、根本的にプロジェクトの正当性を向上させることが可能であろう。つまり、「具体的」と定義できる多様な投資に対する便益は、中央政府の政策要求に直接に由来していた。

PTEや郡は、運輸省に高速道路への投資と同じ基盤で、時間の節約、渋滞緩和、事故の減少のような経済的、そして社会的費用便益要素をすべて考慮した鉄道投資の便益評価をできるようにすることを強く求めた。このような変更は、電化の実現可能性を著しく向上させるだろう。（マージトラベル 一九九二年八月二四日）

最後に、マージサイド統治体制全体にわたる支持基盤があったにもかかわらず、セントヘレンズ路線の電化が進められなかったことは、特定の経済的発展要求を重視する中央政府によって強要された査定基準による「パッケージ・アプローチ」の中で、政策評価にかけられた制約を再び強調するものである。

リヴァプール空港連絡鉄道

マージトラベルによって検討された最後の路線営業再開構想案は、郡の意思決定構造によって課された鉄道投資計画の範囲に対する特定の哲学的な対立を強調するものであった。一九九五年に七二万人の乗客数を持ったリヴァプール空港は、ストラスクライド経済におけるグラスゴー空港の役割と同じようなマージサイドの経済における重要な役割を果たしてはいない。しかしそれでもなお、空港施設は、郡にとって潜在的な主要な雇用成長の柱であると認識されている。なぜなら、航空に対する需要が一貫して上昇する傾向にあり、今日では小規模な地方の空港は将来著しく成長する可能性を持つからである。このことを念頭において、ブリティッシュ・エアロスペースの子会社であったリヴァプール空港公開有限責任会社は、二〇三〇年までに一年当たりの輸送力を一二〇〇万人にするという施設改善提案を一九九六年に提出した。

図8-5　提案されたリヴァプール空港への鉄道連絡線

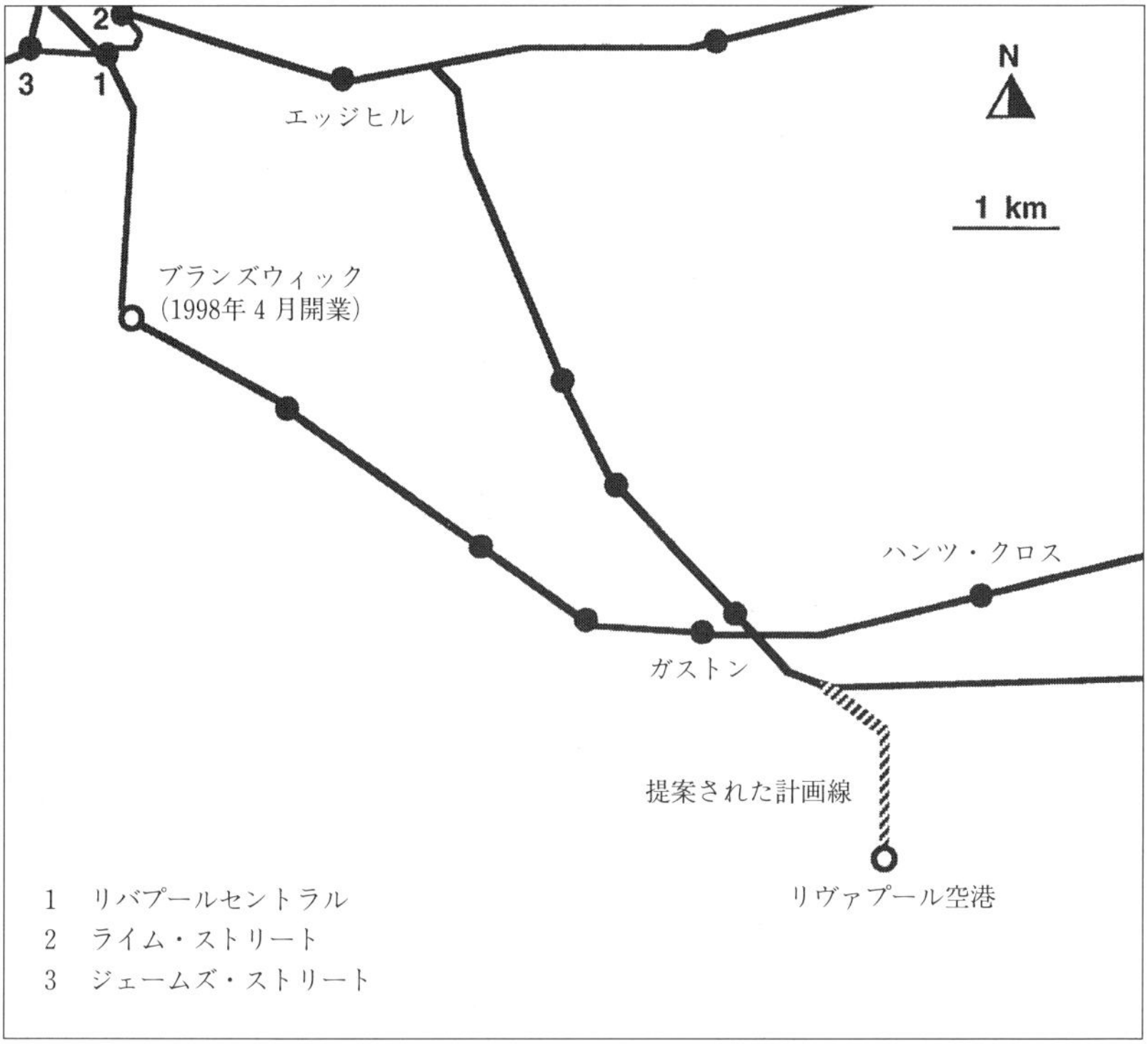

リヴァプール空港への連絡鉄道の提供は、空港での交通の成長と二次的な商業的投資を刺激し、それゆえにさらに大きな刺激を雇用創出に与えることによって、空港そのものとマージサイド全体双方の発展に寄与すると考えられる。このような鉄道連絡線の概念は、したがって経済的社会的発展双方の側面から認識されうるだけに、マージトラベルの専門的なあるいは選挙で選ばれたグループの両方から支持を集めることに成功した。

リヴァプール空港は、私が大変興味を持つもの（新しい鉄道）の一つである……空港自体だけではなく、空港へ行く途中でサービスを受ける地域がある。それは重要な優先事項であろう。空港は潜在的に大きな儲け口であり、大きな雇用創出の場であるからだ。また、

そこに優先すべき理由があると私は見ている。（公務員、マージトラベル）

それは、われわれが長年の間ずっと考えていたものであり、そして、地域のために全く信じられないくらい素晴らしいものである。例えば、サウスポートから移動する人々は直接空港に行く列車に乗ることができるようになる。それは、空港の市場を広げると思う。マンチェスターで証明されたように、私はそれについて疑いがあるとは全く思わない。それを建設し、何ができるかを見るべき事例である。（マーク・ダウド議員、マージトラベル）

マンチェスター空港の継続的な拡張によって抑えられている現在のリヴァプール空港における航空輸送量の低い水準と、必要な鉄道路線にかかるとされる費用により、今のところ連絡鉄道の計画は最も初期の段階のままとどまっている。

しかしながら、空港への鉄道接続の可能性は、ＰＴＥが請け負う役割に関する一般的な分析と同様に重要である。運輸省によって全資金が提供され、空港のターミナルそのものと同時に開通したロンドンのスタンステッド空港への連絡鉄道と同じように、またストラスクライドにおけるクロスレール連絡線に関して述べられた期待と同様に、空港へのもしくは当然のことながらあらゆる重要な都市開発への鉄道アクセスの提供は、設備の使用を生み出すのに価値のある役割をそれ自体で担うことができる。このように、そのような開発のために運行する鉄道インフラの早期における提供は、短中期的な時間で「具体的な」経済的収益を成し遂げる方法というより、むしろそういう施設の将来に対する確信の「象徴」と捉えられる。このような投資は、「その地域のニーズを満たすために、旅客輸送サービスを提供する」という一九六八年交通法に記述されたＰＴＥの法定機能の一部として容易に正当化されうる。しかしながら、すでに示されたように、マージサイドの「パッケージ入札」が機能する中央政府によって課された五六条の設備投資向け補助金統治体制の現実は、大規模な新しい鉄道建設プロジェクトは、開業後すぐに収益という「具体的な結果」を生み出さなければならないことを示している。そこで、十分なレベルの全体的な輸送需要が「すでに」確立されている都市の中の場所に新しいインフラの提供がなされるのである。

したがって、インタビューの重要な一節において、リヴァプール空港公開有限責任会社の最高経営責任者は、マージサイドにおける地方鉄道整備のための融資に採用された構造により、開業したその日から直接的に「具体的な」収益を出すことはない一方で、それでもなお、施設の将来の開発可能性に対する確信については非常に「象徴的」であったリヴァプール空港への連絡鉄道のようなプロジェクトが真剣に検討される案から除外されたという見解を繰り返した。

われわれが必要とするのは、鉄道システムの本流から空港までの連絡線である。われわれは、人々が列車でここに着くことができることを望んでいる。しかしマージトラベル、英国国鉄、レールトラックや、他のあらゆる組織との議論において、いつも、「一定の利益を達成する必要があるのだが、これはかなり迅速に見返りをわれわれに与えるのか」ということになる。彼らは、収益を得るために一〇年待つ余裕がない。したがって、連絡鉄道を建設するためには計画を立て直さなければならない。展望があれば、それをやるだろう。なぜなら、それをすることによって実際に必要な利用者数を生み出すのを助けるからだ。あなたが必要な数をただ待っていても、それは、決して来ないであろう。ここで重要な問題が出てくる。それは、専用軌道の連絡線は、どのタイミングでつくるかということである。今ある融資構造では、将来の可能性を後押しするものとしてそれを必要とする空港には決していかないであろう。なぜなら、その構造が誤った方向に向かっているからだ。皆こう言っている。「これは経済的に筋が通るのか。われわれはこれに対する投資に関して収益を得られるのか。」そして、その答えが「いいえ」であるならば、それに対する資金提供はあっさりと却下される。「ええ、われわれの哲学は人々に鉄道に乗ってもらうようにすることであり、そのためにわれわれは、インフラを整備する必要がある」という視点に立って政府から援助を得ることはない……マージトラベルは、財政上の抑制と資金問題がなかったならば、何をしているべきであるか、調整のとれた方法で「われわれはリヴァプールやマージサイドを支援する空港を必要としている」と言うべきなのである……専用軌道の連絡線を含む交通の整備に向けて、調整されたアプローチを持つ必要があるのだ。しかし、私は彼らに批判的になることはできない。なぜなら、私はそれがこの必要な利用者数の問題に戻ることを知っているからだ。そして、彼らは現時点でそれが良いビジネス・チャンスでなければ何もできないということも私は知っているからだ。（社長、リヴァプール空港公開有限責任会社）

同様に、連絡鉄道が現実的な可能性として浮上する前に、その空港が旅客輸送量に関して「必要な数」を獲得すべきであることが、鉄道業の代表者によって明確に発言された。

リヴァプール空港への連絡鉄道に関して多くの研究があった……しかしながら、専用軌道の連絡線をつくるには、現時点よりはるかに多くの輸送量を必要とするであろう。今では一〇〇〇万人未満なので、すでに行われた研究を全て検討してみると、実際にはそのための市場があるとは思えない。（回答者、鉄道業）

われわれは、英国の空港におけるわれわれの経験から、ある高い水準の年間旅客輸送量に到達すると、その高い輸送量とは恐らく一〇〇〇万人程度の数字であるが、鉄道が有益なビジネスを展開できる機会が出てくることを知っている。リヴァプール空港は、長年の間、人々に開発すべきだと言われてきたのに、これまで決して開発されることのなかった場所である……そしてその開発が行われない限り、どの鉄道運営会社も決して関心を示さないであろう。（回答者、鉄道業）

グラスゴーとリヴァプール空港への連絡鉄道プロジェクトの発展を比較すると、各統治体制によって生み出された鉄道への投資に関して、内在する正当性における大きな相違が今一度明らかになる。リヴァプール空港よりもグラスゴー空港の方が何倍もの旅客を扱うものの、その輸送量は、一般的に投資に関して直接的な収益を生み出すために必要と認められている数値を依然として大幅に下回っている。しかしながら、その設備投資予算を使用する際、ストラスクライドにはかなりの自治が与えられていたために、グラスゴー空港連絡鉄道は、空港の将来に対する確信と郡の競争力を維持するための役割の「象徴」として活発に前進した。しかしながら、即座の「具体的な」金銭面での収益の欠如により、「パッケージ・アプローチ」と、それに付随する査定方法の枠組みの中で真剣に検討する案からリヴァプール空港計画を除外したので、そのような一連の行動はマージサイド統治体制においては見られなかった。

マージサイド高速輸送

マージサイドにおけるＬＲＴの考え方は、一九九二年にＰＴＥの専門的なスタッフによって実施された英国における他の地域の経験から見た同郡におけるその潜在的な便益に関する報告書で出現した。ストラスクライドにおいてその当時五年目に突入していたＬＲＴ調査との主要な差異は、最初からマージサイドではＬＲＴが寿命を過ぎたヘヴィ・レール地方鉄道を交換するための手段としてよりもむしろ従来のバスに依存している区域に対して改良された形の公共交通を提供する手段として考えられたことであった。

マージレール・ネットワークが達していない場所が、マージサイドには多くある。これらの場所の一部ではバスが役立っているが、バスは自動車と競わなければならず、したがってしばしば遅れるので、都市中心部への移動時間は延びることもある。マージトラベルは、これを緩和するためにバス優先施策の戦略を実行した。しかし、一部の路線ではバスを使う人々が多いために、さらに高速の輸送機関が必要とされている。（マージトラベル一九九六年）

都市の東側の地区は、電車が走っている自治区ほど、公共交通が効果的に役立っていないと私はかつて言った。明らかにバスはあるが、しかしバスに対しては批判的な人が多く、私もその一人であった。マージサイドのバス・ネットワークは長年にわたって非常に貧弱であった。バス単独では、すべての住民の交通に対する需要を満たせない。われわれが公共交通をもっと人気のあるものにしようとするならば、新しく革新的で興味をそそり、そして乗るかどうかという本当の意味での選択権を持った人々が選択するであろう何かを導入しなければならない。したがって、これが概念としての高速輸送構想の起源であった。（公務員、マージトラベル）

マージサイドのＬＲＴ開発の背景にあった中心的な政策目標は、ストラスクライド・トラム・システムの最初の路線に対して最終的に選択された路線における目標のように、高い公共交通の流れが現在見られる路線で、利用可能なサービスの品質を改良することであった。さまざまなルート案の査定のために採用された当初の基準は、自家用車から新しいシステムへのモーダル・シフトに影響を及ぼすより、むしろ潜在的な旅客数の最大化に基づくべきであることを示していた。したがって、中央リヴァプールへ向かう五つの最も通行量の多いバスルートすべてに関するＬＲＴの潜在的な便益の比較を行い、その際に各選択肢を純粋に潜在的な輸送量、つまりは収入の可能性に基づく査定を実施するために、外部による研究がマージトラベルによって委託された。

われわれはそれから、いろいろな路線の内のどれを、最初に開発するために検討すべきであるかを決定し始めた。そして、再びコンサルタントを雇った。われわれは幅広い協議に従事した。われわれはモデルを組み立て、利用地域に注目した。われわれは自動車の所有と、現存する公共交通ネットワークを調べ、財政面と利用者数において最も良い収益をもたらす路線を選択した。しかし、それは高価な路線となるであろう。なぜなら、その要素の内の一つが都心での運行であるからだ。しかし、一旦それが出来てしまえば、都市の他の部分に接続し、都市から出て行く路線を建設するのは、はるかに安く上がるだろう。（公務員、マージトラベル）

第一段階の予備調査では、リヴァプールの主要な公共交通路線として、摘要において定義された五つの路線が調査された。これらの路線は、主としてバス旅客の流れに基づいて定義された。

自動車利用者を引きつけ、さらに幅広い経済的な再生目標を支援する公共交通の役割を拡大するために、高品質のシステムを提供するという最も優先すべき必要性が確認された。

表計算形式の選択モデルが、ＬＲＴに引きつけられるであろう旅客数を予測するために使われた……結果は、財政面での見積もりと組合せ、実行可能性（収入対営業費の比率に関して）の査定を生み出し、さらに運賃収入から回収できない設備投資コストは、外部からの融資を必要とすることとなった。

第一段階の評価結果は、２、４、５の路線のみが営業利益が生まれるであろうことを示す収益率（収入対営業費）を持っていることを示した。これは、中央政府の五六条補助金に適しているかどうかの鍵となる必要条件のうちの一つである。

図８－６　「マージサイド高速旅客輸送研究」において評価された整備路線案

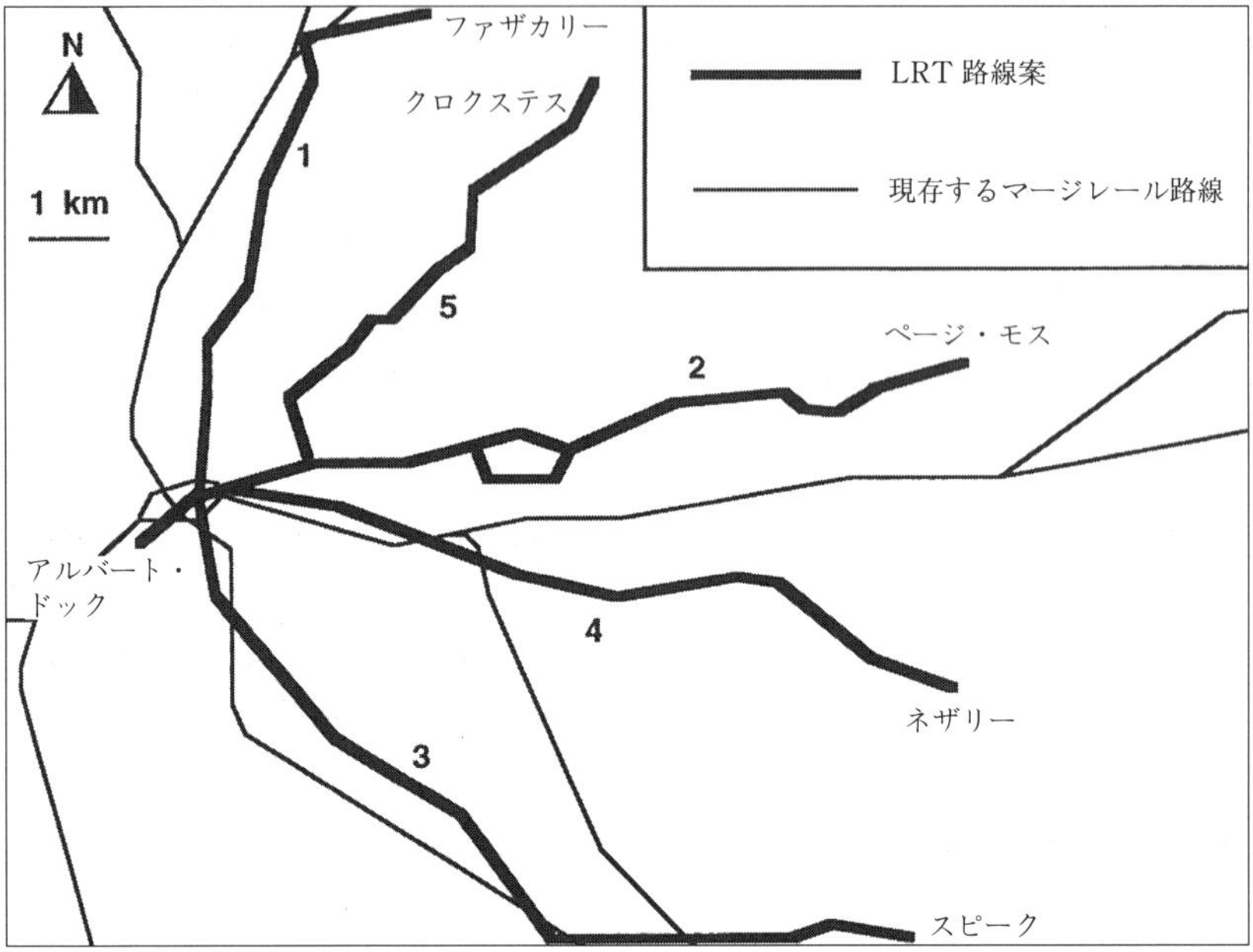

（さらに）結果は、ネットワークの一部として、２Ｗ及び５のルートが大きな黒字を達成するとされたことを含めて、すべての路線は高い予想収益率を示した。独立した路線としては、かなり大きな黒字を達成するとされたルート２Ｗ及び５を除いて成績はさほど良くなかった。ネットワーク案の内で、ネットワークＢ（ルート２Ｗ、４、５）が、最も良い成績となった。（スティア・デイヴィス・グリーヴ一九九四年）

研究の結論は、当初の設備投資に対する明確な収益率という「具体的な結果」を生む可能性があるルートを含む三路線の「マージサイド高速旅客輸送（ＭＲＴ）」システムが進められるべきで、最も成績の良かったリヴァプール都心からウェイバーツリー・テクノロジー・パークを経由してページ・モスに至るルート（ルート２Ｗ）を最初に建設すべきだというものだった。重要なことに、ある回答者は、三つのルートの間に優先順位を付けることにより、マージサイド高速旅客輸送の財政上の業績が向上するだけでなく、統治体制の中で特定の戦略的な政治的要求を満足させるための機会をも与えられたと強調した。

ルートの選択において、二つの主要な推進力があると思う。公に発表された方は、経済的発展である。ウェイバーツリー・テクノロジー・パークは、運行される主な地域の内の一つである。今のところ、それは大いに発達不十分であるが、私は実施の目的がテクノロジー・パークの価値を上げ、そこに提案された新しい駅とともにアクセスを向上させることにあると確信している。したがってそれが公の理由、すなわち経済的発展の部分である。政治的な議論の方がはるかに興味深いと思う。そして私の見方では、マージトラベルはリヴァプールの組織として認識されることが圧倒的に多い。なぜなら、たいへん多くのカネがマージレール・ネットワークに費やされており、そしてマージレール・ネットワークは五つの地方自治体によって資金を提供されているにもかかわらず、リヴァプールに基盤が置かれているからである。したがってＰＴＥは、政治的支援を増やすために地方自治体の少なくとも二つを包含するプロジェクトが必要で、彼らはノウスリーに少しだけ乗り入れるライト・レール計画でそれを達成できるのだ。（回答者）

しかしながら、研究摘要が、現存するバスの輸送量が最も多い路線の内の三つ（3、4、5）は完全にリヴァプール市の境界線内に収まり、二つ（1、2）はノウスリー自治区にまで延びる路線へとルート案を故意に制限したにもかかわらず、評価作業が外部の独立したコンサルタントによって行なわれ、「客観的な」査定基準に集中したことにより、政策統治体制のメンバー全体にわたる計画への全般的な支持が保証されたが、最も良いルート案に関しては、個々の認識においていくらかの食い違いがみられた。

われわれは、路線にかなり満足していた。この大都市圏は鉄道が比較的発達しているが、どの地区にも運行されているわけではないことを忘れてはならない。したがって、その案は、居住密度がかなり高いが鉄道による接続を持たない地域であるので、特にその方向に行くことは賢明である。だからわれわれは、それに満足しているのである。（回答者、リヴァプール商工会議所）

われわれはマージサイド高速旅客輸送の考え方を強く支持していると思う。実際、われわれはすべての討論と公務員レベルでのコンサルタントとのさまざまな会合においてマージトラベルと関係していた。そして何度となく、われわれのメンバーに状況が報告され、彼らは再びそれを支持した。選択された路線に関しては、それが最も良い路線であったかどうかについていくらかの議論があり、そして確かに一部の人々は、われわれが他の路線上でそれを提供すべきであるとの意見を提示したが、コンサルタント全員から提出された根拠からみて、どの他の路線も選択された案よりも機能する可能性が低いであろうと思う。（公務員、リヴァプール市参事会）

リヴァプールにおいても、マージサイドにおいても鉄道ネットワークは相当に広がっており、それは注目を集める立場にあり、したがって正当化できるような新たなルートはほとんどない。おそらく、選択された路線は、私が正しいと言う路線ではないであろう。しかし、都心と病院間の要素は正しい。私は、それがコストや便益に関する専門的な調査に非常に良い結果が出たことに驚いている。しかし、私の感覚では、それが正しい構想であるかどうか疑問に思うところがあり、私だったら鉄道集積地からすぐ先の南まで伸ばしたであろう。（回答者）

われわれのメンバーが最も関心を払ったことは、これが明らかにリヴァプールとノウスリーに非常にいい影響を及ぼす構想であり、それらの地域の大きな利益となることである。ウィローとセフトンのためには大きな利益とはならないが、将来はなる可能性もある。しかし、実際のところセントヘレンズの利益にはならない。しかし彼らは、これが最も大きい（流れである）ので選んだのだ。それは彼らが最も多くの輸送量を獲得することができ、最も高い利用をうることができ、それらが現存する交通機関では実際に輸送力が不十分であると考えるところに何か大きな改善をする機会を与える路線だからだ。私はそれに追随していくつもりである。最も良い収益率があり、最も民間セクター融資を活用する可能性があるというのは、おそらく本当であろう。（回答者、セントヘレンズ自治区議会）

インタビュー中で特に注目すべき部分において、マージサイド高速旅客輸送の潜在的な運行範囲の外にあるマージトラベル管轄地域内の地区評議会の一つに所属する幹部職の公務員がこの意見を増幅した。そして、直接利益を得ない地区がプロジェクトのために与える支持の根底にある統治体制「ルール」を際立たせた。その支持は、マージサイドにおける鉄道計画すべてにわたる同じ「客観的な」数量的査定方法の一貫した適用によって、統治体制政策ネットワークの対話の中で生まれたプロジェクト評価結果に対する「信用」から得られたのである。

なぜその路線は選択されたのか。私には実際のところ、はっきりは分からないが、しかしわれわれはマージトラベルを十分に信用している。そしてわれわれの仕事上の関係となると、われわれは実際にウィローで密かな利己的な目的を持ってはいない。われわれはマージサイド高速旅客輸送を望んではいない。われわれはマージサイド高速旅客輸送やそのような何かを得られないことを分かっているが、しかしそれが他を圧倒し、そして通常の基準を満たすならば、われわれはリヴァプールでのマージサイド高速旅客輸送を支持する準備ができている。そして、われわれの支援の姿勢は、われわれはすでに公平な割り当てを得たというものである。われわれのメンバーが不平を言ったならば、こう言うであろう。「ほら見ろ、われわれは何百万ポンドももらったばかりだ。なぜ他の計画の邪魔をするのだ」、同様の状況にあったセントヘレンズやセフトンの若い公務員が、コンウェイ・パーク駅は、マージサイドや他のすべての地域を含めても一番良かったというマージトラベルが結論付けた分析を信用するという結論に至った。それは、信頼という要素だと思わないか。つまり、われわれはすべての正当性、すべての書類、すべての文書を読んでいるわけではない。ただ分かっているのは、マージトラベルとリヴァプールが協力して活動していることを知っており、確信を持っていることである。そして双方が、その路線でのマージサイド高速旅客輸送建設は、マージサイドにとってもその路線にとっても良いであろうという結論に達したのだ。（回答者、ウィロー自治区議会）

個々の統治体制メンバー間の対話におけるプロジェクト査定の一貫した方法によって生み出される「信頼」の重要性は、マージトラベルの総裁によっても強調された。

われわれの区域の中で列車が運行されていないそれらの地区に関するもう一方の要素は、この種の発展によって直接的な便益のない地方自治体に支持するよう説得することは常に狡猾である。しかし、交通投資に対する「パッケージ・アプローチ」は、この種の支持があるべきだと要求している。人々を政治家のようにさせるのは、容易ではない。われわれは組織として、われわれのパートナーが公共や民間のセクターで何をしているかに対して、比較的政治家的なアプローチを常に採用してきた。われわれは常に、マージサイドでは声をそろえて要求できるよう、彼らの隣に立って声を上げる準備ができていた。そしてわれわれは、われわれのパートナーにもわれわれと同じようにすることを期待している……だから、私は次のように感じる。例を引用するならば、もしマージサイド高速旅客輸送路線がセントヘレンズやウィローやセフトンまで到達しないことになり、最初はリヴァプールとノウスリーまでに制限されても、他の地方自治体もその恩恵を受けると主張するだろう。そして喜ばしいことに、私が言及した地方自治体の多くがその路線を支持している。（公務員、マージトラベル）

マージサイド高速旅客輸送の概念及び建設すべき路線への支持が保証されれば、プロジェクトの実施に対する第二の大きな障害は、並行したストラスクライドの例と同様に、多額の追加の設備投資資金を必要とすることであった。ストラスクライド・トラムの予測コストの約半分であったものの、八〇〇〇万ポンドのマージサイド高速旅客輸送構想は、明らかにマージトラベル自身の設備投資における合意の範囲外であり、追加の設備投資に対する補助金が構想を進めるために必要とされた。

しかしながら、ストラスクライドPTEと同様に、マージトラベルは自家用車からのモーダル・シフトによる都市の混雑緩和を達成すること以外の戦略的目標を持つ構想を推進することを選んだため、運輸省の五六条査定統治体制下で、マージサイド高速旅客輸送のための追加の設備投資向け補助金を得られるか否かはっきりとはしなかった。したがって、中央政府から直接付与される以外の追加の設備投資資金源の存在により、モーダル・シフトを生み出す可能性に関わりのない、決められたマージサイド高速旅客輸送ネットワークの実現を追求する機会が出現した。

ライト・レール計画のための融資は、従来は主として運輸省の五六条補助金過程を通じて与えられた。これは非常に長いプロセスであり、そして現在、評価基準を通過し融資を待っている構想の待機リストがあるほどである。運輸省はまた、あらゆる構想への多額の民間セクター融資を模索している。

五六条補助金のための資金が現在では欠如しているために、その方法で資金を得るのは現実的な道ではないと考えられる。マージサイドは幸運なことに、オブジェクティブ1融資という代替案を持っており、ライト・レールやガイドウェイ・バス構想への補助金付与の可能性がある。しかしながら、都市高速鉄道を追求する際の鍵となるのは、多額の民間セクター融資を手に入れる能力である。（マージトラベル 一九九四年六月一六日）

（追加的調査は）オブジェクティブ1資金を使う機会、そしてマージトラベル、リヴァプール市参事会、関心を持つ民間セクター事業者とのパートナーシップによるライト・レールまたはガイドウェイ・バス・システムのリヴァプールでの開発の可能性を強調した……そのようになっているので、追加的調査は、まず第一に最も大きい商業面での可能性があると調査により示された路線で、ライト・レールの実現可能性をテストすることに集中すべきである。（マージトラベル 一九九四年一〇月二〇日）

さらに、欧州連合オブジェクティブ1融資のガイドラインが、民間セクターからの同規模の資金投入を要求していたことから、公共交通による高水準の輸送量がすでにある路線においてマージサイド高速旅客輸送を推進すべきだとする方向性が強められた。そういう路線では、合理的にバスからＬＲＴへの転換が高いと期待され、それが将来の利用者数増加のための基盤となると考えられた。この点で、マージサイド高速旅客輸送とストラスクライド・トラムの第二の決定的な差異が明らかとなる。マージサイドにおいては、その構想に反対する二つの主要な民間セクターのバス会社が、独立のリバプール・ライトレール・グループ共同体を通じて、あらゆる将来のＬＲＴ構想に対する自分達の参画に関して、予備的な議論に参加するようになったのである。ストラスクライドのように、大部分が公共セクターによって融資されるＬＲＴプロジェクトに対する競争相手のままであるより、利用可能なオブジェクティブ1融資

図8-7　画家によるマージサイド高速旅客輸送車両の予想図

出所：マージトラベル。

の取り決めにおいて必要とされた公共と民間のパートナーシップにより、関係のある会社が自社の中核的活動に対する有益な拡大策として、マージサイド高速旅客輸送に直接参画する機会が生み出されたのである。

バスに関する限り、もちろんリバプール・ライトレール・グループ共同体は、二つのバス会社を含んでいた。バス会社の方はＬＲＴを、リヴァプールでの事業を合理化し、運行を再編成し、特に当面利用の少ないリヴァプールを横断する連絡ルートを改善する機会として見ていた。そして、設計プロジェクトの作業の一部は、バスと路面電車との乗り換えを円滑にするために、いくつかのバスと路面電車の乗換駅を造り、グループ内にバス会社が入っていることを考慮して運行を統合することにあった。（回答者、リバプール・ライトレール・グループ）

マージサイド高速旅客輸送の整備の歴史は、以前に明らかにされたマージサイドのさまざまな公共機関にわたる公共交通に関する設備投資に対する細分化の影響と、その結果として生じる地方鉄道政策統治体制の「インストルメンタル」な構成を明らかにしている。しかしながら、この事例においてオブジェクティブ1補助金の存在により、基本的な戦略的目標が、五六条評価基準によって表わされたような中央政府の目標と完全に合致してはいない計画の前進が可能となった。オブジェクティブ1資金の存在と、同規模の民間セクターからの融資というその必要条件は、プロジェクトにおける地方バス会社の関与と高いバス輸送量が存在する路線におけるマージサイド高速旅客輸送の敷設を可能にした。マージサイド地域が鉄道への投資に対して動員可能な融資額、すなわち「特定の誘因」を最大化という通常の方策の根底にある目標は、プロジェクトへの支持が地方政策統治体制のメンバー全員から来ることを保証するものであった。それは、「実現可能」であり、「具体的な結果」を生むと見られる構想を推進するために、さまざまなパートナー組織の間で政策進展の管理を任された専門的公務員の間で築かれた「信頼」関係の重要性を示していた。

またもや、マージサイド高速旅客輸送は他の場所からの融資を得なければならない。それがオブジェクティブ1でも、何であろうともである。われわれは、自分達がすることは基本的にウォーターフロントからずっとノウスリーまで延びたLRTシステムの可能性を検討することであると決定した。われわれがその路線を取り上げた理由は、そこには鉄道がないからである。そして、われわれが必要とするのは、民間セクターがどれだけ資金を注ぎ込むかを知ることである。われわれは全般にわたる実現可能性に関する調査をし、そしてそれがうまくいくであろうと思っている……われわれは、地区評議会やわれわれ自身にとってそれが財政上どのような意味を持つか、われわれが民間セクターからいくら必要かなどを実際に分かる段階まで進まなければならない。すべてを知り、決定に至り、そして地区に「見ろ、われわれはこの構想をこの金額ですることができる、ここにその数字がある」と言って、そして決定を行うということである。明白なのは、地区評議会が完全にそれを支持しない限り、パッケージ入札やマージサイド高速旅客輸送に関する他の融資についての決定をすることができないということである。（マーク・ダウド議員、マージトラベル）

3　要　約

「インストルメンタル」統治体制としてのマージサイド

本章において詳述されたマージレールでの最も大きいプロジェクトと、マージサイド高速旅客輸送の進展は、地方鉄道への投資に対する地元の意志決定者の態度と、マージサイド鉄道統治体制に参加する地方政府と他の組織にわたる設備投資準備金で表わされた「投資の可能性」配分など、政策形成に対するいくつかの重大な影響を明らかにしている。明らかにマージサイド政府事務局によって管理された設備投資資金配分を付与するための「パッケージ・アプローチ」の運営を保証するために必要とされた交渉は、郡における地方鉄道政策進展の特性を示している。重要なことに、鉄道プロジェクトに投資する可能性を保持する機関がマージサイド統治体制の中にいくつもあり、また政府事務局を通じて中央政府の深い関与があったことから、明確にストラスクライドと比べて構想査定に対する数量的なアプローチが生み出されたと見ることができる。これは、「五六条」査定システムの基準による特定の「具体的な」経済的発展の成果の達成を強調するものであった。

これらの基準に基づいて、マージトラベル自身に加えて、マージサイド開発公社やシティー・チャレンジ委員会のような種々のグループの間で、実行可能な融資パッケージを組み立てる必要があったため、郡内にある五つの自治区議会区域の間で、投資の行き先について「客観性」と公平性を保証するための方法として、数量的な査定により認識された価値が利用された。実に、これらのパッケージ査定が行われた基準の透明性は、マージサイドにおいて競合する設備投資プロジェクトに優先順位を付けることにおいて「過程上の説明責任」（第3章5節を参照）の意義深い表現を示していた。入札パッケージ推進の成功に必要な関心を持った選挙とは無関係の地方組織、郡の五つの自治区議会、政府事務局の代表者間での合意を確保するために、専門的な数量的査定の公平性に基づく高度な相互「信頼」が必要とされた。マージトラベル及びその管轄地域内の議会が利用可能な外部からの補助金額を最大にしたため、コンウェイ・パーク新駅のように実現したプロジェクトが選択されたのである。同様の過程は、マージサイド高速旅客輸送の整備においても見られたが、その際には「パッケージ」は活用されなかった。この場合、同規模の民間セクターからの設備投資資金が確保されなければならないとの欧州連合オブジェクティブ1融資の条件により、すでに公共交通利用の高いルートへ構想が向けられた。それはすなわち、現存するバスから利用者を奪うという「具体的な結果」を意味した。

最後に、政策統治体制の中の複雑な財政上の役割と、情報の管理者としての幹部職にあったマージトラベルの公務員の役割により、ＰＴＡ委員長が孤立させられたのに反して、彼らの相対的な権限が強化された。より「象徴的」で質的な政治的基準に基づくＰＴＡ委員長自身の政策志向は、「パッケージ」議論の特性を示した中央政府のものと衝突した。重要なことに、選挙によって選ばれたＰＴＡ委員長の排除と、ストラスクライドのような特定の志向への公の支持に基づいた政策提携の欠如は、マージサイド地方鉄道政策統治体制における「政治的な説明責任」（第3章5節を参照）の重大な損失と関係しているのである。

第9章　マージサイドにおける小規模開発

1　序　論

マージサイドにおいて進行中の鉄道ネットワーク整備

本章は、一九八六年から一九九六年の間におけるマージサイド鉄道政策統治体制下のさまざまな小規模なネットワーク投資計画の策定過程を分析する。すでに概説された主要な四つのプロジェクトと非常に小さな保守作業以外で、この期間にマージトラベルやより広範囲にわたる統治体制によって考察された新しい鉄道サービス施設の供給に関するすべての整備政策案が扱われることとなる。新しい支線と延伸の整備提案、在来線上の新駅、在来線の改良について統治体制の中で評価された方法が分析される。いくつかの統治体制内の組織を横断する設備投資資金拠出への同意の細分化と、「パッケージ」申請における数量的なプロジェクト評価のルールがもたらした影響が扱われる。「プロジェクトの実現」という「インストルメンタル」な目標と、「具体的な結果」の達成に基づいた現実の政策の進展が強調されることとなる。

2 プロジェクトの歴史

ミッド・ウィロー線の近代化

一九七〇年代と一九八〇年代半ばに多額の設備投資によってマージレール上で達成されたインフラやサービスの改善は、現存する鉄道路線の電化に集中したが、それはさらに速くさらに快適に効率的なサービスを旅客に提供するためであった。マージサイドにおいては、蒸気動力を用いてマージ・トンネル内で運転を続けることが不可能であったために、早くも一九〇三年には電化が出現した。したがって、囲まれた環境におけるディーゼル機関の排出汚染物質の流入を回避するために、マージ・トンネル経由のリヴァプールへの直行列車と、一九七〇年代に建設された地下鉄「リンク」経由のノーザン線によるリヴァプールへの直通運転はすべて電気動力を用いた。

ウィロー線にとって、これは最近の政策決定に対して特に重要な遺産となった。一九七〇年代の「ループ」、そして当然のことながら元のマージ・トンネルに対する多額の投資により、これらの資産を最大限活用する投資は将来に対しても明らかに魅力を持っていた。ロックフェリーからフートンまでの一九八〇年代初頭におけるマージレール電化の拡張が、川を横断する現存する歴史的なインフラがもたらす可能性をより高めることによって、利用や収入を増加させるという願望に駆り立てられたからだということはすでに第4章4節で触れた通りである。

研究期間内に達成されたマージレール電化拡張の唯一の例が、実際にはPTEエリアの外にあったが、それでもなおその例はマージサイド統治体制の「インストルメンタル」なアプローチを繰り返して示すものである。一九九〇年に、フートンからチェスター、エルズミア・ポートまで電化を拡張する八一〇万ポンドの構想のための融資パッケージが、英国国鉄のPSO（公共輸送義務）部門、チェシャー郡、マージトラベルの間で組み立てられた。電化される区間の全線がPTEの領域外であったが、外部の資金源を提供されたことにより、構想はきわめて「実現可能」なものとなったため、マージトラベルの出資額となった三二〇万ポンドは、一九六八年交通法の「二五マイル・ルール」規定の下で承認された。同様に、年間四〇万ポンドと予測された地域内の移動によってPTEに入る追加の収入は、発生した追加の運営と財政面での費用を満たすのに十分なきわめて「具体的な結果」を示した。さらにそのプロジェクトは、次のことにより全般的な政策要求を満足させるものであった。

マージサイドの再生、そして特にリヴァプール都心の復興、バックンヘッドの町中心部の拡大、マージサイドの至る所で起こる新しい商業やショッピング、余暇、観光客用の整備計画を支援（する）。（マージサイドPTA、PTE一九八九年）

ウィロー線のフートンの南部区間改修の後、同路線で唯一残っていた非電化区間は、ビツテンの分岐点から南行する路線であった（図9-2）。この区間はマージサイドPTAの管轄地域内にあるが、ディーゼル車両が依然として使用されているために、マージ・トンネルを経由してリヴァプールへ列車の直通運転が不可能であることから、郡の二〇条援助下鉄道ネットワークには含まれない。二〇条に基づく援助の欠如は、同線の無人駅の荒廃（図9-3）にも見られる。しかしながら、一九九五年には、「潜在的な新しい市場と現存する市場が存在し、それは開発戦略の基礎を形成できる可能性を持つ」（マージトラベル一九九五年）ため、マージトラベルは、マージサイド郡内での同線の区間電化と駅の近代化による収入増加支援の影響を研究するため、実行可能性に関する調査を依頼した。同線は、約三万人もの集積地人口を有していた。

図9-1　チェスターとエルズミア・ポートの電化区間

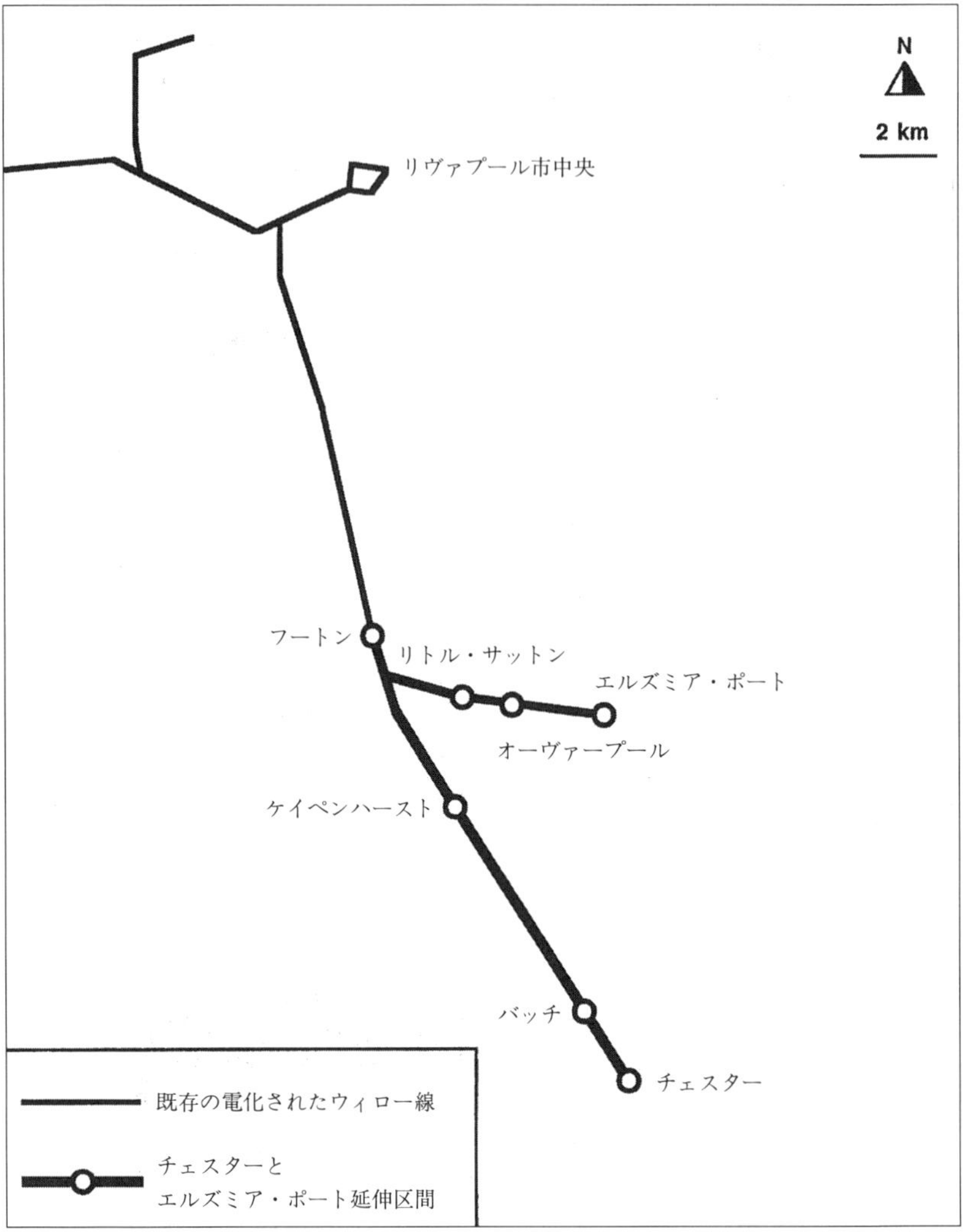

図9-2 ミッド・ウィロー線のルート

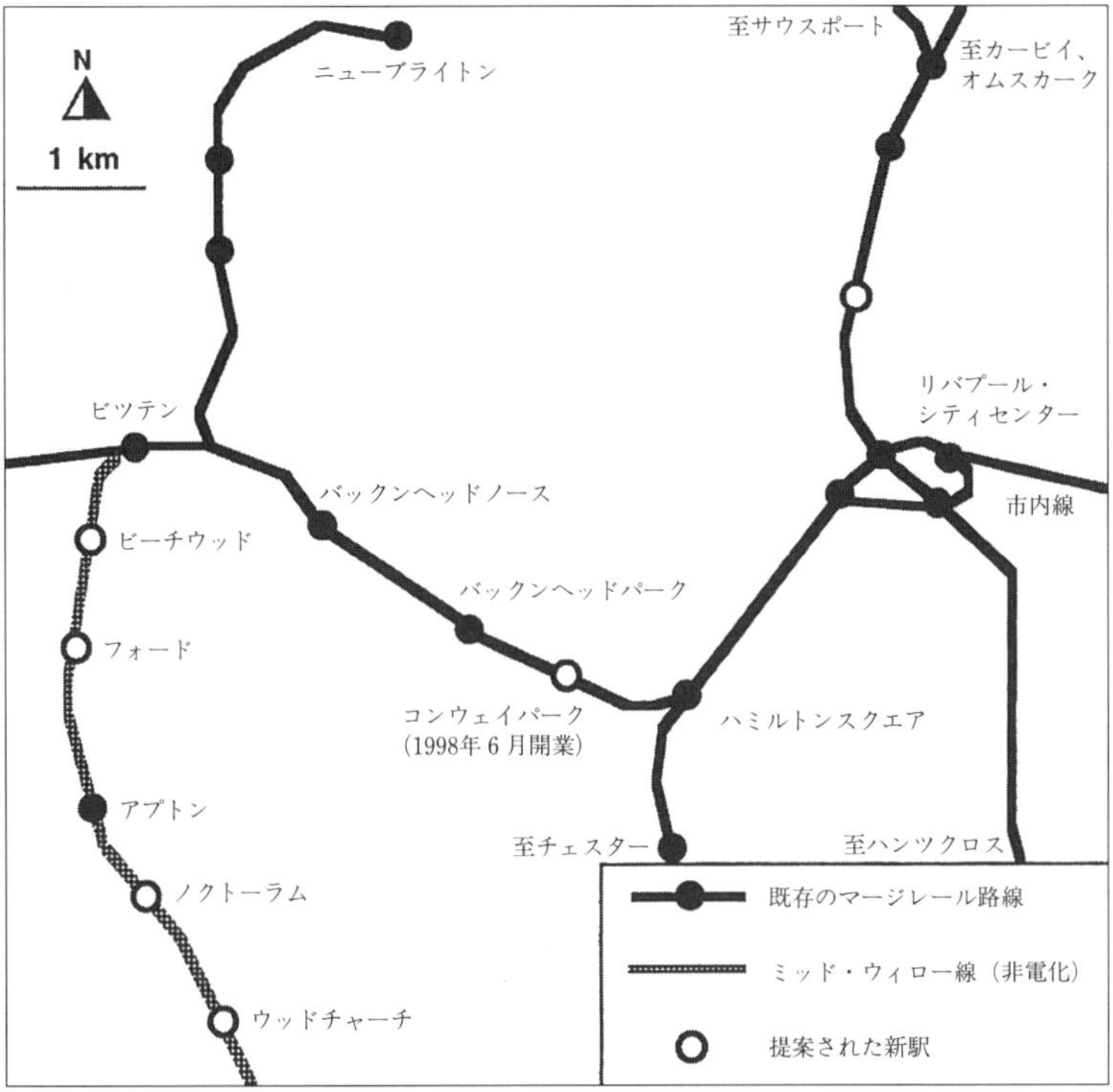

マージトラベルの計画は、電化とその区間での新駅設置という段階的な戦略を構想していた。最初の段階では、電化区間をウッドチャーチまで拡張し、ビーチウッド、フォード、ノクトラム、ウッドチャーチに新駅を設置する。これは、新しい車両も既存の電気供給システムの変更もなく達成されるため、概算の設備投資コストを五〇〇万から七〇〇万ポンド程度に抑える一方で、電化済みのマージレール路線にとって大幅な拡張となる。追加の鉄道車両と、電力供給工事のための融資が可能になれば、さらにヘスウォールへ、そしてマージサイド郡の領域を越えて電化を南へ拡張することも後に可能となる。

ウッドチャーチ・プロジェクトの政策上の重要性は、継続的な歴史的投資が将来の設備投資プログラムに与えた影響と

図9-3　アプトン駅の放置された状況（1997年）

関係がある。一九九三年にはまだ同構想はシティ線の活性化（下記を参照）と、郡の境界線を越えたいくつかの短い区間を含む多数の電化拡張案の一つに過ぎなかった。しかしながら、一九九五年末には次のように変化した。

> バックンヘッドのコンウェイ・パークにおける新駅の提案は、現在オブジェクティブ1の承認を得て、駅に関する支出が認められた。リヴァプール都心やウィローのウォーターフロントに加えて、バックンヘッド中心部でのショッピング、教育、雇用、レジャーへの利用を含むことから、旅客が行くことのできる目的地の幅を大幅に広げるので、駅の建設はウレックスハム・ビツテン（ミッド・ウィロー）線の発展にとって鍵となる……（これは）ウレックスハム・ビツテン鉄道路線を発展させる主な重要性を強調することとなった。同路線は、コンウェイ・パーク新駅経由のバックンヘッド町中心部まで直通の鉄道アクセスを提供し、リヴァプールへのアクセスを補完するためのものである。この路線なしでは、ビツテンから先への電化延長の案

は正当化しにくいであろう。（マージトラベル 一九九五年一二月二〇日）

ウッドチャーチは、われわれの中心的な構想の内の一つである。私は、今のところわれわれがそれをどのようにアプローチするかを完全に分かっているわけではいない。しかし私は、その正当性と収入予測を見たいと思う。しかしそれはまた、都心の「ループ」と「リンク」の後方で機能している。よく知られているように、バックンヘッドへの良いアクセスを持つコンウェイ・パーク駅も建設される。したがって、われわれは今まで行ったような電化の拡張ができるのだ。そうすることで、中心部の利用を少しずつ増やしていく……私は、私への圧力にもかかわらず、コンウェイ・パークが前進しないならば、ウッドチャーチはやってはいけないと公然と言った。そこの人々がどのようにして生活しているかを見ると、買物をするために五〇パーセントの人々がリヴァプールへ移動するが、しかしもう一方の五〇パーセントはバックンヘッドに行く。したがって、バックンヘッドに良い駅がなければ、それをしても無駄なのだ。（公務員、マージトラベル）

したがって、電化とマージトラベルの収入支援をミッド・ウィロー線まで拡張することの実行可能性は、明らかにマージ・トンネルそのものからリヴァプールの「ループ」と「リンク」を通り、コンウェイ・パークの新駅に至る中心的なインフラ整備の成功に基づいていた。それは、その評価に最終的な刺激を与えた。

マージトラベルの大きな成功の一つは、第三の鉄道システムの範囲を徐々に広げたその方法にある……そして、ウッドチャーチに関して彼らはこう言った。「われわれは、次にどこまで推し進めるか」。（そして）私は、人口密度の見地から、ウッドチャーチが次に行くべき明白な場所であると思う。したがって、ウィロー線への歴史的な投資

は、今でもマージトラベルの優先事項となっている。（回答者、鉄道業）

投資のこの累積的なパターンが持つ特別な重要性には、中央政府の設備投資への同意の細分化という明白な第二の影響がある。ウッドチャーチ開発構想は、マージサイドの都市中心部の外にあるため、そのプロジェクトは、シティー・チャレンジからの融資を受けられず、ウィロー、マージサイドとその外側にある人口密度の高い輸送路線との限られた資金を巡る厳しい競争下にある。したがって、マージサイド全体にわたる類似した構想が受けられるオブジェクティブ1補助金のほかに、約五〇〇万から七〇〇万ポンドのウッドチャーチ電化のための唯一の資金源は、一九九八年度とその後の会計年度から郡の交通パッケージ入札による資金配分の中のマージトラベルへの割り当てであると推測される（マージトラベル一九九四年）。

したがって、コンウェイ・パーク駅の建設を可能にするために、以前拠出された外部からの補助金の割り当ては、マージトラベル自身がその後の設備投資資金支出における優先順位を付けることに対して、深い影響を与えたと見受けられる。数量的な査定基準を採用する際、コンウェイ・パークの開発から生じる予測された利用者と収入の伸びは、郡のパッケージ・アプローチの中で融資を保証するために必要な「具体的な結果」を示す優先すべき提案になるほど、ウッドチャーチ電化の状況を改善するものであった。それによって、ウィロー自治区における累積的なマージレールの投資の循環を永続させる。しかしながら、これは必然的に、コンウェイ・パークに投資するという外部からの力による決定が為される以前のウッドチャーチ・プロジェクトより、より良い財政上もしくは費用便益分析上の評価を得ていたであろう競合するマージサイドのどこか別の場所における鉄道整備計画の優先順位を下げることを意味する。

（郡の）豊かな部分であるウィローに資金を使い続けるのではなく、崩壊寸前の事業すなわちセントヘレンズへ向

かうシティ線に資金を投入べきであると言う人達がいる。（回答者、鉄道業）

このように、ウィローの一部に関してのシティー・チャレンジ援助の存在は、自治区全体での地方鉄道ネットワーク投資の地理的な集中を促進した。コンウェイ・パーク駅プロジェクトはパートナーシップによる取り決めを経て融資されたが、その効果は明らかに他の地域における競合する構想を犠牲にし、マージトラベル自身の設備投資予算の中でミッド・ウィロー・プロジェクトの費用便益分析による相対的な評価を変えるものだった。

支線の営業再開

ストラスクライドの地方鉄道ネットワークとは対照的に、「他の大都市圏と異なり、マージサイドには、再開の有益な機会をもたらす古い貨物線または不使用の線路がほとんどない」（マージトラベル 一九九三年b：一五・四章）。結果的に、一九六〇年代のビーチングによる路線廃止以来、地方の旅客輸送における区間開業は見られなかった。また、中期的にもそのような計画は出ていない。一九九六年三月までに完成されなかった調査も一部にあるが、入手できたものについての最終的な評価の概要は次の通りである。いくつかの拡張プロジェクトの達成が、望ましいと考えられる。したがって、いくつかの現存する貨物専用線と鉄道用地が、将来必要とされる可能性があるために保全された。

重要なことに、マージレール整備のこの側面における前進の明白な欠如は、ストラスクライドにおける事例とは対照的で、それは「インストルメンタル」類型としての郡の鉄道政策統治体制を示すものである。

研究期間にマージサイドにおいて最初に検討された潜在的な路線の営業再開提案は、一九八九年当初に提案され、そしてこの時点で地方政策統治体制の運営を例示していた。ブートルとエイントリーの間の現存する貨物専用線改修

表9－1　マージサイド路線における営業再開提案と主な特徴

計　　画	長さ(km)	追加の駅数	区間の以前の状態	概算の設備投資コスト（単位：100万ポンド）	1996年3月31日時点の状態
エイントリー・トライアングル（中心構想）	4	2	貨物専用	4.5	保全
ファザカリー延長	2	2	不使用	2.5	放棄
セントヘレンズ中央・分岐点連絡線	3	1	不使用	約4	調査中
リヴァプール空港	3	1	完全に新しいインフラ	約10	調査中
バースコウ・カーブ	1	0	不使用	6未満	保全

の可能性は、セフトン・ビジネス・パーク開発、つまり「エイントリー・トライアングル」として知られている既存のエイントリー駅から西に広がる放棄された土地における大規模な都市再生構想に貢献する方法であると認識された。最終的なビジネス・パーク開発は、従来構想されたスケールではなかったが、それでもなおナショナル・ジャイロバンクの新しい本部と、その他の金融部門のビジネス活動を組み込んでいた。主要な新しい雇用の中心地として、それはまた重要な交通需要を生み出す要素になると思われた。

構想を前進させる可能性を最初に見出したのは、その地域の地方自治体、セフトン自治区議会で、マージトラベルへの提案において見られた。すでにエイントリーそのものにはマージレール・ノーザン線の駅が設置されていたが、それはエイントリー・トライアングル開発の端にあり、そしてセフトンの中心部であるブートルではなく、リヴァプール都心への直接的な鉄道アクセスしかなかった。路線を再開することによって、アクセス改善はトライアングル開発地区そのものの雇用機会だけでなく、ブートルでの既存の雇用、小売り、レジャー施設に影響を及ぼすであろう。加えて、エイントリーの東にある不使用の土地で運行を再開することの可能性も同じように強調された。

図9－4　マージサイドにおける路線の営業再開構想案の場所

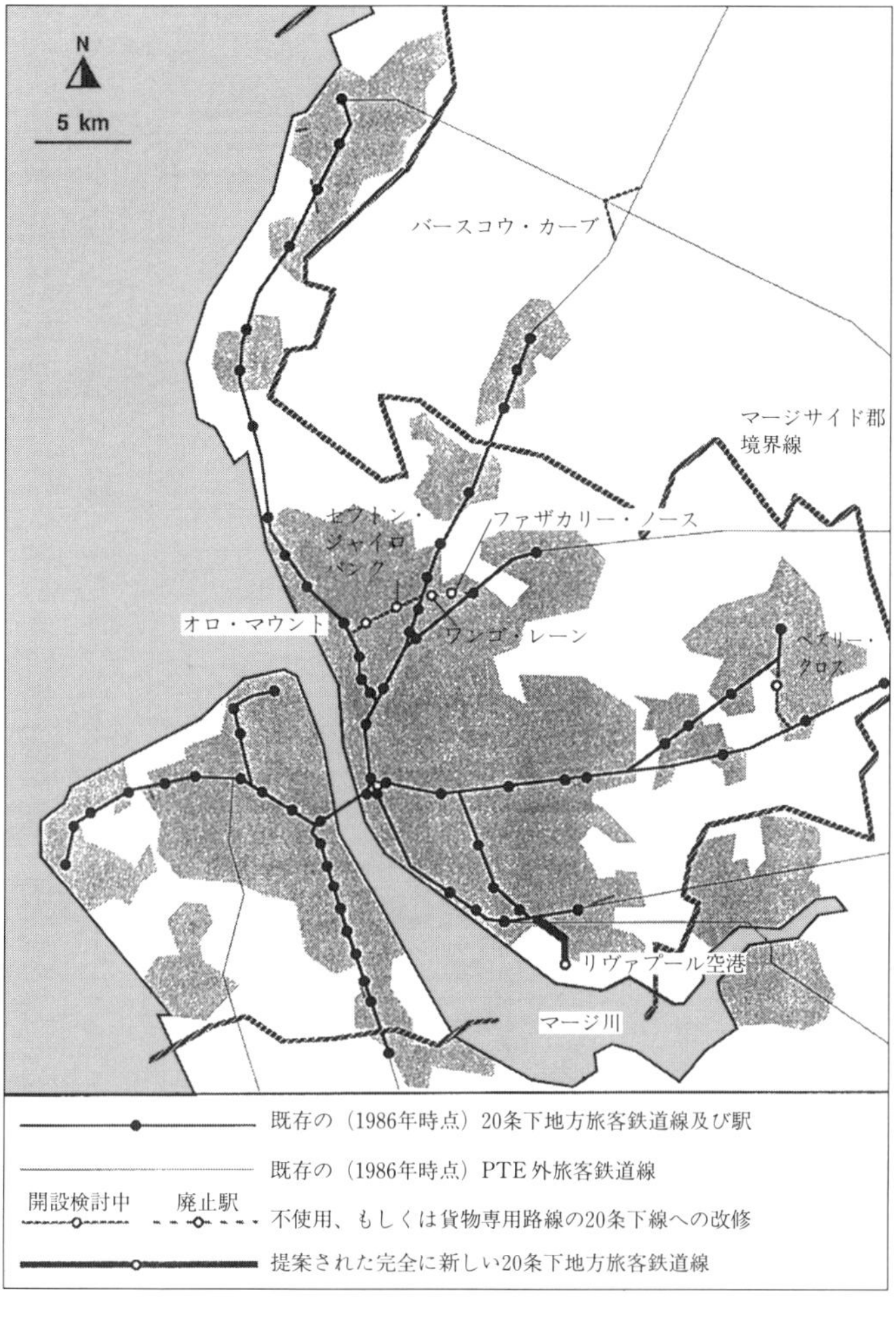

ブートルとエイントリーの間の連絡線整備は、地域の社会的、経済的な要求を満たすために、効果的な旅客輸送サービスの提供を保証するというマージトラベルの企業としての使命を満たすであろう。提案の主な便益には、次のものを含んでいる。路線に隣接する地域の居住者のために、リヴァプール、ブートル、マージサイド全域へのアクセス改善、大規模な開発としてのセフトン・ビジネス・パーク開発の支援、そしてショッピング及びオフィス開発地区としてのブートルにおける継続的な発展の支援。（マージトラベル 一九九一年一二月二一日）

マージサイドの都市の再生に与えられた全般的な優位性を考えると、エイントリー・トライアングル連絡線の提案は、マージトラベルの専門的な集団と選挙で選ばれた集団の両方の支持をえた。

その点について、雇用を考慮した事業を行おうと思っている。エイントリー連絡線に関しては、少しだけ雇用を考慮している。その地区には大規模な再生がある。したがって、その点では興味深い。（公務員、マージトラベル）

私がしたいもう一つのことは、エイントリーからブートルまでの路線を開業することである。なぜなら、線路がそこに存在し、電化によって多くの人々を、列車を乗り換えさせることなく、また二度通過する必要もなく、主要な商業の中心地であるブートルに運ぶことができるからである。われわれがおよそたった二、三マイルの距離であるその刺激となる路線を開業すれば、その駅がちょうどショッピング・センターのすぐそばにあるので、われわれは列車に人々を誘い込むことができるだろう。それが利用可能なものならば、人々がそのサービスを使うであろうということを私は知っている。（マーク・ダウド議員、マージトラベル）

図９－５　エイントリー・トライアングル連絡線案

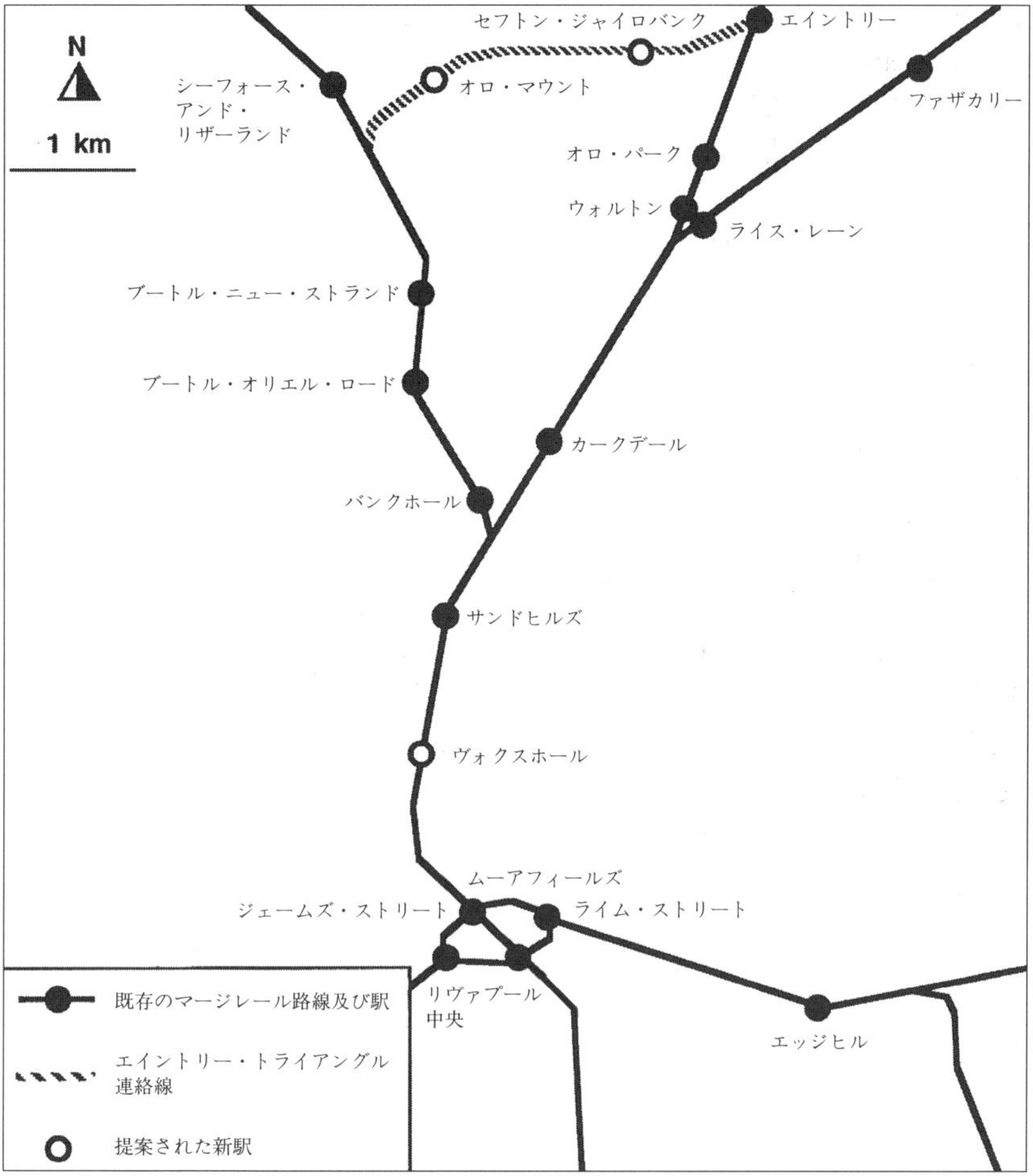

エイントリー・トライアングル連絡鉄道構想に対するその後の査定の構造は、ストラスクライドとマージサイドのPTEの間で見られた政策進展へのアプローチにおける決定的な差異を強調するものであった。このために、大規模なマージトラベルの投資計画のように、徹底的な外部による研究が依頼された。それは数量化可能な財政上の便益とプロジェクトの実現から生じる他の便益に焦点を当て、パッケージ・アプローチ提出の中に使われるものと一貫した提案五六条形式の費用便益分析を行うものであった。

一九九一年初頭にPTAに答申された研究結果は、「その不十分な財政上の成績と、その地域にとって最も低いレベルの便益」（マージトラベル 一九九一年二月二一日）のために、追加のファザカリー接続を即座に退けた。したがって評価は、オロ・マウント及びセフトン・ジャイロバンクの二つの新駅を含む四五〇万ポンドの推定設備投資コストを、ブートル・エイントリー間連絡線における旅客列車化のための改修と電化という中核的要素に集中した。利用予測は、一九九三年の開通時に一日当たり一六五〇人の移動数であったが、二〇〇一年までに二四五〇人に増加するとされた。これは次のことから生じると考えられた。

オームスカーク線、セフトン・ビジネス・パーク、ブートルの間での大きな輸送の流れに関する移動時間の改善……連絡線上での旅客事業提供の全般的な正当性が得られれば、オロ・マウント駅の建設のための正当性も得られ、そしてセフトン（ジャイロ）新駅に関しては、大々的な財政面及び利用面での正当性が得られるであろう。（マージトラベル 一九九一年二月二一日）

しかしながら、次のように指摘された。

連絡線の提供によって生まれる雇用及びその他都市にあるさまざまな機会へのアクセシビリティに関する明白な便益にもかかわらず、現在では旅客鉄道事業の連絡線における再開は、鉄道利用の増加とマージレールへの収入利益の点で正当化することができない。収入は追加の営業費をカバーするであろうが、しかし、設備投資コストの約四分の一しか賄えないであろう。五六条補助金を獲得できるような申請は現在では行うことができないであろう……PTEは、総括的評価において良い成績を上げていたこの選択（ブートル・エイントリー間）さえ、現在では適切な融資パッケージを組み立てることが可能ではないと考えている。（マージトラベル 一九九一年二月二一日）

エイントリー・トライアングル連絡線は、マージレール・システムへ多数の利用者を引きつけるであろう。そしてその営業費をカバーするであろうと予測されたが、その建設は、同地域で一般的となっていた設備投資財政の統治体制下では正当化することができなかった。マージトラベルは、当時プロジェクトは進めないが、将来使用できるよう土地を保全する決定をした。選挙で選ばれたメンバーの明白な戦略的鉄道整備要求に基づくプロジェクトへの継続的な支持にもかかわらず、その構想は追加の営業費に見合う額を超えた高いレベルの「具体的な結果」を求める地方政策統治体制で一般的となっていた融資過程の中では、正当化することができなかったのである。

この政策結果を、ストラスクライドによって進められたいくつかの再開計画に見られた結果と比較すると、後者の著しく悪い財政上の成績にもかかわらず違いがはっきりする。インタビューの重要な部分において、一人の回答者は提案されたリヴァプール空港への鉄道連絡線案との関連で、よく似た点についてエイントリー・トライアングル・プロジェクトの逆説的な部分を強調した（第9章2節参照）。この計画がその営業費を賄うことができ、そしてエイントリー地域における都市再生の触媒として重大な役割を担うであろうと思われる一方で、それが即座に収益を上げられないので、マージサイドにおいて地方鉄道政策立案に適用されるパッケージ査定の一般的な基準により早期の承認が得られなかったというのである。

エイントリーは、路盤を保持するべきだとする意見が出て実行され、そしてレールトラックは維持し続けているが早期の改善はない。私はある程度われわれが待っているのは、マージサイドがすべて変わることであると思う。古い研究に関しては、そのシナリオでマージサイドが成長して繁栄し続けるという点が信じられなかった。しかし、全世界が変化している。だから私は、マージサイドが大幅に変わるまで、そしてネットワークがさらに集中的に使われるまで待つ。そうすればエイントリーの場合もありえようが、率直なところ今のところそのようなことはないだろう。政策に関していえば、財政面の均衡はそれほど重要ではないとして、他に影響するからやるというのなら別である。幅広い便益の議論というのはそのようなものではなかっただろうか。(回答者)

いくつかの他の潜在的な路線の営業再開構想は、マージサイドにおいて存在する構想の査定と設備投資資金のきわめて「インストルメンタル」な構造によって「象徴的な」要求に対して置かれた障害物を検証する。インタビューの次の部分において、マージトラベルの議員集団に属する委員長は、特定の投資案に関する地方鉄道システム整備における、そのような制限の存在に関して自身の不満を明瞭に述べ、ストラクスライドの議員によって表わされたような移動機会を増加させる手段としてのネットワーク拡張のために同じように根底にある期待を説明した。それは、PTAが示した戦略的整備目標の質的な適用に基づくものであった。

すぐに利用可能な資金を持っていたならば、オームスカークからサウスポートに至る鉄道、何年も前に閉鎖されたバースコウ・カーブを再開するであろう。それがおそらく自分にとっての最優先事項になると思う。なぜなら、現在ではサウスポートからオームスカークに行きたい場合、まず基本的に、リヴァプールを往き来しなければならないという状況だからだ。

最終的にわれわれがすべきことは、環境とサービス提供を考慮しなければならないことから、電車をもっと増やすべきであり、サウスポート線とオームスカーク線沿線で生活する人々に、移動する機会をもっと与えるべきであると思う。それが道路であったならば誰も悩まないであろう。それは「諸君、それを作ろう」ということになり、われわれはそれを簡単に手に入れるであろう。しかしそれが鉄道であるので、「実行可能とは信じられないので、これを行うことができない」というこの財政上の「拘束服」を、われわれは着なければならないのだ。しかし実行可能とは何を意味するのだろうか。私には、それが何を意味するかが分からない。損失を出さないことなのか。二〇〇〇万、三〇〇〇万、一〇〇〇〇万ポンドの場合はどうか。私には、分からない。しかし私が分かっているのは、オームスカーク線沿線に住む人々に、サウスポートのような場所に行けるようなサービスを、そしてリヴァプールの人々がウィガンに行けるようなサービスを、われわれが提供すべきであるということである。（マーク・ダウド議員、マージトラベル）

実に、バースコウ・カーブ営業再開について推測される便益に関する調査研究は、エイントリー・トライアングル提案に関するものと類似した結論となった。

同構想の設備投資コストは、収入から拠出するとすれば、正当化できる範囲をはるかに超えている……サービスの本質と、利用者以外の人々に対する便益がないことから見て、外部から融資を受ける可能性は考えられず、したがって、現在のところ、必要な投資を正当化するのに十分な収益率を生み出すような、バースコウ・カーブ上での鉄道サービスを行うことは可能ではないであろうという結論に至った。（マージトラベル 一九九六年四月二九日）

バースコウ・カーブは、ひどい提案である。それは、鉄道マニアタイプの提案であり驚くばかりだ。市場のニーズに応える構想というより、「われわれには鉄道があるのだから、それを使えるようにしておくべきである」という感じのものだ……オームスカークを越えることに関して言えば、列車内は非常に空いていて、長く乗らないと誰にも会わないのである。カーブを曲がってバースコウそのものに行っても、誰も儲けることはできないし大した移動も生み出せない。（回答者、鉄道業）

これは、明らかにストラスクライドにおいて見られた非常に積極的な路線の営業再開政策と対照的である。バースコウ・カーブ連絡線から生じる潜在的な便益に対するダウド議員の熱心な姿勢にもかかわらず、同構想はパッケージの中で失敗する運命にあった。なぜなら、それは営業再開によって生み出される収入の増加によってその設備投資コストをカバーできないからである。そして、その財政面の問題を好転させるための外部からの融資の入手可能性はきわめて低かった。これは、ストラスクライドの場合と全く対照的である。同地域では、構想の査定に対する質的な基準と、議会による大規模な単一の設備投資への同意が存在するために、いくつかの支線の再開が可能となったのである。なかには、運営の初期においては、その直接の運営費さえ賄えないものもあったが、それにもかかわらず営業再開の成果があった。

さらに、このようなプロジェクトがマージサイド鉄道政策統治体制内の支持を獲得するのに失敗したことは、ＰＴＡ内の選挙で選ばれた構成員の権限の明らかな制約を表わしているだけでなく、郡内の各自治区において提供される鉄道サービスレベルにおける地理的格差を拡大した。この影響の好例は、新しい鉄道インフラがどの時点においても全く与えられなかったセントヘレンズ自治区にある。具体的には、マージトラベルが明らかにした路線の営業再開構想案は、自治区議会の優先公共交通設備投資プロジェクトを構成している。

われわれがさらに多くの繋がりを持つことを可能にするであろう自治区内の二つの駅間を走る古い連絡鉄道線がある。しかしそれは、われわれの任務から外れている。そしてわれわれはマージトラベルに対して、再び旅客サービスが行えるように、それを改修してもらおうと必死になって話を持ちかけている。（回答者、セントヘレンズ自治区議会）

実はマージトラベルの公務員自身も、都市再生を推進するという戦略的政策目標に基づく連絡線への投資が、説得力のある事例であることを認めていた。

セントヘレンズ中央とセントヘレンズ・ジャンクション間の鉄道路線は、一九六〇年代に旅客事業が廃止された。そして同路線の貨物輸送は、一九八〇年代に休止となった。路線は、戦略的にセントヘレンズの町の中心部と、公共交通によるサービスが不充分なセントヘレンズ自治区南部の間を結んでいる。セントヘレンズ単一開発計画は政策目標として、都市の再生を推進し、活性化し、新しいインフラを提供する手段としての効率的で効果的な旅客輸送システムの提供と鉄道ネットワークの改善を強調している。同計画は、この戦略の一部として連絡線の再開を支持し、再開を可能とするために同路線を保全している。（マージトラベル　一九九五年一月一〇日）

しかしながら、査定によって試された連絡線の財政上の成績は悪く、それによって建設に対する賛同を与えられる見込みは大幅に減少した。

われわれが調査したもう一方の案は、セントヘレンズ中央からセントヘレンズ・ジャンクション間の連絡線であり、それもまた投資を回収できそうにない。これを正当化するためには、一〇〇パーセントの補助金を必要とするであろう。（公務員、マージトラベル）

このように、自治区を更生させるためのセントヘレンズ市当局の計画の鍵となる要素を形成し、マージトラベルの公務員と選挙で選ばれたメンバー双方にわたる大多数の支援を受けていたにもかかわらず、この計画は棚上げされた。それは、入札パッケージの経済的な評価基準を満たさず、したがってマージトラベル自体の年間の資本配分から融資の資格を得られなかったためである。

在来線の新駅

ストラスクライドのように、既存のマージレール路線上の新駅設置は、他の大規模な鉄道投資構想よりも大幅に低い設備投資額で人口集積地を増やし、そこでの鉄道アクセスの便益を拡大する機会を提供する。さらに、設備投資額が比較的低く、また構想案の数が多いことから、政策の優先順位を付けることにおいて柔軟性のレベルが増し、したがってさまざまな地域間の資源をめぐる競争は最大限に激化する。しかしながら、選挙で選ばれた人々の組織的な力を最も説得力がある形で示す例であるにもかかわらず、マージサイドにおける新駅整備の歴史は、地方鉄道政策統治体制の運営の主要な要素である専門家の持つ権力の影響と、設備投資に際しての同意の細分化を強化するのに役立っている。

ストラスクライドと比較すれば、マージトラベルの新駅戦略は、関係する構想の実際のコスト以外に重要な違いがある。一九八六年に新しいマージサイドPTAは、廃止された特別都市議会から四つの新駅設置計画を継承した。これらのうちの三つ、ウィロー線・フートン支線でのイースタハム・レイク、シティ線体系上のウィストンとヘイルウッドは、リヴァプール都心からかなり離れた住宅地のコミュニティに位置しており、したがって長距離通勤による高い運賃収入に寄与する可能性があった。

設備投資コストが二〇〇万ポンド未満のプロジェクトは、郡のパッケージ入札の一部として融資の資格を得るのに完全な五六条形式の費用便益分析を必要とせず、マージサイドでの新駅計画の査定は、ストラスクライドにおいて採用されたものに類似していた。

> 生み出される追加の収入が運営費及び財政面のコストを補えない限り、（新駅設置の）提案は前進すべきだとは考えられなかった。（マージトラベル 一九九三年b：一五・二章）

しかしながら、マージサイドにおいて採用された一つの特別な政治的立場は、郡における新駅建設の過程に大きな影響力を与えたとみられる。ヘイルウッド駅の例は、各PTAの新駅での人員配置政策と、財政上及び利用面の関わりを比較する際に有益である。出札設備などを含む新しいヘイルウッド駅の設備投資コストは、四一万五〇〇〇ポンドと予測され、それは同じ一九八八年に認可され類似してはいるが駅員無配置のストラスクライドのミリカン・パーク駅におけるコストの一九五パーセントであった。SPTEによって確保されたのと同じ五〇パーセントの設備投資補助金を得られると仮定すると、ヘイルウッドにおいて結果として生じる年間の運営費は、四万八〇〇〇ポンドでミ

図9-6　マージサイドにおいて新駅提案のある場所

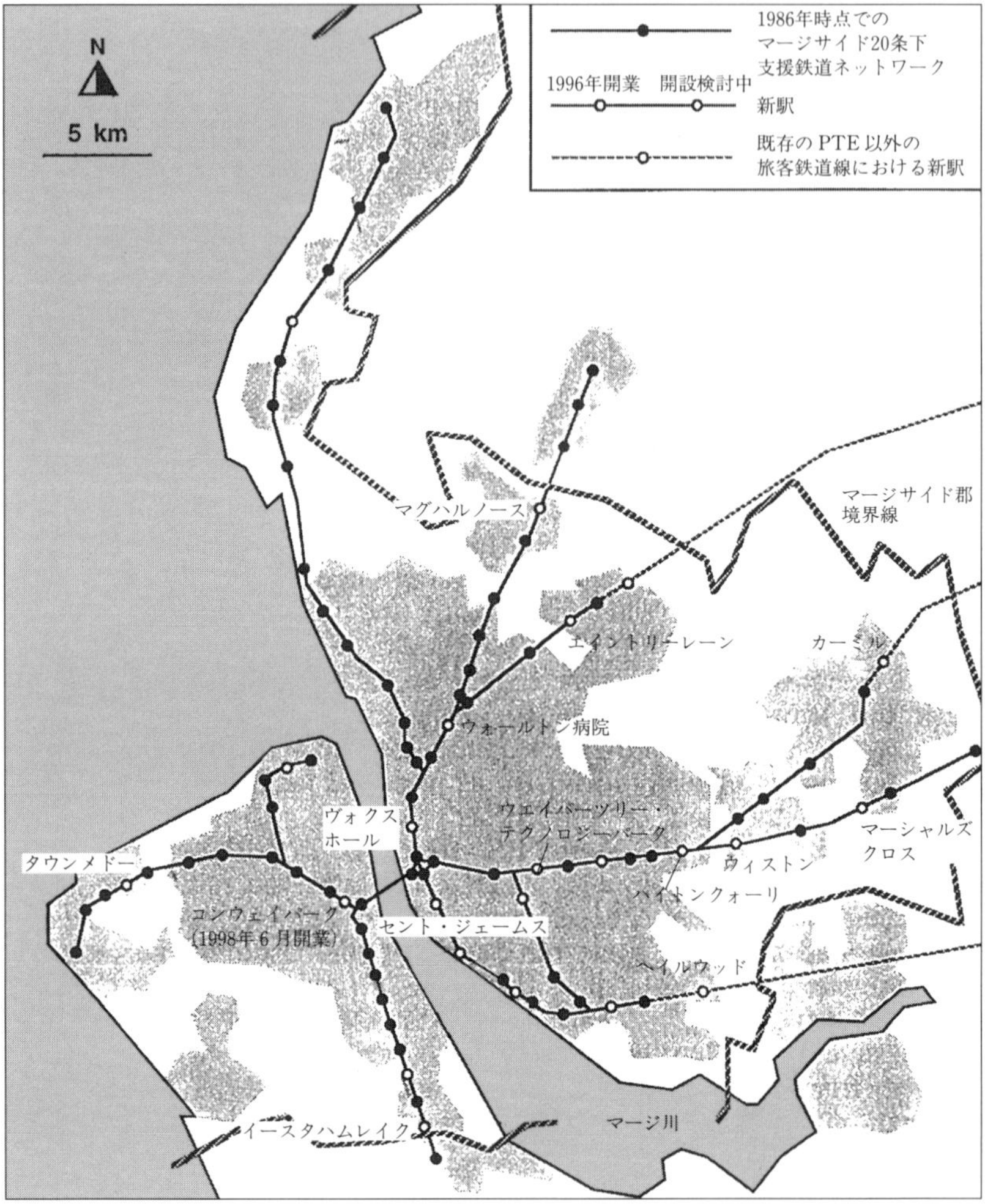
N
5 km
1986年時点での
マージサイド20条下
支援鉄道ネットワーク
1996年開業　開設検討中
新駅
既存のPTE以外の
旅客鉄道線における新駅
マージサイド郡
境界線
マグハルノース
エイントリーレーン
カーミル
ウォールトン病院
ヴォクス
ホール
ウェイバーツリー・
テクノロジーパーク
マーシャルズ
クロス
ウィストン
タウンメドー
ハイトンクォーリ
コンウェイパーク
(1998年6月開業)
セント・ジェームス
ヘイルウッド
イースタハムレイク
マージ川

リカン・パークの約二・八二倍となった。したがって、将来の運営費や設備投資関係の支出を賄うために、マージサイドにおけるこの新駅は、集積地や市中心部からの距離という大部分の点において類似したストラスクライドの駅と比較して、約三倍の収入を生み出すことが必要とされたのである。二番目に継承された新駅プロジェクトの場合、結果として生じるコストはさらに高かった。一九九三年にその案が承認された時、イースタハム・レイク新駅の設備投資コストは、概算で一八八万ポンドとなっていた。

支援下にある全駅において駅員を配置し続ける政策は、七つのPTEの中でも珍しく、新しく整備された施設のほかに、駅員や発券機のための追加のコストを伴う。これは、マージサイド統治体制における政策立案の中で唯一の真に「象徴的な」要素であり、マージトラベルの選挙で選ばれた委員長の影響にまでたどることができる。ダウド議員自身、有人駅を保持するという決定は、サービスの品質と旅客の安全性という結果的に得られる便益を重視する彼の根底にあった明確な姿勢に基づいていたと述べている。

われわれは、結局は旅客の安全性が大事であると信じているので、駅に職員が配置される状態を維持し、そして同じ理由でわれわれは車掌を列車に配置する状態も維持した。なぜなら、そこにそういう人々がいなければ、移動する人々が、鉄道システムを使うことを選ぶとは思えないからだ。結局は、駅と列車に職員を配置しなければならないと信じている。（マーク・ダウド議員、マージトラベル）

地域の鉄道・海員労働組合の代表を含む何人かの回答者は、統治体制の「エリート集団」の中のダウド議員の地位と鉄道関連労働組合との親密な個人的関係が、マージトラベルの有人駅政策の維持にとって必要不可欠であったことを示唆した。それは、ストーカー（一九九五年）によって指摘された統治体制の中における「企画集団」の特権的な

図９－７　イースタハム・レイク新駅

出所：マージトラベル。

地位を反映している。

マージレールに関しては、委員長が元鉄道員であるのでわれわれは影響力を持っている。彼は別の組合のメンバーかもしれないが、われわれとかなりうまくいっており、そしてさまざまな整備に関しわれわれに情報を与えてくれる。われわれは過去において協力し、そしてサービス及び仕事を保護するために、可能なことをすべてすることを通じて将来においても協力するであろう。（回答者、鉄道・海員労働組合　北西）

駅員配置政策を保持しているのは、マーク・ダウドである。（回答者）

最後に、双方の研究対象地域で専門的な経験を持つ一人のインタビュー回答者は、ＰＴＡにおける選挙で選ばれたメンバーの全般的な役割に関して、すでに表わされていた認識、つまり駅の人員配置やその他の運営上の問題へのダウド議員の全体的なアプローチは、活動的な鉄道員、そして労働組合員としての彼の経歴を反映していたとの見解を示している。

メンバーは、労使関係の問題に関係しがちであり、そして私は、それはマーク・ダウドがそこの出身だからだと思う。今にも爆発しそうな争議があるならば、メンバーはそれをどのように解決するかに関して、かなり首を突っ込む傾向がある。それは、ストラスクライド人員配置に関する合意のあるストラスクライドとは全く異なるものである。（回答者、鉄道業）

マージトラベル公務員以外の回答者による非公開の意見では、政策の費用対効果性について疑いが持たれていたにもかかわらず、この点においてロンドン地下鉄を想起させるマージレールの「地下鉄」としての品質の明確な「象徴」、そしてそれゆえに残りの英国国鉄ネットワークとの明らかな違いを表わしたので、公務員は全駅を有人駅とする政策を支持した。実に、そのような意見がエリート集団の外にいる地方政策統治体制の他のメンバーと共有されなかったことは、この特別な政策に対する委員長の組織的な力の影響を立証するものであった。

駅の人員配置は政治的な合い言葉になった。それに挑むことさえ受け入れないのである……それは、雇用を生み出しているという見方、駅に誰かを置くことによって安全性の認識を高め、顧客志向を高めるという見方に基づいている。（それは）半分だけ正しい。（回答者、鉄道業）

マージトラベルの駅員配置有人化政策の結果は、あらゆる新駅建設が組織的な力の明瞭な表現であることに加え、ストラスクライドの同等のものより高い設備投資コストと継続的な費用を必要としたため、資金供給されうる選択肢は少なかった。

実際に、この制約はPTA地域の場合、多岐にわたる新駅構想を自分達自身の交通と経済発展戦略の一部として推進していた地域内の各地区評議会の間で、すでに乏しくなっている資源をめぐる競争を一層激化させた。電化や新しい支線の建設、あるいは、コンウェイ・パークにおける新しい地下駅の比類のない高額の大規模なインフラ改善の提案に比べて、新駅設置のリストにあったプロジェクト案には、多くの選択肢が挙げられていたため、地方政策統治体制の中における政治的交渉の余地は大きかった。

そのような競争の存在は、マージトラベルによって認められ、管轄地域内の各自治区の新駅に関する期待を受け入れる方法が強調された。

われわれは（政党）政治的にはならないが、この有限な資源をめぐる地区間の競争はある。その他すべての条件が同じならば、われわれが短期の財政上の展望を保持している長期間の政策及び支出計画においてそれを保証することにより、またわれわれがこれらに優先順位を付すことにより、それを乗り越えようと試みる。例えば、一年目に一つ、そして二番目を三年目に置く。そうすれば、各地区は少なくともそれはリスト上次の順位で記載されており、それがプロジェクトとなって容認される。われわれはそれを約束通り行うことを保証してはいないが、利点を持ったプロジェクトとして容認されていると知ることができるのである。（公務員、マージトラベル）

管轄地域内の各自治区において、地元の政治的な要求に応えた多数のプロジェクト案を組み込んだ戦略的計画が存在することは、次の回答者によって確認された。

彼らは希望リストを持っている。私が彼ら（マージトラベル）と仕事をし、彼らの会合に行った時、それは非常に興味深いものだった。彼らは、確かに資金を提供されうるものが順々に並ぶ希望リストを持っているのだ。（回答者、交通圧力団体）

それで彼らは、行う予定のものを書き記した計画を持つことによって、それを行う……（これは）政治的圧力に対する対応である。（回答者、鉄道業）

しかしながら、特定の新駅プロジェクトの包含が、ＰＴＡの優先プログラムの中で同計画の前進を保証しなかったというスウェインソンの意見は、実施される構想の最終的な選択が、郡全体での投資拡大バランスをとるという願望、もしくは他の「象徴的な」目的達成の願望に純粋に基づいていたのではなく、大規模なインフラ投資に関して適用された「具体的な結果」を説明するような、類似した範囲の「インストルメンタル」な財政上の基準に基づいていたことを示唆する。

彼ら（マージトラベル）は、乗客数や可能性についてはかなり良い調査をすると思う。そして、彼らが新駅をビジネスとして取り上げる時、彼らの統計はかなり堅実であると言わなければならない。「われわれは政治的な駅を作る」と言って建設を進めた路線はあまりない。実際、私が知っている限りでは全くない。（回答者、鉄道業）

したがって、マージサイドにおける新駅構想案「希望リスト」の存在が、そのような投資に対するさまざまな地元地区の要求を公式に認識する必要性までたどることができ、それによってある程度の継続的な政治的正当性をＰＴＡそのものに保証する。しかし、実施すべきプロジェクト選択については、再びあらゆる地方の「象徴的」、政治的、もしくは社会的な発展要求よりも、むしろ将来の利用と収益に関して各々表わされた「具体的な結果」の水準次第であった。さらに、進められた構想が外部からの補助という「特定の誘因」を最もよく活用するものであるべきだという並行する優先事項は、マージトラベルの鉄道事業部長とのインタビューの一節で強調された。簡単にいうと彼は、新駅構想の優先順位を付けることは、利用可能な資金の利用、特に都市再生という幅広い目標に向けられた欧州連合オブジェクティブ１プログラムの資金と、マージサイド開発公社の資金の利用にかかっていると主張した。

われわれにはマージサイドの再生を促進するために構想を実現するという優先政策がある。私は、五年に及ぶオブジェクティブ1統治体制の中で、（それらのために）資金を得ることができるので、居住地区の新駅から新しい経済活動の場所へのアクセスを与える新駅に焦点を変えた。マージサイドにおいてわれわれが優先すべきことは、今のところ仕事が戻ってくるようにし、繁栄を取り戻すことである。そして、コンウェイ・パーク、ブランズウィック、ウェイバーツリー・テクノロジー・パーク、マーシャルズ・クロスのような駅はその戦略の鍵である。したがって私は、セントヘレンズにおけるマグハル・ノース、カー・ミル、ウィローにおけるタウン・メドウのような場所から焦点を変えてきた。われわれは、それらに立ち戻ることもできるが、よく知られているように重要なことは、ウェイバーツリー、マーシャルズ・クロス、そしてマージサイド開発公社によるリヴァプールの埠頭地域のような場所にある仕事を追いかけていくことである。そこにインフラがあれば、人々をそれらの駅に移動させることができ、雇用を追求し、ネットワークを活用し、そしてそれによって将来いつか住宅地向けの駅の提案ができるであろう……仕事へのアクセスを生み出すことにおいて、適切な中心部のインフラがなければ、郊外の駅を造るより、実際に新しい仕事がある場所に駅を造る方が効果的である。しかし、多機能的な駅は、二つの理由で単純な住宅地用の駅より良いと思う。一つは、さらに多くの移動を生み出す。二つ目には、われわれがパートナーシップの点でオブジェクティブ1による補助金を得られることが挙げられる。住宅地の駅では補助金を得られないだろう。（公務員、マージトラベル）

マージサイドで提案された新駅整備のパターンは、外部からの設備投資資金補助金入手可能性と密接に関係している。ブランズウィック（一九九八年四月開業）、ヴォクスホール（マージサイド開発公社再開発地区）における構想、ウェイバーツリー・テクノロジー・パークやマーシャルズ・クロス（オブジェクティブ1による総合的な再開発地区）の構想が、マグハル・ノースやカー・ミルのようなかなり以前からあった住宅集積地における新駅構想より優先されたのである。しかしながら、この政策も同じように、マージサイドにおける異なる地域間での鉄道に対する公平性という問題に影響を及ぼすと見られる。

かなり単純化すれば、新駅建設の焦点が経済的発展の主要な地区に変更されたことは、マージレールの駅が既設の大体において繁栄している住宅地コミュニティにおける雇用のアクセシビリティ・レベルを増加させたことを意味する。一方で、鉄道駅の提供が優先順位の変更によって遅れた住宅区域は、リヴァプール都心のような確立した地域において現存する仕事や他の都市の機会から相対的な隔離が継続することにより、出現しつつある再開発地区における同様の機会へのアクセスの欠如において二重に不利な立場にある。

郊外住宅地の優先から、経済的発展の場所への新駅建設に対する地域的な優先順位における転換は、セフトンやウィローの自治区のようなマージレール・ネットワークの地理的な遺産によって鉄道事業が首尾よく展開されている地域と、そうではないセントヘレンズのような地域間で、アクセシビリティ・レベルにおける相対的な格差をさらに強める。重要なことは、できる限り多くの新駅プロジェクトを実現するために、利用可能なオブジェクティブ1資金を利用するというマージサイド統治体制の中で最も優先される政策は、優先権のあるプロジェクトの変更に関する統治体制の異なるメンバーの間のあらゆる不和を一掃した。同様に、統治体制メンバーによる補助金を最大限にするという与えられた重要度により、外部からの財政支援を受ける資格が得られず、長期にわたって存在し続けている住宅地区の新駅プロジェクトを支持するサウスポート・アドヴァタイザー紙、セントヘレンズ・レポーター紙、ウィロー・グローブ紙、その他の地方紙の紙面を通じて公にされた限られた地方の公共的及び政治的な圧力行使を排除した。

3　要　約

マージサイドにおける「インストルメンタル」な政策立案

本章において詳述された小規模な設備投資プロジェクトで表わされたマージレール・ネットワークで進行中の整備は、先行する章で強調された政策形成に対していくつかの重大な影響を強調している。

マージサイドの都市再生における地方鉄道の潜在的な役割の強調は、再び政策立案の基礎となる主要な影響を表わしている。鉄道サービスの新しい地域への拡張の領域が、不使用となっている鉄道インフラがマージサイドにおいて相対的に欠如しているために厳しく制限されたことから、現実の政策における優先順位は、郡で新しい経済活動の見られる地区を推進するために、現存する地方鉄道ネットワークの輸送力を拡張させることに集中した。

マージトラベル以外での、地方鉄道整備のための設備投資資金配分の入手可能性は、競合する開発構想案に優先順位を付ける際に不可欠な要素であり続けた。郡の至る所に存在する長く待たされている住宅地のコミュニティの新駅プロジェクトに先立って、リヴァプール南部のブランズウィックに新駅が完成したことは、外部からの補助金の力、この場合はマージサイド開発公社からの資金の力が、そういう構想が進められる順番に影響を及ぼすことを示している。同様に、ウェイバーツリー・テクノロジー・パーク、ヴォクスホール、マーシャルズ・クロス地区が、マージトラベルにおける短期設備投資計画の中で先頭へ昇進したことは、それらのプロジェクトに対する欧州連合オブジェクティブ1支援の利用可能性を反映している。

特定のプロジェクトのためのそのような外部からの資金の利用可能性は、それらの実現可能性にしたがって、競合するプロジェクトに優先順位を付けるというマージサイド統治体制のインストルメンタルな願望を強調するものである。しかしながら、ストラスクライドの場合と比べて、はるかに幅広い範囲の政府機関にわたる資金の小さな束への細分化は、マージトラベル自体の資源の将来配分に関する優先順位に、再び永続的な効果を及ぼした。特に、コンウェイ・パーク新駅の建設（第8章2節を参照）は、ウィロー・シティ・ランズからの補助金の支出によってのみ可能であった構想であったが、マージトラベルの優先すべきプロジェクトリストの中で、郡の他の場所に関する長く待たされている開発構想を犠牲にして、近くにあるウッドチャーチの電化プロジェクトの順位を上げることとなった。そして、その開発構想は、新駅構想を押しのけて、マージサイドにおける将来の設備投資の最優先事項となっている（レールトラック社 一九九八年）。

第10章　結論：政策立案への影響

1　序　論

地方自治の構造が鉄道の政策立案に与える影響

前章までのストラスクライドとマージサイドにおける実際の鉄道整備に関する記述は、一九八六年から一九九六年までの間に両研究対象地域で運用されていた地方自治制度が、地理的構造が異なることによって政策立案へ及ぼした影響に確固たる根拠を与えるものであった。最終章となる本章では、地方国家組織、統治体制、構造化理論というすでに確認した理論的枠組みに照らしてこれらの政策の成果を再考し、ＰＴＡの都市域あるいは合同委員会構造の下での鉄道の政策立案における公共的説明責任の達成レベルについて、それらから推論できる事柄を探求することとする。

公式記録とインタビュー双方から得られた根拠は、各地域における特定の政策の発展過程を説明するものであるが、それらを第3章5節で概説した三つに集約された研究課題に答えられるよう分析する。はじめに、並行するモデルであるマージサイド及びストラスクライドにおける地方鉄道政策統治体制の類型や階層を構築する。両統治体制を各々、

「インストルメンタル」及び「象徴的で実用的」と分類したのは、地域の鉄道ネットワークの発展に関して、各PTAが基礎としている戦略的な目的を再考した結果である。第二に、両研究地域の各々における統治体制の類型及び運用の実情を、都市交通問題についてのさまざまな要素に焦点を当てた実際の鉄道政策の成果として立証する。最後に、両統治体制に見られる鉄道政策立案者の効果的な公共的説明責任に関する展望について、中心的な行為者が統治体制の階層のどの位置にいるか、そして事例研究で明らかになったようにリーダー的立場の人々が自分の好む特定の政策を採るよう統治体制を方向付けるために用いた戦術に照らして議論する。細分化された「インストルメンタル」なマージサイドPTAにおける強大な過程上の説明責任と、「象徴的で実用的な」ストラスクライド郡議会において重要な役割が与えられた住民との協議との統合を、地域での鉄道政策の意思決定を将来より良く監視するための鍵として強く打ち出すこととする。

2　マージサイド及びストラスクライドにおける地方鉄道政策統治体制

統治体制の類型

第3章において「都市型政策統治体制」の概念を、近代的な都市型地方自治システムを形成するさまざまな公的私的機関を通して公共政策が生まれる過程を理論化するために適した方法として用いることとした。「地方鉄道政策統治体制」が、各研究対象地域において実際の地方鉄道政策が生み出され、議論され実施に移された法定のPTAやPTEを構成する幹部職公務員と議員によるエリート集団を中心とした個人と組織のネットワークとして認められた。研究対象となったPTAの異なる地理的構造、具体的には特別都市全体に広がったストラスクライド議会と、公共選択に依拠するマージサイドPTA合同委員会が、各々統治体制の各構成員が持っていた権力の類型に対して、どのような影響を及ぼしたかを分析するには、なぜ特定の鉄道戦略が遂行されたかを説明する必要であると考えられた。その理由は次の通りである。

統治体制の構成において、国家間、あるいは地方（すなわち国よりも下位のレベル）間でさえも、違いを理解することは、動機や政治が多様であることを説明する手がかりとなる。（ストーカー、モスバーガー一九九四年：二〇二）

本節では、事例研究で得られた証拠から導き出されたマージサイド及びストラスクライドの地方鉄道政策統治体制の「類型」を明確にする要素の一つひとつを、ストーカーとモスバーガー（一九九四年）の包括的なモデル（第3章2節を参照）と比較したい。発見された多様な類型が、統治体制の構築や力学、統治体制の各構成員に付与される権力のレベルと種類、そしてつまりは最終的な政策決定に関して、二つの都市型地方自治構造が与えた影響を強調するために適用される。都市型地方自治における都市域及び公共選択モデルという根本的なイデオロギー、そして選挙で選ばれた議員や専門的な公務員が自ら課した役割に基づいて各地域で見られる第一次的な構造化ルールを、各統治体制の全体的な目的、さらにはその参加者の動機を形作るものとして論証する。各行為者の地方鉄道政策の発展に関する期待を、構造化ルールにおいて同意が必要な部分が特定の政策戦略を推進するために形成された統治体制内の提携における共通の目的意識として明確にする。そういう戦略がどのように展開するかは、統治体制構成員間の「利益の一致」に関係しており、それは統治体制の構造と行為体との間の関係に直接帰するのである。

その代わりに、これらの特性が各統治体制の地域及び地域外環境との関係に関する性質を明らかにする。地域の政治的な要求がどの程度意思決定者側によって組み込まれているか、そして各統治体制がどこまで政策を中央政府から自立して立案できるかは、それを構成する組織間で地方鉄道ネットワーク発展のために入手可能な設備投資資金の配分、すなわち「投資の可能性」に依存するとされている。

最後に、これらの特性が組み合わさって、各統治体制の「階層」モデルが作られるが、それは統治体制の「支配的な構成員」に焦点を当てるもので、彼らが「先制力」（ストーカー 一九九五年）の活用を通じて政策立案を管理し、したがって統治体制を主導し、自分の管轄する地域の鉄道政策の発展を統制する能力を手に入れるのである。ここで重要なのは、ストラスクライドでは先制力が選挙で選ばれた委員長の手にある一方で、マージサイドの統治体制ではＰＴＥの幹部職にある公務員が政策立案を主導すると考えられることである。

類型と目的

ストラスクライドでは、地域の鉄道政策統治体制の「目的」つまり戦略的な目標は、議会の集合的な「社会戦略」目的に集約される。ストラスクライドのような大規模な都市域の地方政府の基礎にある一般的に「福祉国家主義的」及び「再配分主義的」（アレクサンダー 一九八二年ａ）志向を強く反映した同戦略は、都市の有益な施設へのアクセスに関する公平性の改善という社会的発展面の目標を強く打ち出しており、それは明らかに他の「象徴」型の統治体制と同一であった。そのような統治体制は、どれも同様の「基本的な価値」（ストーン 一九九三年）に焦点を当てている。したがって「社会戦略」の鉄道ネットワークに関する投資への適用は、ストラスクライドの意思決定者側が行動する際に基礎とする主要な構造化ルールと、従来型の交通政策からの大々的な「イデオロギー上の方向転換」（ストーカー、モスバーガー 一九九四年：一九九）の双方を構成している。従来の交通政策は、地域の鉄道ネットワークを自家用車の利用に代わる同地域での移動の代替的な仕組みとして推進することを通じて、主として経済的発展における利益の最大化を目的としていたからである。

象徴的な統治体制は、集団が新たな政治的展望もしくはパラダイムを確立しようとする場合において出現する。

（ストーカー、モスバーガー 一九九四年：二〇五）

クロスレール路線の発展は、ストラスクライドにおけるそのような鉄道輸送に関するイデオロギー上の「方向転換」を示す一例といえるであろう。同構想は、すでに鉄道を利用しているコミュニティの人々がアクセスできる中心地の数を増やすことによって、受け継がれてきた鉄道ネットワークの社会的発展面での利点を向上させる手段として推進された。ここで重要なのは、クロスレールによって在来線をグラスゴーの中央駅から切り離す必要が生じたため、同プロジェクトに対して認識されていた社会的発展面での利点は、特定の主要な通勤路線において中心から周辺への放射状の移動時間の増加という経済的発展面を犠牲にしてしか達成されないものだったことである。したがって、クロスレールの「目的」は、従来の中心的なビジネス地区への放射状の通勤のための移動に集中するのではなく、幅広く線引きされた中心地区に広がるさまざまな都市の有益な施設へのアクセスのしやすさを改善する方向に鉄道ネットワークの柱を転換することにあった。

このストラスクライドにおける鉄道の役割の歴史的な枠組みの形成は、同地域の鉄道ネットワークの地理的な遺産によるものであった。同地域のネットワークは、鉄道と連動して発展した地域内でも比較的裕福な郊外のコミュニティの大部分にサービスを提供していたものの、戦後の土地活用計画の重大な欠陥により、恵まれない大都市圏中心部の大部分と、グラスゴーの四つの主要な周辺部の住宅地すべてに鉄道アクセスがなかった。ネットワークを拡張してそれらの地区により良いサービスを提供し、つまりは地域全体にわたって鉄道が提供するアクセスの公平性を全般的に是正することは、ストラスクライドにおける地域鉄道政策を「社会戦略」目標に近づけるための方向転換の重要な要素となっていた。

「社会戦略」の面では、鉄道を使ったネットワークではたいしたことはできていない。それは実際には、すでに鉄道サービスが存在しているところでしか改善することができないからだ。われわれは、本当に新しい鉄道路線を、全く新しい土地に建設するという点に関して、分別よく考えられないことが分かった。というのは、それがもたらす混乱が計り知れないからだ……だから、多くの場合、「社会戦略」に関する事業提供というのは理想としていたほどのことはできていないのである。（公務員、ストラスクライドPTE）

したがって、新たな鉄道路線や駅の建設は、必然的に現実的に達成可能と考えられるものに限定され、それはほとんどすべてにおいて既存の旅客鉄道ネットワーク上のものか、貨物専用もしくは廃止された路線にかかわるものであった。その結果、「社会戦略」に見られる目標の実際の適用は、ストラスクライドの地方鉄道整備に対するアプローチにプロジェクト実現の要素があることを物語っている。そのような目標は通常、「インストルメンタル」統治体制とつながっているものの、ストラスクライドの場合、そういう目標は同地域で受け継がれてきた鉄道ネットワークの遺産によってもたらされた制約の中で「象徴的な」目的と一致していた。北郊外線の再開と在来線区間での新駅開業プログラムという事例は、ストラスクライドの鉄道政策統治体制が可能な開発プロジェクトをすべて実現しようとしたものの、利用者の予測や収益（以下参照）という測定可能な経済面での「具体的な結果」の相対的な水準に基づいてプロジェクト間の優先順位を付ける試みはなかったことを示している。ストラスクライドの統治体制は、特定の「具体的な」経済的発展面での成果の達成に焦点を当てる真の意味での「インストルメンタル」なアプローチではなく、「プロジェクト実現」という目的を同地域で受け継がれてきた鉄道ネットワークの遺産に照らして実行可能な「象徴的な」社会的発展面での目的を持って推進するための現実的で実用的な戦略と考えたのである。つまり、ストラスクライドの統治体制は「象徴的で実用的」と分類できる。

これとは対照的に、マージサイドの地方鉄道政策統治体制は、明らかに「インストルメンタル」と認められる。簡単にいえば、それは同郡の地方自治機関がストラスクライドと比べてより多岐にわたって分裂していた結果である。共同の戦略的政策を社会的発展の枠にはめ込んでいたストラスクライド議会と違い、マージサイドにおける選挙とは無関係のさまざまな政府機関は、各々地方鉄道の発展のための「投資の可能性」（すなわち設備投資資金）を持っていた。例えば、マージサイド政府事務局、とりわけマージサイド開発公社は、次のように見られていた。

継続して政権を担った保守党政府のイデオロギー的、政治的価値観、計画よりも市場を誇張する思想、さらには都市再生に関して市民とは区別した資産を基礎とするアプローチの普及を象徴していた。（イムリー、トーマス 一九九三年：vii）

そのような価値観がマージサイドでは組織的な構造化ルールの中心を成しており、それは企業に成長の機会を提供する手段としての物理的なインフラや資産の活性化と関連する都市再生の定義に基づいた「再生の文化」（カーマイケル 一九九五年）を反映していた。

一九九〇年代におけるマージサイド開発公社の最も重要な政策は、新たなビジネスや雇用の増加を誘引し奨励することによって、経済活動を刺激することにある。（マージサイド開発公社 一九九〇年：一〇）

この戦略の中で地方鉄道の改善は、中心的な経済的発展目的である同郡内の労働者のモビリティを最大限確保する一方で、道路渋滞の影響という経済的な不利益を最小限に食い止めることに向けられた。

マージサイドの戦略的な（公共）交通政策は次の通りである：

政策一　経済的発展及び都市再生の機会を支えるのに必要な交通ネットワークの改善をさらに進めることを目指す。

政策二　公共交通及び自動車以外の交通手段の相対的な魅力を向上させ、それによって自動車利用の増加傾向を減速させ、自家用車からの脱却へ方向づけを確立する。（マージサイド政府事務局 一九九六年：一）

その結果、マージサイドの地方鉄道政策の主要目的は、統治体制内の多数の組織が保持していた細分化された設備投資資金の小さな束を再統合し、そうすることでコンウェイ・パークやブランズウィックの新駅という単一もしくは複数の統治体制パートナーが資金を拠出する具体的な都市再生プロジェクトに関連した鉄道ネットワーク発展に対する特定の機会を実現することにあった。同様に、マージサイド高速旅客輸送（ＭＲＴ）のＬＲＴ路線に選ばれたルートは、民間セクターや欧州連合のオブジェクティブ1による共同資金の入手可能性と目的に照らして、最も実現可能性の高いものであった。マージレール・シティ線をネットワークの他の区間とサービスの質やイメージの面で調和を図るための電化やシティ連絡線の建設（第9章2節を参照）という「象徴的な」目的の推進に関連した構想は、真剣に推し進められることはなかった。

ここで重要なのは、さまざまな資金源を大規模な鉄道インフラ・プロジェクトが賄えるような「大きな塊」へとつなぎ合わせるため、幅広い地方自治組織間で協力する必要があったために、地域の政策立案において専門的な公務員

表10-1　地方自治における専門的公務員のハビトゥス

行為者集団	基礎となるハビトゥス（構造化ルール）
公共セクターの専門家（例えば、都市計画家、会計士）	専門的な行為における慣例。手順は専門的な研修や資格取得の過程で教え込まれた規範や期待に大きく左右される。コモン・センスは公平性、客観性、公共サービスに基づく。
選挙とは無関係の公的機関（例えば、英国の特殊法人）	知識は（主として）民間セクターから取り入れているが一部公共セクターの要素もある。手段よりも資金が優先される。（民主主義よりも）正式の文化と法律により、コモン・センスは仕事を成し遂げることに基づく。

出所：ペインター（1997年：138）

の役割が格段に高まったことである。このことによってマージサイド統治体制では「プロジェクト実現」の考え方がさらに強固となった。「具体的なプロジェクトを成し遂げる」（ストーカー、モスバーガー一九九四年：二〇一）欲望も、専門的な公務員にあるとされる「行為者集団」の構造化ルールもしくは「ハビトゥス」（ペインター一九九七年）の中核を成しているからである（表10-1を参照）。

参加者の主な動機

各統治体制に参加する人々の主な動機は、明らかに地域の機関や行為者集団の構造化ルールが個人に与える影響を反映していた。マージサイドでは、政府機関が地域の経済的発展の分野においてマージトラベルとともに行動する確固たる立場にあったために、地方鉄道に関する政策立案は「具体的な結果」の達成に重点が置かれた。地方機関は、地方鉄道インフラ・プロジェクトへの同機関の貢献が、法的な責任に照らして「仕事を成し遂げる」（ペインター一九九七年：一三八）のに寄与したと正当化することによって、実質的な「法的」あるいは「過程上の」説明責任を中央政府に立証する必要があったため、競合するプロジェクトの数量的な費用便益分析を非常に重視する政策立案システムが作り上げられた。それは、中央政府の慣習そのものを反映していた。

専門的な公務員は、合理化、公平性、金額に見合う価値の確保という構造化されたウェーバー的「規範」に適合し、また都市のモビリティを最大化することを通して経済的発展を推進するというより広範囲にわたる地域の組織的ルールを反映した査定方法を適用しようと考えた。その結果現れたのが、数値化できる「具体的な結果」、主として混雑の緩和、自家用車からのモーダル・シフト、そして公共交通から得られる収入増加の最適レベルの確保による意思決定システムであった。

それ（潜在的な設備投資構想）は個人的なものであったり、地域の熱望によるものであったり、「わが都市にとっていいからこれを作ろう」では駄目で、なぜ必要でどのようにやるのかを示さなければならない。それは金額に見合う価値が十分にあると、はっきり目立たなければならないのだ。（公務員、ウィロー自治区議会）

公務員とは対照的に、マージトラベルに属していた選挙で選ばれたベテラン議員は、ストラスクライドと同様、鉄道輸送利用における公平性の改善という社会的発展のための「表現的な政治」を達成する手段として、鉄道ネットワークへの投資を推進すべきだとする目標を持ち続けていた。

そんなことはないと言われるだろうが、彼ら（専門的な公務員や選挙で選ばれた議員）の目的は全般的に一致しているとは思わない。公務員の人たちは「これを作るのは、需要において正当化できるし、二〇条関連補助金を削減できるし、ＰＴＥの付託に則っているからだ」という見解を強力に支持するので、その立場においては非常に実用的になる傾向がある。メンバーの一部には、より社会的な立場をとり、原則的にはバランスシートは二次的であるべきだと言う人たちもいる。しかし、集団として一緒になると、バランスシートが彼らの行う決定を踏みにじると言わなければならない。（回答者、鉄道業）

だが実行可能とはどういうことを言うのか。どういう意味なのか私には全く分からない。損失を出さないことなのか、二〇〇万ポンド、三〇〇万ポンド、一〇〇〇万ポンドならどうなのだ。私には分からない。ただ私が分かっているのは、オームスカーク線沿線の人々がサウスポートなどに行くことができるようになるとか、リヴァプールの人々がウィガンに行けるようになる、そんなサービスを提供すべきだということだ。（マーク・ダウド議員、マージトラベル）

特に、そのような「表現的な」考え方は、マージサイドの政策立案ネットワークでは全く通用しなかった。統治体制内の他のメンバーの間において利益の一致が見られたからである（以下を参照）。

ストラスクライドでは、「社会戦略」に見られる目的の下における構造的な影響力により、非常に「表現的な政治」が生まれ、公務員も議員もそれに賛同していた。しかしながら、SPTEの幹部職の人々にとっては、社会的発展面での便益の拡大に対してどれだけ有効か、特に自家用車保有率の低いコミュニティにおける都市の有益な設備へのアクセスの改善を考慮して、特定の政策選択の推進を志向するこの地域の主たる組織的な構造化ルールが、混雑の解消やモーダル・シフトという数値化できる経済的発展面の要素による「具体的な結果」に中心を据えた従来の交通に関する査定手法を適用するという行為者集団のルールと対立した。このパラドクスを解決しようと、ストラスクライドの公務員は、今まで強調してきた数量的な費用便益分析の手法を保持すると共に、鉄道への投資に関連した社会的発展面での便益の数量化を試みた他の多様な追加的要素を盛り込んだ。

……鉄道に関してこれまでやってきたことは、すべて社会的な費用便益分析の厳格な適用によっている。人々にとって測定可能な便益は、移動時間の削減、混雑緩和に伴う節約といったもので、それらは利用者にとっての便益であるか利用者以外の人々にとっての便益であるかにかかわらず、投資期間における費用に対して常に正当化されてきた。政府は当然そのようなことはしない。その理由は二つある。一つは、利用者の便益に関してで、政府は利用者から得られる収入しか勘定に入れない。利用者への便益の効果全体は勘案されず、それは非常に大きな要素である。もう一つの要素は、利用者以外の人々の便益全体も政府は勘定に入れられないことで、政府は混雑緩和やそれに関連した事故の減少というかなり明確に測定可能なものしか検討しない。一方で、質の悪い空気の改善、騒音や振動その他のあらゆる事柄に関するより範囲を広げた利用者以外への便益を政府は勘案しないのである。だが、われわれはそれらすべてを検討した。（公務員、ストラスクライドPTE）

しかしながら、公務員という職にかかわる確立された慣習、政治的な中立性及び「客観的に」数値化可能な査定を遵守するという行為者集団ルールに縛られないベテラン議員は、この立場さえ越えて、「社会戦略」に見られる目標の極度に質的な解釈に基づいた非常に純粋な形の「表現的な政治」を推進した。

私は、このような形の費用便益分析がそのまま公共交通に適用されることを受け入れることができない。われわれには社会面でも環境面でも当局者として果たさなければならない責任があるのだ。そして、数多くの責任がある。新しい雇用機会の場への移動、アクセス……何らかの展望、そして考え方を少し飛躍させることが必要だと思う……これらの決定は、多少の戦略的な展望を持って行わなければならない。つまるところ、政治的な決定だからである。クロスレールのような大規模な構想に関する決定を学者だけに任せるわけにはいかない。（チャールズ・ゴードン議員、ストラスクライド議会）

表10-2　マージサイド及びストラスクライドにおける都市鉄道政策立案を支える地域の組織的及び行為者集団の構造化ルール

ストラスクライド

以下を通して、議会の「社会戦略」を厳守。
・鉄道へのアクセスにおける公平性の推進。
・雇用やその他都市の有益な施設や機会への個人のアクセスの改善。

PTEの幹部職にある専門的公務員
従来の数量的な交通査定手法を、拡大された利用者及び利用者以外の便益にまで適応させることを通じて社会戦略を適用。

選挙で選ばれたベテラン郡議会議員
鉄道への投資を質的な面に焦点を絞り、交通及びその他の面で都市として欠乏している地域に行うことを通じて社会戦略を適用。

マージサイド

以下を通して、マージサイドの都市再生を推進。
・企業の設立や拡大の機会を提供し、そうすることで郡内での全般的な経済活動のレベルを向上させる。

PTEの幹部職にある専門的公務員
鉄道への投資を中央政府が用いている査定方法に基づき、統治体制内のパートナーが支援する物理的な再生構想と統合。

選挙で選ばれたベテラン議員
鉄道への投資を交通及びその他の面で都市として欠乏している地域に向けることを通じ都市再生に関して質的な「市民を基本とする」アプローチを保持。

したがって、マージサイドでもストラスクライドでも公務員と議員は同じように、自らが傘下にある組織の構造化ルールによる影響を受けている一方で、それらの戦略的な目標をどのように適用すべきかについての対立が、並行する二つの地域の行為者集団の構造化ルールに見られる相違から生じた（表10-2を参照）。

利益の一致

地方政策統治体制に参画する各メンバー間の関係が築かれている共通基盤の本質である「利益の一致」は、各行為者の構造化ルールが重なり合っている部分に由来する。ストラスクライドでは、象徴的統治体制と関連のある競争の中で、合意の概念がエリート集団における幹部公務員と議員との間の関係において存在した。競争の中での合意が形成されるのは、次のような場合である。

関係しているのは共通の関心事を焦点とする課題のネットワークであるが、そこにおいては、さまざまな利害の中で深く共有される見解が欠如し、合意がなく、対立が存在する。統治体制内では相当な対立が存在する可能性があり、またその方向性に影響を与えようとする競争もありうる。(ストーカー、モスバーガー一九九四年:二〇六)

ストラスクライドのエリート集団内では、専門家と議員双方とも「共通の関心事」である郡議会の「社会戦略」に描かれた社会的発展面の目的を強く支持していたが、同「戦略」の目標達成するための最適な手段をめぐって相当の対立が生まれた。この対立が生じたのは、各集団の二次的な構造化ルールの間に齟齬があり、すなわち「深い、共有される見解が欠如」したためである。公務員の側は、大部分が質的な「社会戦略」の目標を、地方政府の専門家が一般的に適用する数量的で「客観的な」構想査定手法と調和させようとした(ストーカー 一九九一、ペインター 一九九七年)。他方、委員会の両委員長は、非常に質的な「戦略」の解釈を推進し、そこでは例えばクロスレールに関連して見られるような広範囲な労働市場への潜在的なアクセスの増加という量的に測定不可能な要素が強調された。

実際に、時間が経つにつれて、そのような質的な政策に対する期待が累積した影響で、個人的な行動へ再帰する過程が生まれ、それによってストラスクライドにおける政策立案の基礎となる構造的な規範が強化され巧みに形作られた。ＳＰＴＥの専門的な公務員が実施した初期におけるプロジェクトの評価、例えば『一九八七年鉄道調査報告』に含まれた要素を導くための調査というものは、確立されていた政府の規範であり、「ウェーバー的な合理主義のコンセンサス」(ナイグロ、ナイグロ 一九八〇年)の中核部分を成す数量的な費用便益分析を採用しており、それは官僚制度の下で投資決定を行う際の伝統的な基礎であった。しかしながら、こういう規範は、都市の混雑に関連する金銭面のロスを最小限に食い止めるという都市交通に対する経済的発展面の目的に基づいたもので、並行する構造化のルールである郡議会の「社会戦略」に見られる社会的発展面の目的への支持と対立することとなった。再帰性は、ギブンズの説明によれば、続けて起こる一連の個人の行動によって明らかとなる。はじめに、従来の数量的な交通政策の査定が経済的発展を基礎としていることを認識したSPTEの専門的な公務員は、実施されていた数量的な費用便益分析の範囲を拡大し、公共交通の利用者への時間の面での便益という要素を組み込もうとした。それは、「社会戦略」で目標とされている周縁及びその他の恵まれない地区の人々がアクセスできる都市の有益な施設の範囲の拡大においては中核となる要素であったが、中央政府の五六条方法論のような従来の鉄道に関する財政面、あるいは「限定的な費用便益」の評価からは除外されていた。その後、「社会戦略」に見られる目的を数値的に測定することが全く不可能な要素で「象徴的な政治」と強く結び付けようとする選挙で選ばれたベテラン議員の間で発展しつつあった認識の溢出効果により、クロスレールやグラスゴー空港への専用軌道の連絡線構想に対する選択などが行われ、後の主要な政策はそのような質的な評価基準でのみ正当化できる情勢となった。したがって、郡議会に端を発した「社会戦略」の構造的な影響は、中央政府の評価基準から遠ざかり、地域の社会的政治的要求に基づいて築かれた一連の要素への転換が図られたことでより強固となったのである。

マージサイドにおいては、ストラスクライドよりも数多くの機関が地方統治体制の政策立案議論の中核に参加していたため、異なった形の関係が構築された。単純化していえば、同統治体制は、法令上の合同委員会の代理市場として運用され（ポリット一九八六年）、それは公共選択の理論家たちが頭に描いていたようなものであった。それは、各地区議会が細分化された鉄道への設備投資資金の小さな束を、自地区における実際のインフラ投資構想を賄うのに十分な「塊」に再統合しようとしたものである。

資金がどれだけあるかが、基本的に何が起こるかを決める、というのは一般的に正しい。この組織には、他人からの投資なしに大規模な設備投資構想を財政的に支える能力が、まず絶対にありえないからである。（マーク・ダウド議員、マージトラベル）

このことにより、中央政府による新たな提携の構築が必要となった。このケースは、「マージサイドの交通に関する統合的戦略」の調査結果に基づくパッケージ・アプローチであり、それによってマージトラベル、郡内の地区評議会、マージサイドに存在する他のさまざまな政府機関が一体となった。

共有される目標は存在するが、パートナーシップは想定されるものではなく、積極的に創造されなければならない。開発を行うパートナー間の協力や譲歩を確保するには、新たな機関、協議のための討論の場、補助金、そして支援が提供される必要がある。（ストーカー、モスバーガー 一九九四年：二〇六）

マージサイドの交通に関する統合的戦略は、経済成長や都市再生の達成を援助し、各提案を評価し査定するための政策の枠組みを提供し、さらにマージサイドの当局者たちが交通機関への投資のための外部資金を得るための議論をより巧みに行えるようなマージサイドのための統合された交通戦略を立案しようとするものである。（マージトラベル 一九九三年一〇月二一日）

特に、ストラスクライドと同様に、鉄道への投資を経済的発展による郡の都市再生を達成する手段として推進するという地域の中核的な構造化ルールに基づいたパッケージ・システムの基本原則（図10-2を参照）は、地域の構造と個人の行動による再帰性によってさらに強固なものとなった。新たな機関やパッケージのような討議の場が中央政府によって導入されたものの、マージサイドの一般的な「再生の文化」（カーマイケル 一九九五年）に基づく、同郡内の政策立案者全体にわたって明確に見られた強い地域のアイデンティティは、強力な機関間パートナーシップの確立をさらに推し進めることとなった。重要なのは、郡全体で実施されたマージサイドの交通に関する統合的戦略のための交通調査の委任とその後のパッケージ入札による設備投資メカニズム形成の結果生まれた数多くの個々の対話によって、地域の政策ネットワーク構造における連携の基礎が作られ、また当局を構成する機関間パートナーシップの強化が図られた。それらの結果、強固な相互信頼が生まれ、そのことを多くのインタビュー回答者が明らかにした。ウィロー・シティ・ランズ主導によるコンウェイ・パーク構想のような鉄道への投資をより広範囲な再生構想へと統合していくパッケージによる資金拠出構想がもたらす「具体的な結果」がますます明らかになるにつれて、パッケージの高額な共同の設備投資資金に依存して大規模な構想をすでに推進してきたそれらの地区の公務員は、他の地区からの申請を支持した。それによって正式な機関の垣根を越えた協力を確保する手段として、パッケージの重要性がさらに増した。

マージサイドの交通におけるパッケージ入札システム交渉に対するパートナーシップの議論にみられるさまざまな政策の優先順位を決定するための取り決めから推論される二番目の重要な点は、統治体制によって運用されていた個々の構想を査定するシステムがストラスクライドのものとは全く異なっていたことである。郡全体にわたるプロジェクトの査定システムは、マージサイドの五つの地区評議会にいる専門的な公務員の間の相互信頼を基礎としている時にのみ成功する。各自治区は、マージトラベルが持つ制限された資本資源の配分をめぐって互いに競争しているにもかかわらず、各地区からの公務員はシステムの円滑な運用を確保する連帯責任を負っていた。このことにより、関係者全員に厳格で公平と認識するような査定手法の採用が必要となった。費用便益分析のような詳細で「客観的な」

数量的手法の導入は、必要な信頼の維持を確保するだけでなく、数多くある地域内の特殊法人にも自らの資源を各地区に配分する手段として受け入れられることが分かった。そういう手法が、中央政府自体が用いていたものと同じだったからである。さらに、そのような数量分析に対する信頼により、社会的発展を基礎とするプロジェクトの正当化はありえなくなり、マージサイドで実際に推進される地方鉄道政策がより一層経済的発展を基礎とすることとなった。

年月を経て改良されてきてはいるものの、その（費用便益）手法は決して完璧ではない。その主たる理由は、目に見える便益のいくつか（買い物や娯楽へのアクセスの改善、雇用機会や労働市場の拡大、そして「予備」路線としての価値を含めて）は数量化するのが困難かもしくは不可能であること、そして他の便益に与えられた価値の指標が概念的な性格しか持ちえないからである。（ガーバット 一九八九年：一四）

交通インフラに関するプロジェクトの評価に際して、費用便益分析は、特定の数量化可能なもしくは財政関連の要素を予測するのには非常に出来のいい機能である。同分析による経済面の計算は、雇用や経済の異なるセクターの成績、そして時間の節約やコスト削減などという側面の交通ネットワークの運用、双方に見られる（新）交通インフラの直接的な効果を完璧に統合する。しかしながら、交通政策もまた、経済成長、空間や社会的公平性、そして環境の保全という目標の明確化に影響を及ぼす。この分野では、費用便益分析には限界があるように見受けられる。したがって、地域計画立案における交通の政治を正しく認識するには、費用便益分析による評価よりも奥の深いものが必要となる。（アラベア 一九九八年）

共通目的意識の基盤

マージサイドにおけるパッケージ・アプローチに基づいた当局者間の協力や信頼の確立は、政府部門が細分化された環境で強力な統治体制内の提携の形成を推進する手段としての「特定の誘因」が働いたことを示すものである。マージサイドでは地域の交通インフラ・コストを賄うために、集積されたパッケージの設備投資が同意されたことにより、それ以前のＰＴＡや五つの大都市圏の地区評議会に対する別個の資金配分は、首尾一貫した郡全体の交通計画と「金額に見合う価値」を推進する手段として統合された。だが、郡全体に配分される資金の一部分で可能なプロジェクトよりも大規模な個々の構想のために、パッケージによる資金調達を確保する可能性が出てきたことは、マージトラベルや各地区評議会には魅力的であったものの、合同作業の確立はまた、同システムを採用した特別都市への合計資金を増やすことを通じて、中央政府による「特定の誘因」とされたのである。

特定の誘因は、細分化された不確定な世の中において共通目的意識を確立するための強力なメカニズムとなる。（ストーカー、モスバーガー一九九四年：二〇四）

それは止むを得ない妥協であった。運輸省は当初、「ウェスト・ミッドランズにパッケージ・アプローチという新しい提案を実施している。それを他の地域にも試してもらいたい」と言っていた。次の時には省の方はもっと強気になり、大都市圏の当局者は集まるものだと推測していたと言ったのである。（公務員、ウィロー自治区議会）

ここ二年間、マージサイドのパッケージは非常にうまくいっており、国内で最も高い（一人当たりのＰＴＡパッケージ）配分を受けていると思うので、交通関連の設備投資プロジェクトを地域に持ってくるという点では成功した。（回答者、マージサイド政府事務局）

他方でストラスクライドでは、利用可能な資金が単一の郡議会の手に集中していたために、議会やＳＰＴＥ内のエリート集団と他の統治体制メンバーとの間の共通目的意識の基盤は全く異なったものとなった。エリート集団の諸政策に対する支持を確保するために、「象徴の戦略的な活用」（ストーカー、モスバーガー 一九九四年）が用いられ、それは実施の手段をめぐる対立があったものの、社会的発展面での目的の推進と公共企画ネットワーク会社や地域の経営者団体、交通圧力団体という統治体制の周辺層に位置する他の主として経済的発展支持の組織と緊密に結ばれ続けた。新プロジェクトとなり得るような案は、ストラスクライドの地方鉄道ネットワークにおいて、統治体制内の両派によってすでに主な長所として認識されていた「象徴的な」性格を向上させると宣伝され、それによって自分達寄りの合意を築き上げようとしたのである。

……提携構築のための他の基盤が存在しない条件下では、象徴的なアプローチが必要不可欠であるということもありうる。協力を得るための他の誘因が欠如しているか弱い場合、象徴的な表現という接着剤が前面に出てくるのである。（ストーカー、モスバーガー 一九九四年：二〇五）

例えば、クロスレールへの支持の拡大は、ストラスクライド鉄道ネットワークの包括的な範囲を拡大できる能力を強調することによって獲得され、ＳＰＴＥはそれを「ロンドン以外では最大規模の地方鉄道ネットワーク」であると宣伝し、それは鉄道路線間の連絡を改善することで可能となると考えられた。この目標は、「社会戦略」に導かれた市全体にわたって広範囲の目的地への個々のアクセスを可能にするという目的と、経済的発展面での関心、特に同構想を市中心部の南部と東部に位置する主要な商業地域における市場集積を拡大する手段と認識した地元の実業界を結ぶものであった。グラスゴー空港の場合、異なる象徴がウォー議員によって宣伝された。同議員は、自分が支持する構想である直通の鉄道連絡が、競合関係にある他都市が提案している同様のプロジェクトに匹敵する唯一の選択肢であると宣伝することによって、ストラスクライド地域の実業界と公共企画会社の支持を取り付けたのである。

「わが町が他と競い合っている」という発想は、経済的発展に対する地域の関心を動員するのによく使われる。個人にとっては、自分が誇りに思える。つまり「先駆者」であり、「世界的なレベル」にあって、他の町を追い抜いている町に住むことが重要な場合もある。（ストーカー、モスバーガー　一九九四年：二〇四）

地域環境との関係

共通目的意識と同様に、統治体制がその外部を含めた政治環境における数多くの圧力団体、地元の政党や活動家、一般の人々との間で築く関係もまたその基盤の根底にある利益の一致と直接に関連する。マージサイドでは、コンウェイ・パークやブランズウィックの新駅というプロジェクトを、統治体制全体にわたって一連の資金拠出構想を統合する機会に応じて実現することに焦点が当てられ、参加する多数の政府機関がすべて自分達の地域において要求される特定の「具体的な結果」の達成を証明することに熱心であったために、追加の資金援助を受けられない構想となりうる案に対して、地域で政治的な圧力を行使する余地はほとんどなかった。

具体的な結果や特定の誘因を中心とする統治体制は、高度に発達した排除の戦略を持っている可能性が高い。（というのも）物質的な恩恵を広範囲に行きわたらせるのは、コストが高くなるであろうと思われるからである。（ストーカー、モスバーガー 一九九四年：二〇七）

確かに、マージサイドで特定の鉄道改良プロジェクトの推進運動を行う活動的な地元の圧力団体が欠如していたのは、郡全体にわたって投資が平等に行われることを保証することよりも、追加資金の確保に集中していたことによるといえる。だがストラスクライドでは、全く違う状況が出現した。クロスレールのような特定のプロジェクトに賛同し、郡の「社会戦略」による「表現的な政治」によって導かれ、次第に構築された統治体制内の提携の中心となったのは、住民の支持の活用であった。

象徴的統治体制は、幅広い参加を必要とする感情に訴える関心や政策に中心を置き、より緩やかに発展しているため、政治環境を統制するには、より包括的な戦略を発展させなければならない。進歩的な統治体制は民衆の支持を動員する必要がある……広範囲に手を伸ばさなければならないのである。（ストーカー、モスバーガー 一九九四年：二〇七）

しかしながら、ストラスクライドの政策立案、特にクロスレール及びグラスゴー空港への鉄道連絡線に関しては、広範囲にわたる市民との協議が重大な役割を果たしていたにもかかわらず、同地域の統治体制は完全に「うちとけて」地域のありとあらゆる政治的見解を組み込む真に多元主義的な立場は採らなかった。特に、議員も公務員も同様に、地方における設備投資に対する通常の制限範囲からすると非現実的と思われる急進的な高コスト投資戦略の推進運動を展開していた一部（すべてではなかった）の地元の鉄道「運動」グループに対しては、明らかに「エリート主義的な」立場が採られた。したがって、ストラスクライド地域の鉄道統治体制は、選択的かつ包括的と捉えることができる。それは、自らが提案した「象徴的」政策プログラムの正当性を確保する手段として一般的な世論を組み込もうとしたものの、批判的な運動を展開する圧力団体の見解は排除しようとしたからである。

同様に、ＰＴＡと道路を管轄する機能が組み合わさった単一の道路・交通委員会が議会にあったにもかかわらず、ストラスクライドの地方鉄道政策統治体制に道路や建設計画の部署から公務員は一人も参加しなかった。そういう人々が排除されたことは、ストラスクライドの鉄道政策立案の根底にある現実主義と社会的発展に対する「表現的政治」の組み合せをより一層強調している。鉄道整備に対する議会の戦略的な目標が、自動車保有率の低い恵まれない地域から移動する際のアクセスの増加を、受け継がれてきた鉄道ネットワークの遺産によってもたらす可能性に照らし合わせて考えることを中心にしていたため、同じ地域に対して立案された鉄道と道路の計画の比較評価は行われなかったのである。

地域外環境との関係

どのような統治体制にとっても、「地域外政治環境」もしくは単に中央政府との関係に見られる特徴が、地方自治組織に関係する自主性や説明責任の度合を分析するに当たって重要な要素である。重要なことは、この関係の本質が、二つの研究対象地域における地域鉄道政策統治体制の間で根本的に異なっていたことである。マージサイドの統治体制では、プロジェクトの実現達成のために、構成員が在籍する諸機関の持つ資金の小さな束を再統合するための「インストルメンタル」に焦点を当てていたが、中央政府への依存度は以下の二つの理由によりきわめて高かった。はじめに、統治体制の構成員の一部、マージサイド開発公社やウィロー・シティ・ランズなどは、自身が持つ資源配分に関して、中央政府に対する直接責任を負っている組織であった。その結果、こういう組織は、重要な財政面での投資の可能性を、親組織である中央政府の運輸省や環境省で受け入れられる規範や慣習に基づいて割り当てた。したがって、鉄道の発展のために入手可能な設備投資への同意の断片が、PTA自体の他に、そのような機関にもわたっていたため、中央の確立された慣習がもたらす影響力が増し、その代わりに、地方統治体制が異なる政策の道筋を歩む力が減少することとなった。

物事をやり遂げ、具体的な結果をもたらそうとする（統治体制の）提携においては、地域外政治環境から法律や資源の面で支援を必要とする可能性が高い。これは必然的に、より依存度の高い関係を伴う。（ストーカー、モスバーガー 一九九四年：二〇八）

第二に、マージサイド政府事務局はパッケージ入札における準市場の運用を促進するのに重要な役割を担ったが、それも中央政府の鉄道への投資に関する優先順位に忠実に従わなければならなかった。同様に、パッケージの議論における従来の数量的評価基準の強化もまた、同過程から生まれた政策の成果を中央が望む経済的発展へと近づけることとなった。

インストルメンタルな統治体制は通常、自らの行動に対して地域外からの支援を必要とする。そのような支援への依存は、政治戦略の主要な要素として、地域外の政治勢力、もしくは自分より高いレベルの政府が受け入れてくれるような形で自分達を見せることがあることを意味する。（ストーカー、モスバーガー 一九九四年：二〇九）

実際にわれわれが主として見ているのはパッケージで、それは何を求めているかというと、統合されたアプローチ、そして五つの地区評議会、マージトラベル、ＰＴＡの間での協力とパートナーシップである。そこで、ロンドンへ行って運輸省の役人と話をし、提案提出の宣伝をする。それは協議の連続と呼ばれており、その理由は、地域事務所における他のほとんどの仕事と同様、どちらにも顔を向けるからである。一つは地方当局とＰＴＡに対して、もう一つはロンドンにいる政策面の同僚に対してで、一集団の人々についてもう片方の人々に説明しなければならないことが多い。その場合、地方当局やＰＴＡには出来る限り最高のパッケージ入札、政府の目標に適応し、パートナーシップや企業経営など、いろいろとそれに合ったすべてのテーマを強調し、さらに本物のパートナーシップを示しているようなものを提出するよう奨励しなければならない。（回答者、マージサイド政府事務局）

ここで重要なのは、ストラスクライド統治体制には中央政府の目標とは別に、自らが好む「象徴的な」社会的発展政策を遂行するための相対的な自由が与えられ、中央からの管理が非常に強く見られたマージサイドとは正反対だったことである。ごく簡単に説明すると、郡議会の地方鉄道ネットワーク発展プログラムのための単一の多額な設備投資への同意が常に得られる状況にあったため、政策上の対話の中で、中央の方が明確にした数量的な査定手法の運用から生じる「信頼」に基づいて、多様なパートナー関係にある組織間で資源を合わせる必要性がほとんどなかったのである。その結果、ストラスクライドの政策統治体制には、広範囲にわたる「表現的で」質的な政治目的に基づいた投資戦略を発展させる自由があった。

政府が（スコットランドの）地域当局に交通の分野でかなりの自主性を与えたのは重要な要素で、彼らは地域レベルでなされた決定を再度見直し、自分達も同じ決定をしたかどうか自問自答することもない……政府はストラスクライドに対して、どの程度明白な社会的次元の政策を注入したいかの決定について、任せたと言っていいと思う。

（回答者、スコットランド省）

ストラスクライドで、「投資の可能性」の活用を通じて議会における政策の優先順位に影響を及ぼすことのできる選挙とは無関係の地方機関の数がきわめて少なかったのは重要なことである。頓挫したイースト・キルブライド中心部への鉄道延伸構想と、設置に成功したプレストウィック空港駅の二つの具体例は、議会はマージトラベルと同様の圧力を受けやすい状況にあったことを明確に示しているものの、これら二プロジェクトだけがSPTEとその外部の組織との間の投資に関するパートナーシップを示す例であるという事実がはっきりしていることから、議会が持つ自主性の度合がマージサイドの合同委員会によるPTAと比べて高かったことが際立っている。パッケージ・アプローチが要求する数量的な分野に偏った査定による制約から解放され、ストラスクライドは地域独自の「表現的な政治」を反映した特定の地方鉄道発展プロジェクトを推進することができた。この点からすれば、単一の大規模な議会は確かに「力の均衡及び責任の所在を中央から地方政府に委譲するのに……適切な規模であった」（ウィートリイ 一九六九年：四四）。

統治体制内の階層と支配的な構成員

すでに触れたように、構成員や組織の階層、そして「先制力」つまり政策立案の議論を主導する力を得ることのできた個人の立場は、研究対象地域の鉄道政策統治体制によって明らかに異なっている。

マージサイドでは、文献による根拠や個人の証言から、二名の幹部職にある専門家が地方鉄道政策統治体制の中心と明確に位置づけられている。マージトラベルの総裁と鉄道事業部長は、他の専門的な公務員の支援を受け、「組織的」で「支配力」がマージサイドの鉄道政策エリート集団の中で優勢であったために、このような影響力を持つことができた。これは、同郡の地方自治システムにおける組織の細分化と明らかに関連づけられる。かなり単純化していえば、彼らの立場は鉄道インフラ投資に対する入手可能な設備投資への同意が、PTAやPTEだけでなく、広範囲にわたる公共機関の間で断片化している結果によるものであった。マージサイド開発公社やウィロー自治区議会のウィロー・シティ・ランズ、マージサイド政府事務局、郡のオブジェクティブ1管理委員会など選挙とは無関係の専門家組織は、地方鉄道発展に対する自身の資金配分が「投資の可能性」を保持していることを通じて、ストーンがアメリカの都市統治体制に関する研究において明らかにした経済界の関心と同様の組織的な力を享受した。コンウェイ・パーク新駅の例では、専門家同士の同意がなされ、ウィロー・シティ・ランズ及びオブジェクティブ1からの多額の投資が得られて初めて構想が進展したが、それはそのような投資の可能性における組織的な力の実際の運用を示すものであった。

マージトラベル内の幹部職にある公務員は、法令上、郡の鉄道管理組織の代表者として、これらの議論の中心に位置し、政策の発展に対して中核的な役割を果たした。しかしながら、この明確な組織的な力に加えて、パッケージ入札グループによるパートナーシップの対話が複雑な技術的評価や数々の機関間契約に基づいているというはっきりとした事実は、そういう人々に相当程度の支配力を付加することとなり、それはその人々が過程を主導する管理者として、地方政策ネットワークの他の構成員間での財政と情報双方の資源の流れをろ過し操作する可能性を持っていた。

ここでは主要な政策が全般的に公務員から出てくると言うのは正しい、いやそれどころか、それが私の仕事なのだ。新しい政策を生み出そうとすることや、われわれの戦略を進めようとすることもそうである。（公務員、マージトラベル）

われわれがパートナーの信頼を得ているのは、あちこちに広がっているからという部分もあると思う。私が言っているのは、総裁は尊敬されているが、彼は人々との対話に非常にたくさんの時間を費やしているということだ。私のレベルでも地区評議会の計画担当者や技術者とは常に六週間ごとに会っており、何をやっているのかを説明し、一緒に仕事をしようとするので、結局はまたパートナーシップという言葉に戻ってくる。象牙の塔にいる人々のように、どのような意見にも冷たくそれに抵抗しようとするのでなければ、協力は得られるのだ。（公務員、マージトラベル）

このように大きな組織的支配力が特にマージトラベルの鉄道政策に関与する二人の幹部職公務員の手に集中し、全般的には地方統治体制において専門知識を持つ構成員全体にわたったことにより、選挙で選ばれたPTAの委員長が保持する相対的な力のレベルがきわめて低くなった。特筆すべきは、ダウド議員が主張したインフラ構想となりうる案の検討に対して政策ネットワークが適用した査定基準の本質をめぐる軋轢である。中央政府が通常行う査定方法による評価で、優れた「具体的な結果」を生み出す可能性が高いとされたプロジェクトのみがパッケージの中で真剣に検討されることとなった。これは明らかに、PTAの委員長が明らかにしたマージトラベルが運営するすべての区間において同じ品質のサービスを確保したいという「表現的な」希望と対立し、パッケージ優勢の統治体制における運営規範によって強要される彼の戦略的な抱負に対する明確な制限を示している。同様に、長期ではなく即座に設備投資に対する収益を上げる必要があったことも、リヴァプール空港への連絡鉄道のようなプロジェクトを実現不可能に至らせることとなった。同計画は、空港の将来にわたる長期的な成長を促し、その代わりにパッケージの評価で許される範囲を越えた長期にわたる新たな鉄道サービスを支援するために立案されたからである。

しかしながら、回答者数名が一点だけ、PTAの委員長が自らの制限された組織力を用いて特定の政策の行方に影響を及ぼすことができたと指摘している。それは、すべての駅に従業員を配置するという政策である。数多くの公務員や鉄道運営担当者が賛成しがたいとの見解を明確にしていたにもかかわらず、マージレールの駅がすべて有人駅であり続けたのは、PTA委員長の力によると考えられ、それは地元の政界及び労働組合からの支援者による制限された提携の援助を受け、そうすることでこの問題はそれ自体で第三の構造化ルールに格上げされ、マージレールの独自性や経営政策と密接に関連づけられるようになった。

そういう事実があったにもかかわらず、マージサイドで得られた資料やインタビューから論証される地方鉄道政策発展の意思決定の全般的な形式は、明らかに少数の幹部職にある専門家に蓄積された組織的支配力の優位性を描き出している。郡内の地区評議会に勤務する公務員や選挙とは無関係の地方組織という大体において似たような既存の態度や目的を共有している同郡の他の投資する可能性のある組織に在籍する専門家集団との永久に続く対話を統制するにあたって、マージトラベルの鉄道政策担当の幹部職公務員、主として総裁や鉄道事業部長は、地方政策発展統治体制内での優先順位や議論を主導するのに必要な先制力を保持した。

一方、ストラスクライドの政策ネットワーク運用の根拠は、マージサイドのものとは正反対の様相を呈している。同じように、ベテラン議員と専門的なPTEの公務員による「エリート集団」の存在が幅広く認識されていたものの、この集団内の最終的な力のバランスは明らかに異なる構造的影響を受けていた。

ストラスクライドでは、PTEの公務員ではなく、道路・交通委員会の委員長が地域の鉄道発展政策を主導できた。マージトラベルの役員の場合と同様、それは組織的支配力の資源を組み合わせることのできる能力の結果であった。そのような力が、PTEの専門的な公務員ではなく、選挙で選ばれた議員が務める二人の委員長の手に帰することとなったのにはいくつかの要素が挙げられる。第一は、SPTEの公務員も深く関与していた地域の「社会戦略」に見られる価値観への合意の厳守が重要であったことである。公務員の主な専門的評価の規範の中で最も重要である従来からの数量的な構想の分析が、合同で保持された二番目の構造化ルールの存在によって時間が経つにつれて弱められたため、二人の委員長は、ＳＰＴＥの公務員が当初用いていたマージサイドのパッケージ入札と同じような構造化の規範である数量による経済的分析に基づいた政策査定アプローチよりも優位に立つことができた。

（もし私が政策を変更したいと思ったら）、自分の政治的な力を使うこともでる……（ＳＰＴＥの）総裁もそう言うと思う。（マルコム・ウォー議員、ストラスクライド郡議会）

それはけっこう簡単なことである。（政策論争では）私は常に勝つのである。なぜかというと、つまるところ、われわれが当局で、われわれが選挙で選ばれた説明責任のある立場だからである。うちの公務員は、自分達がどこかへ行って、問題を見て、唯一の好ましい解決策、つまり自分達の解決策を出してくることを私がしてほしくないことを今ではかなり明確に分かっている。私は選択肢がほしいのである。後の段階で、推奨される対策として唯一の選択肢しか提案されず、私が個人的にそれを選ぶとしても、そう思うのである。（チャールズ・ゴードン議員、ストラスクライド議会）

しかし、地域の鉄道整備のための財源として、郡議会が設備投資に同意することだけが重要であったため、両委員長がマージトラベルの役員のように地元の企画会社など他の組織を巻き込んだ投資のパートナーシップをとろうとする必要はなかった。その代わりに、ウォー議員とゴードン議員は、政策統治体制内の提携による力を通じて個人的な影響力を確保した。ストラスクライドにわずかしか存在しなかった選挙とは無関係の地方組織に在籍していた専門家は、地方鉄道政策ネットワークの対話には参加したものの、鉄道プロジェクトに使用できる自己資金を持っていなかったため、二人の委員長と同様にグラスゴー空港への連絡鉄道にヘヴィ・レールを用いる案など個々のプロジェクトを支持するための質的な判断をする自由があった。

この方法で、両委員長とも研究対象期間のさまざまな時点において、さまざまな他の政策ネットワークのメンバー、選挙で選ばれた人々全体としての郡議会の議員、そして一般市民を含めた人々の間で特定の政策案を支持する提携を幅広く形成することができた。委員長は、純粋に財政的な検討よりも「表現的な」地域の政治的抱負に基づいた統治体制内の政策議論の推進において支配力を発揮できただけでなく、郡議会の与党グループや特定の政策案を推進するために結成された包括的な提携による自らの立場への支持によって組織的な支配力のてこ入れを図った。ＳＰＴＥの専門的な公務員が認識していたように、両委員長とも、提携、支配、組織力という三つの要素の組み合せを通じて、エリート集団及び統治体制全体の中で先制力を手に入れることができた。しかし、この力には一つ、重大な制約が残っている。通常における鉄道に対する年間の設備投資への同意の範囲内では、競合する構想間での優先順位に関して議会に与えられている自由度は明確であるが、「ストラスクライド・トラム」のライト・レール構想の例のように大規模プロジェクトの案に対しては、引き続き中央政府に拒否権が与えられている。五六条のような必要な追加の補助金付与を統制する査定過程は、依然として郡議会が自主財源によって賄える構想を優先させるために放棄した数量的な財政上の基準によって構築されているからである。したがって、ストラスクライドはマージトラベルと比べて、中央政府の影響という点ではかなりの自主性を維持していたものの、この例を見ると、「ストラスクライド・トラム」構想の却下は、ストラスクライドでも中央政府が鉄道政策の成果を自らが好む方向に主導する権限を維持し続けていることを示している。

さらにこの点については、郡議会そのものの政治構造に対する寄与があげられる。回答者は、道路・交通委員会全体は統治体制内で強力な勢力としては考えられず、その力を軽く見ているが、議会の与党であった労働党会派は全体として、クロスレールのように「社会戦略」に見られる価値観を体現していると考えられる特定のプロジェクトに対して、両委員長にとって不可欠となっていた加勢を行った。重要なのは、社会的発展というテーマに基づいた政策に対するそのような団結した支持が、中央政府から自立して大規模な構想を推進できる郡議会の権力を示していることである。これは、マージサイドにおけるパッケージ・アプローチを特徴づけている政策に対する中央政府からの指導に関する明確な言明とは全く正反対である。特定の政策構想に対する労働党会派の支持を確保することによって、選挙を通じた市民から党への支持に基づいた組織的な力をも委員長の下に帰することが可能となるのである。最後に、一九九二年の文書『ストラスクライドにおける移動』に記述されているクロスレール及びグラスゴー空港への鉄道連絡線の導入に関する選択肢について、委員長として特にウォー議員がどのようにして、議会が市民の支持を得ているという力を資源として活用し、幅広く協議の場を設けて自分が個人的に好んでいる政策を支持している提携に対して、世論の支持を獲得しようとしたかを明らかにしよう。

象徴的な統治体制は、イデオロギー的もしくはイメージを構築できるような関心事を中心に置く。そういう統治体制の目的は変更可能で、最大の関心事が表現的なものとなっている参加者によって支配されている。そういう人々の参加は、自分の意思、価値観、そして関心事を伝達することを基本としている。（ストーカー、モスバーガー 一九九四年：二〇九）

表10-3と図10-1は、今まで概説してきたマージサイド及びストラスクライドの地方鉄道政策統治体制に関する類型分析をまとめたものである。初めに、両地域の「インストルメンタル」及び「象徴的で実用的」という分類が、ストーカーとモスバーガー（一九九四年）の統治体制の類型に見られた統治体制の型を定義付ける各特徴を参考にしな

表10-3　マージサイド及びストラスクライド地方鉄道政策統治体制の類型と特徴

	マージサイド	ストラスクライド
統治体制の型	「インストルメンタル」	「象徴的で実用的」
目的	投資プロジェクト「実現」のための細分化された鉄道	郡の社会戦略に向けて、イデオロギー的方向転換への設備投資資金の統合可能性による小規模プロジェクトの実用的な「実現」
参加者の主な動機	経済的発展、利用の増加、設備投資に対する収益を通じた都市再生の具体的な結果	郡全体での社会的発展、鉄道の提供における公平性という表現的な政治
共通目的意識の基盤	「パッケージ入札」に対する政府補助の将来的な増加という特定の誘因	地域性、鉄道ネットワークの包括的な拡張という象徴の戦略的な活用
提携の質	「パッケージ・アプローチ」の強い政治的パートナーシップに基づく機関間の「信頼」	適切な評価方法を巡ってPTE公務員と委員長との間で、及び社会的発展と経済的発展のどちらを優先させるかを巡ってエリート集団と他の統治体制メンバーとの間で、競争の中での合意
環境との関係： 地域	入手できる資金に基づく「実現可能な」プロジェクトに集中するため、地元の政治的要求は排除	限定された包括的方向：圧力団体の要求は排除しようとするが提携内の世論は包含
地域外	すべてのプロジェクト案に関して中央政府が毎年行う「パッケージ入札」による認可に強く依存	追加の補助金が必要な大規模な構想を除いて中央政府からは全般的に自立
支配的な構成員	PTE幹部の公務員	議会　道路・交通委員会の委員長

出所：ストーカー、モスバーガー（1994年：199）による。

がら要約されている。次に、各統治体制内の階層が図に描かれているが、そこでは主要な行為者や機関との関係、そして先制力、つまり政策立案過程を主導する力を持つ行為者の位置が、研究対象地域について示されている。

地方鉄道政策の結果

今まで述べてきた地域の組織的空間的構造の相違に端を発する研究対象地域の統治体制の類型は、マージサイドやストラスクライドで実際に導入され、あるいは却下された地方鉄道政策に重大な影響をもたらした。その中で最も重要なのは、都市経済の中での

図10- 1　マージサイド及びストラスクライド地方鉄道政策統治体制における階層

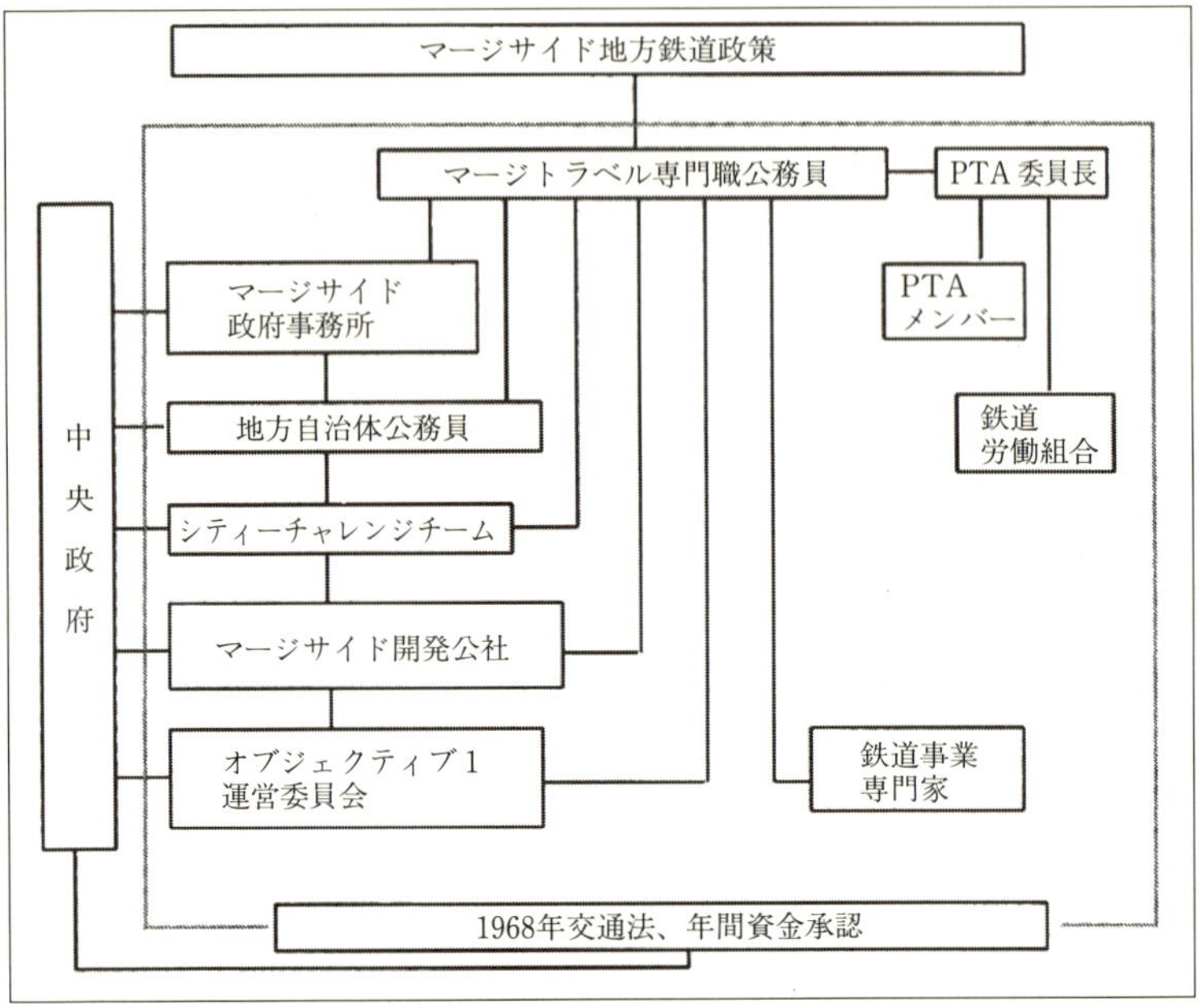

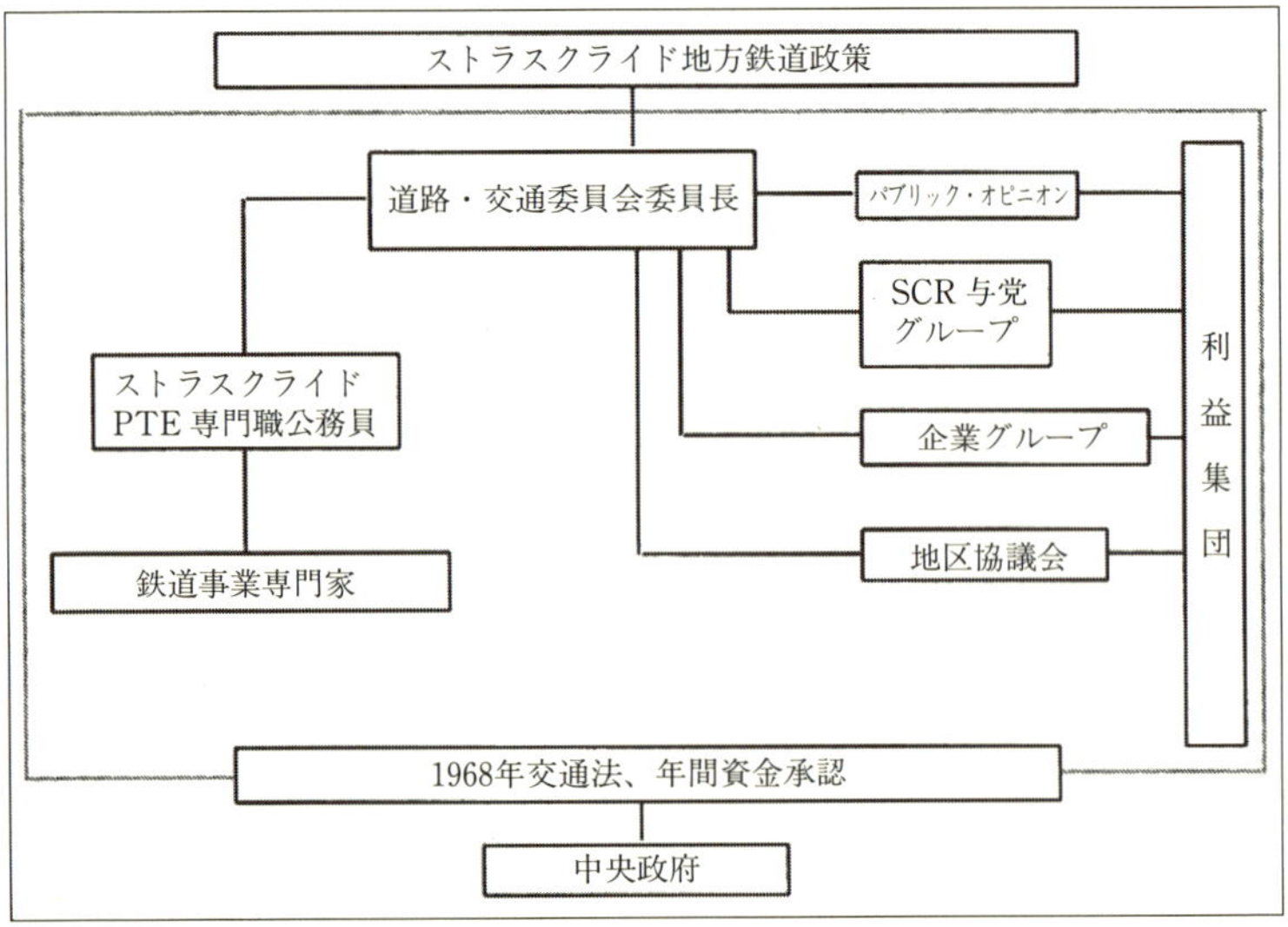

モビリティを向上させるために混雑を緩和し、自家用車からのモーダル・シフトを達成するという経済的発展面での目的と、都市交通へのアクセスにおける公平性を向上させ、そうすることで市内の他の有益な施設へ行きやすくすることを目的とする社会的発展面の対策との間で築かれたバランスが、両地域では著しく異なっていることである。

ストラスクライドでは、新たな鉄道資産の取得は、すでに包括的な鉄道ネットワークが延びている集積地を広げ、それによって鉄道で移動する機会の公平性を郡全体で最大限にすることを強く意識していた。既存の鉄道システムは、大体において鉄道と連動して開発が進められた昔からあるベッドタウンをほぼすべてカバーしていたため、経済活動があまり活発でない地区にあったいくつかの休止中の支線を利用した旅客サービスの現実的な拡張が、議会の「社会戦略」における「表現的な政治」と密接に関連した中心的な政策となった。

提案されたクロスレール・プロジェクトは、戦略的な鉄道の目標の社会的発展という「表現的な政治」への「方向転換」をさらに具体的に表現したものといえる。ストラスクライド鉄道ネットワークを形成している多数の離れた区間の連絡の向上を達成するために計画された構想を推進することによって、クロスレールはグラスゴー市内及び周辺に広範囲で複雑な鉄道旅客移動パターンを生み出す「潜在性」を高める機会を付与することとなった。とりわけ、その連絡線は旅客がアクセス可能な目的地の数を増やすという効果をもたらし、労働と個人が得られるその他の機会が格段に広がると考えられた。しかしながら、それを達成するにはいくつかの放射線状の区間が既存の市中心部のターミナルを迂回する必要があったため、同プロジェクトはこれらの放射線状の移動について自動車の代わりとするという鉄道の役割を最大限引き出すことを優先する従来の考え方から距離を置くこととなった。

同様に、提案された「ストラスクライド・トラム」ライト・レール構想の開発過程もまたストラスクライドの地方鉄道政策形成に対する「社会戦略」の影響力を示している。当初の構想では、自動車保有の比較的高い区域で鉄道サービスを向上させる手段としてライト・レールを捉えていたが、その考えは取り下げられ高品質な鉄道を基本とした交通手段の利点を、バスに依存しているグラスゴー周辺の住宅地にまで行き渡らせるよう計画された構想が賛同をえた。これは、鉄道における公平性の向上という社会的発展面の目標に、議会及びSPTEにたずさわる議員と公務員が深く関与したことを物語っている。

ストラスクライドにとっては、交通アクセスにおける公平性の推進が、新たな開発が明らかにグラスゴー市の周辺地域とクライドサイド都市圏に位置する他の周辺産業都市に地理的に集中する状況をも生み出した。この集中は、すでに存在している大半の地域における都市形態の結果であると考えられる。第4章で述べたように、戦後の都市再開発の中で調和のとれた新鉄道建設計画が欠如していたことから、新たに形成された数多くの都市近郊住宅地の大部分が、多数の住民を抱えているにもかかわらず、一九世紀に敷設された地域の鉄道ネットワークからは隔離されていた。ドラムチャペルのような住宅地が、例えばベアスデンのような鉄道が通る成熟した裕福な郊外のコミュニティと近接しているのは、「社会戦略」に見られる目標が是正しようとした雇用を含めた都市の機会へのアクセスに対する明確な格差が都市圏内に存在していることを証明している。

ストラスクライドでライト・レール技術が鉄道アクセスをこれらの住宅地に広げる手段として進展したことは、グラスゴー市内や近郊での戦後の都市における土地活用計画の大部分が、道路を基盤とし、交通手段の提供に失敗したことに対する明確な対応と捉えられる。LRT路線はそのような既存の密度が高いすでに出来上がった地域でも、完成された環境を大々的に破壊することなく、また受け入れ可能なコストで開通させることができるため、同技術を使った鉄道発展の提案は都市の中で鉄道が利用できる地区を拡大するのに現実的な方法と考えられる。同様に、ドラムガロセやペイズリー運河、ウィッフレット、メリーヒルの各線のように、従来の鉄道旅客サービスを休止中の路線にも広げたことや、エアブルスやウィンヒル、ミリカン・パークという新駅の建設も、比較的貧しい低所得者層の住む郊外地区へのインフラ投資を一層進めたことを示している。

そのような社会的発展の原則に基づいたクロスレールや「ストラスクライド・トラム」のようなプロジェクトに明確な重点がおかれたのに並行して、グラスゴー空港への鉄道連絡線の建設に議会とＳＰＴＥが重要性を付与したのも、都市鉄道の改善推進を地域の「表現的な政治」の要素とする事例といえる。既存の連絡鉄道では約五〇〇〇万ポンドもの設備投資資金を回収するのに十分な収入が上がる可能性がほとんどないにもかかわらず、自動運転のライト・レール「ピープル・ムーバー」ではなく、コストのかかる直通のヘヴィ・レールを空港との連絡線に採用するという最終的な決定を下したのは、ストラスクライド地方鉄道統治体制のメンバーの多くが、同地域が同様の連絡鉄道を整備していたマンチェスターやダブリンなど「他の地域との競争に勝つ」（ストーカー、モスバーガー 一九九四年：二〇四）準備を確実に整えることに「象徴的」優位性を与えたことを示している。

それとは対照的に、経済的発展面での目的の推進を「表現的な」社会面での課題よりも優先するマージサイドの立場は、同郡特有の都市再生に対する「人々に対立するものとしての資産」（イムリー、トーマス 一九九三年）のアプローチにその礎がある。同郡内で活動するさまざまな政府機関に配分された利用可能な鉄道への「投資の可能性」再統合の促進を導いたパッケージ・アプローチに関する中央政府から発信された方法により、鉄道政策の戦略は、物理的な再生、モーダル・シフト、新規企業の再生された都市部への誘致という「具体的な結果」の達成を綿密に目指したものとなった。その代わりに、それはコンウェイ・パークやブランズウィック埠頭、ウェイバーツリー・テクノロジー・パークという経済活動が新たに発生した地区での鉄道投資を優先することとなった。そうすることで、それらの地域に勤務可能な労働人口を増やそうとしたのである。

マージサイド高速旅客輸送構想の形で具体化されたライト・レールのガイドウェイ・バス技術導入の提案は、両統治体制の戦略的なアプローチの対照性をより際立たせている。ストラスクライド・トラムは社会的発展という「表現的な政治」の枠の中で、線路による効率的な公共交通の利点を特に恵まれない地域にまで広げる試みの一例となったのに対し、リヴァプールで交通量の最も多い幹線の一部での道路渋滞を緩和する手段とするマージサイド高速旅客は、経済的発展優先の考え方と明確に調和していた。とりわけ、当初考案されたルートが変更され、整備中のウェイバーツリー・テクノロジー・パークを通るようにしたこともまた、マージレールの新駅が同じ場所に計画されたことと同様、マージトラベルが経済再生進行中の特定地区で、自動車の代わりとして公共交通施設の改善を目指したことを表わしている。

マージレールの投資が再生中の地区に振り向けられたことから、研究対象期間における地域の鉄道整備の空間パターンにもストラスクライドとの間で相違が生じた。地方鉄道政策統治体制のパートナー機関によって推進された威信をかけた都市再開発構想の大多数は、ウィロー・シティ（チャレンジ）・ランズが主導したコンウェイ・パーク開発を通じて、バックンヘッドの大規模な活性化、オブジェクティブ1による補助金で開発されたウェイバーツリー・テクノロジー・パーク、マージサイド開発公社が資金を提供したマージ・ウォーターフロント沿いの再開発など、郡内でも歴史的な市中心部で実施された。地方鉄道への投資は都市中心部に向けられ、鉄道アクセスのほとんどない他の住宅地域へは回されなかった。

新駅設置計画を、長年待たされてきた住宅地区ではなく、市中心部の再生地区に向けるというこのマージサイドで採用された政策は、大都市圏全体にわたって、仕事やその他の都市での機会に関するアクセスの公平性のレベルにおいて重大な意味を持っている。雇用やサービスの面で成長している地区における新駅建設は、そういう開発地域の全般的な魅力を著しく向上させるものの、その都市に住む全住民がそのような設備から受ける潜在的な恩恵は、「既存の」鉄道アクセスのレベルに応じた非常に偏ったものとなる。したがって、コンウェイ・パーク、ブランズウィック、ウェイバーツリー・テクノロジー・パークで建設された新駅によって、既存のマージレールの駅付近に住む市民は雇用の機会が格段に向上するが、鉄道から離れた地区の住民が得る機会は相対的に低下する。そういう人々は新たな経済活動が見られる地区への効率的なアクセスがないばかりでなく、リヴァプール市中心部という以前から鉄道でしか行くことのできない目的地への既存の相対的なアクセスにおける不利益も変わらないのである。

3　地方自治における説明責任との関係

説明責任と「インストルメンタル」統治体制

第3章で提示された都市における地方自治に関する理想的構造を支持するために推進された理論に関する議論の中で、「説明責任」の概念が意思決定過程分析の根底にある主要な概念として明らかとなった。地方機関の空間的構造の相違によって起きた二つの都市鉄道政策統治体制に見られる先制力の配分、「統治する能力」（ストーカー 一九九五年：六五）、そしてつまりは実際の政策における大きな違いを明確にした後、本研究において最後に議論すべき問題は、本来備わっている公共的説明責任のレベルという点に関して、検討対象にある地方自治の二体系の相対的な利点を見ていくことである。

公共的説明責任向上の可能性は、第3章2節で概説した地方自治の都市域及び公共選択モデル双方にとって中心的な課題である。スコットランドの郡議会のような大規模な地方自治組織の包括的な規模や領域が、権力のバランスを中央政府から地方へと傾かせるのに必要であると考えられ、そうすることによって「政治的な説明責任」（デイ、クライン 一九八七年）も向上するとされた（第3章5節を参照）。しかしながら、同モデルに対する批判は、そのような大規模な自治組織に見られる「希薄な関係」と、都市域主義で推進されている地方政策が均質化に向かうとの認識に焦点が当てられ、公共選択アプローチが進展することとなった。いくつもの小規模な地区組織の設置による都市圏地域の細分化は、地域資源の効率的な活用を達成することに中心を置いた競争のある市場的行政構造を奨励するために計画され、それを通じて「過程上の説明責任」（デイ、クライン 一九八七年）の向上がもたらされると考えられた。地方議会の規模を縮小することにより、政策立案において柔軟性が増し、ピリー（一九八二年）らはサービス提供のレベルを需要に調和させるという点で、地方政府はその地域の住民特有の要求に敏感に反応するようになる（ティーブルト 一九五六年）と推測した。

いくつかの比較的小さな組織が公共的資源をめぐって準市場的な形で共同で活動する法定の合同委員会は、公共選択の原理を実用的に適用した一例といえよう。本研究では、マージサイドPTAの管轄地域内の各議会は確かに激しい相互競争（ポリット 一九八六年：一五八）、に突入し、全国的なパッケージ入札という舞台の上で、非常にわずかな公共的資源である中央政府や他の地方統治体制メンバーが保持する地方鉄道の設備投資プロジェクトのための投資の可能性をめぐって争ったことが実証された。そのことから、透明度の高い「客観的な」数量に基づく査定基準を通じてなされた政策案評価の重視が、特定のプロジェクトや地区当局に資源が振り分けられるのを正当化する手段として出現した。さらに、競合関係にある構想の順位を確定するのを助けるために地方政策統治体制に求められた「客観的な」数量に基づく査定方法の改良レベルは、ピリー（一九八一年）ら公共選択論者が推測していたものと同じであった。彼らにとって、主観的な政治目標よりも数量で測定できる便益に重要性を与えることは、公共選択の原理に基づいて運用される擬似市場的な地方国家の方が効率の高いことを際立たせるためであった。

したがって、マージサイド地方鉄道政策統治体制は、市場化された地方自治システムを最もよく示す例と捉えることができる。中核となった合同委員会による管理構造も、PTAと地域のマージサイド開発公社や郡のオブジェクティブ1管理委員会、シティ・チャレンジ主導組織といった他の地方自治組織との間のパートナーシップの発展も、詳細な費用便益分析を通じて表わされた「金額に見合う価値」の検討が最も重視される政策に関する対話に寄与した。

公共交通への公的支出が制限されている時期に、マージトラベルは、有人駅を維持するという地域貢献の政策を前提として、自動車から鉄道へのモーダル・シフト、そしてその結果得られる収入の増加という「具体的な結果」を最大化するために計画された発展政策にしたがったため、公共的資源配分における「効率性」が実証された。

そのようなアプローチはまた、「規定の行動過程が実施され、資源の活用において金額に見合うだけの価値が得られたかどうかを確認すること」（デイ、クライン一九八七年：二七）に関する過程上の説明責任の概念を示している。コンウェイ・パーク新駅の推進例は、いくつかの統治体制メンバー組織によって分割されていた必要な「投資の可能性」を再統合したいという要求が、どのようにして新たな開発が郡内の道路交通に与える影響を最小限に食い止めるか、マージトラベルが得られる新たな収入を最大化するか、といういくつかの特定の「具体的な結果」の達成を最大の焦点とすることに結びついたかを示している。

このアプローチは地域資源の効率的な活用の要求を満足させるものであるが、他方で新たな鉄道施設の空間的な配分パターンから、マージトラベルが管轄する五つの自治区議会の地域間で投資レベルにおける格差がはっきりと見え、それはマージサイドにおいて政治的な説明責任のレベルに不足が生じていることを暗に示している。

中でも特に顕著な一例はセントヘレンズ自治区に関するものである。マージサイド郡の東端に位置しているセントヘレンズは、マージサイドの商業・就業中心地であるリヴァプール中心街から比較的離れており、地域の鉄道ネットワークが改善されれば大きく躍進できる。だが、一九八六年から一九九六年にかけてセントヘレンズ自治区には新たな鉄道施設は提供されず、セントヘレンズ中央とジャンクションとを結ぶ連絡線構想はマージトラベルが採用した設備投資計画の中に含まれてはいるが、それよりも高い投資収益率が予測されている数多くの他の投資案との間で引き続き激しい競争の渦中にある。これは、ブロムボロー・レイクやイースタハム・レイクの新駅を含むウィロー自治区議会の管轄地域で営業するウィロー線におけるマージトラベルの開発プログラム、マージトラベルがここ一〇年で計画した中で最も高額な設備投資計画である威信をかけた一五〇〇万ポンドのコンウェイ・パーク地下駅整備、そして次のビツテンからウッドチャーチへの区間がPTAの中期優先計画の第一位となった（レールトラック会社一九九八年）継続中の電化構想というものとは全く対照的である。

かなり簡略化していえば、「具体的な結果」という点で公共的資源の効率的な活用を示してはいるものの、パッケージ入札における五六条の記述に基づく方法論で明らかにされているように、マージサイドでは認可された地域の鉄道整備構想に対して金額に見合う価値の確保に重点を置いたために、特定の地区では他の地区を犠牲にして投資の「有効な循環」が形成されたのである。ウィロー線では歴史的な投資が次々と塗り重ねられるのに伴い、線区のさらなる整備案が、採用された費用便益査定方法で競合関係にある他のどの地区の構想よりも高い成績を示すこととなった。例えば、セントヘレンズ連絡線とウッドチャーチ電化構想は潜在的な便益という点で当初は似たような数値を示していたかもしれないが、ウィローではコンウェイ・パーク駅の設置によって鉄道に支えられた成長に一層拍車がかかったため、マージトラベルは将来、ウッドチャーチ線区の改良を通じてこの投資の強化を図ることを優先することになった。それは、コンウェイ・パーク駅の建設そのものが、ウィロー線が一九七〇年代にできた地下鉄「ループ」によって市中心部へのアクセスが改善されていたのに基づいて行われたのと同様で、東部のシティ路線ネットワークにはそのような設備は存在していない。

この状況はマージトラベルと、範囲を広げたマージサイド地方鉄道政策統治体制の政治的な説明責任に関して、二つの重要な要素が含まれていることを意味している。第一に、ウィロー・シティ・ランズ及びマージサイド政府事務局のオブジェクティブ1管理委員会が、コンウェイ・パーク駅建設を可能にするのに必要な多額の資金の確保、つまりはその後、マージトラベルで将来優先される開発計画の変更にも中心的な役割を果たしたことにより、マージトラベル以外の「選挙とは無関係の」機関が統治体制の郡全体の鉄道政策における優先事項の方向性に大きな影響を与える可能性があることがわかる。

第二に、このようなマージサイド鉄道政策統治体制において優勢な権力構造が、統治体制を構成する多様な機関間での「投資の可能性」の分裂に端を発していることにより、選挙で選ばれた代表者の影響力が選挙とは無関係の専門家と比べて低下していることが挙げられる。これは明らかに、セントヘレンズと同じように鉄道への投資が回ってこないその他の自治区議会の地域に住む市民が投票箱を通じて状況を是正しようとする可能性を最小限にとどめてしまうものである。意思決定過程における効率性や「金額に見合う価値」の重視は、新たな鉄道施設の供給と、鉄道輸送に対する既存の需要や具体的な投資収益率を最大の地域と合致させるという準市場的な公共選択論の目標をそのまま映し出しているものの、その結果パッケージ・システムの中で優先される構想の「有効な循環」によって起きた優先事項の変更に対する市民の監視という側面が欠如することとなり、それは細分化された地方自治構造に対する中心的な批判の対象の一つとなる。

市民は、顧客とは異なる権利を有している……地方当局は集団的な行動に着手するが、その正当性や合法性は市民の支持にかかっている。（スチュワート　一九九五年：二〇三）

地方自治システムの合法性が市民の支持にかかっているという概念から、政策発展に市場原理を導入したパッケージ・システムに対して、さらに重大な批判が明らかとなる。それは、選挙とは無関係の人々が、自らが持つ投資の可能性を特定のプロジェクトや地域の好みに応じて活用することを通じて、ＰＴＡで将来優先される政策に影響を与える傾向があるのに加え、そのような政策の優先順位を決定づける査定基準も依然として政府によって定められる状況が継続するということである。マージサイド鉄道政策統治体制に参加する数多くの組織の利益の一致は、特定の誘因であるパッケージへの資金の増加を全体として確保するために、中央政府の戦略的な政策に関する目標や査定の慣習を採用することに左右されるからである。

したがって、パッケージ・システムは、過程上の説明責任に必要な意思決定基準において高い透明性を示しているものの、一貫した政策の採用を促進するのに必要な政策の優先順位を付けるための市場化されたシステムは、必然的にマージサイドの目標ではなく、中央の目標に応じて定義づけされるため、地方鉄道政策統治体制の合法理性は弱くなるのである。ここで大切なのは、このことから地域で選出された政治家が郡内の都市鉄道政策の方向性に影響力を及ぼす能力が欠如していることが明らかになることである。

政治的な説明責任と「象徴的で実用的な」統治体制

ストラスクライド地方鉄道政策統治体制の中の構成員に関して明らかにされた類型と階層は、マージサイドのものとは全く正反対である。「投資の可能性」がほとんどといっていいほど、地域のＰＴＡとしての議会そのものに集中していたため、地域の政策ネットワークはかなり単純化され、管理職の人々が統治体制の行為者間での資金や情報の流れを統制する監視者としての役割によって与えられる影響力が最小限に食い止められた。主要な要素であるＰＴＡ以外からの設備投資資金の大部分がシステムから排除されたことから、数多くの機関間パートナーシップの統制によって獲得される専門家の組織的な力のレベルは、マージサイドと比べるとストラスクライド統治体制では格段に低下していた。

選挙で選出された議会の道路・交通委員会の委員長は、ストラスクライド地域の鉄道政策の形成に中心的な役割を果たした。議会の与党グループが選挙で市民から支持されたことに基づく組織的な力と、世論を反映した政策目標の質的な適用を基礎とする提携による力、双方の資源を組み合わせることによって委員長は間違いなく政策実施を主導するのに必要な先制力を行使する能力を持った。

しかしながら、「ファジーな」質的査定手法の採用、それに関連した一個人への権力の集中は、大規模な地方政府が陥ると公共選択論者が論じる過程上の説明責任の欠如を示すことになる。ストラスクライドが中央政府の戦略的な経済的発展の意志とは明らかに食い違う鉄道政策を進めることができ、中央は引き続き必要な投資資金を提供し、そのような設備投資に対して可能な限り「具体的な」投資収益を確保することに重点をほとんど置かなかったのは、大規模な官僚制が避けることのできない予算増大傾向の無責任な結果と主張されることもあるだろう。そのような強力な個人が政策の戦略に重要性や展望を与えることもあるだろうが、そういう人々が狭い個人的な政策課題に基づいて行動するリスクも依然として残る。細分化されたシステムでは、共有される目的を達成するために数多くの統治体制パートナーに分散して配分された投資資金を再統合する必要性があるために維持される「具体的な」財政面での秩序が欠如していること、明確な投資収益という点ではほとんど何ももたらさない高額なプロジェクトの採用に結びつく可能性もある。

一方で、ストラスクライドでのインタビュー回答者の中の一部は、明確な意思決定過程の頂点に立つ委員長に与えられた裁量権のレベルが向上したために、実際にはその分野に関する専門知識が豊富で、有権者の要求や意志と非常に近い考えを持つ人がその地位に就きたいと思う可能性が高くなり、人気のない浪費の激しい戦略が実施されるリスクは最小限になったとしていた。同様に、公共選択パラダイムを批判するスチュワート（一九九二年、一九九五年）らも、選挙で選ばれた者が地域の政策立案を主導するのに必要な「先制力」を獲得したことにより、一体化した構造の郡議会は政治的な説明責任という面で、マージサイド地方鉄道政策統治体制のように細分化された地方自治システムと比較すると、数々の利点をもたらすと考えられると論じている。第一に、ストラスクライドの委員長は、地域の鉄道への投資に関して、社会的発展先行の政策を採用する自由があった。それは、同地域特有の「表現的な政治」を反映したもので、中央政府の意向とは無関係であった。第二に、委員長は競合関係にあるプロジェクトが評価されるシステムを定義することができ、中央政府が市場原理を導入したパッケージ・アプローチにおける公平な調停方法として強要した数量化された手法の制約を受けなかった。

さらに、一九九二年の『ストラスクライドにおける移動』の協議過程の結果において最も明確に実証されたように、委員長の政治的な説明責任の第三の次元は、ストラスクライドのエリート集団を特徴づけた創造的な緊張関係、つまり「競争の中での合意」がもたらす、特有のチェック・アンド・バランスの形式によるものである。ベテラン議員もPTEにいた公務員も共に、議会の「社会戦略」に見られる「象徴的な」戦略的目標を遂行しようという気持ちが強かったが、その目標に基づいて数々の鉄道プロジェクト案の優先順位を付けるための最適の手段をめぐって相当の隔たりが依然として存在した。いくつかの場面、中でもクロスレールとグラスゴー空港への鉄道連絡線の事例において、ウォー議員は範囲が拡張された郡の社会的費用便益方法の結果では、PTE職員が提案したものと比較して劣る案の採用を推進した。ウォー議員がエリート集団の中でそのような問題をめぐって「議論に勝つ」能力は、専門家ではなく自身が個人的に支持する政策の根底にある「表現的な」目的に対する広範な住民の支持を示す能力に「依存していた」ため、そのような極度に「表現的な」政策は、強力な住民の支持が基礎にある時にのみ推進された。したがって、世論は政策立案過程の最も中心的な部分にまでその権限の一部を伸ばすことができたのである。

説明責任の統合

インタビュー回答者の一人が「権限がないのに責任がある」と表現したように、マージサイドの地方鉄道政策統治体制では、政策の形成や実施に関して選挙で選出されたPTAメンバーの役割が比較的制約されていた一方で、ストラスクライドでは選挙で選ばれた議員による委員長の持つ大きな役割を通して世論にも重要性が与えられていたが、双方を合わせて考えてみると、公共的説明責任は後者の研究対象地域の方がより完全な形で表わされていたといえる。だが、ストラスクライドではどの委員長もエリート集団の中で支配的な権限を獲得するために、広範な世論の支持を集める必要があったため、政治的な説明責任がかなり高い割合で見られたものの、この説明責任には依然として重大な制約があった。第一に、『ストラスクライドにおける移動』のような大規模な協議の実施を除けば、ストラスクライド有権者の見解は委員長からは依然としてかけ離れていた。委員長は直接選挙で選ばれたわけではなく、むしろ選挙で選出された郡議会の議員全体に及ぶ政治交渉の結果その席が埋められたものである。ウォー議員もゴードン議員も、委員長であり議会の与党会派の一員であり、そのどちらも地方選挙によって信任を問うことができるものの、与党会派への民主的な支持の大部分が有権者の鉄道問題に対する考えによるものと推測するのは妥当とはいえない。

同様に、合同で管理されたマージサイドＰＴＡ最大の利点である過程上の説明責任の向上は、決定を行う際の査定基準の透明性に基づいているが、それも制限されたものである。直接的にも、選挙で選んだ代表者たちを通しての影響においても、地域住民はその評価方法が基礎とした特定の経済発展基準の類型や領域に対して異議を申し立てる余地がほとんどなかったからである。

したがって、本研究によって組み立てられた論拠を将来可能な地方交通政策立案構造の改善に応用するには、政治的及び過程上の説明責任という点で、都市域と合同委員会によるＰＴＡの持つ強みを統合することがその必要となる。そうすることによって、地域コミュニティは、自分たちの「象徴的」あるいは「インストルメンタル」な目的に応じて、地元の鉄道政策を形成する機会を最大限に与えられる可能性が出てくるからである。単純化すれば、それがどの程度まで達成できるかは、そういう政策を策定する責務を付与されたＰＴＡの地理的構造、そしてＰＴＡと中央政府との関係の本質によるのである。

専門的な公務員ではなく選挙で選ばれた政治家が地域の鉄道政策の発展に対して最終的な責任を負うのであれば、

PTAは都市域の性格を持つべきで、いくつかの組織による合同委員会の形を採るべきではないということである。マージサイドで見られた状況は、地方交通のパッケージ入札のような討論の場において、合同で活動するいくつかの地方議会の間の調停を必要とする準市場的なシステムを形成する機関間の交渉による複雑に入り組んだ関係が、英国の政策統治体制において選挙で選ばれた議員よりも専門的な公務員の方が優勢となる「偏向」（ストーカー 一九九五年）の根源となる大きな要因であることを物語っている。それに対して、都市域システムの下で活動したストラスクライドでは、組織の細分化はあまり見られず、選挙とは無関係の組織が政策の優先順位に関して及ぼした影響力は最小限に食い止められ、選挙で選出された郡議会の道路・交通委員長の政策立案における役割が重視された。

単一の都市域機関の長としての自らの立場によって獲得したストラスクライドの委員長の強大な権力は、クロスレール構想の進展、そして同構想が一九九六年四月に郡議会が廃止された後に再評価されていることに端的に現われている。ウォー議員は、プロジェクトに対する地域全体での幅広い世論の支持を示すことで、長年にわたるSPTEや鉄道業界内での意見の対立を克服したものの、ストラスクライドで新たに設立された合同委員会形式のPTAは、同プロジェクトの再検討を指示した。単純化していえば、これは新しい機関に参加している一二の単独議会の一部が出した要求から生じたもので、プロジェクトの潜在的な便益をより「透明な」数量を使った手法で立証されなければならないとしたのである。クロスレールの設備投資資金の拠出に寄与しなければならないのであれば、単に以前強調されていたグラスゴー市におけるアクセスの向上や交通面での公平性という「象徴的な」社会的発展面の目的ではなく、ストラスクライド全域にわたって数量で測定可能な便益が受けられると実証されなければならないからである。したがって、二年の間にストラスクライドでの新たな合同委員会形式のPTA構造は、一九八六年以降のマージサイドのものと似通った形となり、単一の郡議会と関連のあった「表現的」で「象徴的な」政策の推進から、「具体的な結果」の達成に焦点を合わせた政策への大幅な転換が図られたといえるのである。

ストラスクライドでは選挙で選ばれたベテラン政治家の役割が大きかったにもかかわらず、同地域の統治体制は、マージサイドのパッケージ入札の特徴であった意思決定基準の明確さによって得られる高い割合で過程上の説明責任を示してはいなかった。対照的に、マージサイド統治体制の一番の長所はパッケージ・システムによって得られた秩序で、それは細分化された「投資の可能性」の再統合によって、実現可能な資金の流れを作り出す必要があったために生まれた。簡単にいえば、それはこういう資金の小さな束の「所有者」の強大な力の結果起きた現象である。各パートナー機関は自身が持つ資源の配分に関して中央政府に対し、実質的な「法的」あるいは過程上の説明責任を果たす必要があったために、そういう機関の参加は、詳細に定義された「具体的な」成果の達成、つまり「われわれはどのような恩恵を受けられるのか」（ストーカー、モスバーガー一九九四年）についての明確な理解によって左右されたのである。

これら二つの説明責任を統合する鍵は、地方鉄道への投資に必要な「投資の可能性」を持つ種類の組織によって、それがどこまで明らかにされているかによる。マージサイドでの政治的な説明責任の欠如は、マージサイド開発公社やウィロー・シティ・ランズというマージサイドにおける選挙とは無関係の政府機関に対して中央政府が出したパッケージによる資金拠出合意に至るための条件に関する定義によって起きた。同様に、ストラスクライドで過程上の説明責任があまり見られなかったのは、ストラスクライドの投資の可能性が「自分」のものではなく、中央政府から渡された定額交付金によるためである。

したがって説明責任の向上は、ＰＴＡによって割り当てられた「投資の可能性」の「地域化」と「再結合」及び選挙で選出された委員長と地元の有権者との関係をさらに強化することを通して達成されるであろう。ＰＴＡを都市域モデルに基づいて再地域化すれば、統治体制の複雑さは細分化された準市場的な構造よりも改善され、その代わりに専門的な公務員よりも選挙で選ばれた議員の役割が重視されることとなる。実際に、最近の政府の交通政策に関する白書（環境・交通・地域局一九九八年、スコットランド省一九九八年）は、全交通機関の管理と戦略的な土地活用計画の統合を担う「地域別の」地方組織設立の可能性を強調している。スコットランドの場合、そのような組織が旧郡議会と大体同じ地域をカバーする可能性が示唆されている。

しかしながら、そのような都市交通管理の再地域化は、設備「投資の可能性」の保持と関連する財政面での責任が新組織へ移行するのに伴って行われるべきである。簡単にいえば、パッケージ・アプローチに見られた過程上の説明責任のレベルは、地方鉄道投資に必要な資金を自ら調達しなければならないようにすることによって、ストラスクライドのような都市域PTAに移行できるであろう。

都市域の枠組みの中における地方税制と地方支出の「再結合」（モルガン、モラー一九九三年）は、研究対象となった両タイプのPTAシステムの長所を組み合わせることとなる。「先制力」（ストーカー一九九五年）つまり一番の統制力は、PTAの頂点に立つ議員の手にわたることとなる。

交通政策の根源には、全国、地方、地域レベルでの全体的な展望がなければならず、それはコミュニティのより広範囲での社会的、経済的、環境面での目的を包含するものである必要がある。そのような展望は、現在の世論を反映した社会の中で選ばれた代表者だけが決定できるものである。（交通計画協会一九九七年：一）

公務員と議員の「行為者グループ」（ペインター一九九七年）双方が強大な力をもつエリート集団を特徴づける創造的な緊張関係、もしくは「競争の中での合意」（ストーカー、モスバーガー一九九四年）の結果、政策の評価は引き続き非常に厳格なものとなる。ベテラン議員が推す政策が知識の豊富な専門家が立案したものと異なる場合、その政策に対する強力な世論の支持を実証する必要性から競合するプロジェクト案の完全で透明な査定が保証される。ストラスクライドのケースと同様、PTAは独自の経済と社会の発展目標のバランスに応じた政策を遂行するのに十分な裁量権を享受できるようになる。しかしながら、そのような新しい鉄道プロジェクトを賄うのに必要な「投資の可能性」の調達に対する地域の責任により、システムにおける説明責任のレベルが一層向上することとなる。「表現的」で「象徴的な」抱負が地方政策統治体制での議論の中で勝利を収める場合もあるが、そういう目標は、政策から望ましい成果が上げられると納税者と有権者が確信できるよう厳しく吟味されることとなる。これは、パッケージ・アプローチにおいて定義づけられたように、厳格な経済的発展面での「金額に見合う価値」である必要はなく、以前のプロジェクトの成果が蓄積され、それが表面化するにつれて起こる質的な社会的発展面での目的の変化という形であっていいのである。同じように、自ら投資の可能性がなくとも、ストラスクライドで頻繁に起きていたように、企画会社など他の地域組織が統治体制内で政策における提携の中心的なメンバーとして政策立案に密接に関わり続けるであろう。

最後にPTAの説明責任は、委員長と地域の有権者との距離をなるべく近づけることによってさらに改善されると思われる。「組織と市民との関係」（リチャードソン 一九九六年：二八二）がどうであるかによって、地域コミュニティが政策立案者たちに及ぼすことのできる最終的な影響力のレベルが決まるからである。ストラスクライドの両委員長は、政策統治体制の中核という特権的な地位にいたため、世論への影響力はマージサイドの場合よりもはるかに大きかったが、両委員長とも住民との間にはかなりの距離があった。それは、直接選挙によって支持を得たのでなく、議会の与党会派の中での交渉によって自らの地位を獲得したからである。

実際に、地域の政策立案を主導する立場の人々の政治的な説明責任は、有権者が各候補者に対して、特定の政策に対する役割や閣僚の座を任命する力を向上させることを通じて一層改善されるという考え方が流行の兆しを見せている。都市域レベルで、直接選挙によって公共交通を含めた戦略的なサービスに対する責務を担う市長を選ぶという提案は、最近ロンドンで実施された住民投票で支持され（環境・交通・地域局 一九九七年）、他の地方都市や大都市圏でも推進されているが、それは特定の人と特定の地域サービスとの結びつきを明らかにすることによって政治的な説明責任の改善が図られることを意図している。

そのようなシステムは、各サービスに対するサービス・リーダーが市長によって数名任命される戦略的な都市域サービスに関する「内閣」形式の地方政府の構築によって達成される可能性がある。しかしながら、各リーダーが責務を負うサービスの範囲が管理可能であれば、直接選挙によって選ばれた市長がこれらのサービスを直接運営する任務を請け負うことも可能であろう。地方鉄道及び他の公共交通に関していえば、アメリカやフランスで採用されている手法にも多少似たこのモデルによって、市長は本研究で分析された現在のＰＴＡ「委員長」と同様の役割を与えられることとなる。直接選挙の結果得られる強大な「組織的な」力により、自らの地位をエリート集団とさらに広範囲の政策統治体制の中心に固めることとなる。直接選挙による支持を基盤とする市長と、ＰＴＥの専門的な公務員との間で「競争の中での合意」状況が維持されるであろう。一方で、市長が地域の都市鉄道ネットワークへの投資に必要な「投資の可能性」の調達に関する取り決めを実施し、それに対する説明責任を問われる機会もあるだろう。市長は定期的に有権者の判断を仰ぐことになり、地域資源の調達と支出に対する説明責任を負うことになる。フランスの「ヴェアスマ・トラスポール」（第2章4節を参照）のようなもの、あるいは、通行料金、駐車、渋滞に対する料金の徴収（グッドウィン 一九九七年）など潜在的な資金の流れの中から最適なものを選び出すのは、それ自体が研究に値する課題である。だが、あらゆる手段を通じて必要な「投資の可能性」を生み出す責任と、その配分に関する決定を下す任務を再結合することは、戦略的な都市域の地方自治（リチャーズ 一九九八年）における説明責任の全体的なレベルの向上を図り、また公共選択論者によって大々的に批判された一九七〇年代と一九八〇年代の浪費の激しい予算が地方自治体へ回帰するという最大限まで増大したリスクを最小限に食い止めるための中心的な柱となる。

エピローグ

一九九六年以降の政策展開

増殖するインストルメンタリズム

一九九六年四月にスコットランド議会が廃止された後三年間におけるマージサイド及びストラスクライドの地方鉄道政策は、本書が触れた過程の影響を受けたものとなった。ストラスクライドでは、郡議会を受け継いだ一二の単一地方自治体の合同委員会である新しいストラスクライド旅客輸送組織（ＳＰＴ）が、一九九〇年にマージトラベルを形成したモデルに従って、ＰＴＡとＰＴＥの運営を統一した。

第６章において分析した大規模プロジェクトは、それぞれ再編成以降のストラスクライド旅客輸送により再検討された。マージサイドで明らかにされたものと類似した「インストルメンタル」な形式の政策立案が、一九九六年以来ストラスクライドに現れている。再編成後の地方自治の一層の細分化、それとともに新しい構造を付加するのに必要とされる多数の機関間パートナーシップの発生は、地方統治体制の複雑さを増大させた。地方の「社会戦略」は消え、それとともにストラスクライド旅客輸送は、郡議会の晩年において見られたものよりも数量的な分析をはるかに多く組み込んだ査定方法に逆戻りした。しかしながら、マージサイドとは対照的に、この方法論は経済的便益の指標だけでなく、数々の社会的環境的要素も考慮するため、広い範囲の「具体的な結果」に焦点を合わせている。したがって、それはストラスクライド旅客輸送の公務員によって一九八〇年代後半に提案された「社会的な」費用便益分析の形と類似している。この変更の影響を受けた一つの特別な例は、二つのターミナル駅と新しい都心のトンネルを含むクロスレールの事例である。それについては、再評価が進行中であり、代替案となるクライド川を横断する連絡線との比較がなされている。当初の研究の過程でインタビューを行った政策立案者との最近の会話では、この再査定の根本的な理由は、グラスゴー市における多額の投資が、郡全体として「正当化」できることを保証したいという合同委員会の願望にあることを示していた。明らかに、この正当化と「透明な」数量的査定に導かれた意思決定の必要性は、数年間にわたってマージトラベル合同委員会において見られたものと類似している。

グラスゴー空港連絡鉄道も、一九九九年に同じく再評価の下にあり、アークルストン、セントジェームズの案がそれぞれ新たな方法論によって査定されている。新しい数量的設計能力への関与によって、ストラスクライド旅客輸送（SPT）は、また空港連絡線とクライド横断線の査定を結合することが可能になった。今日では、勧告が両構想の実施をパッケージとして提案する可能性が高い。一九九九年四月の地方選挙時点においても、ストラスクライド旅客輸送委員長としての地位にとどまっているゴードン議員や彼の後継者が、この勧告に影響を与えることができるかどうか、この新しい構造の下でなお不明瞭である。

マージサイドにおける政策立案は、全般的に今までと同じ道をたどり、郡の欧州連合オブジェクティブ1資金の役割が依然として決定的であり続けた。一九九九年一二月に最初の一期が終了することから、融資の最終段階として事務局により「再生への経路」と定義づけられた特定の区域における多様な投資計画に資金が割り当てられた。マージレールの短期の優先事項は、これらの融資機会を活用するためにすべて変更された。最も明白な例は、現在別々になっているノーザン線とシティ線の駅を一カ所に移転させることによって、リヴァプール南部のガストンに統合された鉄道とバスの乗換駅を建設するプロジェクトである。以前の設備投資計画において決して取り上げられたことがないにもかかわらず、単に多額の外部融資がこの特定の場所と結び付いて利用可能になったという理由で、同構想はマージトラベルの主要な優先的計画となった。

三年前にストラスクライドにおいて起こったように、一九九九年春に政府が委任した調査によって、マージサイド高速旅客輸送による高速旅客輸送構想の計画が却下されたため、マージトラベルの戦略的計画は混乱に陥った。委員たちは、南ヨークシャー・スーパートラム・ネットワークの財政上の問題から見て、長期的な成功の可能性に疑問があると主張し、構想を進める許可を与えなかった。どのようにマージトラベルがこの妨害に反応するか、そしてシティ連絡線が専用軌道による連絡線の公共交通サービスをリヴァプール都心の東南部に提供する代替案として再び登場するかどうか明確ではない。

各地域における将来の政策の焦点となりそうなものが何であるかは不透明である。少なくとも二〇〇六年までマージサイドにおけるオブジェクティブ1融資が継続されることは、一九九九年の構造基金ラウンドで欧州連合によって保証された。ストラスクライド旅客輸送にとっては、スコットランド議会の設立は、その役割もしくは全般的にスコットランドの地方政府の役割に大規模な変化をもたらす可能性がある。一九九八年七月に発表された統合運輸白書（環境・交通・地域局一九九八年、スコットランド省一九九八年）で示された急進的な交通戦略は、効果的な公共交通システムと関連した一連の経済的、環境的、社会的便益を認めており、それが少なくとも近い将来におけるPTAやPTEの役割を保証することになると思われる。

付録：地方鉄道の財政

地方鉄道の設備金融

ストラスクライドにおける地方鉄道のための年間の設備投資資金配分は、スコットランドのための中央政府の中核部門であるスコットランド省によって毎年割り当てられた一般的な道路交通部の同意の中に含まれていた。しかしながら、地方政府（スコットランド）法一九八一年の過程の下で、部門の各「項目」、すなわち地方自治体のための九四条による分配は、議会内の部門間で相互に交換できた。したがって、郡議会が望むならば、教育のような一つの項目から投資への同意を得て、交通または他の予算へ移す、あるいはその逆を行うことも可能であった。

今後の会計年度五年間に道路・交通のための予測された「項目」に対する投資は、二年ないしそれ以上の年間予算から財源を必要とするより大規模な構想の計画策定を事前に行えるようにその分は毎年の議会に付与された。議会の五年間にわたる交通計画の正式な承認は、見積りコスト及び各プロジェクトの正当性を詳細に示した『交通政策及びプログラム』文書を中央政府へ提出することによって保証された。事例研究の至る所で述べられていたように、計画に対して正式な財政面での評価、費用便益分析、または他の数量的評価も必要とされなかったにもかかわらず、そういうものは提出された。

英国における他の旧特別都市と同様にマージサイドにおいては、一年ごとの各自治区の『交通政策及びプログラム』提出と「項目」による投資への同意で構成された同様のシステムは、三年間の展望に焦点を合わせた年間のPTA交通計画の作成と並行して運用された。一九九〇年初頭、共同管理される郡全体の設備投資資金に関する「パッケージ・アプローチ」への動きに対して、PTA、大都市自治区議会、他の政府機関の間で結ばれていたそれ以前の当局間の融資パートナーシップは、それぞれの旧特別都市における単一の三年間の交通プログラムの形で正式なものとなった。しかしながら、パッケージ融資に提案された設備投資コストの二〇〇万ポンドを超える各プロジェクトは、五六条で制限された費用便益査定方法の下で、正の純現在価値（NPV）の結果を示すことが必要とされた。この手法は、議会の年間の設備投資への同意の範囲を超えた大規模な交通構想を正当化するために、運輸省及びスコットランド省によってすでに使われていたものであった。

地方鉄道の収入

PTA地域における地方鉄道ネットワークの運営と関連する年間の収支は、いわゆる二〇条同意を通して均衡され、一九六八年交通法の指示に基づき、スコットランド省によってストラスクライド議会に、運輸省によってマージトラベルに支払われた。一九八三年初頭まで、二〇条資金はPTEによって設定された運賃による収入と営業費の間の差を補塡する直接的な政府補助金の形式で各PTAに支払われた。しかしながら、二〇条同意が一般の地方政府における設備投資への同意に組み込まれるシステムへ段階的な変更が実施された。スコットランドでは、二〇条はストラスクライドの毎年の道路交通に関する収入割当の不可欠な部分となった。イングランドでは、一九八六年の特別都市議会の廃止後、二〇条は六つのPTAに支払われなくなった。しかしその代わりに、それらの地域の全体的な収入調整の一部として管轄地域の各自治体に支払われた。マージトラベルを含むPTAは、（支援下鉄道の利用割合ではなく）

図A-1　マージサイド及びストラスクライド20条収入支援コスト（1985～95年度）

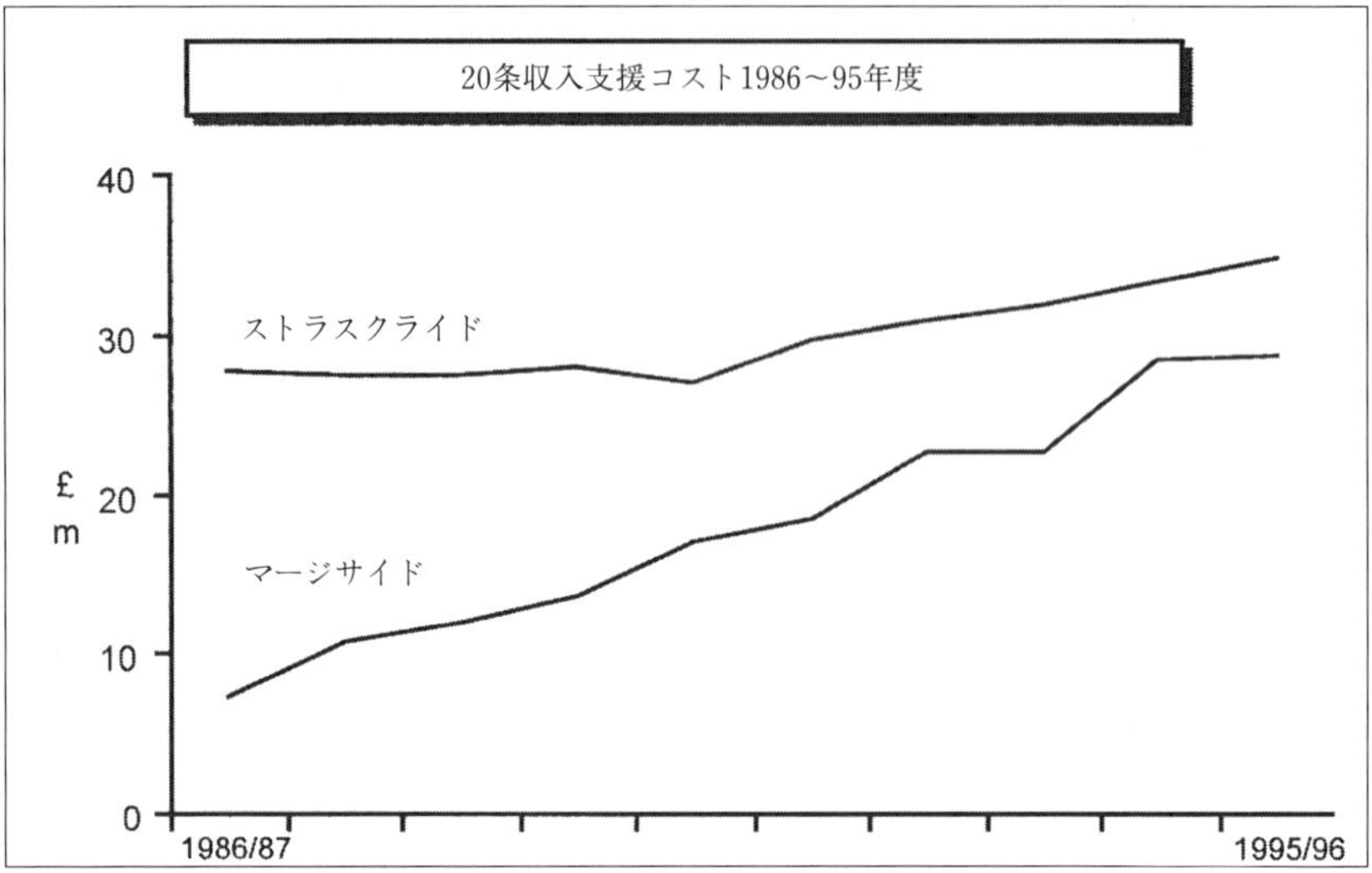

出所：マージトラベル（各種資料）、ストラスクライドPTE（各種資料）。

郡の総人口の割合に比例して、各地区評議会によって支払われる年間の「徴税」によって鉄道支援コストを回収した。

PTAのさらに広い収入割当の中へ二〇条合意を含めたことは、事実上自由に鉄道運賃を適当と思われる水準に設定する権限の終焉を意味した。以前は、利用増加を促進するために運賃を下げ、コストが政府によって支払われる二〇条補助金に関して完全に一〇〇パーセント不足に陥ったとしても、そのような行動の結果として生じた収入の減少が、標準的な地方自治体の収入補助金によって埋め合わせることができるという保証は何もなかった。その代りにPTAの目標は、二〇条関連のコストや運賃を物価と連動させ、継承された水準で維持する方向へ変わった。

しかしながら、新しいシステムでは、自身の管理の及ばないところで、二〇条関連コストにおける毎年の変動から各PTAを大幅に「絶縁」する余地を残した。二〇条関連コストは、一九八五年度から一九九五年度（実質的に下落）の間、ストラスクライドにおいてはほぼ変化のない状態を維持したが、マージサイドの二〇条に基づく要求は、郡における景気後退の深刻さに起因する鉄道利用の減少と

図A-2　マージサイド及びストラスクライドにおける地方鉄道運賃（1986〜96年）

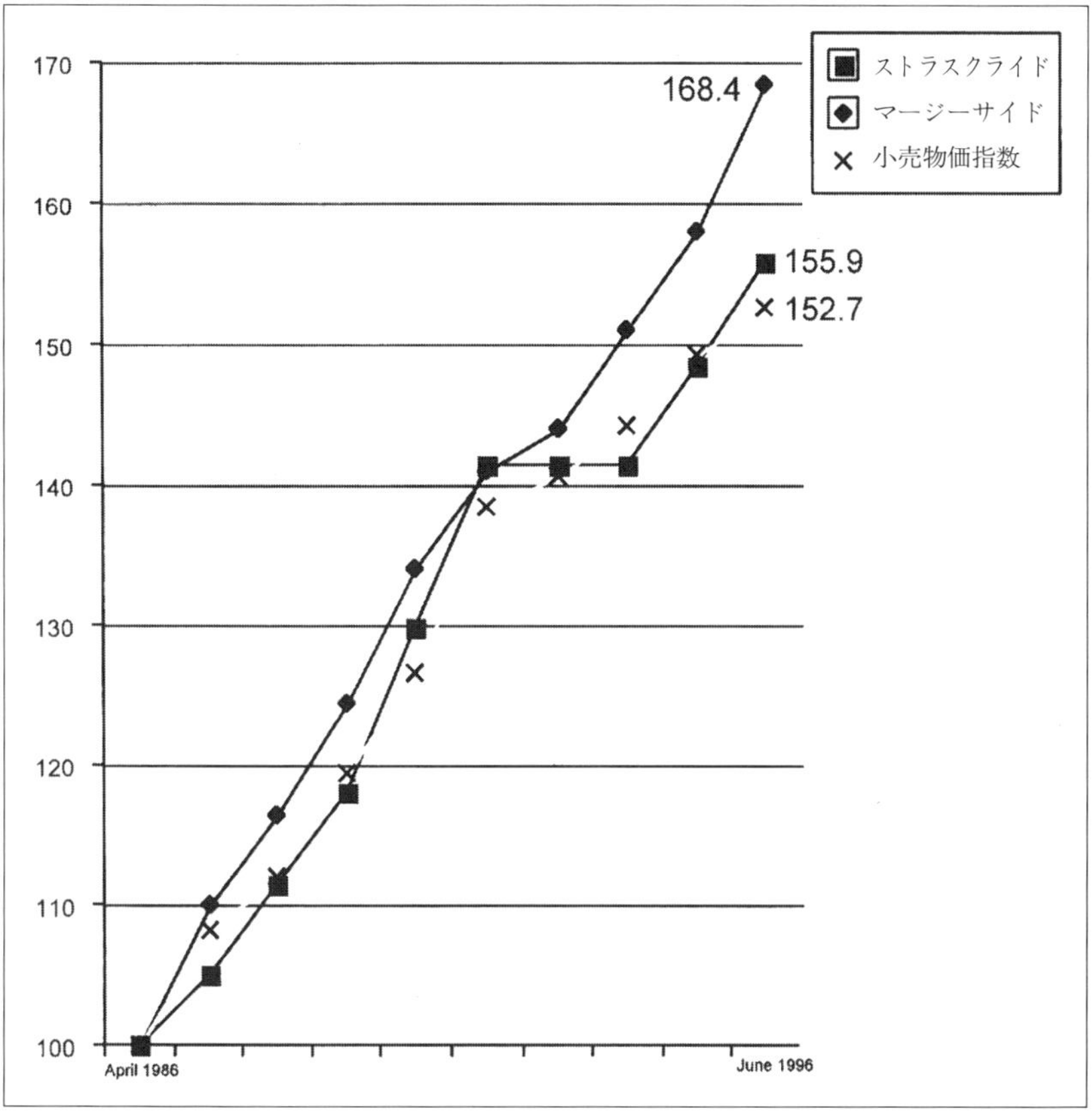

出所：マージトラベル、ストラスクライドPTE、ONS（1998年）。

長引いたリヴァプール都心部の「リンク」と「ループ」の緊急改修の結果一九八〇年後半に急上昇した。このようにして、経済不況の結果として、通勤客水準の急激な下落が起きたため、急上昇したPTA地域外の旅客サービス支援費用のために英国国鉄に支払われた公共サービス義務（PSO）補助金の場合と同様に、交通に関する合意を経てマージトラベルの管轄下にある自治体に支払われるべき二〇条補助金の水準は、その状況を考慮して上方へ修正された。同様に、一九九四年四月のレールトラック及び各鉄道運営会社の設立時における鉄道業界に採用された新しい会計手続きとして、ストラスクライドとマージサイドの両ＰＴＡに課せられた追加のコストは、中央政府による追加の「大都市圏鉄道補助金」を通してすべて賄われた。

各ＰＴＥ地域における援助を受けた鉄道サービスに関する運賃水準は、一般的な二〇条関連コストに依存していた。ストラスクライドにおいては、広く安定したレベルの毎年の二〇条関連コストにより、一九八六年から一九九五年にわたる運賃上昇は物価の範囲内となった。しかしながら、運賃上昇を概数（すなわち五ペンスの倍数）に維持するという現実的な検討事項と関連して、増加は毎年は発生はしなかった。マージトラベルと運輸省の間では、わずかに上昇する運賃改定が承認された。それは、一九九一年度の深刻な景気後退による利用者の低下と、マージレール・ネットワークの鍵となる部分を強制的に閉鎖に追い込んだリヴァプール中心部における大規模な工事によるマージサイドの二〇条コストの急激な増加を反映したものであった。

訳者あとがき

本書は、グラスゴー大学都市学部のイアン・ドハティが執筆した『メイキング・トラックス』(Iain Docherty, *Making Tracks: The politics of local rail transport*, Ashgate, 1999) の全訳である。原書には、地方鉄道政策と副題が付されており、地方鉄道の再生と復活に関する政策決定の過程が詳細に分析されている。著者の観点は、インストルメンタル(道具主義的)で、「具体的な結果」を重視する経済開発志向と、象徴的で「表現的な政治」による社会開発志向を対照的に捉えるところにある。

研究の対象地域は、グラスゴーを中心とするストラスクライドと、リヴァプールを中心とするマージサイドである。ストラスクライドは、人口二〇〇万人規模、そのうちグラスゴーが一一〇万人を占める。明治期には多くの日本人官費留学生がストラスクライド工科大学に学んだことからもわかるように、かつては近代産業の中心地であり、栄光の「帝国の都市」であった。マージサイドは、人口一五〇万人規模で、そのうちリヴァプールが四六万人を占める。リヴァプールは、産業革命期に近代的な貿易港として発展した都市であるが、グラスゴーともども今日では市域内に低所得者層の居住地域を抱え、深刻な都市問題に悩まされている。英国に限らず欧米諸国においては、このような都市問題に対して、社会政策的な観点から地方鉄道の維持、再生、復活が検討され実施に移されている。かつて、ビーチングによって大規模なローカル線廃止計画が打ち出された当時とは明らかに様変わりしている。

わが国の地方鉄道についても、自家用車の普及、少子化、高齢者の運転免許保有率の上昇、連結経営に対する対応などにより、一九六〇年代に次ぐ危機的な状況に置かれているが、一方で地方鉄道を「都市の装置」と捉え、鉄道の再生と中心市街地など地域の活性化に取り組む新しい政策が生まれている。洋の東西で軌を一にする地方鉄道の再生について、本書はわが国における議論にも資するところがあると思う。

二五万人都市の福井市に起点をおく地方私鉄が事故の発生を契機に鉄道事業から撤退し、三三万人都市の高松市に起点をおく地方私鉄が兼業の不振から事実上の倒産をするという事態が生じている。これらの鉄道は、地域社会の支援を得ながら、それぞれ第三セクター化と経営者の交代などによる会社の再生によって復活あるいは存続したが、他方で四〇万人都市の岐阜市に立地する鉄軌道のネットワークが廃止されるなど存廃相半ばする緊張状態が続いている。

存廃の判断は、ビーチング計画や国鉄再建法による転換政策と異なって、今日では地域側に委ねられる方向にある。その判断に当たって、環境をはじめとする非経済的要素を加味した費用対効果の評価方法が提案され、一部の線区ではその評価結果が実際の判断材料に用いられている。これは、マージサイドと、近年のストラスクライドの動向と似通っているといえなくもないが、明らかな相違点もある。

それは、第一にわが国では地方議会議員のリーダーシップがほとんど見られないことである。「象徴的で実用的」な政治の要素は概して希薄で、一部の首長だけがその役割を果たしているにすぎない。第二は、社会の「公平性」を確保し、低所得者層の居住地域から従業地や都市施設へのアクセスを良くしようという社会政策的な観点を持たないことである。これは、社会階層別に居住地区が分かれる英国の都市と、混住している日本の都市の構造上の違いによるところが大きいが、例えば高校生の通学手段として地方鉄道を確保しようとする動機は、ここでいう「社会的発展」に類するものといえよう。

訳者は、早くから地方線区の調査にかかわってきたことから、地方鉄道問題検討会（国交省）、地方鉄道に関わる費用対効果分析に関する調査委員会（運政機構）、上田交通別所線存続検討会議（上田市）、いすみ鉄道再生会議（千葉県）などに参加し、行政当局や利用者の方々とともにこの問題を考える機会を得ている。地方鉄道対策が転換点を迎えている今日において、各国の情報を共有化する意義は小さくないと思う。わが国の経験については、英国下院交通委員会の報告書『地方鉄道』（House of Commons Transport Committee (2005): *Rural Railways*, pp. 37-38. H.M.S.O, London）に、訳者の見解が収録されている。

翻訳に当たっては、なるべく原文に忠実に行ったつもりである。できるだけ日本語としても奇妙にならないように努めたが、少なからぬ批判をまぬがれないであろう。訳語について一つだけ弁明すると、例えばストラスクライドの行政単位を「郡」と表わしてある。通常の訳語としては、州あるいは県が使われていると思うが、いずれも違和感が大きいのでここでは郡とした。

本書の訳出に当たっては、山田亜紀子、森脇理恵、清水稔子、山浦綾香の各氏を煩わせた。また、地名・人名の発音と日本語表記については、スターリング大学のテッサ・キャロル氏にご教示いただいた。最後まで悩まされた訳語については、同僚である山崎俊次大東文化大学外国語学部長から有益な助言をえた。本書の刊行に際しては、大東文化大学経営学部の援助を受けた。また、出版に当たっては、日本経済評論社の谷口京延氏にお世話になった。皆様方に深謝するとともに、当然のことながら翻訳の責はすべて訳者にあることを申し添えたい。

二〇〇六年三月

今城　光英

参考文献

4 Bees Ltd. (1993): *Glasgow Airport Rail Link - an Alternative*, Glasgow.

Abercrombie, P. L. P. (1949): *Clyde Valley Regional Plan, 1946*, H.M.S.O, Edinburgh.

Arabeyre, A. (1998): 'L' insuffisance de la seule analyse coût-avantage (ACA), (Inadequacies of cost benefit analysis)', Laboratoire d'Economie des Transports, Lyon, *http://www. mrash. fr/let/these/tharabey. htm.*

Alexander, A. (1982a): *Local Government in Britain since Reorganisation*, Allen and Unwin, London.

Alexander, A. (1982b): *The Politics of Local Government in the United Kingdom*, Longman, London.

Allen, H. J. B. (1990): *Cultivating the Grass Roots: Why Local Government Matters*, International Union of Local Authorities, Den Haag.

Anderson, J. E. (Ed.) (1976): *Cases in Public Policy Making*, Praeger, New York.

Ascher, K. (1987): *The Politics of Privatisation*, Macmillan, London.

Bagwell, P. S. (1988): *The Transport Revolution* (New Ed.), Routledge, London.

Barker, T. C. and Robbins, M. (1974): *A History of London Transport (Volume* II*)* , Allen and Unwin, London.

Beaver, S. H. (1937): 'The Railways of Great Cities', in *Geography*, Vol. XXII, The Geographical Association, Manchester.

Begg, D. (1996): 'The City of Edinburgh Rapid Transit Strategy', in *The Impacts on New Urban Public Transport*

Systems, Universities Transport Studies Group Seminar Papers, London.

Begg, D. (1998): 'Let's get practical', in *New Statesman*, 22/05/98/.

Bhaskar, R. (1975): *A Realist Theory of Science*, Leeds Books, Leeds.

Bhaskar, R. (1989): *Reclaiming reality: A critical introduction to contemporary philosophy*, Verso, London.

Blowers, A. T. (1980): *The Limits of Power*, Pergamon, Oxford.

Boddy, M. (1987): 'Review of the New Management of Local Government by John Stewart', in *Local Government Studies*, Vol. 3, No. 4.

Bourdieu, P. (1990): *The Logic of Practice*, Polity, Cambridge.

Brash, R. W. (1971): *Glasgow in the Tramway Age*, Longman, London.

Bristow, S., Kermode, D. and Mannin, M. (Eds.) (1984): *The Redundant Counties?*, Hesketh, Ormskirk.

British Railways Board (1963): *The Reshaping of British Railways*, H. M. S. O, London.

British Railways Board (1965): *Annual Report and Accounts*, British Railways Board, London.

British Railways Board (1974): *Clyderail*, British Railways Board, London.

Bruton, M. J. (1970): *Introduction to Transportation Planning*, Hutchison, London.

Buchan, K. (1992): 'Enhancing the Quality of Life', in Roberts, J., Clearly, J., Hamilton, K. and Hanna, J. (Eds.) (1992): *Travel Sickness*, Lawrence and Wishart, London.

Buchanan, C. (1963): *Traffic in Towns*, H.M.S.O, London.

Burtenshaw, D., Bateman, M., Ashworth, G. (1991): *The European City A Western Perspective*, Fulton, London.

Butler, E. and Pirie, M. (Eds.) (1981): *Economy and local Government*, Adam Smith Institute, London.

Button, K. J. and Gillingwater, D. (1986): *Future Transport Policy*, Croom Helm, London.

Carmichael, P. (1995): Central-Local Government Relations in the 1990s, Avebury, Aldershot.

Castells, M. (1977): *The Urban Question*, Edward Arnold, London.

Cawson, A. and Saunders, P. (1983): 'Corporatism, Competitive Politics and Class Struggle', in King, R. (Ed.) *Capital and Politics*, RKP, London.

Champion, A. G. (1987): *Changing Places: Britain's changing demographic, economic and social complexion*, Edward Arnold, London.

Chapman, K. (1979): *People, Pattern and Process*, Edward Arnold, London.

Cherry, G. E. (1988): *Cities and Plans*, Edward Arnold, London.

Clarke, C. and Stewart, J. (1991): *Choices for Local Government for the 1990s and Beyond*, Longman, Harlow.

Cloke, P. J., Philo, C. and Sadler, D. (1991): *Approaching Human Geography*, Chapman, London.

Cole, S. and Holvad, T. (1996): 'The Evaluation of New Urban Transport Systems: Some Methodological Aspects', in *The Impacts of New Urban Public Transport Systems*, Universities Transport Studies Group Seminar Papers, London.

Cook, I. and Crang, M. (1995): *Doing Ethnographies*, Institute of British Geographers, London.

Coolican, H. (1990): *Research Methods and Statistics in Psychology*, Hodder and Stoughton, London.

Cox, A., Furlong, P. and Page, E. (1985): *Power in Capitalist Society: Theory, Explanation and Cases*, Wheatsheaf, Brighton.

Cox, K. R. (1997): 'Governance, Urban Regime Analysis, and the Politics of Local Economic Development', in

Lauria, M. (Ed.) (1997): *Reconstructing Urban Regime Theory*, Sage, London.

Cox, K. R. and Mair, A. (1988): 'Locality and Community in the Politics of Local Economic Development', in *Annals of the Association of American Geographers*, Vol. 78, No. 2.

Daniels, P. W. and Warnes, A. M. (1980): *Movement in Cities*, Methuen, London.

Davies, J. G. (1972): *The Evangelistic Bureaucrat*, Tavistock Publications, London.

Day, P. and Klein, R. (1987): *Accountabilities*, Tavistock, London.

Dearlove, J. (1979): *The Reorganisation of British Local Government*, Cambridge University Press, Cambridge.

Department for the Environment, Transport and the Regions (1997): *New Leadership for London*, H. M. S. O, London.

Department for the Environment, Transport and the Regions (1998): *New Deal for Transport*, H. M. S. O, London.

Department for the Environment (1983): *Abolition of the Greater London Council and Metropolitan County Councils: The Government's proposals for transferring functions to the London Boroughs and Metropolitan District Councils*, London.

Department of Transport (1985a): *Abolition of the Metropolitan County Councils – Guidance Note for Passenger Transport Authorities*, London

Department of Transport (1985b): *Passenger Thransport in the Metropolitan Counties: Expenditure Levels for 1986/7*, London.

Department of Transport (1996a): *Transport Policies and Programmes Submissions for 1997–98*, London.

Department of Transport (1996b): *Thransport Policies and Programmes Submissions for 1997–98: Supplementary Guidance Notes on the Package Approach*, London.

Dror, Y. (1968): *Public Policymaking Reexamined*, Chandler, Scranton, Penn..

Dror, Y. (1971): *Ventures in Policy Sciences*, American Elsevier, New York.

Duncan, J. (1995): 'Individual action and political power: a structuration perspective', in Johnston, R. J., *The Future of Geography*, Methuen, London.

Duncan, S. and Goodwin, M. (1982): 'The Local State and Restructuring Social Relations, Theory and Practice', in *International Journal of Urban and Regional Research*, Vol. 6.

Dunleavy, P. and O'Leary, B. (1987): *Theories of the State*, Macmillan, London.

Durkheim, E. (1964): *The Rules of Sociological Method*, Free Press, Glencoe Illinois.

Dye, T. R. and Gray, V. (Eds.) (1980): *The Determinants of Public Policy*, Lexington Books, Lexington, Mass..

Elcock, H. (1991): *Local Government*, Methuen, London.

Ellerman, D. (1990): *Modelling Policy Outcomes: Decision Making at Local Transit Agencies*, V. S. P., Utrecht.

Fairclough, N. (1995): *Critical Discourse Analysis: The Critical Study of Language*, Longman, London.

Fielding, N. (1993): 'Qualitative Interviewing', in Gilbert, N. (Ed.): *Researching Social Life*, Sage, London.

Fielding, G. J. (1986): 'Transit in American Cities' in Hanson, S. (Ed.) (1986): *The Geography of Urban Transportation*, Guilford Press, New York.

Flynn, N. (1993): *Public Sector Management* (2nd Ed), Harvester Wheatsheaf, Hemel Hempstead.

Foster, M. S. (1981): *From Streetcar to Superhighway: American City Planners and Urban Transportation*, Temple

University Press, Philadelphia.

Garbutt, P. (1989): *World Metro Systems*, Capital Transport, London.

Giddens, A. (1979): *Central Problems in Social Theory: Action, Structure and Contradiction in Social Analysis,* Macmillan, London.

Giddens, A. (1981): *A Contemporary Critique of Historical Materialism, Volume 1: Power, Property and the State,* Macmillan, London.

Giddens, A. (1984): *The Constitution of Society: Outline of the Theory of Structuration*, Polity Press, Cambridge.

Glasgow Corporation (1967): *Greater Glasgow Transportation Study*, Glasgow.

Glass, R. (1989): *Clichés of Urban Doom and Other Essays*, Basil Blackwell, Oxford.

Goodwin, P. B. (1997): 'Solving Congestion', ESRC Transport Studies Unit, University College London, *http://www.tps.org.uk/library/pbg9760.htm*.

Government Office for Merseyside (1996): *Merseyside Objective 1 Programme: Guidance to Applicants 1996-1999*, Liverpool.

Greer, A. and Hoggett, P. (1995): 'Non-elected bodies and local governance', in Stewart, J., Greer, A., Hoggett, P.: *The Quango State: An Alternative Approach*, Commission for Local Democracy, London.

Gregory R. (1984): 'Space, Time and Politics in Social Theory: An Interview with Anthony Giddens', in *Environment and Planning D: Society and Space*, Vol. 2.

Gregory, D. and Walford R. (Eds.) (1989): *Horizons in Human Geography*, Macmillan, London.

Guhl, D. (1975): *Schnellverkehr in Ballungsräumen*, Alba, Dusseldorf.

Habermas, J. (1978): *Knowledge and Human Interests (2nd Edition)* , Heinemann, London.

Hägerstrand, T. (1974): *The Impact of Transport on Quality of Life*, Lund Universitets, Lund.

Halden, D. (1996): 'Scottish Transport Research – A Critique', in *Scottish Transport Forum Discussion Papers*, Scottish Transport Forum, unpublished.

Hall, P. (1969): 'Transportation', *Urban Studies*, Vol. 6, No. 3, Oliver and Boyd, Edinburgh.

Hall, P. and Hass-Klau, C. (1985): *Can Rail Save The City?*, Gower, Aldershot.

Halliday, M. A. K. (1978): *Language as Social Semiotic*, Edward Arnold, London.

Halsall, D. A. (1985): 'Rapid Transit in Merseyside: Problems and Policies', in *Rapid Transit systems in the UK*, Institute of British Geographers, London.

Ham, C. and Hill, M. (1984): *The Policy Process in the Modern Capitalist State*, Harvester Wheatsheaf, Hemel Hempstead.

Hampton, W. (1991): *Local Government and Urban Politics* (2nd Ed.), Longman, Harlow.

Hanson, S. (Ed.) (1986): *The Geography of Urban Transportation*, Guilford Press, New York.

Hardy, B. (1993): *Paris Metro Handbook (2nd Edition)* , Capital Transport, London.

Harloe, M. (Ed.) (1977): *Captive Cities*, Wiley, London.

Harris, N. G. and Godward, E. W. (1992): *Planning Passenger Railways: A Handbook*, Transport Publishing Co. Ltd., London.

Harvey, D. (1973): *Social Justice and the City*, Edward Arnold, London.

Hayton, K. (1993): 'Two into One Won't Go', *Local Government Policy Making*, Vol. 19, no. 4.

Hayton, K. (1995): 'Changing Priorities - reorganisation, regeneration and reinvention', in *Town and Country Planning*, Vol. 64, No. 9.

Haywood, R. (1998): 'Mind the Gap: Town Planning and Manchester's Local Railway Network: 1947-1996', in *European Planning Studies*, vol. 6, no. 2.

Hekman, S. J. (1983): *Weber, the Ideal Type, and Contemporary Social Theory*, University of Notre Dame Press, Notre Dame, In..

Herbert, D. T. and Thomas, C. J. (1990): *Cities in Space: City as Place*, Fulton, London.

Hodge, D. (1986): 'Social Impacts of Urban Transport Decisions: Equity Issues', in Hanson, S. (Ed.) (1986): *The Geography of Urban Transportation*, Guilford Press, New York.

Holt, C. O. (1976): *A Regional History of the Railways of Great Britain Volume X: The North West*, David and Charles, Newton Abbot.

House of Commons (1968): *Parliamentary Debates* (Hansard), Vol. 756, House of Commons, London.

House of Commons (1985): *Parliamentary Debates* (Hansard), Vol. 925, House of Commons, London.

Hunter, F. (1953): *Community Power Structure: A Study of Decision Makers*, University of North Carolina Press, Chapel Hill.

Husbands, C. T. and Dunleavy, P. (1985): *British Democracy At The Crossroads Voting And Party Competition In The 1980s*, Allen and Unwin, London.

Imrie, R., and Thomas, H. (Eds.) (1993): *British Urban Policy and the Urban Development Corporations*, Chapman, London.

Institution of Highways and Transportation (IHT) (1997): *Transport in the Urban Environment,* London.

Jessop, R. (1990): 'Regulation Theories in Retrospect and Prospect', *in Economy and Society,* Vol. 19, No. 2.

Jones, G. and Stewart, J. (1983): *The Case for Local Government*, Allen and Unwin, London.

Jowett, A. (1989): *Railway Atlas of Great Britain and Northern Ireland*, Patrick Stephens, Wellingborough.

Judge, D., Stoker, G. and Wolman, H. (1995): *Theories of Urban Politics*, Sage, London.

Judge, D. (1995): 'Pluralism', in Judge, D., Stoker, G. and Wolman, H. (1995): *Theories of Urban Politics*, Sage, London.

Kalm, R. L., and Cannell, L. F. (1957): *The Dynamics of Interviewing: Theory, Technique and Cases*, Wiley, London.

Kaufman, A. (1968): *The Science of Decision-Making*, World University Library, London.

Kavanagh, D. (1990): *British Politics (Continuities and Change)*, Oxford University Press, Oxford.

Keating, M. (1988): *The City That Refused to Die: Glasgow, The Politics of Urban Regeneration*, Aberdeen University Press, Aberdeen.

Keating, M. (1991): *Comparative Urban Politics: Power and the City in the United States, Canada, Britain and France*, Edward Elgar, Aldershot.

Keating, M. (1995): 'Size, efficiency and democracy: consolidation, fragmentation and public choice' in Judge, D., Stoker, G. and Wolman, H. (1995): *Theories of Urban Politics*, Sage, London.

Keating, M. and Boyle, R. (1988): *Remaking Urban Scotland*, Edinburgh University Press, Edinburgh.

Keating, M. and Midwinter, A. (1983): *The Government of Scotland*, Mainstream, Edinburgh.

Kellett, J. R. (1979): *Railways and Victorian Cities*, Routledge, London.

Kerley, R. (1994): *Managing in Local Government*, Macmillan, London.

King, R. (1985): *Geographical Futures*, The Geographical Association, Sheffield.

Knowles, R. D. (1993): 'Research Agendas for Transport Geographies in the 1990s', in *Journal of Transport Geography*, Vol. 1, No. 1.

Knowles, R. D. (1996): 'Transport impacts of Greater Manchester's Metrolink light rail system', in *Journal of Transport Geography*, Vol. 4, No. 1.

Knox, P. L. (1987): *Urban Social Geography (2nd. Ed.)*, Longman, London.

Lauria, M. (Ed.) (1997): *Reconstructing Urban Regime Theory*, Sage, London.

Lawless, P. (1989): *Britain's Inner Cities*, Paul Chapman, London.

Le Grand, J. (1991): *Equity and Choice*, HarperCollins, London.

Le Grand, J., Propper, C. and Robinson, R. (1976): *The Economics of Social Problems*, Macmillan, London.

Le Monde (10/09/1996): *Mêtro, tram, bus: le rêve três cher*, Paris.

Liverpool City Council Central Policy Unit (1998): 'Liverpool 1996: Social, Economic and Environmental Context', *http://ds.dial.pipex.cpm/liv.cpu/cspr/needs.htm.*

Lacal Government (Etc.) Act 1972, H.M.S.O, London.

Lofland, J. (1971): *Analysing Social Settings*, Wadsworth, Belmont.

McCracken, G. (1988): *The Long Interview*, London, Sage.

McCrone, D., Paterson, L. and Brown, A. (1993): 'Reforming Scottish Local Government', in *Local Government*

Studies, Vol. 19 no. 1.

McDowall, L. (1992): 'Valid Games? A Response to Schoenberger', in *Professional Geographer*, Vol. 44 no. 2.

McFadden, J. (1996): 'The structure and function of local government under a Scottish Parliament', in *Scottish Affairs*, no. 17.

MacLeod, G. (1997): 'Globalizing Parisian thought-waves: recent advances in the study of social regulation, politics, discourse and space', in *Progress in Human Geography*, vol. 21 no. 4.

McKevitt, D. and Lawton, A. (Eds.) (1994): *Public Sector Management*, London.

McVicar, M., Jordan, G. and Boyne, G. (1994): 'Ships in the night: Scottish political parties and local government reform', in *Scottish Affairs*, no. 9.

May, T. (1993): *Social Research*, Open University Press, Buckingham.

Mellor, J. R. (1975): *Urban Sociology in an Urbanized Society*, Routledge and Kegan Paul, London.

Merseyside Development Corporation (1990): *Developmennt Strategy*, Liverpool.

Merseyside Passenger Transport Authority and Executive (1978): *Annual Report and Accounts 1977-78*, Liverpool.

Merseyside Passenger Transport Authority and Executive (1986): *Annual Report and Accounts 1986-87*, Liverpool.

Merseyside Passenger Transport Authority and Executive (1989): *Annual Report and Accounts 1988-89*, Liverpool.

Merseytravel (1993a): *Annual Report and Accounts 1992-93*, Liverpool.

Merseytravel (1993b): *Merseyrail Plan*, unpublished.

Merseytravel (1994): *Annual Report and Accounts 1993-94*, Liverpool.

Merseytravel (1995): *Annual Report and Accounts 1994-95*, Liverpool.

Merseytravel (1996): *Merseyseide Rapid Transit*, Liverpool.

Merseytravel Committee Papers:

(26/09/85): *The Transport Plan and Financial Policy 1986-87*

(21/05/86): *Merseyside PTA Working Party Report: Policies for Public Transport*

(20/04/88): *New Station at Conway Park, Birkenhead*

(03/08/89): *Provisional Bid for Capital Credit Approval*

(14/09/89): *Merseyrail New Station Study (Criteria for Study)*

(12/04/90): *Merseyrail New Station Study (Results)*

(09/01/91): *Liverpool-St Helens-Wigan Electrification Study*

(12/02/91): *Aintree Triangle Study (Results)*

(16/05/91): *Transportation Strategy for Merseyside (District Council Package Approach)*

(17/08/92): *Liverpool-St Helens-Wigan Electrification Study*

(19/08/93): *Eastham Rake Station*

(21/10/93): *Merseyside Integrated Transport Strategy - Final Report: A Summary*

(16/06/94): *Merseyside Rapid Transit Study*

(20/10/94): *Merseyside Rapid Transit Study*

(10/01/95): *St Helens Central – Junction Rail Link*

(10/02/95): *1995–96 Budget: Corporate strategy*

(12/07/95): *Conway Park New Station*

(29/11/95): *Conway Park New Station*

(29/04/96): *Ormskirk/Burscough Rail Study*

Meyer, J. R. and Gomez-Ibanez, J. A. (1981): *Autos, Transit and Cities*, Harvard University Press, Cambridge, Mass.

Millar, A. (1985): *British PTEs 1: Strathclyde*, Ian Allan, Shepperton.

Morrison, H. S. (1933): *Socialisation and Transport*, Oxford University Press, London.

Munby, D. L. (1968): 'Mrs. Castle's Transport Policy', in *Journal of Transport Economics and Policy*, Vol. 2, No. 2, London School of Economics, London.

Mulgan, G. and Murray, R. (1993): *Reconnecting Taxation*, Demos, London.

Muller, P. O. (1986): 'Transportation and Urban Form: Stages in the Spatial Evolution of the American Metropolis', in Hanson, S. (Ed.) (1986): *The Geography of Urban Transportation*, Guilford Press, New York.

Murphy, R. E. (1974): *The American City: An Urban Geography (2nd Edition)* , McGraw-Hill, New York.

Murphy, R. E., Vance, J. E. and Epstein, B. J. (1955): 'Internal Structure of the CBD', in *Economic Geography*, Vol. 31.

Newman, P. W. G. (1986): 'Lessons from Liverpool', in *Planning and Administration*, Vol. 13, No. 1.

Niskanen, W. (1973): *Bureaucracy: Servant or Master?*, Institute of Economic affairs, London.

Nigro, F. A. and Nigro, L. G. (1980): *Modern Public Administration (5th Ed.)* , Harper and Row, New York.

O'Connor, J. (1973): *The Fiscal Crisis of the State*, St Martin's Press, New York.

Office for National Statistics (ONS) (1998): 'National Statistics Index', *http://www.statistics.gov.uk.*

Ophir, A. and Shapin, S. (1991): 'The Place of Knowledge: A Methodological Survey', in *Science in Context*, Vol. 4, No. 1.

Organisation for Economic Co-operation and Development (O. E. C. D.) (1979): *Report of the Seminar on Urban Transport and the Environment*, Paris.

Outhwaite, W. (1987): *New Philosophies of Science: Realism, Hermeneutics and Critical Theory*, Macmillan, London.

Pacione, M. (1995): *Glasgow: The Socio-spatial Development of the City*, Wiley, Chichester.

Paddison, R. (1983): *The Fragmented State*, Basil Blackwell, Oxford.

Pahl, R. E. (1975): *Whose City? (2nd Edition)*, Penguin, London.

Pahl, R. E. (1977): 'Managers, Technical Experts and the State: Forms of Mediation, Manipulation and Dominance in Urban and Regional Development', in Harloe, M. (Ed.) (1977): *Captive Cities*, Wiley, London.

Painter, J. (1991): 'Compulsory Competitive Tendering in Local Government: the first round', in *Public Administration*, 69.

Painter, J. (1995): 'Regulation Theory, Post-Fordism and Urban Politics', in Judge, D., Stoker, G. and Wolman, H. (1995): *Theories of Urban Politics*, Sage, London.

Painter, J. (1997): 'Regulation, Regime and Practice Urban Politics', in Lauria, M. (Ed.) (1997): *Reconstructing Urban Regime Theory*, Sage, London.

Passenger Transport Executive Group (1996): *Local Rail Finances*, unpublished.

Patton, M. (1990): *Qualitative Evaluation and Research Methods*, Sage, Newbury Park, CA.

Patmore, J. A. (1961): 'The Railway Network of Merseyside', *Transactions of the Institute of British Geographers*, Vol. 29.

Pirie, M. (1981): 'Economy and Local Government', in Butler, E. and Pirie, M. (Eds.) *Economy and Local Government,* Adam Smith Institute, London.

Pirie, M. (1982): *The Logic of Economics*, Adam Smith Institute, London.

Pollitt, C. (1986): 'Democracy and Bureacracy', in Held, D. and Pollitt, C. (Eds.): *New Forms of Democracy*, Sage, London.

Pred, A. (1996): 'The Choreography of existence: Comments on Hägerstrand's Time-Geography and its Usefulness', in Agnew, J., Livingstone, D. N. and Rogers, A. (Eds.) *Human Geography - An Essential Anthology*, Blackwell, Oxford.

Pucher, J. and Lefevre, C. (1996): *The Urban Transport Crisis in Europe and North America*, Macmillan, London.

Quintion, A. (1988): Entries of 'Epistemology' and 'Ontology' in *The Fontana Dictionary of Modern Thought*, Fontanam London.

Raco, M. (1996): *Quangos, local business associations and the politics of urban renewal: the case of the Lower Don Valley, Sheffield*, Department of Geography Research Papers General Series no. 4, Royal Holloway

University of London, London.

Railtrack plc (1998): *Network Management Statement 1998*, London.

Railway Development Society (Scotland) (1986): *Glasgow Rail Network: Existing and Potential*, Glasgow.

Redcliffe-Maud, J. and Wood, B. (1974): *English Local Government Reformed*, Oxford University Press, London.

Rhodes, R. A. W. (1981): *Control and Power in Central-Local Goovernment Relations*, Gower, Farnborough.

Rhodes, R. A. W. and Midwinter, A. F. (1980): *Corporate Management: The New Conventional Wisdom in British Local Government*, University of Strathclyde, Glasgow.

Richards, S. (1998): 'Prescott's balancing act', in *New Statesman*, 22/05/98.

Richardson, T. (1996): 'Foucauldian Discourse: Power and Truth in Urban and Regional Policy Making', in *European Planning Studies*, Vol. 4, No. 3.

Riddell, P. (1991): *The Thatcher Era and its Legacy*, Basil Blackwell, Oxford.

Roberts, J., Clearly, J., Hamilton, K. and Hanna, J. (Eds.) (1992): *Travel Sickness*, Lawrence and Wishart, London.

Roberts, J. (1992): 'The Problem of British Transport', in Roberts, J., Clearly, J., Hamilton, K. and Hanna, J. (Eds.) (1992): *Travel Sickness*, Lawrence and Wishart, London.

Robson, A. (1937): *Public Enterprise, Development in Social Ownership and Control in Great Britain*, Allen and Unwin, London.

(Report of the Redcliffe-Maud) *Royal Commission of Local Govenment in England (1969)* , H.M.S.O, London.

(Report of the Wheatley) *Royal Commission on Local Government in Scotland (1969)* , H. M. S. O, Edinburgh.

Saunders, P. R. (1979): *Urban Politics: A Sociological Interpretation*, Hutchison, London.

Savage, I. (1985): *The Deregulation of Bus Services*, Gower, Aldershot.

Savage, M. and Warde, A. (1993): *Urban sociology, capitalism and modernity*, Macmillan, Basingstoke.

Schaeffer, K. H. and Sclar, E. (1975): *Access for All: Transportation and Urban Growth*, Penguin, London.

Schoenberger, E. (1991): 'The Corporate Interview as a Research Method in Economic Geography', in *Professional Geographer*, Vol. 43, no. 2.

Schreck, K., Meyer, H., Strumpf, R. (1979): *S-Bahnen in Deutschland: Planung, Bau, Betrieb*, Das Neue Köln, Köln.

Scottish Association for Public Transport (1992): *Light Rail Transit in Strathclyde*, Glasgow.

Scottish Office, The (1998): *Travel Choices for Scotland*, H.M.S.O, Edinburgh.

Secretaries of State et al. (1990): *This Common Inheritance - Britain's Environmental Stratege* (Cmnd. 1200), H.M.S.O, London.

Secretaries of State et al. (1994): *Sustainable Development - The UK Strategy* (Cmnd. 2426), H.M.S.O, London.

Self, P. (1993): *Government by the Market: The Politics of Public Choice*, Macmillan, London.

Senior, D. (1969): 'Memoradum of Dissent', in (Report of the Redcliffe-Maud) *Royal Commission of Local Govenment in England (1969)* , H.M.S.O, London.

Sharp, C. (1967): *Problems of Urban Passenger Transport*, Leicester University Press, Leicester.

Silverman, D. (1985): *Qualitative Methodology and Sociology*, Gower, Aldershot.

Simmie, J. and King, R. (Eds.) (1990): *The State in Action*, Pinter, London.

Simpson, B. J. (1988): *City Centre Planning and Public Transport*, Van Nostrand Reinhold, Wokingham.

Simpson, B. J. (1994): *Urban Public Transport Today*, Spon, London.

Smith, R. G. (1974): *Ad Hoc Governments*, Sage, Beverly Hills.

South Yorkshire Passenger Transport Executive (1998): 'Local public transport in South Yorkshire', *http://www.sypte.co.uk/info/*.

South Yorkshire Supertram Ltd (1997): telephone conversation.

Spradley, J. P. (1979): *The Ethonographic Interview*, Holt, Rhinehart and Winston, London.

Starkie, D. N. M. (1982): *The Motorway Age*, Pergamon, Oxford.

Starks, M. (1991): *Not For Profit Not For Sale*, Policy Journals, Newbury.

Steer Davies Gleave (1989): *Merseyside Rapid Transit Study: Executive Summary*, Liverpool.

Stewart, J. (1992): *The Rebuilding of Public Accountability*, European Policy Forum, London.

Stewart, J. (1995): 'Reforming the New Magistracy', in Stewart, J., Greer, A. and Hoggett, P.: *The Quango State: An Alternative Approach*, Commission for Local Democracy, London.

Stewart, J. and Stoker, G. (Eds.) (1995): *Local Government in the 1990s*, Macmillan, London.

Stillman, R. J. (1976): *Public Administration*, Houghton, Boston.

Stoker, G. (1991): *The Politics of Local Government (2nd Ed.)* , Macmillan London.

Stoker, G. (1995): 'Regime Theory and Urban Politics', in Judge, D., Stoker, G. and Wolman, H. (1995): *Theories of Urban Politics*, Sage, London.

Stoker, G. and Mossberger, K. (1994): 'Urban Regime Theory in Comparative Perspective', in *Environment and Planning C: Government and Policy*, vol. 12.

Stoker, G. and Mossberger, K. (1995): 'The post-fordist local state: the dynamics of its development', in Stewart, J. and Stoker, G. (Eds.) (1995): *Local Government in the 1990s*, Macmillan, London.

Stokes, B. R. (1972): 'Bay Area Rapid Transit and the Community', in Hope, R. and Yearsley, I. (Eds.): *Urban Railways and Rapid Transit*, IPC Transport Press, London.

Stone, C. N. (1980): 'Systemic Power in Community Decision Making', in *American Political Science Review*, Vol. 74, no. 4.

Stone, C. N. (1989): Regime Politics: Governing Atlanta 1946–1988, University of Kansas Press, Kansas.

Stone, C. N. (1993): 'Urban Regimes and the Capacity to Govern: A Political Economy Approach', in *Journal of Urban Affairs*, Vol. 15, no. 1.

Strathclyde Passenger Transport Executive (1989): *Strathclyde Transport Development Study: Consultation Report*, Glasgow.

Strathclyde Passenger Transport Executive (1992): *Strathclyde Transport Development Study Stage 2 Progress Report*, Glasgow.

Strathclyde Passenger Transport Executive (1993): *Strathclyde Transport Facts*, Glasgow.

Strathclyde Passenger Transport Executive (1994): *CrossRail: For the Direct Link*, Glasgow.

Strathclyde PTE Committee Papers:

(12/04/88): *Rail Stations in Strathclyde*

(04/08/88): *New Rail Stations*

(28/05/91): *Station Improvements/New Rail Stations*

(23/04/92): *Travelling in Strathclyde – Preliminary Analysis of Responses*

(08/09/92): *Glasgow Airport Link Proposals*

(04/03/94): *Fixed Link to Glasgow International Airport*

(07/06/94): *Light Rail Network*

Strathclyde Regional Counil (1987a): *Review of Supported Rail Services 1987: Committee Report*, Glasgow.

Strathclyde Regional Counil (1987b): *Review of Supported Rail Services 1987: Working Papers*, Glasgow.

Strathclyde Regional Counil (1992): *Travelling in Strathclyde*, Glasgow.

Strauss, A. (1987): *Qualitative Analysis for Social Scientists*, Cambridge University Press, Cambridge.

Sutton, J. (1988): *Transport Coordination and Social Policy*, Avebury, Aldershot.

Swann, P. (1992): 'Urban Transport Policy: A Local Responsibility', in Roberts, J., Clearly, J., Hamilton, K. and Hanna, J. (Eds.) (1992): *Travel Sickness*, Lawrence and Wishart, London.

Thomas, J. (1971): *A Regional History of the Railways of Great Britain Volume VI: Scotland, the Lowlands and the Borders*, David and Charles, Newton Abbot.

Thompson. E. P. (1978): *The Poverty of Theory and other Essays*, Merlin Press, London.

Thomson, J. N. (1977): *Great Cities and their Traffic*, Pengiun, London.

Thornhill, W. (Eds.) (1991): *The Growth and Reform of English Local Government*, Weidenfeld and Nicolson, London.

Tiebout, C. M. (1956): 'A Pure Theory of Local Expenditures', in *Journal of Political Economy*, Vol. 64.

Tolley, R. S. and Turton, B. J. (1995): *Transport Systems, Policy and Planning*, Longman, London.

Tonnies, F. (1955): *Gemeinschaft Und Gesellschaft (Community and Association)* , Routledge, London.

Torrance, H. (1992): 'Transport for All: Equal Opportunities in Transport Policy', in Roberts, J., Clearly, J., Hamilton, K. and Hanna, J. (Eds.) (1992): *Travel Sickness*, Lawrence and Wishart, London.

Transport Act 1968, H.M.S.O, London.

Transport and General Workers Union (Scotland) (1995): *Commentary on Strathclyde Regional Council Roads and Transportation Proposals*, Glasgow.

Transport Planning Society (1997): 'Developing an Integrated Transport Policy', *http://www.tps.org.uk/library/tpscpit.htm.*

Transport Research Laboratory (1981): *Glasgow Rail Impact Study*, H.M.S.O, London.

Troin, J-F. (1996): *Rail et Aménagement du Territoire*, Edisud, Aix-en-Provence.

Truelove, P. (1992): *Decision Making in Transport Planning*, Longman, London.

Unwin, T. (1992): *The Place of Geography*, Longman, London.

Vance, J. E. (1977): *This Scene of Man*, Harpers College Press, New York.

Waldegreve, W. (1993): *The Reality of Reform and Accountability in Today's Public Service*, Public Finance Foundation, London.

Wagstaffe, M. and Moyser, G. (1987): *Research Methods for Elite Studies*, Allen and Unwin, London.

Walker, P. J. (1972): 'Management Structures for Rapid Transit', in Hope, R. and Yearsley, I. (Eds.): *Urban Railways and Rapid Transit*, IPC Transport Press, London.

Webb, S. and Webb. B. (1963): *The Story of the King's Highway (New Edition)*, Cass, London.

Westwell, A. R. (1991): *Public Transport Policy in Conurbations in Britain*, Keele University Thesis, Keele.

White, H. P. (1967): 'The Rapid Transit Revival – A Comparative Review of Overseas Practice', *Urban Studies*, Vol. 4, No. 2, Oliver and Boyd, Edinburgh.

White, H. P. and Senior, M. (1983): *Transport Geography*, Longman, London.

White, P. R. (1983): *A History of Bus and Coach Services in Nort West Lincolnshire*, Omnibus Society, London.

White, P. R. (1995): *Planning for Public Transport: its planning, management and operation (3rd Edition),* University College London Press, London.

Whitelegg, J. (Ed.) (1992): *Traffic Congestion: Is there a way out?*, Leading Edge, London.

Williams, A. F. (Ed.) (1985): *Rapid Transit Systems in the U. K.: Problems and Prospects*, Institute of British Geographers, London.

Wilson, D. and Game, C. (1994): *Local Government in the United Kingdom*, Longman, Basingstoke.

Wirth, L. (1938): 'Urbanism as a way of Life', in Sennett, R. (Ed.) *Classic Essays on the Culture of Cities*, Appleton-Century-Crofts, New York.

Wistrich, E. (1983): *The Politics of Transport*, Longman, London.

Wolf, W. (1996): *Car Mania: A Critical History of Transport*, Pluto Press, London.

Wolman, H. (1995): 'Local Government Institutions and Democratic Governance', in Judge, D., Stoker, G. and Wolman, H. (1995): *Theories of Urban Politics*, Sage, London.

Wooffitt, R. (1992): *Telling Tales of Unexpected: the organization of factual discourse*, Harvester Wheatsheaf, Hemel Hempstead.

Wright, J. and Maclean, I. (1997): *Circles Under the Clyde: A History of the Glasgow Underground*, Capital Transport, London.

Yago, G. (1984): *The Decline of Transit: Urban Transportation in German and US Cities, 1900-70*, Cambridge University Press, Cambridge.

公共サービス義務による列車	PTE 管理から独立して英国国鉄によって運行されている旅客列車で、中央政府からの公共サービス義務（PSO）補助金を得ているもの。
20条	1968年交通法における規定で、PTE が（旧）英国国鉄に地方鉄道サービスの提供に対して資金を拠出する根拠とされた。
56条	1968年交通法における規定で、大規模な交通インフラ整備のための設備投資に対して、PTE に中央政府からの特別な助成金が提供される根拠とされた。
火花（刺激）効果	路線電化による鉄道利用客の増加。
スプリンター	近代的なディーゼル動車列車の一種。
サブウェイ	グラスゴー地下鉄の旧名称及び地元の通称。
列車運行会社（TOC）	旅客鉄道フランチャイズ事務局（OPRAF）や PTE と契約を結んだ列車運行を担う民間企業。

用語集

MCC	特別都市議会
MBC	大都市自治区議会
PTA	パッセンジャー・トランスポート・オーソリティー(旅客運輸局)
PTE	パッセンジャー・トランスポート・エグゼクティブ(旅客運輸委員会)
立体分岐点	反対方向の線路を横切る必要がないよう一部に立体交差を用いた分岐点。
資本の配分/設備投資への同意	鉄道輸送など、特定機能への設備投資を拠出するために各会計年度において各地方自治体が借りることが出来る資金額。中央政府により規定されている。
ディーゼル動車ユニット(DMU)	独立した機関車ではなく、客車の床下に実装されたディーゼルエンジンを持つ近代的なディーゼル動車列車。
電車ユニット(EMU)	独立した機関車ではなく、客車の台車に実装されたモーターを持つ近代的な電車列車。
電化	電車線(架線)あるいは第三軌条(三本目の線路)によって鉄道に電流を供給するのに必要なインフラの整備。
運転間隔	二つの連続した列車の通過時分差。
(法令上の)合同委員会	複数の地方自治体地域において特定の公共サービスの提供に対する責任を負う議会条例によって組織された地方行政機関。
マージトラベル	1990年に採用されたマージサイドPTAとPTEの合併組織名。
大都市自治区議会・大都市地区評議会	イングランドの旧特別都市に見られた「多目的」地方自治体。(これらの用語は同義語である。)
旅客鉄道フランチャイズ事務局(OPRAF)	民営化された列車運行会社による旅客鉄道サービスの提供を監督する政府機関。
ペーサー	軽量で近代的なディーゼル動車列車の一種。

図表リスト

【訳者紹介】

今城光英（いましろ・みつひで）
1949年生まれ。
成蹊大学大学院経営学研究科博士課程単位取得
運輸調査局研究員、大東文化大学経済学部助教授、同教授、スターリング大学客員教授、大東文化大学経営学部長などを経て、現在、副学長
『鉄道改革の国際比較』（編著、日本経済評論社、1999年）、*The Privatisation of Japanese National Railways*, Athlone, 1998.（共著）他論文多数

地方鉄道の再生――英国における地域社会と鉄道――

2006年3月28日　第1刷発行　定価（本体5400円＋税）

著　者　イアン・ドハティ
訳　者　今　城　光　英
発行者　栗　原　哲　也

発行所　株式会社　日本経済評論社
〒101-0051　東京都千代田区神田神保町 3-2
電話　03-3230-1661　FAX　03-3265-2993
E-mail: nikkeihy@js7.so-net.ne.jp
URL: http://www.nikkeihyo.co.jp/
印刷＊藤原印刷／製本＊山本製本所
装幀＊渡辺美知子

乱丁落丁本はお取替えいたします.　Printed in Japan

ISBN4-8188-1823-2